Deutsche Reichs- u. Preußische Gesetze

Die Guttentagsche Sammlung von Textausgaben mit Anmerkungen im Taschenformat enthält in mehr als 230 Bänden alle wichtigeren Gesetze in unbedingt zuverlässigem Abdruck und mustergültiger Erläuterung

+

Ausführliches Verzeichnis befindet sich hinter dem Sachregister

Guttentagsche Sammlung
Nr. 94 Deutscher Reichsgesetze. Nr. 94
Textausgaben mit Anmerkungen und Sachregister

Die Beamtenhaftpflichtgesetze des Reiches und der Länder

Zusammengestellt und erläutert
von

Dr. H. Delius, Geheimer Justizrat,
Kammergerichtsrat i. R. in Berlin

Vierte, wesentlich vermehrte und verbesserte Auflage

Berlin und Leipzig 1929
Walter de Gruyter & Co.
vormals G. J. Göschen'sche Verlagshandlung — J. Guttentag, Verlagsbuchhandlung — Georg Reimer — Karl J. Trübner — Veit & Comp.

Druck von C. Schulze & Co., G. m. b. H., Gräfenhainichen

Vorwort zur 3. Auflage.

Abgesehen von dem in einem Nachtrag zur 2. Auflage schon berücksichtigten Reichsamtshaftungsgesetze vom 22. Mai 1910 haben neue derartige Gesetze Anhalt, Braunschweig, Lübeck und Waldeck erhalten. Art. 131 der neuen Reichsverfassung gibt den Ländern, welche für Schäden bei Ausübung öffentlicher Gewalt gar nicht oder nur als Bürgen des Beamten haften, Anlaß zu neuen Gesetzen, welche aber im wesentlichen dem Reichs- und dem preußischen Amtshaftungsgesetze gleichen werden, da die Reichsverfassung bestimmte Grundsätze aufstellt. Die vorliegende Auflage ist vollständig umgearbeitet und wesentlich vermehrt. Man wird das Buch kaum wiedererkennen. Der spröde Stoff ist anders gruppiert, um die Übersicht zu erleichtern. Im Anhang ist das bei den einzelnen Beamtenklassen in Betracht Kommende zusammengestellt. Das alte Recht vor dem 1. Januar 1900 ist ausgeschaltet, durch Zusammenziehungen ferner ist es möglich geworden, die gewaltige Vermehrung der Materie in Schrifttum und Rechtsprechung zu berücksichtigen. Alle Amtspflichten der Beamten aufzunehmen, war selbstverständlich unmöglich, aber alle zu gerichtlicher Entscheidung gekommenen Fragen sind mitgeteilt. Es kann sich also jeder Beamte in Deutschland belehren. Jeder Tag bringt neue Haftpflichtfälle, zumal bei unserer unter Volldampf arbeitenden Gesetzgebungsmaschine, das wollen die vielen Beamten, welche sich an mich direkt wenden, berücksichtigen, wenn sie ihren „Fall“ in dem Buche nicht bis in alle Einzelheiten erörtert finden. Aber das große verarbeitete Material dürfte zur Orientierung ausreichen, auch für die Beamten der Länder, denn, wenn auch Preußen vorzugsweise berücksichtigt ist, so sind die Rechte der Länder doch nicht mehr so verschieden wie früher. Auch ist sehr vieles reichsrechtlich geregelt.

Die Zahl der Schadensersatzklagen ist fortwährend im Steigen begriffen. Jeder, welcher irgendwie geschädigt ist, glaubt Staat, Gemeinde oder Reich haftbar machen zu müssen und auch zu können, ohne zu bedenken, daß ein Verschulden des Beamten vorliegen muß und zufälligen Schaden eben der Betroffene selbst tragen muß. Hauptsächlich betreffen die Klagen Justizbeamte, insbesondere Notare und Gerichtsvollzieher, ferner Lehrer und Polizeibeamte.

Für die Benutzung des Buches bei den einzelnen Fällen empfiehlt es sich, erst die Übersicht (S. 4 ff.) zu lesen, dann die Frage der Haftung des Staates (Verbandes) in §§ 3—6 und schließlich die Haftung gemäß § 839 BGB (§ 9) zu prüfen.

Berlin, Sommer 1921.

Dr. Delius.

Vorwort zur 4. Auflage.

Die Rechtsprechung über Beamtenhaftpflicht, hat sich überaus stark vermehrt. Sie ist, ebenso wie das Schrifttum, sorgfältig nachgetragen. Im Anhang ist den Verhältnissen der Verwaltungsbeamten und der Lehrer besonders Rechnung getragen durch Anführung zahlreicher praktischer Fälle. Auf die neuen Gesetze der Länder, welche infolge des Artikels 131 Reichsverfassung notwendig wurden, sei ausdrücklich hingewiesen, da dadurch der Gebrauch des Buches im ganzen Deutschen Reiche ermöglicht wird. Es ist die einzige Zusammenstellung der einschlägigen Gesetze des Reiches und der Länder, die sich im wörtlichen Abdruck in der deutschen Literatur vorfindet. Jeder Beamte dürfte in dem Werke Antwort auf ihn betreffende Schadenfälle finden. Zur besseren Orientierung wird auf die Bemerkung am Schluß des Vorworts zur 3. Auflage aufmerksam gemacht. Ich bitte auch die Nachträge zu beachten. Den Justizministerien der Länder spreche ich für ihre Bemühungen auch an dieser Stelle besten Dank aus.

Berlin, im März 1929.

Dr. Delius.

Inhaltsverzeichnis.

Seite

Einleitung 1

Buch I.

§ 1 Allgemeine Vorschriften über Haftpflicht 3
a) Die Haftpflichtfrage überhaupt 3
b) Öffentliche Gewalt. Privatrechtliche Verrichtungen 12
c) Der Begriff: in Ausübung der anvertrauten öffentlichen Gewalt 16
d) Anwendbarkeit des alten und des neuen Rechts . 21
e) Welches örtliche Recht ist maßgebend? 21
f) Der Geschädigte. Ausländer 23

Buch II.

Schadensersatzpflicht bei Ausübung öffentlicher Gewalt . 25
§ 2. Allgemeines 25

Abteilung I.

Haftpflicht des Staates (Verbandes) 31
§ 3. Reichsbeamte und Reichswehrangehörige 31
Das Reichsgesetz über die Haftung des Reichs für seine Beamten vom 22. Mai 1910 32
§ 4. Die Beamten der Länder und Körperschaften (Kommunalverbände). Die gesetzlichen Bestimmungen der einzelnen Länder 44
§ 5. Preußische Beamte 80
Das Gesetz über die Haftung des Staates usw. vom 1. August 1909 82

Seite

§ 6. Grundbuchbeamte 115
a) Haftpflicht des Staates 115
b) Ersatzanspruch gegen den Beamten 124

Abteilung II.

Haftpflicht des Beamten 129
A. Haftpflicht des Beamten gegenüber dem eigenen Staat (Verbande) 129
§ 7. Der Staat als direkt Geschädigter 129
§ 8. Der Staat als Regreßnehmer 142
B. Haftpflicht des Beamten gegenüber Dritten (Privatpersonen, anderen Verbänden) 143
§ 9. Haftpflicht des Einzelbeamten 143
1. Verhältnis des § 839 BGB. zu § 823 BGB. . . 144
2. Begriff des Beamten und der Amtshandlung . . 144
a) Allgemeines 145
b) Verantwortlichkeit 151
c) Amtshandlung 158
3. Verletzung einer dem Beamten gegenüber einem Dritten obliegenden Amtspflicht 165
a) Dritter 164
b) Verletzung der Amtspflicht 172
4. Die Schuldfrage. Vorsatz und Fahrlässigkeit des Beamten 174
5. Die Schadenfrage 191
α) Verursachung des Schadens (Kausalzusammenhang) 191
β) Konkurrierendes Verschulden des Beschädigten 192
γ) Der Schaden insbesondere 201
δ) Der Umfang des Schadensersatzes 203
ε) Subsidiarität des Ersatzanspruchs 206
ζ) Vererbung desselben 213
η) Verjährung desselben 214
§ 10. Haftpflicht mehrerer Beamten 218
a) Die Beamten bilden ein Kollegium 218
b) Die Beamten bilden kein Kollegium 226

Seite

§ 11. Haftung eines oder mehrerer Beamten im Verein mit einem Nichtbeamten 227
§ 12. Haftpflicht besonderer Beamtenkategorien und von Personen in beamtenähnlichen Stellungen 228
a) Der Vormundschaftsrichter und die Mitglieder des Familienrats 228
b) Der Spruchrichter 232
c) Der Schiedsrichter 246
d) Der Gerichtsvollzieher 248
e) Der Notar 253
f) Rechtsanwälte und öffentliche Sachverständige . . 259

Buch III.

Schadensersatzpflicht bei Vornahme privatrechtlicher Verrichtungen 260
§ 13. Haftpflicht des Staates (Verbandes) 260
§ 14. Haftpflicht des Beamten 275
a) dem eigenen Staate (Verbande) gegenüber . . . 275
b) Dritten gegenüber 276

Buch IV.

Geltendmachung des Schadensersatzanspruches gegen den Staat (Verband) und gegen den Beamten, sowie seitens des Staates (Verbandes) gegen den Beamten . . . 276
§ 15. Geltendmachung des Anspruches auf dem Wege des ordentl. Prozesses 276
§ 16. Geltendmachung des Anspruches auf anderem Wege 293
a) § 102 ZPO. 293
b) Defekte 293
c) Zurückhaltung des Gehalts 294

Anhang

Wichtige Haftpflichtfälle, insbesondere aus der Praxis für die einzelnen Beamtengruppen 296
Verzeichnis der abgedruckten Gesetze 351
Nachträge 352
Sachregister 358

Verzeichnis der Abkürzungen.

AHG. = Amtshaftungsgesetz.
aaO. = am angegebenen Orte.
AbgH. = Abgeordnetenhaus.
Abs. = Absatz.
aE. = am Ende.
AG. = Ausführungsgesetz.
ALR. = Allg. Landrecht für die preuß. Staaten.
And. Ans. = Anderer Ansicht.
Art. = Artikel.
Bd. = Band.
BayVGH. = Bayerischer Verwaltungsgerichtshof.
BayObLG. = Bayerisches Oberstes Landesgericht.
bzw. = beziehungsweise.
BGB. = Bürgerliches Gesetzbuch.
Bl. = Blatt.
B. oder Bolze = Bolze, Praxis des Reichsgerichts in Zivilsachen.
ZPO. = Zivilprozeßordnung für das Deutsche Reich in der neuesten Fassung.
DJZ. = Deutsche Juristenzeitung.
E. = Entscheidung.
EG. z. = Einführungsgesetz zum . . .
Entsch. = Entscheidung.
FGG. = Reichsgesetz für die Angelegenheiten der freiwilligen Gerichtsbarkeit.
Ges. = Gesetz.
Gl. Ans. = Gleicher Ansicht
Groschuff = Groschuff-Eichhorn-Delius, Preuß. Strafgesetze.
Gruchot = Gruchots Beiträge.
GS. = Gesetzsammlung.
GVG. = Gerichtsverfassungsgesetz für das Deutsche Reich.

JR. = Juristische Rundschau.
JW. = Juristische Wochenschrift.
JMBl. = Preußisches Justizministerialblatt.
KG. = Kammergericht.
KGBl. = Blätter für Rechtspflege i. Bez. des Kammergerichts.
v. Kamptz-Delius, Rechtspr. = Rechtsprechung des RG. u. des KG. auf den Gebieten des öffentl. Rechts, I., II. und Erg.Bd.
KompGer. = Preuß. Gerichtshof zur Entscheidung des Kompetenzkonfliktes.
Komm. = Kommentar.
MBl f. d. i V. = Preuß Ministerialblatt für die innere Verwaltung.
Mot. = Motive.
Obertr. = Preuß. Obertribunal.
OLG. = Oberlandesgericht.
OVG. = Preuß Oberverwaltungsgericht.
PrVBl. = Preuß. Verwaltungsblatt.
PrAHG. = Preuß. Amtshaftungsgesetz v. 1. August 1909.
Recht = Recht, Rundschau für den deutschen Juristenstand von Sörgel.
RBG. = Reichsbeamtengesetz v. 18. Mai 1907.
RG. = Reichsgericht
RGBl. = Reichsgesetzblatt.
RGZ = Entsch. i. Zivilsachen.
RGSt. = Entsch. i. Strafsachen.
RAHG = Reichsamtshaftungsgesetz v. 22. Mai 1910.
ROHG. = Reichsoberhandelsgericht.
Selbstv. = Selbstverwaltung.
SeuffArch. = Seufferts Archiv.
StPO. = Strafprozeßordnung für das Deutsche Reich.
StGB. = Strafgesetzbuch für das Deutsche Reich.
W. = Werk (§ 7 d. W. = § 7 des Inhaltsverzeichnisses).

Literaturverzeichnis.

Alsleben, Haftung der Stadtgemeinde für Beschädigung der zum Feuerlöschdienst herangezogenen Gespanne. Dissertation. Greifswald 1917.

Aßmann, Haftpflicht der preußischen Gemeinden usw. 1913.

Bauer, Die rechtlichen Grenzen der Gehorsamspflicht, i. Hirths Annalen 1902, S. 886.

Beck, Haftung des Staates und der Kommunalverbände (Bayern). Dissertation. Erlangen 1916.

Blumstengel, Haftung des Beamten nach § 839 BGB. Dissertation. Leipzig 1915.

Boden, Haftung der Beamten der freiw. Gerichtsbarkeit, i. Zentralbl. f. freiw. Gerichtsbarkeit, 1902, S. 244.

Brand, Beamtenrecht, 1914 (1. Aufl.), 1928 3. Aufl., zitiert ist nach der 1. Aufl.

Brie, S., Die richterliche Haftung bei Urteilen. Breslau 1906.

Coester, Haftung des Staates für Amtsdelikte bei Ausübung der öffentl. Gewalt. (Jahrb. des öffentl. Rechts der Gegenwart, 1911, 5 285.)

Dehne, Haftung des Staates für seine Beamten. Dissertation. Greifswald 1912.

Delius, Haftpflicht der Beamten i. d. DJZ. 1904, S. 9 und im Recht 1906, S. 650.

Dernburg, Lehrbuch des preuß. Privatrechts, 5. Aufl., 1893.

Dock, Haftung des Staates aus rechtswidr. Handlungen seiner Beamten, i. Archiv f. öff. Recht 16 241.

Eckstein, Haftung des Reiches bei fahrlässig falscher Rechtsanwendung i. Archiv f. ziv. Praxis 114, 108.

Engel, Die Beamtenhaftpflicht nach § 839 BGB. Dissertation. Würzburg 1913.

Engelmann, Haftung des Staates bei Ausübung öffentl. Gewalt. Dissertation. Marburg 1910.

Foerster-Eccius, Preuß. Privatrecht, 6. Aufl., Berlin.

Fränkel, Haftet in Preußen der Beamte aus rechtswidrigen Handlungen bei Ausübung von Hoheitsrechten unmittelbar? Dissertation. Berlin 1916.

Friedrichs, Schadenersatzansprüche 1923.

Fromberg, Die Haftung des Fiskus für seine Vertreter. Dissertation. Breslau 1908.

Fromherz, Haftpflichtrecht, 1913.

Frost, Haftung des Staates für unerlaubte Handlungen seiner Beamten, insbesondere seiner Eisenbahnbeamten. Dissertation. Breslau 1916.

Gauf-Fuchs-Wolf, Hessisches Landesprivatrecht, 1910, § 48.

Geser, Die zivilrechtl. Verantwortlichkeit der Beamten aus rechtswidrigen Amtshandlungen. Freiburg (Schweiz) 1899.

Gierke, Haftung des Staates u. der Gemeinden für Beamten, i. Verhandl. des 28. deutschen Juristentages 1905, I, 102

Gravenhorst, Der sog. Konflikt bei gerichtl. Verfolgung der Beamten, 1908.

v. Grimm, Haftung der nichtrichterl. Beamten, Archiv für Post usw. 1901, 2.

Grochtmann, Haftung des preuß. Staates für Gerichtsvollzieher. Dissertation. Göttingen 1910.

Haffner, Über die zivilrechtliche Verantwortlichkeit der Richter (Syndikatsklage). Freiburg i. Br. 1885.

Hanke, Haftung der nichtrichterlichen Reichsbeamten. Dissertation. Leipzig 1913.

Hatschek, Die rechtliche Stellung des Fiskus i. BGB, Sonderabdruck aus d. Verwaltungsarchiv 1899, S. 44.

Heilberg, Beamtenhaftung 1928.

Hertz, Haftung des Reiches für ein Verschulden der Besatzung eines Kriegsschiffes, Gruch 55 39.

Hösch, Die Schadenshaftung der Beamten gegenüber dem Staat. Dissertation. Würzburg 1913.

Holtz, Die Haftung des Staates für seine Beamten. Dissertation. Greifswald 1914.

Hofacker, Haftpflicht des Beamten, Pr.VBl. 44, 615.

Hüssener, Die zivilrechtl. Verantwortlichkeit der Beamten wegen Verletzung der Amtspflicht. Dissertation. Jena 1901.

Iber, Haftung der Schutzgebiete für ihre Beamten. Dissertation. Marburg 1911.

Jellinek, Der fehlerhafte Staatsakt und seine Wirkungen, 1908.

Josef, Der Schadensberechtigte bei Amtspflichtverletzungen der Beamten, insbes. des Notars, Archiv f. zivile Praxis 98 426.

Kappelmann, Haftpflicht der öffentl. Korporationen für schädigende Handlungen ihrer Beamten bei Ausübung der öffentl. Gewalt, im Preuß. Verwaltungsblatt XX, 485.

Kayser, Staatsamt und Staatsdienst. Inauguraldissertation. Regensburg.

Kirbach, Die Haftung des Beamten nach § 839 BGB. Dissertation. Leipzig 1907.

Kisch, Elsaß-Lothringisches Landesprivatrecht, § 61, S. 335ff. Halle a. S. 1905.

Klewitz, Die Entschädigungsansprüche aus rechtswidrigen Amtshandlungen. Berlin 1891.

Korallus, Die Haftung für Verschulden der Besatzung von Kriegsschiffen. Dissertation. Königsberg 1912.

Kraft, Haftpflicht der Richter, 1911.

Krais, v, Zur Frage der Beamtenhaftung, i. Bl. für administrat. Prax. 33 33 u. 50 289.

Kröner, Beamtenhaftpflicht im Reich und in den Bundesstaaten, 1911.

Kruchenberg, Die Haftung des Militärfiskus. Dissertation Heidelberg 1911.

Licht, Haftpflicht für Amtspflichtverletzungen der Lehrer in Preußen. Dissertation. Heidelberg 1915.

Linckelmann, Schadensersatzpflicht aus unerlaubten Handlungen. Berlin 1898.

Liszt, v., Deliktsobligationen. Berlin 1898.

Löning, Haftung des Staates aus rechtswidrigen Handlungen seiner Beamten. Frankfurt a. M. 1879.

Ludwigs, Das Verhältnis der Beamtenhaftung zur allg. Deliktshaftung (§ 823). Dissertation. Heidelberg 1910.

Meltz, Die Beamtenhaftpflicht nach BGB. Leipzig 1904.

Nöldeke, Die zivilrechtl. Haftung des Richters nach dem BGB., Gruch, Beitr. **42** 795.

Obernek, Notariatsrecht. 1929, 2. Buch.

Oertmann, Die Haftung der Notare, i. Zentralbl. f. freiw. Gerichtsbarkeit, 1904, S. 771.

— Recht der Schuldverhältnisse. Berlin 1910.

— Bayr. Landesprivatrecht, 1903.

Orff, Grundlinien der privatrechtl. Haftung einer Stadtgemeinde für ihre Angestellten. Dissertation. Jena 1914.

Pappenheim, Die Frage der Haftung des Reiches für das Verschulden der Besatzung von Kriegsschiffen, Gruch., **56** 19.

Pfeiffer, Praktische Ausführungen aus allen Teilen der Rechtswissenschaft **II**, 381. Hannover 1828.

Pfizer, Die zivilrechtliche Verantwortlichkeit der Beamten, im Archiv f. d. zivil. Praxis **72** 92.

Piloty, Haftung des Staates für rechtswidrige Handlungen usw. der Beamten bei Ausübung staatl. Hoheitsrechte, i. Hirths Annalen 1888. S. 245.

Rau, Haftung des Staates usw. für Volksschullehrer. Dissertation. Heidelberg 1913.

Rehm, Der Beamtenbegriff des BGB., i. Hirths Annalen 1900, S. 369ff.

Reimer, 1. Amtshaftung aus öffentl. Gewalt, 1919. 2. Amtspflicht der Reichs- und Staatsbeamten, 1919. 3. Umfang und Art der Amtshaftung, 1920.

Reichert, Zivilrechtl. Haftung der Post- und Telegraphenbeamten. (Archiv f. öff. Recht 25, 200.)

Reitzer, Die Haftung des Staates u. der Gemeinden (Württ. Recht). Dissertation. Erlangen 1917.

Rettkowski, Auslandsbeamte, 1919.

Rosenberg, Haftung des preuß. Staates für Gerichtsvollzieher. Dissertation. Königsberg 1912.

Rosenstock, Haftung der Beamten nach dem BGB., im Preuß. Verwaltungsblatt XX, 557.

Rothschild, Die Haftung der Justizbeamten. Dissertation. Freiburg 1902.

Salman, Haftung für Beamte im Reich und in Preußen, 1911.

Schäfer, Die zivilrechtl. Haftung der Lotsen. Dissertation. Erlangen 1917.

Schefold, Haftpflicht des Staates, i. Archiv f. zivil. Praxis 97 Heft 3.

Schelcher, Die Haftung des Staates für Eingriffe in Privatrechte, 1921.

Schelhorn, Amtshaftpflicht gegenüber Dritten, i. Hirths Annalen 1906, S. 439 ff., 525 ff., 606 ff. und 662.

Schiller, Zur Haftpflicht der Lehrer an deutschen Hochschulen Leipzig 1901.

Schlegelberger, Die Ges. über die Angelenheit der freiwill. Gerichtsbarkeit, 1914.

Schneider, Die Haftbarkeit des Spruchrichters, im Arch. f. zivil. Praxis 91 209.

Schollmeyer, Recht der einzelnen Schuldverhältnisse 2. Aufl., Berlin 1904.

Scholz, Die Haftung des Richters nach dem BGB., in der Juristischen Zeitschr. für Elsaß-Lothringen, Jahrgang 22, S. 366.

Schwarze, Haftung des Richters, in der Zeitschr. für Rechtspflege, N. F., XI (1853), 113 ff.; XII (1854), 289 ff

Siegel, Die Schadensersatzpflicht der Beamten. Dissertation. Göttingen 1904

Simon, Haftung der Verbände des öffentl. Rechts für ihre Beamten. Dissertation. Königsberg 1913.

Stengel, v., Die Haftung des Staates für den durch seine Organe u. Beamten Dritten zugefügten Schaden, i. Hirths Annalen 1901, S. 481 u. 561.

Stephan, Haftpflicht der Beamten, in der Zeitschr. für Gemeindebeamte, 1901, S. 13 ff.

Sundheim, Praktische Rechtsfragen (1827) I. Über Schadensstiftung durch Staatsbeamte und Haftverbindlichkeit des Staates dafür.

Weber, Über die Haftung des Richters, in der Zeitschr. f. Zivilrecht u. Praxis, VII (1833), 1 ff.

Werneburg, Die Haftung des Militärfiskus, DJZ 1916, S. 290.

Wiebels, Das Verhältnis der Beamtenhaftung zur allgemeinen Deliktshaftung. Dissertation. Heidelberg 1912.

Wieland, Die zivilrechtl. Haftung des Beamten. Dissertation. Heidelberg 1911.

Wumkes, Die heutige Haftung der unmittelbaren u. mittelbaren Beamten nach BGB. Dissertation. Greifswald 1917.

Zachariae, Über die Haftungsverbindlichkeit des Staates aus rechtswidrigen Handlungen und Unterlassungen seiner Beamten, in der Zeitschr. f. die gesamte Staatswissenschaft XIX, 582—652.

Die Kommentare zum BGB. von Planck, Fischer-Henle, Gareis, Hölder, Lindemann-Sörgel, Staudinger, H. Neumann, Rehbein, der Reichsgerichtsräte u. a. und zur Grundbuchordnung von Fuchs-Arnheim, Güthe, Oberneck u. a. Vgl. auch die Zusammenstellung über die „Haftpflicht der Rechtsanwälte und Notare" in JW v. 1919 u. 1920.

Einleitung.

Hat ein Beamter in Ausübung seiner amtlichen Verrichtungen oder infolge Unterlassung derselben jemandem einen Schaden zugefügt, so fragt es sich, wer hat für denselben aufzukommen. Haftet der Beamte oder haftet der Staat bzw. die öffentlich-rechtliche Körperschaft, in deren Diensten der Beamte steht? Haften Beamter oder Staat ein jeder für sich allein oder haften sie als Gesamtschuldner bzw. der Staat als Bürge? Ist die Haftpflicht des Staates nur eine subsidiäre, im Falle des Unvermögens des Beamten? Darf der Staat, wenn er den Schaden ersetzt hat, gegen den schuldigen Beamten Regreß nehmen? Wie verhält es sich mit dem Ersatz des Schadens, welchen der Beamte nicht einem Dritten, sondern dem Staate (Körperschaft) selbst, in dessen Diensten er steht, zugefügt hat?

Alle diese Fragen sollen in der nachstehenden Abhandlung zur Erörterung gelangen, und zwar auch unter Berücksichtigung des Rechts der einzelnen Bundesstaaten.

Unter Beamtenhaftpflicht verstehen wir sowohl die Haftung des Beamten, als die Haftung des Staates (Verbandes) für den Beamten.

Um indes das Gebiet, auf dem wir uns zu bewegen haben, klar zu umschreiben, wird hervorgehoben, daß es sich nur um die Haftpflichtfälle handelt, in denen ein rechtswidriges

Verhalten des Beamten den Schaden herbeigeführt hat, sei es bei Vornahme von Privatrechtsgeschäften, sei es bei Ausübung der dem Beamten übertragenen öffentlichen Gewalt.

Die Frage der Haftung für Beschädigungen durch rechtmäßige Amtshandlungen der Organe des Staates usw. (Enteignung, Eingriffe bei Mobilmachung usw.) scheidet aus.

Die Verletzung der dem Beamten obliegenden Pflichten kann Rechtsfolgen dreifacher Art herbeiführen, nämlich disziplinarische, strafrechtliche und zivilrechtliche. Die drei Arten von Rechtsfolgen schließen sich nicht gegenseitig aus, sie stehen nicht in alternativer Konkurrenz, sondern sie können gleichzeitig nebeneinander eintreten, sofern in dem pflichtwidrigen Verhalten der Beamten die Voraussetzungen für alle drei Arten von Rechtsverletzungen enthalten sind.

Die strafrechtliche und disziplinarrechtliche Verantwortlichkeit der Beamten wird nur insoweit berührt werden, als dies zum Verständnis der zivilrechtlichen Beamtenverantwortlichkeit, welche den Gegenstand des vorliegenden Buches bildet, erforderlich erscheint.

Für die öffentlich-rechtliche Körperschaft, deren Haftpflicht dieselbe ist wie beim Staat, soll fortan der Ausdruck „Verband“ gebraucht werden. Wo vom Staat die Rede ist, ist auch das „Reich“ gemeint, soweit nichts Abweichendes gesagt wird.

Buch I.

§ 1. Allgemeine Vorschriften über Haftpflicht.

a) Die Haftpflichtfrage überhaupt.

Ein Beamter kann Schaden verursachen bei Ausübung seiner Diensttätigkeit einmal dem eigenen Staate (Verbande usw.), in dessen Diensten er steht, und weiter dritten, also physischen und juristischen Personen des privaten oder öffentlichen Rechts. Sodann ist zu unterscheiden, ob der Beamte sich in Ausübung der ihm übertragenen privatrechtlichen Verrichtungen oder in Ausübung der ihm anvertrauten öffentlichen Gewalt befand, als er den Schaden schuldhaft verursachte.

1. Ausübung der öffentlichen Gewalt.

α) Geschädigter ist der Staat (Verband), in dessen Diensten der Beamte steht.

Hier haftet der Beamte persönlich. Maßgebend ist nicht § 839 BGB., denn ein Dritter fehlt, sondern das öffentliche Recht des betreffenden Landes, in Preußen z. B. die §§ 88 bis 91, 127 bis 145 II, 10 ALR. Falls Bestimmungen fehlen, sind die Grundsätze des Dienstvertrages (§§ 611 ff. BGB.) entsprechend zur Anwendung zu bringen (RGZ. 63, 431).

β) Geschädigter ist eine dritte Person (physische oder juristische).

Anwendbar sind hier die Vorschriften der sog. Amtshaftungsgesetze des Reiches und der Länder (s. §§ 4—6 unten), welche nach der Reichsverfassung Art 131 (s. § 3) einen bestimmten Inhalt haben müssen. Wo Haftung des Staates usw. nicht ausgesprochen ist, haftet der Beamte persönlich. Der Rechtszustand vor der Reichsverfassung war ein buntscheckiger. Die Länder ließen sich in drei Gruppen teilen. Nach der ersten war der Staat (Verband) unmittelbar an Stelle des Beamten haftbar. Hierher gehörten, abgesehen vom Reich, Preußen, Baden, Bayern, Württemberg, Sachsen-Gotha und das jetzt zu Bayern gehörige Koburg, Oldenburg, Waldeck, Anhalt, Braunschweig, Lübeck, Reuß jüngere Linie. Bei der zweiten Gruppe, zu welcher Hessen, Sachsen-Weimar, Reuß ältere Linie und Schwarzburg-Sondershausen gehörten, haftete der Staat (Verband) nur subsidiär als Bürge. In Sachsen wurde kraft eines Gewohnheitsrechts angenommen, daß der Staat und die Kommunalverbände neben dem Beamten unmittelbar haften als Gesamtschuldner (RGZ. 55, 364). Die übrigen Länder hatten keine Vorschriften. Es haftete also der Bean te persönlich dem geschädigten Dritten.

Die Haftpflicht wegen der Grundbuchbeamten ist besonders durch § 12 GrdbO. reichsrechtlich geregelt. Vgl. § 6 unten.

Die jetzige Rechtslage ist nach Art. 131 RVerf. im Wesentlichen folgende:

Haftpflichtig ist grundsätzlich (Ausnahmen sind zulässig, da Artikel 131 die nähere Regelung den Ländern überläßt) der Staat (Reich, Land, Verband), für dessen Dienst der Beamte bestellt ist, aber regelmäßig nur im Rahmen des § 839 BGB. Der Beamte scheidet vollständig aus der Haftverbindlichkeit aus, nur der Staat usw. ist passiv legitimiert, eine Klage gegen den Beamten persönlich müßte abgewiesen werden, auch wenn der Verband zahlungsunfähig ist. Der Staat (Verband) haftet primär und als Alleinschuldner. Der Staat usw. haftet aber nur unter denselben Voraussetzungen und in derselben Weise, wie der Beamte nach § 839 BGB. haften würde, wenn der Staat nicht einträte. Alle Beschränkungen und Erleichterungen der Haftpflicht kommen auch dem Staate usw. zugute. Wenn der Beamte in schuldlos unzurechnungsfähigem Zustande den Schaden verursacht hat, geht in einzelnen Ländern die Haftung des Staates usw. sogar über die Haftung des Beamten hinaus. Vgl. § 1 Abs 2 des Reichs- und des PrAHG. Die Haftung des Staates usw. in einzelnen Ländern ist ausgeschlossen, wenn der Beamte für seine Amtstätigkeit Gebühren bezieht, z. B. Notar, und wenn der Geschädigte Angehöriger eines ausländischen Staates ist, mit dem die Gegenseitigkeit nicht verbürgt ist. Vgl. §§ 1 Abs. 3 u. 7 PrAHG. u. § 7 ReichsAHG.

Der Staat usw., welcher den durch den Beamten angerichteten Schaden ersetzt hat, kann Rückgriff nehmen gegen letzteren. Hierüber enthalten die Amtshaftungsgesetze nähere Bestimmungen. Wegen der Grundbuchbeamten s. § 6 unten.

2. Privatrechtliche Verrichtungen.

α) Geschädigt ist durch den Beamten der Staat (Verband), in dessen Diensten derselbe steht. Es haftet der Beamte persönlich. Es finden Anwendung die oben unter „öffentlicher Gewalt“ zu 1α angegebenen Gesetze.

β) Geschädigt ist ein Dritter. Es haftet dann der Staat (Verband) und zugleich der Beamte. Die Haftung des Staates folgt, sofern der Geschädigte zu ihm in einem Vertragsverhältnis steht, aus § 278 BGB., bei außervertraglich verursachten Schaden aus §§ 31, 89 BGB., falls der Beamte ein verfassungsmäßiger Vertreter (Organ) ist, im übrigen aus § 831 BGB. (also mit Entlastungsbeweis). Der Beamte haftet nach § 839 BGB. Staat und Beamter sind Gesamtschuldner. Da aber der Beamte, falls ihm nicht Vorsatz, sondern nur Fahrlässigkeit zur Last fällt, lediglich subsidiär haftet, so kann er nach § 839 BGB. den Geschädigten an den Staat verweisen (RGZ. 74, 250). Der Umstand, daß der letztere, wenn er gezahlt hat, Rückgriff gegen den Beamten nehmen kann, schließt die Verweisung nicht aus (RGZ. 91, 344). Also nur bei Vorsatz kann der Geschädigte den Beamten neben dem Staat usw. verklagen. Nach manchen Gesetzen, man denke an die Post, Telegraphie und Eisenbahn, ist die Haftpflicht des Staates ausgeschlossen bzw. beschränkt. Vgl. §§ 13, 14 unten. Dann haftet natürlich der Beamte allein, aber natürlich nur im Rahmen des § 839 BGB.

3. Verschiedenartigkeit der Haftung.

Die Frage, ob der Beamte in Ausübung öffentlicher Gewalt oder privatrechtlicher Verrichtungen gehandelt hat, hat zwar nach Erlaß der Amtshaftungsgesetze, welche die Haftung des Staates (Verbandes) aussprechen, nicht mehr die Bedeutung wie früher. Sie ist aber auch jetzt noch von praktischer Wichtigkeit, selbst nach Wegfall der Möglichkeit der Konfliktserhebung nach dem Gesetze vom 13. Febr. 1854 in Preußen.

Bei Ausübung öffentlicher Gewalt haftet der Staat (Verband) für alle Beamten, hohe und niedere, sofern sie schuldhaft handeln[1]), während nach §§ 31, 98 BGB. die Haftung sich auf diejenigen beschränkt, die als „verfassungsmäßige Vertreter" anzusehen sind, und für die übrigen Beamten

[1]) Der Entlastungsbeweis nach § 831 BGB. ist ebenso ausgeschlossen, wie § 254 BGB.

nur die beschränkte Haftung nach § 831 BGB. eintritt, auch ein Verschulden der Beamten nicht vorzuliegen braucht.

Bei privatrechtlichen Verrichtungen haftet neben dem Staate usw. der Beamte, sofern ihm Vorsatz zur Last fällt, bei Fahrlässigkeit kann der Beamte den Geschädigten an den Staat usw. verweisen, nach den Amtshaftungsgesetzen haftet der Staat primär und allein dem Dritten gegenüber, aber nur im Rahmen des § 839 BGB., er kann also die subsidiäre Haftung des Beamten bei Fahrlässigkeit und den absoluten Verlust des Schadensersatzanspruchs für den Geschädigten im Falle schuldhafter Versäumung der Einlegung eines Rechtsmittels (§ 839 BGB.) unter Ausschaltung des § 254 BGB. geltend machen.

Bei privatrechtlichen Verrichtungen haftet der Staat usw. nicht für unzurechnungsfähige Beamte (§ 827 BGB.), nach den Amtshaftungsgesetzen, insbesondere im Reich und Preußen, dagegen doch. Nach letzteren ist auch eine Haftung nur gegeben, wenn der Beamte in Ausübung der öffentlichen Gewalt, nicht auch wenn er nur aus Anlaß und bei Gelegenheit der Ausübung öffentlicher Gewalt gehandelt hat. Vgl. Schelcher S. 60.

4. Zusammentreffen von Ausübung öffentlicher Gewalt und privatrechtlicher Verrichtungen.

Gegenüber den Amtsverrichtungen in Vertretung des Staates (Verbandes) bei der Verwaltung des fiskalischen (kommunalen) Vermögens, wirtschaftlicher oder technischer Anstalten, bei der Teilnahme am Geschäftsverkehr, der Ausübung eines Gewerbes, der Wahrnehmung von Rechten und Interessen, die aus dem privatrechtlichen Eigentum des Verbandes oder dem Nachbarrechte oder aus abgeschlossenen privatrechtlichen Verträgen fließen und damit zusammenhängen, wird die Abgrenzung des Gebietes der öffentlichen Gewalt keine Schwierigkeiten in der Regel verursachen. Zweifel können nur dann entstehen, wo hoheitliche und privatrechtliche Funktionen in der Person desselben Beamten zusammentreffen. Vgl. Schelcher S. 58. Der Landgerichtspräsident ist Richter und schließt auch namens des Justizfiskus Verträge z. B. über Lieferung von Materialien ab.

Verwaltungsbeamte schaffen Bureaubedürfnisse an. Bei Eisenbahn- und Forstbeamten überwiegt die privatrechtliche Tätigkeit, nämlich die Verwaltung des staatlichen Vermögens. Die Ausübung der Bahn-, Forst- und Jagdpolizei tritt mehr zurück. Ein Stationsvorsteher, welcher bei einem in Brand geratenen Lagerschuppen der Eisenbahn Löschungsanordnungen trifft, handelt als Bahnpolizeibeamter in Ausübung öffentlicher Gewalt, gleichzeitig und vorzugsweise aber auch in Ausübung privatrechtlicher Verrichtungen, indem er das fiskalische Eigentum schützt. Hier entsteht ein Verhältnis gemischter Natur. Man meint, daß, weil hier das öffentlich-rechtliche Moment zurücktrete, im Zweifel der privatrechtliche Schadensersatzanspruch aus §§ 31, 89 bzw. 831 BGB. gegeben sei. Vgl. RGZ. **65**, 117; **78**, 329 u. OLG. Breslau, R. d. OLG. **34**, 117. Bei Schadensersatzansprüchen kann aber nicht ein Rechtssatz entsprechend angewendet werden, den man sonst bei Feststellung der Rechtsnatur gewisser Verträge kennt. Vgl. Schelcher S. 59, Delius, PrVBl. **36**, 107 u. Reimer **1**, 19. Hier muß untersucht werden, ob der Schaden allein auf die Ausübung der öffentlichen Gewalt oder auf die privatrechtliche Verrichtung zurückzuführen ist. Danach ist dann die Haftpflicht zu bestimmen. Ist dies nicht feststellbar, erscheint vielmehr die ganze Amtshandlung als Schadensursache, so bleibt nichts anderes übrig, als anzunehmen, daß der Schaden auf die Ausübung beider Tätigkeiten zurückzuführen ist, und danach die Haftung zu bestimmen, wobei dann das dem Geschädigten günstigere Recht anzuwenden ist.

Auch bei Gelegenheit der Ausübung eines Staatshoheitsrechts und zur Unterstützung der Ausübung desselben können privatrechtliche Verhältnisse zustande kommen. Mag man dieses Verhältnis als ein stillschweigend geschlossenes, vertragsartiges, dem Verwahrungsvertrage ähnlich oder gleich zu erachtendes Rechtsverhältnis bezeichnen, jedenfalls haftet der Staat (Verband) aus ihm dem Eigentümer unmittelbar für die Rückgabe der Gegenstände, sofern er nicht beweist, daß sie durch ein von ihm nicht zu vertretendes Ereignis ihm abhanden gekommen sind.

Neuerdings nimmt das RG. (RGZ. **115**, 421) an, daß, wenn eine Behörde in Verfolgung staatlicher Belange Sachen einer Zivilperson in Verwahrung nimmt, lediglich ein nach öffentlichem Recht zu beurteilendes Rechtsverhältnis entsteht, kraft dessen für den Staat und seine Organe die Verpflichtung zur Obhut über die in Verwahrung genommenen Sachen und zu ihrer Rückgabe in unversehrtem Zustande erwächst, soweit dem nicht öffentliche Belange entgegenstehen.

Der Verband haftet für jedes Versehen, nicht bloß für diligentiam quam in suis, falls die Verwahrung unentgeltlich erfolgt (§ 690 BGB.). Vgl. RG. Warneyer 1908 Nr. 305. In Betracht kommen hier besonders die polizeilichen Beschlagnahmen von Lebensmitteln usw. oder im Auftrage des Gerichts von Sachem auf Grund einer Durchsuchung (RG. Jur. Woch. 1916, 436; OVG. Recht 1918, Nr. 211); die Inbesitznahme von Sachen zur zollamtlichen Behandlung (RG. **48**, 256; **67**, 340; **84**, 339), die Beschlagnahme als Konterbande oder in Strafsachen (RGZ. **55**, 235; **51**, 221), Abnahme von Sachen der Gefangenen (RGZ. **87**, 327).

Der Staat haftet für den Verlust von Gegenständen (Karten, Urkunden usw.), welche im Prozesse eine Partei auf Anordnung des Richters, der insoweit öffentliche Gewalt ausübt, auf der Geschäftsstelle (Gerichtsschreiberei) niedergelegt hat (RGZ. 53, 219) oder für den Verlust eines Buches, welches eine Partei in einem Prozesse dem Gericht übergeben hat (RG. JW. 1901, S. 191).

Auch das preuß. Obertribunal (ZBl. für 1837 S. 303) hat den Staat verurteilt, als Waren, welche ein Zollbeamter rechtswidrig in Beschlag genommen hatte, durch Schuld des Beamten demnächst verdorben waren und an ihrem Wert verloren hatten.

Werden von der Post der Zollbehörde Sendungen zur zollamtlichen Behandlung übergeben, so dient die Aufbewahrung zur Sicherstellung der Zollhoheit, es liegt aber ein privatrechtlicher Vertrag vor (RGZ. 48, 265). Ebenso kommt durch Hinterlegung von Geld oder Wertpapieren bei der Hinterlegungsstelle ein bürgerlich-rechtlicher Vertrag zustande (Simon S. 46); für Versehen der Hinterlegungsbeamten haftet aber der Staat auf Grund des AHG. (Reimer 1, 41).

Der Geschädigte kann in solchen Fällen aus dem Vertrage oder Quasi-Vertrage und zugleich auf Grund der Amtshaftungsgesetze Ansprüche erheben. Vgl. auch RG. 2. 11. 20, III 137/20 und Reimer 1, S. 41.

Die Konkurrenz zwischen öffentlich-rechtlicher und privatrechtlicher Haftung kann auch derart sein, daß für den einen Verband eine privatrechtliche, für den anderen eine öffentlich-rechtliche Haftung in Betracht kommt. Der Amtsvorsteher z. B. beschlagnahmt Sachen, es haftet für ihn der Amtsverband. Zugleich entsteht aber zwischen dem Fiskus, in dessen Auftrage der Amtsvorsteher handelt, und dem Eigentümer ein vertragsähnliches Verhältnis, dann haftet der

Fiskus allein nach § 839 Abs. 1 Satz 2 BGB., sofern nicht dem Amtsvorsteher Vorsatz zur Last fällt (OLG. Hamm, Leipzg. Zeitschr. 1914 S. 1675 und König im PrVerwBl. 35, 792). Beschlagnahmt die Gemeindepolizei aus eigener Initiative Gegenstände, so kommt zwischen Gemeinde und dem Eigentümer der Sachen ein privatrechtliches Verhältnis zustande, aber nur bis zur Abgabe an die zuständige Behörde, z. B. die Staatsanwaltschaft. Greift nicht die Orts-, sondern die Landespolizei ein, es wird z. B. ein Schiff in Quarantäne gebracht, so haftet der Staat aus dem AHG. und zugleich aus dem privatrechtlichen Verhältnis (RG. Recht 1908 S. 209 und Delius im PrVerwBl. 36, 107).

Keine unzulässige Ausübung eines Hoheitsrechts liegt vor, wenn ein Beamter durch seine im öffentlichen Interesse erfolgten Anordnungen gegen vertragliche Abmachungen, die der Staat als Fiskus mit einem Dritten getroffen hat, verstößt. Eine privatrechtliche Bindung in der Ausübung von Staatshoheitsrechten ist nicht denkbar. Wohl aber kann in einem solchen Falle ein Schadensersatzanspruch gegen den Fiskus als Vertragsgegner und Unternehmer begründet sein (KompGHf. 26. 3. 04, DJZ. 1905, 607; RGZ. 25, 356). Ist zur Erfüllung eines vom Fiskus geschlossenen Vertrags die Mitwirkung einer Verwaltungsbehörde erforderlich, die sich aber weigerlich verhält, so kann sie zwar im Rechtswege dazu nicht gezwungen werden, wohl aber steht dem Vertragsgegner der vertragsmäßige Entschädigungsanspruch zu (RG. 11. 1. 19, V. 299/18 bei Reimer I S. 20).

5. Das Gebiet der sogenannten öffentlichen Verwaltung.

Im Schrifttum hat man außer öffentlicher Gewalt und privatrechtlicher Tätigkeit noch das Gebiet der öffentlichen Verwaltung ausfindig gemacht. Vgl. Schelcher S. 59

und Coester S. 316. Eine unglückliche Idee, da dann insoweit der Beamte persönlich haften müßte, weil der Staat (Verband) eine Verantwortlichkeit nicht hat. Es fehlt an jedem zureichenden Grunde dafür, daß der Gesetzgeber hier eine Lücke habe lassen wollen. Die beiden Tätigkeiten nach §§ 31, 89 und 831 BGB. und nach Art. 77 EG. z. BGB. bzw. den Amtshaftungsgesetzen erschöpfen zusammen das ganze Gebiet behördlicher Funktionen. Zutreffend sagt dann auch das Reichsgericht (RGZ. **91**, 274): „Getroffen wird (durch die AHG.) das gesamte, nicht von den §§ 31, 89 BGB. umspannte Gebiet amtlicher Tätigkeit des Beamten, mithin jede Amtsausübung, die sich nicht als Wahrnehmung privatrechtlicher Interessen des Staates (oder sonstigen Verbandes) darstellt."

b) Öffentliche Gewalt. Privatrechtliche Verrichtungen.

Öffentliche Gewalt umfaßt jede Amtsausübung, die sich nicht als Wahrnehmung privatrechtlicher Interessen des Staates usw. darstellt (RGZ. **101**, 355). Ausübung der öffentlichen Gewalt liegt vor, wenn der Staat usw. sein Herrschaftsrecht betätigt, dem ein jeder sich fügen muß. Aber nicht alle Handlungen, die anläßlich der Ausübung der öffentlichen Gewalt und nur in loser Verknüpfung mit derselben erfolgen, sind selbst schon Herrschaftstätigkeiten z. B. die Sicherung des öffentlichen Verkehrs auf der Straße, des Schiffahrtsverkehrs (RGZ. **106**, 342 u. RG. 24. 1. 25, Recht 25 Nr. 1) usw.

Unter öffentlicher Gewalt ist jede obrigkeitliche oder doch unmittelbar auf Verwirklichung öffentlicher Zwecke gerichtete und zur Erfüllung dieser Aufgaben mit gewissen Zwangsbefugnissen gesetzlich ausgestattete Amtstätigkeit auf allen Verwaltungsgebieten zu verstehen im Gegensatz zur amtlichen Besorgung wirtschaftlicher Angelegenheiten des Staates oder eines öffentlich-rechtlichen Verbandes (BayrVerwGer. 23, 82).

In Ausübung der öffentlichen Gewalt handelt der Beamte dann, wenn es sich um Ausübung von Rechten und um Erfüllung von Pflichten handelt, welche ihre Quelle nicht im Privatrecht, sondern im öffentlichen Recht haben, bei dem der Staat nicht als Fiskus, nicht als Subjekt von Privatrechten, sondern als Inhaber von Hoheitsrechten oder der oder einer Regierungsgewalt, in Betracht kommt[1]). Der Staat tritt dem Publikum als übergeordnetes Rechtssubjekt gegenüber. Hier greift der Staat auf Grund seiner obrigkeitlichen Machtbefugnisse in der Form von Urteilen oder verbindlichen Beschlüssen und Verfügungen in die Rechtssphäre seiner Untertanen ein (Tätigkeit der Gerichte und der Polizei-, Militär-, Finanz- und Unterrichtsgewalt). Bei Wahrnehmung der sonstigen staatsdienstlichen Funktionen besteht kein Herrschaftsverhältnis, kraft dessen einseitig Rechtsverhältnisse geschaffen werden, vielmehr stehen sich der Staat und das Publikum als koordinierte Subjekte gegenüber. Dies gilt in den Fällen, wo der Staat als Fiskus in privatrechtliche Beziehungen tritt, wie ein Privater gewerbliche Unternehmungen betreibt (Eisenbahnen, Post- und Telegraphenanstalten, Bergwerke, Salinen, Tabak- und Porzellanfabriken usw.) oder wo die einzelnen Behörden des Staates zur Erfüllung der ihnen zugewiesenen Staats-

[1]) Dem Staate stehen gleich die Gemeinden, Kreise usw., überhaupt die öffentlich-rechtlichen Körperschaften, soweit denselben die Ausübung von öffent-rechtlichen Funktionen anvertraut ist. In diesem Falle erscheinen sie als Organe des Staates, die staatliche Rechte ausüben. Die gesetzgebende (normgebende) Tätigkeit gehört nicht hierher (RGZ. 118, 327 u. RG. 13. 1. 26; Recht 26 Nr. 35).

aufgaben genötigt sind, nebenher privatrechtliche Geschäfte abzuschließen (Arbeits-, Lieferungsverträge usw.). An dem privatrechtlichen Charakter der vom Staate abgeschlossenen Rechtsgeschäfte ändert es nichts, wenn in gewissen Verhältnissen, z. B. beim postalischen oder Eisenbahnverkehr die freie Entschließung der Kontrahenten in bezug auf die Fixierung des Vertragsinhalts gesetzlich eine Beschränkung erfährt. Wenn auch bei Staatsanleihen, staatlichen Garantieübernahmen oder dergleichen öffentlich-rechtliche Gesichtspunkte mit unterlaufen, so wird man doch die betreffenden Geschäfte, soweit es sich um ihren Abschluß und ihre Erfüllung handelt, nach den Grundsätzen des Privatrechts zu beurteilen haben.

Daß die Handlung des Beamten in Ausübung eines staatlichen Zwangsrechts erfolgt, ist nicht erforderlich, es kann vielmehr auch ein Akt des staatlichen (kommunalen) Schutzes, der staatlichen Fürsorge für die Staatsangehörigen in den Bereich der Betätigung der öffentlichen Gewalt fallen (RGZ. **91**, 384; **68**, 285, **102**, 32; **111**, 182). Es ist Sache des einzelnen Staates zu bestimmen, wie weit er seine Tätigkeit in staatlicher usw. Fürsorge erstrecken will. (RG. 2. 7. 26; JR. Nr. 1656). Vgl. die Tätigkeit der Wohlfahrtspolizei, der Bezirksvorsteher der Armenbezirke, der Notare, der Lehrer (RGZ. **84**, 50); Entgegennahme von Erklärungen, Beurkundungen, polizeiliche Genehmigungen, Konzessionserteilungen, Beamtenernennungen. Auch die Führung eines öffentlichen Registers gehört hierher (RGZ. **118**, 243). Diejenige Person, z. B. ein Kanzlist, welcher den Inhalt der Eintragung maßgebend feststellt, übt öffentliche Gewalt aus. Derselbe Akt, der den Willen des einen der vom Staate gesetzten Ordnung und damit der Anordnung oder dem Befehl des zur Ausführung bestellten Beamten unterwirft, kann für den, der die Gewalt des Staates anruft, oder für die Allgemeinheit ein Akt des Schutzes oder der Fürsorge sein. Ein solcher Akt der Ausübung eines Hoheitsrechtes kann sich in eine Reihe von auf einen Zweck gerichteten Handlungen der Vorbereitung, des Vollzugs, der Ausführung spalten. Alle fallen aber in den einen Bereich der Betätigung der öffentlichen Autorität und Gewalt. Eine Betätigung dieser liegt somit auch vor, wenn die konkrete Handlung oder Unterlassung nicht unmittelbar auf die Ausübung eines Zwanges gerichtet ist (RGZ. 56, 89).

So wenig es hiernach zulässig erscheint, eine einzelne Äußerung der öffentlichen Gewalt, weil sie für sich allein keinen Zwangscharakter trägt, als nicht mehr dem öffentlichen Rechte angehörig auszuscheiden, so wenig geht es an, einer unzweifelhaften Amtshandlung je nach der Stellung der an ihr interessierten oder von ihr betroffenen Person einen privatrechtlichen oder öffentlich-rechtlichen Charakter beizulegen. Die einzelne Tätigkeit verliert den öffentlich-rechtlichen Charakter, den das ganze Tätigkeitsgebiet trägt, innerhalb dessen sie vorgenommen wird, auch nicht deshalb, weil diese Tätigkeit privatrechtliche Verhältnisse zu ordnen bestimmt ist und privatrechtliche Wirkungen hervorruft (RG. Recht 1914, 462 u. Delius, Recht 1916, 581). So bildet die Verpflegung der Gefangenen im weitesten Sinn, also die Ernährung, Bekleidung und ärztliche Behandlung einen Teil des Strafvollzugs (RGZ. 78, 326; 56, 219).

Einzelne Behörden, z. B. die Gerichte und die Verwaltungsbehörden, pflegen vorwiegend auf öffentlich-rechtlichem Gebiete tätig zu werden, während z. B. die Postanstalten, Eisenbahnen, Bergwerks-, Fabrik- und ähnliche Betriebe des Staates oder der Kommune überwiegend eine Tätigkeit ausschließlich auf privatrechtlichem Gebiet ausüben.

Es kann aber auch bei der Amtstätigkeit der Eisenbahn-, Post- und Telegraphenbeamten Ausübung der öffentlichen Gewalt vorkommen, z. B. bei Bahnpolizei, bei Abstempelung eines Duplikatsfrachtbriefes (RGZ. **107**, 274), bei Zustellungen, Wechselprotesten (RGZ. **91**, 276, **96**, 275; **104**, 143; **107**, 275). Zur öffentlichen Gewalt gehören sämtliche Handlungen, die der militärischen Ausbildung dienen (RGZ. **24**, 38), insbesondere Sprengübungen (RG. JW. 1912, 638), Gefechtsschießübungen (RGZ. **54**, 204), Übungen der Pioniere im Schanzen-, Brückenbau- und Mineurdienst (RGZ. **55**, 174), Übungsfahrten der Kriegsmarine (RGZ. **72**, 347 u. JW. 1912, 639), Übungen im Minenlegen, Landmanöver, Schießübungen der Kriegsschiffe.

c) In Ausübung der anvertrauten öffentlichen Gewalt.

Die Amtstätigkeit eines jeden Beamten, der in einem öffentlichen Zwecken gewidmeten Staats- (Gemeinde- usw.) Betriebe beschäftigt ist, fällt nicht unter Begriff der öffentlichen Gewalt. Es bedarf dazu vielmehr einer Tätigkeit (sei es zwingender oder fürsorglicher Art), die unmittelbar oder mittelbar nach außen gerichtet ist, eingreift in die Verhältnisse Dritter. Es genügt nicht, daß der Verwaltungszweig, in dem der Beamte tätig ist, einen Ausfluß und eine Betätigung öffentlicher Gewalt darstellt. Der Beamte muß selbst als „Träger öffentlicher Machtbefugnisse" gehandelt haben. (RGZ. **105**, 100). Als Ausübung öffentlicher Gewalt kann eine Tätigkeit nicht angesehen werden, die eine rein mechanische ist, bei der der Beamte lediglich als das blinde Werkzeug anderer Beamten handelt (RGZ. **105**, 101).

Anvertraute öffentliche Gewalt ist diejenige Gewalt, zu deren Ausübung der Beamte von einer verfassungsmäßig dazu berufenen Stelle, auch der nur tatsächlich im Besitz der Staatsgewalt, z. B. bei Revolutionen, befindlichen, bestellt ist. Das Gesetz stellt ein ähnliches Erfordernis auf wie im § 831 BGB. für die Haftung des Geschäftsherrn. Es muß ein innerer Zusammenhang zwischen der schädigenden Handlung und den Funktionen bestehen, für welche der Täter bestellt ist (RGZ. **73**, 437; **91**, 364). Ist die Handlung des Beamten lediglich eine Äußerung seiner Privatperson, so enthält sie keine Amtspflichtverletzung, haftbar ist nur der Beamte persönlich. Ausgeschlossen ist eine Haftung des Staates (Verbandes) jedenfalls, wenn der Beamte sich Amtshandlungen anmaßt, zu denen er durch sein Amt überhaupt nicht berufen ist (RG. Gruch. **46**, 938; Recht 1904 Nr. 2001), z. B. wenn ein Richter oder Polizeibeamter Steuern ausschreiben und sich bezahlen ließe, wenn ein Gerichtsvollzieher eine Polizeiverordnung erlassen würde. Vgl. Reimer I S. 22. Anderseits beseitigt nicht jede Überschreitung der Zuständigkeit in örtlicher, sachlicher und zeitlicher Beziehung den erforderlichen Zusammenhang. Ein solcher ist immer noch gegeben, wenn die Handlung des Beamten an sich in den allgemeinen Dienstbereich fällt, in welcher er öffentliche Gewalt auszuüben berufen ist, aber im gegebenen Falle über seine Amtsbefugnisse hinausgeht (BayrVerwGer., Recht 1917, 195), gleichgültig ob erheblich oder nicht. Der Beamte muß (nach Geser S. 38, Reimer I S. 26) so aufgetreten sein, daß der ihm gegenüberstehende Dritte bei seiner individuellen geistigen Entwicklung und Kapazität unter Anwendung gewöhnlicher Aufmerksamkeit annehmen durfte, der Beamte handelte in amtlicher Stellung und zu einem amtlichen Zwecke. Zutreffendenfalls ist die Haftung des Verbandes zu bejahen, sonst nicht (RG. Recht 1911 Nr. 1938, OLG. Jena, SeuffA. 67 Nr. 242). Nach RGZ. **71**, 60 (entgegen RGZ. **60**, 321) soll es sogar genügen wenn weder der Beamte noch die Klasse, der er angehört, zur Vornahme der Handlung zuständig war (Unterschriftsbeglaubigung durch Polizeibeamte), sofern er nur als Beamter tätig geworden ist. Simon S. 48 bezieht die Worte „ihm anvertraut" nicht auf die Person des einzelnen Beamten, sondern auf die Beamtenklasse, der er angehört. Die Worte „in Ausübung" entstammen dem preuß. Konfliktsgesetz v. 13. 2. 1854, welches unterscheidet zwischen der Tätigkeit „in Ausübung eines Amtes" und der Tätigkeit „in Veranlassung der Ausübung eines Amtes", wie auch § 342 StGB. und § 11 EG. z. GVG. Reimer I S. 29 meint, daß die schädigende Handlung selbst im Bereiche der Ausübung von Hoheitsrechten liegen müsse (RGZ. **68**, 285), dagegen Handlungen, die nur im Zusammenhange mit der Ausübung des Hoheitsrechts aus Anlaß und bei Gelegenheit der Tätigung der öffentlichen Gewalt erfolgen, aber ihrer Natur und Zweckbestimmung nach der staatlichen Vermögensverwaltung angehören, nicht als in Ausübung der öffentlichen Gewalt geschehen anzusehen seien, sondern nach den Grundsätzen der Haftung für privatrechtliche Verrichtungen zu beurteilen seien (RGZ. **78**, 327; Recht 1912 Nr. 894).

Die Worte „in Ausübung öffentlicher Gewalt" bedeuten nach Sinn und Zweck des Gesetzes: „in einem ausreichend nahen inneren Zusammenhang mit der Verrichtung". Ob ein solcher Zusammenhang vorliegt, ist nach den Umständen des einzelnen Falles zu entscheiden; auf die Willensrichtung des Beamten kommt es nicht an (RG. 30. 4. 25, III 893/25 „Landgemeinde" 1926 S. 78). Die Worte dürfen nicht zu eng ausgelegt werden. Selbstverständlich begründet auch eine Überschreitung der dienstlichen Befugnisse seitens der Beamten eine Haftung des Staates (Verbandes) und wird letztere nicht ohne weiteres ausgeschlossen dadurch, daß der Beamte aus eigensüchtigen Beweggründen seiner Pflicht zuwiderhandelt. Die Haftung würde unbedenklich anzunehmen sein, wenn ein Polizeibeamter bei einer ihm aufgetragenen Durchsuchung, ein Gerichtsvollzieher bei einer Pfändung, eine Erpressung gegenüber den Personen verübte, gegen die seine Amtshandlung sich richtet (RGZ. 104, 288ff.).

Nur „in Ausübung der öffentlichen Gewalt" vorgenommene Handlungen begründen die Haftung, nicht auch die nur bei Gelegenheit der Ausübung öffentlicher Gewalt vorgenommenen (RGZ. 104, 288). Dasselbe gilt von außerhalb des Dienstes vorgenommenen Handlungen (RGZ. 104, 289). Beim Mißbrauch der Dienstwaffe ist zu unterscheiden, ob er nur in einem äußerlichen, zeitlichen Zusammenhange mit dem Dienste, nur während des Dienstes, erfolgt ist oder ob ein innerer Zusammenhang mit dem Dienste besteht. Nur in letzterem Falle ist die Handlung in Ausübung des Amtes erfolgt. Haftung tritt also nicht ein, wenn ein mit dem Sicherheitsdienst beauftragter Polizeibeamter während seiner Dienststunden, aber ohne jeden dienstlichen Anlaß, eine Schankwirtschaft betritt und dort aus persönlichen Gründen Händel bekommt, dabei von seiner Dienstwaffe Gebrauch macht und jemand verletzt (RGZ. **104**, 289 u. **105**, 232).

Von Coester S. 314 Anm. 2 wird der Fall angeführt, daß ein im Galopp reitender Gendarm auf der Verfolgung eines Verbrechers einen Passanten überreitet und verletzt, und die Haftung des Staates verneint, da der Gendarm gegen den Passanten keine Amtshandlung vornehmen wollte. And. Ansicht RGZ. **108**, 366.

Zutreffend bemerkt Schelcher S. 69, daß man den Worten „in Ausübung" keine so begrenzte Auslegung geben dürfe, wenn man den Zweck des Gesetzes, die Staatsbürger gegen alle rechtswidrigen Verletzungen zu sichern, nicht vereiteln wolle. Die Worte „in Ausübung" sind im weitesten Sinne auszulegen und bedeuten soviel wie „bei Ausübung der öffentlichen Gewalt". Es kommt nicht darauf an, was der Beamte zur Erreichung des Ziels seiner Tätigkeit getan, sondern entscheidend ist, wie er sich bei der Verfolgung dieses Zieles verhalten hat. Schelcher S. 70 bemerkt, es sei zu prüfen, ob sich der Beamte bei seiner Tätigkeit im allgemeinen in der Ausübung öffentlicher Gewalt befunden hat und ob seine Handlung objektiv und subjektiv sich unter diesen Begriff bringen läßt. Er meint, wenn der Gendarm den Passanten absichtlich überritten habe, dieser sich nicht mehr in Ausübung seines Amtes befunden habe. Ähnlich v. Krais S. 301 Anm. 18, der bei einer nur voreiligen unberechtigten Verhaftung den Verband haften läßt, bei einer vorsätzlichen nicht.

Der Beamte handelt auch dann in Ausübung der öffentlichen Gewalt, wenn er im Auftrage einer Privatperson handelt, wie der Notar, Gerichtsvollzieher, oder die Amtshandlung gleichzeitig auf Grund eines privatrechtlichen Vertrages vorgenommen wird, wofern nur nicht die Erfüllung des Vertrages, sondern gerade die Ausübung des Hoheitsrechts den Zweck der Handlung bildet. Vgl. RG. JW. 1912 S. 638 und Simon S. 44.

Der Beamte muß auch gegenüber dem durch die Amtshandlung Betroffenen unmittelbar tätig werden. Die beratende oder begutachtende Tätigkeit eines Beamten begründet deshalb eine Haftung des Verbandes nicht (RG. JW. 1913, 136). Wenn z. B. ein Landrat eine polizeiliche Anordnung auf Grund des sachverständigen Beirats eines Kreisarztes oder -tierarztes trifft und dabei einen Dritten schädigt, so haftet der Staat für den Arzt nicht, sondern nur für den Landrat, da dieser allein die öffentliche Gewalt ausübt, aber auch nur dann, wenn diesen ein Verschulden trifft, weil er dem Rate folgte oder sich auf das Gutachten verließ

(Reimer 1 S. 30 u. Simon S. 46). Wenn die städtische Baudeputation bei Erstattung eines ihr von der Polizeibehörde über den baulichen Zustand eines Gebäudes aufgegebenen Gutachtens ein Versehen begeht, so haftet die Stadt nicht (RGZ. **34**, 296). Erlassen dagegen Kreisärzte und Tierärzte auf Grund der Seuchen- usw. Gesetze selbständige Anordnungen, so haftet der Verband (Reimer 1 S. 30). Die Tätigkeit eines Kalkulators ist keine nur beratende und begutachtende, sondern eine selbständige und endgültige, es haftet also der Staat (RGZ. **80**, 406).

d) Anwendbarkeit des alten und des neuen Rechts.

Die Haftungsgesetze sind vielfach abgeändert. Es muß deshalb manchmal geprüft werden, ob das neue oder das alte Recht anwendbar ist. Maßgebend ist der Zeitpunkt der Vollendung des Versehens des betreffenden Beamten. Wann derselbe eingetreten ist, muß in jedem einzelnen Falle festgestellt werden. Liegt er vor dem Inkrafttreten des neuen Gesetzes, so ist das alte Recht maßgebend. Vgl. RGZ. **99**, 221. Der Staat haftet also nicht für eine vor dem 1. 1. 1900 von einem Grundbuchbeamten begangene Amtspflichtverletzung aus § 12 GBO. Auf den Zeitpunkt, in welchem der Schaden eingetreten oder das Versehen entdeckt ist, kommt es nicht an. Vgl. Turnau, Grundbuchordnung II, 545 und Art. 170 EG. z. BGB. Wegen Verjährung des Schadensersatzanspruches ist Art. 169 EG. z. BGB. maßgebend.

e) Welches örtliche Recht ist maßgebend?

Es kommt vor, daß Beamte eines Landes im Bereiche eines anderen Amtshandlungen vorzunehmen haben, z. B. Untersuchungsrichter, Polizeibeamte bei Nacheile (§§ 177 und 168 GVG.) usw., früher auch Eisenbahnbeamte, Zollbeamte.

Wird bei dieser Gelegenheit ein Schaden verursacht, so richtet sich die Haftung des Staates (Verbandes) nach dem Rechte des Staates, in dessen Diensten der Beamte steht, nicht wie das OLG. Colmar (Urt. v. 22. 5. 1903, Recht S. 341) meint nach dem Rechte desjenigen Rechtsgebietes, in dem der Schadensersatzanspruch entstanden ist. Daß der Staat für Amtshandlungen fremder Beamten in seinem Gebiete nicht haftet, ist selbstverständlich. Soll aber der Staat, welcher für seine Beamten nicht haftet, deshalb, weil der Schaden in dem Gebiete eines anderen Staates, welcher für seine Beamten haftet, angerichtet ist, nun für seine Beamten haften?

Unsere Frage muß ohne Rücksicht auf den Ort der Schadensstiftung beantwortet werden. Ist z. B. das Staatsbeamtenverhältnis ein preußisches, so ist dasselbe vollständig nach preußischem öffentlichen Rechte zu beurteilen. Wo die Dienste verrichtet werden, erscheint gleichgültig, sie bleiben stets Handlungen eines preußischen Beamten[1]). Er nimmt sein Recht mit in den fremden Staat.

Dasselbe gilt bei Amtshandlungen deutscher Beamten außerhalb des Deutschen Reiches, z. B. bei Gesandten, Konsuln, Zollbeamten bei Nacheile usw.

Auch der Regreßanspruch des Staates usw. gegen den Beamten sowie die Haftung des Beamten bei direkter Schädigung des Staates folgt denselben Regeln.

Falls der Staat nicht haftet, ist der Beamte gemäß § 839 BGB. dem Geschädigten haftbar sowohl bei Amtshandlungen außerhalb des betreffenden Landes als auch außerhalb des Reiches. Ist der Beamte außerhalb seines Landes zu

---

[1]) Nach RG. (Buchels Zeitschr. 34, 347) darf sich der Verletzte das ihm günstigste Landesrecht auswählen, wenn die Handlung in einem anderen Lande begangen, als dort, wo der Erfolg eingetreten ist.

Amtshandlungen überhaupt nicht befugt, so liegt eine Amtshandlung nicht vor, der Beamte haftet dann wie ein Privatmann.

Haben verschiedene Länder, z. B. Preußen, Lippe, Thüringen, eine sog. Gerichtsgemeinschaft geschlossen, so richtet sich die Haftung für die Gerichtsbeamten nach dem Recht des Staates, welchem der betreffende Beamte angehört, auch wenn der Schaden in dem angeschlossenen Gerichtsbezirk des fremden Landes verursacht ist.

Für den Geschädigten ist im Deutschen Reiche ein Gerichtsstand nicht bloß am Amtssitze des Beamten, sondern auch am Ort der Schadensstiftung gegeben und wird deshalb der haftende Staat sogar dort Recht nehmen müssen. Das Prozeßgericht hat jedoch lediglich sein eigenes Prozeßrecht anzuwenden, wenn auch in materiellrechtlicher Beziehung das Recht des Staates, dem der Beamte angehört, maßgebend ist. Wäre früher z. B. in einem Prozesse vor einem außerpreußischen Gerichte zugunsten des preußischen Beamten der Konflikt gemäß dem preußischen Gesetze vom 13. 2. 1854 erhoben und vom Oberverwaltungsgericht für begründet erklärt, so wäre dieses Urteil für das Prozeßgericht nicht bindend, weil das Gesetz von 1854 auf Landesrecht beruht. Vgl. RGZ. 67, 77.

Der Grundsatz gilt noch für Staaten, die eine verwaltungsgerichtliche Vorentscheidung noch kennen.

f) Geschädigte. Ausländer.

Es ist gleichgültig, ob die schädigende Handlung von dem Beamten innerhalb seines Staates oder außerhalb sogar im Auslande vorgenommen ist. Im allgemeinen stehen die Reichsausländer den Inländern gleich. Unter Ausländern sind nicht bloß physische Personen, sondern auch juristische zu verstehen, d. h. solche, welche im Auslande ihren Sitz haben. Nur bei Schäden, welche in Ausübung öffentlicher Gewalt verursacht sind, ist der Ausländer schlechter gestellt. Vgl. RGZ. **115**, 426. In den Amtshaftungsgesetzen des Reiches und verschiedener Länder ist nämlich die Haftung des Staates (Verbandes) Ausländern gegenüber von der Verbürgung der Gegenseitigkeit abhängig gemacht[1]). Bei Grundbuchbeamten haftet der Staat jedoch auch Ausländern unbedingt, weil § 12 GBO. keine Ausnahme macht.

Der geschädigte Ausländer muß beweisen, daß in dem ausländischen Staat eine entsprechende Haftung Deutschen gegenüber anerkannt ist. Verweigert der deutsche Staat die Entschädigung, weil Gegenseitigkeit nicht verbürgt ist, so hat der Ausländer die Klage aus § 839 BGB. gegen den Beamten.

Die Ablehnung der Haftung Angehörigen anderer deutscher Länder gegenüber wäre nichtig, da alle Deutschen gleichgestellt sind. In den alten AHG. von Reuß ältere Linie und von Gotha ist der Ausdruck „Nichtstaatsangehöriger" gleich „Nichtreichsangehöriger".

Das Recht der Retorsion regelt Artikel 31 EG. z. BGB.

Haftet der Beamte persönlich direkt, so steht der geschädigte Ausländer dem Inländer gleich.

Wird die Schadensersatzforderung von einem Inländer an einen Ausländer abgetreten, so bleibt sie eine inländische (RGZ. **111**, 295).

---

[1]) Rechtsgültig, weil Art. 131 nur Deutschen Rechte gewährleistet. § 7 PrAHG. ist auch anwendbar, wenn ein ausländischer Staat als Person des Privatrechts Schadensersatz verlangt (RG. 13. Oktober 1925, JR. 16 Nr. 16) Nur den Niederlanden gegenüber ist Gegenseitigkeit verbürgt. (Bekanntmachung v. 12. 12. 1928 in Preußen.)

Buch II.

Schadensersatzpflicht bei Ausübung der öffentlichen Gewalt.

§ 2. Allgemeines.

Wegen des Begriffs: „öffentliche Gewalt“ s. oben § 1 b.

Das römische Recht enthält keine allgemeinen Vorschriften über die privatrechtliche Verantwortlichkeit der Beamten. Überschritten letztere ihre Amtsbefugnisse und begingen sie dabei ein Delikt, z. B. Sachbeschädigung, so hafteten sie wie Private[1]). Nur gegen den Richter, welcher ein ungerechtes Urteil gefällt hat, wird der dadurch verletzten Partei ein Anspruch auf Schadensersatz gewährt[2]). Außerdem gab man seit der Kaiserzeit dem Pupillen (Mündel) eine actio tutelae subsidiaria gegen die niederen Magistrate, welche ihre Pflichten bei Bestellung eines Vormundes zum Schaden des Unmündigen versäumt hatten. Auf die Haftung des Richters wegen Fällung eines ungerechten Urteils (sog. Syndikatsklage) beziehen sich auch verschiedene ältere deutsche Reichsgesetze (Reichskammergerichtsordnung v. 1555 Th. I Tit. 53 §§ 5, 6, 102; jüngster Reichstagsabschied v. 1654 Art. 157[3]).

Gewohnheitsrechtlich ist dann die Syndikatsklage im gemeinen Recht weiter ausgebildet und namentlich auch auf

---

[1]) l 13 D. de per. et commodo 18, 6.

[2]) l 15 D. de judiciis 5, 1; l 6 D. de extraord. cogn. 50, 13.

[3]) . . . „wo eine Parthey vermeint, daß aus Betrug oder Arglist von Geschenk, Mieth, Gab, Bitt, Freundschaft, Feindschaft oder andere dergleichen Ursachen wegen eine nichtige und ungerechte Urtheil gefällt, und gegeben wäre, dieselbe Parthey soll in diesem Fall Maß halten, die Urtheiler so angezeigter Gestalt gehandelt, ad syndicatum zu stellen“.

andere Amtshandlungen des Richters sowie auf die Tätigkeit der nicht richterlichen Beamten erstreckt.

Die privatrechtliche Verantwortlichkeit der Beamten wegen Verletzung der Amtspflicht regelt ganz allgemein das preuß. Allg. Landrecht, welches in dem Titel: „Über die Rechte und Pflichten der Diener des Staates" (II, 10 §§ 88—91; 127 bis 145) die näheren Bestimmungen enthält. Das sächsische Gesetzbuch von 1863 enthält Vorschriften in den §§ 1506 und 1507.

Das BGB. hat die persönliche Haftpflicht des Beamten in den §§ 839, 1674 und 1848 geregelt, für Grundbuchbeamte ist § 12 GrdbO. erlassen. Wegen der Haftung des Staates für seine Beamten herrschte früher lebhafter Streit. Verschiedene Länder haben schon 1900 und später in ihrer Gesetzgebung den Staat an Stelle des Beamten für haftpflichtig erklärt. Vgl. oben § 1 a. Die Amtshaftungsgesetze sind nicht im Interesse der Beamten ergangen, ihr Grund und Zweck ist lediglich die Rücksicht auf den Geschädigten (RGZ. 96, 148), der bei einem vermögenslosen Beamten keinen Ersatz findet, und die Amtshandlung eines Beamten über sich ergehen lassen muß.

Art. 77 des EG. z. BGB. bestimmt:

„Unberührt bleiben die landesgesetzlichen Vorschriften über die Haftung des Staates, der Gemeinden und anderer Kommunalverbände (Provinzial-, Kreis-, Amtsverbände) für den von ihren Beamten in Ausübung der diesen anvertrauten öffentlichen Gewalt zugefügten Schaden sowie die landesgesetzlichen Vorschriften, welche das Recht des Beschädigten, von dem Beamten den Ersatz eines solchen Schadens zu verlangen, insoweit ausschließen, als der Staat oder der Kommunalverband haftet."

Jetzt ist maßgebend Artikel 131 der neuen Reichsverfassung v. 11. 8. 1919:

„Verletzt ein Beamter in Ausübung der ihm anvertrauten öffentlichen Gewalt die ihm einem Dritten gegenüber obliegende Amtspflicht, so trifft die Verantwortlichkeit grundsätzlich den Staat oder die Körperschaft, in deren Dienste der Beamte steht. Der Rückgriff gegen den Beamten bleibt vorbehalten. Der ordentliche Rechtsweg darf nicht ausgeschlossen werden.

Die nähere Regelung liegt der zuständigen Gesetzgebung ob.“

Es ist streitig, ob die Verfassung schon jetzt direkt wirksames Recht enthält oder nur eine Anweisung für die Gesetzgebung der einzelnen Länder bzw. des Reiches geben will. Man wird sich für die erstere Alternative entscheiden müssen. Nur ist den Ländern gestattet, die Haftung näher zu regeln. (RGZ. **102**, 250). Das RG. v. 30. 10. 1925 (JR. 26 Nr. 73) sagt: Der Artikel 131 erstreckt sich auf die Beamten aller öffentlichen Körperschaften (vgl. Art. 10 Nr. 3 Reichsverfassung). Aber die Landesgesetzgebung kann Ausnahmen machen, das RG. erklärt, denn auch in Preußen den Staat für Notare nicht haftbar. Körperschaften, die im PrAHG. nicht für haftbar erklärt sind, haften nicht, es sei denn, daß sie bloße Organe des Staates sind. Ähnliches gilt beim Reich. In RGZ. **102**, 171 wird die Fortgeltung der AHG. des Reiches und Preußens ausdrücklich bestätigt.

Der Art. 131 spricht von einem Verschulden des Beamten. Es kann nicht angenommen werden, daß er die Haftpflicht des Staates usw. dahin habe erweitern wollen, daß sie auch ohne Rücksicht auf ein schuldhaftes Verhalten des Beamten eintreten soll. Das Wörtchen „grundsätzlich“ zeigt weiter, daß die Gesetzgebung der Länder Ausnahmen von der Haftung des Verbandes zulassen darf. Es ist deshalb unrichtig, wenn Liedtke (Deutsche Richterztg. 1919 S. 338) meint, daß der Staat, z. B. Preußen, auch künftig für Notare, Vollziehungsbeamte usw., die auf Gebühren angewiesen sind, haften müsse.

In mehreren Staaten ist gemäß § 11 EG. z. GVG. die Verfolgung des Schadensanspruches gegen den Beamten oder den Staat (Verband) im Rechtswege an eine verwaltungsgerichtliche Vorentscheidung geknüpft, welche entweder unbedingt ergehen muß oder nur im Falle des Verlangens der vorgesetzten Behörde. In Betracht kommen folgende Staaten: Bayern, Baden, Hessen und in gewissem Sinne auch Mecklenburg-Schwerin und -Strelitz. Soweit sie nicht gesetzlich aufgehoben ist, besteht sie noch, (RGZ. **106**, 35). In Preußen ist die Konfliktserhebung beseitigt (GS. 1921 S. 65). Es ist streitig, ob mit Rücksicht auf Art. 131 RV. die Vorentscheidung überhaupt noch statthaft ist, weil der Rechtsweg nicht ausgeschlossen werden darf. Das RGZ. **99**, 262 will für den Artikel 129 RV. die Anordnung eines Vorbescheides zulassen, da darin zwar eine Beschränkung, jedoch keine Versagung des Rechtsweges liege. Vgl. auch RGSt. **15**, 323. And. Ans. Delius i. Recht 1921 Sp. 46. Vgl. auch unten § 5 PrAHG. und Buch IV.

Zusammenfassend ist zu sagen:

Grundsätzlich soll an Stelle des Beamten der Staat (Verband) haften. Einzelne Länder haben deshalb ihre Gesetzgebung ändern müssen. Der Art. 77 spricht im Gegensatz zu § 89 BGB. nur vom Staate, den Gemeinden und anderen Kommunalverbänden, es ist nach Art. 131 RV. jetzt zulässig, daß landesgesetzlich auch die Haftung für ihre Beamten anderen juristischen Personen des öffentlichen Rechtes auferlegt werden kann. Es darf der Umfang der eigenen direkten Haftung des Staates (Verbandes) nicht geringer bemessen werden, als ihn das BGB. für die Haftpflicht der Beamten bemessen hat. Soweit nach den Landesgesetzen die Haftpflicht des Staates eine geringere ist als nach dem

BGB. die unmittelbare Haftpflicht der Beamten, bleibt letztere bestehen. Die Landesgesetzgebung kann also die Rechte des Geschädigten nicht beschränken, sondern höchstens erweitern insofern als sie ihm an Stelle des häufig nicht ersatzfähigen Beamten einen solventen Verpflichteten, den Staat usw., gibt.

Die Haftung des Beamten selbst kann durch Landesgesetz nicht verschärft werden, dagegen steht nichts im Wege, daß der Staat eine noch weitergehende Verantwortlichkeit übernimmt, als nach § 839 BGB. den Beamten treffen würde, also z. B. auch Ersatz des durch eine rein objektiv unrechtmäßige Amtshandlung ohne Verschulden des Beamten verursachten Schadens. Das gilt auch für die Gemeinden usw. Es ist selbstverständlich, daß der Staat (Verband), wo er den Schaden dem Verletzten ersetzt hat, Rückgriff gegen den schuldigen Beamten hat. Dieser Anspruch kann aber landesgesetzlich ausgeschlossen oder verringert werden.

Verpflichteter Teil ist grundsätzlich stets der Staat oder der Verband, in dessen Diensten der Beamte steht, nicht, für wessen Rechnung oder in wessen Angelegenheiten er tätig gewesen ist. Es haftet also der preuß. Staat, wenn seine Beamten in der Verwaltung der Reichswasserstraßen tätig sind (RG. 6. 12. 1927, JR. 28 Nr. 565). Es ist auch gleichgültig, ob der Beamte Aufgaben erledigte, die der Körperschaft ohnehin obliegen oder solche, die ihr besonders übertragen sind (z. B. staatliche Auftragssachen). (Vgl. RG. 23. 3. 1927 JR. 27 Nr. 1112). Steht der Beamte im Dienste des Staates (Reichs) und der Gemeinde oder im Dienste mehrerer Kommunalverbände, so haftet derjenige Verband, dessen Dienste gerade der Beamte ausführt und dabei die schädigende Handlung vorgenommen hat. Läßt sich der Verband nicht ermitteln, so haften die beteiligten Verbände als Gesamtschuldner.

Für den Anwendungsbereich des Art. 131 ist der Beamtenbegriff selbständig, unabhängig von den einschlägigen

Beamtengesetzen zu bestimmen. Beamter eines Staates usw. ist jede Person, die der Staat usw. mit öffentlicher Gewalt umkleidet hat, und zwar mit der Gewalt, in deren Ausübung sie pflichtwidrig handelt. Landesgesetze, die den Begriff des Beamten enger fassen, z. B. in Lübeck, sind beseitigt (RGZ. **105**, 335). Auch ein auf Privatdienstvertrag angenommener Kanzleibeamter, der mit der Ausübung von Hoheitsrechten, obrigkeitlichen Befugnissen, betraut ist, z. B. mit der Führung eines öffentlichen Registers, ist, gleichviel in welcher äußeren Form seine Anstellung erfolgt ist, für den Bereich des Art. 131 Beamter (RG. 21. 10. 1927, RGZ. **118**, 242 u. JR. **28**, 58). Vgl. auch § 1c. Bei der Führung eines öffentlichen Registers sind nicht bloß die Beamten tätig, welche unmittelbar die Eintragungen bewirken, sondern ebenso die Personen, die den Inhalt maßgebend feststellen, der den Eintragungen zu geben ist (RGZ. **118**, 244), also z. B. auch Kanzlisten unter Umständen.

Auch der Reichspräsident (soweit ihm nicht durch die Minister die Verantwortlichkeit abgenommen wird) und die Staatspräsidenten der Länder sind Beamte, ebenso Reichskanzler, Minister des Reiches und der Länder. Vgl. Delius, Leipz. Z. 28, 242. Der Gesetzgeber, d. h. das Parlament, gehört nicht hierher (RGZ. **118**, 327), aus seinen Handlungen kann eine Haftung nicht entstehen.

Die Anwendung eines Gesetzes durch die Minister enthält keine Amtspflichtverletzung derselben; die Einbringung desselben verursacht den Schaden nicht, da das Parlament das Gesetz beschlossen hat (RG. 8. 11. 1927; III 156/27 „Landgemeinde“ **28**, 142).

Für Gehilfen oder Stellvertreter, deren sich ein Beamter befugterweise bedient, haftet der Staat nur in demselben Umfange, in dem der Beamte selbst nach § 831 BGB. für seine Gehilfen haftet. Vgl. §§ 41 ff. I 13 ALR. Insoweit diese Haftung auf Grund des Art. 78 EG. z. BGB. landesgesetzlich erweitert ist, werden dadurch auch der Staat und die Gemeinden belastet.

In allen Fällen, wo der Staat (Verband) nicht oder nicht vollständig für den verursachten Schaden haftet, tritt persönliche direkte Haftung des Beamten ein, aber nur im Rahmen des § 839 BGB., welcher die Beamtenhaftung ausschließlich regelt.

Abteilung I.

Haftpflicht des Staates (Verbandes).

§ 3. Reichsbeamte und Reichswehrangehörige.

Altes Recht. § 13 des Reichsbeamtengesetzes vom 31. März 1873/12. Mai 1907 bestimmt, daß jeder Reichsbeamte für die Gesetzmäßigkeit seiner amtlichen Handlungen verantwortlich ist. Laband, Staatsrecht I, 447 zieht hieraus zu Unrecht den Schluß, daß die Reichsbeamten für jede objektive Gesetzwidrigkeit ihrer Amtshandlungen einzustehen haben, denn das Verschuldungsprinzip ist nicht verlassen. Der Reichsbeamte haftet also an sich persönlich gemäß § 839 BGB.

Ob für ihn das Reich an erster Stelle oder als Bürge und auch gegenüber Ausländern haftete, richtete sich nach den in den einzelnen Ländern über die Haftung des Staates geltenden Vorschriften. Vgl. § 19 RBG. Nach RGZ. **54**, 128 u. **56**, 204 sollte, wenn der Tatbestand des einheitlichen Amtsdelikts eines Reichsbeamten sich auf mehrere Orte erstreckt und deshalb zwei verschiedene Landesrechte bezüglich der Haftung des Reichsbeamten anwendbar sind, das dem Geschädigten günstigere Landesrecht für die Entscheidung maßgebend sein. Das ist nicht richtig. Anzuwenden ist das Landesrecht desjenigen Bundesstaates, in dessen Bezirk der

Reichsbeamte seinen amtlichen Wohnsitz hat (RGZ. 92, 237). Das Landesrecht am Orte der Schadensstiftung ist auch nicht bestimmend. Während der Zeit bis zum 1. Oktober 1909 haftete der in Preußen angestellte Reichsbeamte persönlich, nur in der Rheinprovinz nach Art. 1384 cod. civ. das Reich.

War die schädigende Amtshandlung von einem im Auslande (in den Schutzgebieten oder in einem Konsulargerichtsbezirk) angestellten Beamten vorgenommen, so kamen die Vorschriften des preuß. Rechts entsprechend zur Anwendung. Vgl. § 19 des Ges. über die Konsulargerichtsbarkeit v. 7. April 1900 und § 1 des Schutzgebietsges. v. 25. Juli 1900.

So haftete das Reich bis zum 1. Okt. 1909 nicht für die durch Verschulden eines Reichskonsuls (Unterlassung der Eintragung eines Reichsangehörigen in die Matrikel und infolgedessen Verlust der Staatsangehörigkeit) im Auslande verursachten Schäden (RG. 25. Sept. 1906, v. Kamptz-Delius II, 878).

Für Militärpersonen kamen dieselben Grundsätze zur Anwendung (RGZ. 54, 128).

Gesetz über die Haftung des Reichs für seine Beamten.

Vom 22. Mai 1910 (RGBl. S. 798)[1]).

§ 1.

Verletzt ein Reichsbeamter (§ 1 des Reichsbeamtengesetzes) in Ausübung der ihm anvertrauten öffentlichen Gewalt vorsätzlich oder fahrlässig die ihm einem Dritten

---

[1]) Das Ges. v. 22. Mai 1910 ist in Kraft getreten am 13. Juni 1910 — Materialien Drucks. des Reichstags 1907/09 Nr. 1343 (Entw. nebst Begr.) u. 1909/10 Nr. 5 (Entw.) u. Nr. 366 (KomBer.), StenBer. S 2571 u 2725, Drucks. Nr. 404, 405.

gegenüber obliegende Amtspflicht, so trifft die im § 839 des Bürgerlichen Gesetzbuchs bestimmte Verantwortlichkeit an Stelle des Beamten das Reich.

Ist die Verantwortlichkeit des Beamten deshalb ausgeschlossen, weil er den Schaden im Zustand der Bewußtlosigkeit oder in einem die freie Willensbestimmung ausschließenden Zustand krankhafter Störung der Geistestätigkeit verursacht hat, so hat gleichwohl das Reich den Schaden zu ersetzen, wie wenn dem Beamten Fahrlässigkeit zur Last fiele, jedoch nur insoweit, als die Billigkeit die Schadloshaltung erfordert.

Personen des Soldatenstandes (mit Ausnahme derjenigen des Königlich Bayerischen Kontingents), stehen im Sinne dieses Gesetzes den Reichsbeamten gleich.

1. Reichsbeamter. Die Zahl derselben hat sich insbesondere infolge Übernahme der Finanzen auf das Reich erheblich vermehrt. Eine Übersicht der Reichsbeamten gibt das Reichsbesoldungsgesetz v. 14. Dez. 1927.

„Reichsbeamter ist jeder Beamte, welcher entweder vom Kaiser angestellt oder nach Vorschrift der Reichsverfassung den Anordnungen des Kaisers Folge zu leisten verpflichtet ist" (§ 1 des Reichsbeamtengesetzes v. 31. März 1873 i. d. F. v. 18. Mai 1907, RGBl. S. 245).

An Stelle des Kaisers ist jetzt nach Art. 46 RV. der Reichspräsident getreten.

Zu den Reichsbeamten gehören die Gesandten, die Konsuln, die Mitglieder der Reichsdisziplinarbehörden und des Rechnungshofes des Deutschen Reichs, die Reichsgerichtsräte, Reichsanwälte, die Reichstagsbeamten. Die Beamten der Post- und Telegraphenverwaltung sind durch das Postfinanzgesetz v. 18. März 1924 (RGBl. I S. 287) insofern anders gestellt, als hier das Sondervermögen der Deutschen Reichspost allein haftet. Für Reichsbankbeamte haftet die Reichsbank; die Reichsbahngesellschaft für ihre Beamten. Das Reich haftet nicht nur für die Pflichtverletzungen der unmittelbaren, sondern auch der sog. mittelbaren Reichsbeamten, die zwar von der Landesverwaltung bestellt werden, aber Organe der Reichsverwaltung sind. Auch bei den letzteren Beamten tritt die Haftung des Reichs selbstverständlich nur dann ein, wenn der Beamte in Ausübung der ihm für das Reich übertragenen Gewalt gehandelt hat.

Nach § 4 RBG. ist die Übergabe einer Bestallungsurkunde zur Begründung des Reichsbeamtenverhältnisses zwar vorgeschrieben aber nicht wesentlich (RGZ. **53**, 427; **84**, 220; and. Ans. OVG. **69**, 215; DJZ. 1917, 687). Auch nicht lebenslänglich, z. B. auf Probe, Kündigung usw. angestellte Reichsbeamte gehören hierher (RGZ. **28**, 85; **90**, 91), ebenso ehrenamtlich tätige. Das RG. nimmt an, daß die Anstellung eines Reichsbeamten auch stillschweigend durch Übertragung öffentlich-rechtlicher Dienstfunktion erfolgen und daß aus der Art und Beschaffenheit der tatsächlich ausgeübten öffentlich-rechtlichen Dienstfunktion auf die Beamteneigenschaft zurückgeschlossen werden könne, selbst wenn der zwischen Reich und Beamten geschlossene Vertrag als privatrechtlicher Dienstvertrag sich bezeichne (RGZ. **28**, 83). Es spricht (JW. 1916, 1020 u. RGZ. **99**, 265) sogar aus, daß die Anstellung eines Beamten zwar den Anstellungswillen der anstellenden Behörde voraussetze, aber nicht der Wille allein darüber entscheide, ob ein Beamtenverhältnis oder Dienstvertrag vorliege; es komme darauf an, welche Tätigkeit jemand mit Wissen und Willen der Behörde ausübe, daher können Personen, die von der zur Anstellung zuständigen Behörde oder mit ihrer Genehmigung an Stellen berufen werden, die ihrer Natur nach von Beamten zu versehen seien, die Beamteneigenschaft weder durch eine abweichende Rechtsauffassung der Behörde noch dadurch entzogen werden, daß Dienstordnungen oder Dienstanweisungen ihre Stellung als privatrechtliches Dienstverhältnis bezeichnen. Vgl. auch RGZ. **89**, 297, 113, 221.

Folgt man dem, so ist jedenfalls eine längere Tätigkeit erforderlich, um die Eigenschaft eines Beamten zu begründen. Die Beauftragung mit einzelnen hoheitsrechtlichen Handlungen, z. B. einer Verhaftung, genügt nicht (Reimer 2 S. 14).

Postaushelfer, Hilfsdienstpflichtige, Personen, die nach der Bek. v. 3. Mai 1917 (RGBl. S. 393) auf gewissenhafte Erfüllung ihrer Obliegenheiten „verpflichtet" sind, können nicht als Reichsbeamte angesehen werden, wohl aber die Mannschaften der Arbeiter- und Soldatenräte (RGZ. **99**, 285 u. **100**, 258). Vgl. auch Delius, PrVerwBl. **40**, 223 u. DJZ. 1919, 260.

Auch kriegswirtschaftliche Organisationen könnten öffentliche Gewalt ausüben, sie sind entweder Behörden oder Gesellschaften mit beschränkter Haftung. Im ersten Falle haftete das Reich, Staat bzw. Kommunalverband, je nachdem es sich um einen Beamten des Reichs usw. handelte, im anderen Falle haftete die G. m. b. H. nicht, da eine gesetzliche Bestimmung fehlt. Vgl. Delius, JW. 1918 S. 163, and. Ans. Fuchs, ebenda S. 682. Nach RGZ. **106**, 373 LeipzZ. 1924 Sp. 125 haftet die Organisation (nicht das Reich), wenn ihre Beamten bzw. Angestellten öffentliche Gewalt ausüben und falsche Auskunft erteilen, nach Maßgabe des Reichshaftungsgesetzes. Auch die Reichsversicherungsanstalt für Angestellte (nicht das Reich) haftet für ihre Beamten und Angestellten (RGZ. **112**, 335). Dasselbe wird man in entsprechender Anwendung des § 4 Abs. 2 des Ges. v. 22. Mai 1920 für die vom Reichsrecht geschaffenen öffentlichen Körperschaften anzunehmen haben.

Vgl. RGZ. **111**, 403 (betr. Reichstreuhandgesellschaft).

Wegen Verletzung der Vorschriften der Prisenordnung durch Reichsbeamte vgl. JW. 25 Nr. 686.

1a. Haftung der Länder. Es kommt darauf an, in wessen Diensten der für das Reich tätige Landesbeamte steht, es haftet also Preußen bei schädigenden Handlungen seiner Beamten in Ausübung ihrer Tätigkeit auf Reichswasserstraßen (RG. 13. November 1926, Recht 27 Nr. 306 u. 31. Mai 1927, Recht 27 Nr. 2212), auch bei Wahrnehmung von Aufgaben des Reiches. Vgl. aber auch RGZ. **115**, 54. Vgl. auch Anm. 3.

Für den durch einen Beamten verursachten Schaden können auch verschiedene öffentlich-rechtliche Verbände (Staat, Gemeinde, Reich) haftbar sein (RGZ. **104**, 345).

2. Personen des Soldatenstandes. Es kommt jetzt nur die Reichswehr in Frage. Die derselben beigegebenen Beamten sind Reichsbeamte. Die Sonderstellung des bayerischen Militärs ist beseitigt, nachdem auch das Landheer Reichsangelegenheit geworden ist, ebenso wie die Marine. Es haftet immer das Reich (RGZ. **97**, 265). Die Landjäger (Gendarmen) sind Zivilbeamte der Länder (RG., Recht 1923 Nr. 1154).

Auch bei Ausübung des Militärhoheitsrechtes haftet das Reich bei Verschulden seiner Beamten (Militärpersonen), insbesondere der Militärbefehlshaber nach dem BelZustGes. v. 4. Juni 1851 (RGZ. **92**, 240 u. 304).

Wenn ein militärischer Transportführer die Mannschaften ungenügend beaufsichtigt, so haftet das Reich wegen der von letzteren begangenen Diebstähle (OLG. Kiel, Recht 1921 Nr. 562).

3. Abgrenzung der Haftung des Reiches von derjenigen der Länder (vgl. auch Anm. 1a oben). Soweit ein Beamter (Militärperson) obrigkeitliche Funktionen

sowohl für das Reich als für ein Land ausübt, hängt die Frage, wen im einzelnen Falle die Haftpflicht trifft, davon ab, zu welchem Geschäftsbereiche die Amtspflicht gehört, welche der Beamte verletzt hat. Beamte, die gleichzeitig als Reichsbeamte und als Landesbeamte angestellt sind, machen denjenigen Rechtsträger haftpflichtig, als dessen Organe sie gehandelt haben und in dessen Interesse sie tätig waren. Dagegen kann der Umstand, daß ein Reichsbeamter in Ausübung der ihm als solchem zustehenden Befugnisse auf Ersuchen einer Landesbehörde tätig wird, nicht bewirken, daß die Haftung von dem Reiche auf den betreffenden Einzelstaat übergeht (KomBer. S. 10). Werden Personen des Soldatenstandes zur Niederwerfung eines Aufruhrs oder zur Unterstützung der Landespolizei überhaupt zur Erfüllung von Obliegenheiten der einzelstaatlichen Verwaltung herangezogen, so haftet dem Geschädigten das Reich, welches aber Entschädigung von dem betr. Lande verlangen kann.

Ist ein bestimmter schuldiger Beamter nicht zu ermitteln, jedoch der Schaden zweifellos auf das Verschulden entweder eines Reichsbeamten oder eines Landesbeamten zurückzuführen, so haften Reich und das betreffende Land als Gesamtschuldner (§ 830 BGB.).

4. Hat außer einem Reichsbeamten (Militärperson) noch ein Nichtbeamter den Schaden verursacht, so haftet letzterer und das Reich als Gesamtschuldner dem Geschädigten.

5. Wegen des Begriffs „in Ausübung der öffentlichen Gewalt" vgl. § 1a—c.

6. Vgl. im übrigen die Anmerkungen zu § 1 PrAHG. Die Erhebung des Beamtenkonflikts oder des Kompetenzkonflikts ist bei Reichsbeamten nie statthaft gewesen. Für Kriegsschäden ist ein Erstattungsanspruch nicht gegeben, wohl aber wenn das Verschulden eines Beamten (Militärperson) behauptet wird.

7. Das Ausbedingen des Ausschlusses der Haftung des Reeders für nautisches Verschulden der Besatzung, so daß Ersatz von dem für den Lotsen haftenden Staat verlangt werden kann, verstößt nicht ohne weiteres gegen die guten Sitten. Es kann aber als Arglist erscheinen, wenn die Vertragshaftung absichtlich ausgeschlossen wird, um die Ausnutzung einer anderweit herbeiführbaren Haftung z. B. des Reiches zu ermöglichen (RG. 29. Oktober 1926; 440/26, Recht 27 Nr. 31).

8. Wegen der Einzelheiten ist auf § 5 d. W. zu vergleichen, da für Reichsbeamte die Rechtslage im wesentlichen dieselbe ist, wie bei preußischen.

§ 2.

Das Reich kann von dem Beamten Ersatz des Schadens verlangen, den es durch die im § 1 Abs. 1 bestimmte Verantwortlichkeit erleidet. Der Ersatzanspruch verjährt in drei Jahren von dem Zeitpunkt an, in welchem der Ersatzanspruch des Dritten diesem gegenüber von dem Reiche anerkannt oder dem Reiche gegenüber rechtskräftig festgestellt ist.

Vgl. die Anmerkungen zu § 3 PrAHG.

§ 3.

Für die Ansprüche, welche auf Grund dieses Gesetzes gegen das Reich erhoben werden, sind die Landgerichte ohne Rücksicht auf den Wert des Streitgegenstandes ausschließlich zuständig.

In bürgerlichen Rechtsstreitigkeiten, in welchen durch Klage oder Widerklage ein Anspruch auf Grund dieses Gesetzes geltend gemacht ist, wird die Verhandlung und Entscheidung letzter Instanz im Sinne des § 8 des Ein-

führungsgesetzes zum Gerichtsverfassungsgesetze dem Reichsgerichte zugewiesen.

Die Zuständigkeit des Reichsgerichts in der Revisionsinstanz ist damit gewährleistet, selbst in Staaten, in welchen ein oberstes Landesgericht besteht. Vgl. Buch IV.

§ 4.

Auf die Beamten der Schutzgebiete sowie auf die Angehörigen der Kaiserlichen Schutztruppen und der Besatzung des Schutzgebietes Kiautschou finden, soweit sie nicht im Sinne des Schutzgebietsgesetzes zu den Eingeborenen gehören, die Vorschriften dieses Gesetzes mit der Maßgabe entsprechende Anwendung, daß an die Stelle des Reichs das Schutzgebiet tritt.

Inwieweit Kommunalverbände und andere Verbände des öffentlichen Rechtes in den Schutzgebieten und den Konsulargerichtsbezirken für den von ihren Beamten in Ausübung der diesen anvertrauten öffentlichen Gewalt zugefügten Schaden haften, wird durch Kaiserliche Verordnung bestimmt.

Inwieweit das Schutzgebiet, Kommunalverbände und andere Verbände des öffentlichen Rechtes in den Schutzgebieten für die von ihren farbigen Beamten in Ausübung der diesen anvertrauten öffentlichen Gewalt zugefügten Schaden haften, wird durch Verordnung des Reichskanzlers bestimmt.

Die auf Grund der Abs. 2, 3 erlassenen Verordnungen sind dem Reichstag zur Kenntnisnahme vorzulegen.

Der § 4 hat zurzeit keine Bedeutung.

§ 5.

Die Vorschriften dieses Gesetzes finden keine Anwendung:

1. soweit es sich um das Verhalten solcher Beamten handelt, die, abgesehen von der Entschädigung für

Dienstaufwand, auf den Bezug von Gebühren angewiesen sind;

2. soweit es sich um das Verhalten eines mit Angelegenheiten des auswärtigen Dienstes befaßten Beamten handelt und dieses Verhalten nach einer amtlichen Erklärung des Reichskanzlers politischen oder internationalen Rücksichten entsprochen hat.

1. In den Fällen des § 5 haften also die schuldigen Beamten (Militärpersonen) direkt, und zwar gemäß § 839 BGB. Eine Haftung des Reiches ist selbst in dem Falle ausgeschlossen, daß nach dem Rechte des Bundesstaates, welches nach § 19 RBG. anwendbar ist, der Staat haften würde.

2. Der Ausdruck „Verhalten" statt „Tätigkeit" ist gewählt, um jeden Zweifel darüber auszuschließen, daß schuldhaftes Unterlassen dem Tun gleichstehe (KomBer. S. 22).

3. Zu Ziff. 1. Die Bestimmung gilt noch jetzt (RGZ. **102**, 173). Vgl. die ähnliche Vorschrift in dem preuß. Ges. v. 1. August 1909, § 1 Abs. 3.

Es kommen nur die Wahlkonsuln (consules electi im Gegensatz zu Berufskonsuln consules missi) in Betracht. Was die Wahlkonsuln betrifft, so sind sie regelmäßig Kaufleute, welche die Geschäfte des Konsularamts nur nebenbei führen; zu einem erheblichen Teile sind sie nicht einmal Reichsangehörige. Die Anwendung der Bestimmung wird dadurch nicht ausgeschlossen, daß dem Beamten, der auf Gebühren angewiesen ist, daneben eine Entschädigung für seinen Dienstaufwand aus Reichsmitteln gewährt wird (vgl. § 10 Abs. 2 des Konsulargesetzes v. 8. Nov. 1867 — BGBl. S. 137). Es beziehen nämlich einzelne Wahlkonsuln nicht so viel Gebühren, um ihren Dienstaufwand davon bestreiten zu können, weshalb sie vom Reich eine Entschädigung erhalten, welche den Dienstaufwand deckt.

Für Stabsveterinäre, welche in besonderen Fällen die Pferde von Offizieren gegen von letzteren zu zahlende Gebühren behandeln, haftet das Reich (KomBer. S. 17). Die Ziff. 1 ist nicht anwendbar, wenn der Beamte neben den Gebühren Gehalt (nicht Dienstaufwandsentschädigung) bezieht. Die Kanallotsen des Kaiser-Wilhelm-Kanals beziehen Gehalt, keine Gebühren (KomBer. S. 16). Für sie haftet das Reich (RGZ. **81**, 317; **86**, 117; **87**, 347).

4. Zu Ziff. 2. Die Bestimmung gilt noch jetzt (RGZ. 102, 172). „Eine weitere Ausnahme macht der § 5 bezüglich der Erfüllung gewisser Aufgaben, die den Beamten des auswärtigen Dienstes obliegen. Die Tätigkeit dieser Beamten unterscheidet sich von der Tätigkeit der inneren Behörden dadurch, daß sie vielfach von Erwägungen der auswärtigen Politik abhängig ist und Rücksichten auf ausländische Rechtsordnungen zu nehmen hat. Unter den ersteren Gesichtspunkt fällt namentlich die Gewährung des Schutzes gegenüber dem Auslande. Auf diesen Schutz haben alle Deutsche gleichmäßig Anspruch; über den Umfang des zu gewährenden Schutzes und über die dabei anzuwendenden Mittel kann aber nur das politische Ermessen entscheiden. Es erscheint ausgeschlossen, in dieser Beziehung eine privatrechtliche Verantwortlichkeit des Reiches aufzustellen. Ebensowenig kann das Reich haftbar gemacht werden, wenn der Beamte nicht in der Lage ist, sich ausschließlich nach den heimischen Rechtsvorschriften zu richten, sondern internationale Rücksichten auf eine ausländische Staatshoheit oder auf ausländische Rechtsvorschriften nehmen muß. Beispielsweise würde ein Konsul nicht imstande sein, eine ihm nach der Zivilprozeßordnung übertragene Zustellung auszuführen, wenn die ausländische Staatsgewalt mit Rücksicht auf ihre Staatshoheit dies nicht zuläßt; ebenso würde ein Konsul, dem nach der fremden Gesetzgebung ohne vertragsmäßige

Grundlage ein deutscher Nachlaß zur Behandlung überwiesen wird, bei seiner Verteilung unter Umständen das ausländische Erbrecht zu berücksichtigen haben. In den vorbezeichneten Fällen wird zwar von vornherein anzunehmen sein, daß die Berücksichtigung der internationalen Verhältnisse seitens des Beamten keine Verletzung seiner Amtspflicht enthält, daß also der § 839 BGB. hier überhaupt keine Anwendung findet; indessen erschien es, schon um gerichtliche Erörterungen über die internationalen Beziehungen des Reichs zu verhüten, angezeigt, die Rechtslage durch eine ausdrückliche Vorschrift klarzustellen" (Begr. S. 13). Es sollte ein gewisser Damm gegen unbegründete oder gar frivole Klagen gegen das Reich aufgerichtet werden, es ist nicht ausgeschlossen, daß solche Klagen erhoben werden können, nur um der auswärtigen Vertretung des Reiches Vorwürfe und Schwierigkeiten zu machen und bei solcher Gelegenheit etwas herauszuschlagen, indem man damit rechnet, daß das Reich sich mit dem Kläger lieber abfinden wird, als es zu einer Beweisaufnahme kommen zu lassen (KomBer. S. 19).

Hervorzuheben ist, daß wenn Beamte des äußeren Dienstes Amtshandlungen ausführen, bei welchen eine Rücksichtnahme auf die ausländische Staatshoheit usw. nicht erforderlich ist, z. B. bei Beglaubigungen von Unterschriften, Eintragung in die Matrikel (vgl. RG. 25. Sept. 1906 bei v. Kamptz-Delius, Rechtspr. II, 878), bei Einziehung, Regelung einer Erbschaft, Nichtberücksichtigung oder schuldhafte Verzögerung der Eingaben Deutscher die Haftung des Reichs eintritt. Vgl. auch Anhang Ziff. 3.

Aber auch in diesen Fällen wird die amtliche Erklärung des Reichskanzlers notwendig sein, da nicht feststeht, ob nicht doch politische oder internationale Rücksichten haben beobachtet werden müssen. Die Sache mag äußerlich so aussehen, als ob lediglich privatrechtliche Funktionen ausgeübt sind. Man wird also bei allen Amtshandlungen eines mit Angelegenheiten des äußeren Dienstes befaßten Beamten mit der Erklärung des Reichskanzlers rechnen müssen.

Dem Reichskanzler ist gesetzlich nicht die Pflicht auferlegt, vor Erhebung einer Klage jedem Privatmann, dem es einfällt, einen Schadensersatzanspruch geltend zu machen, die amtliche Erklärung abzugeben. Wer eine Klage zu erheben gedenkt, wird sich zunächst mit dem Auswärtigen Amte in Verbindung setzen und von diesem zu erfahren suchen, ob und aus welchen Gründen es eine Schadensersatzpflicht ablehnt. Wer ohne diese Anfrage zur Klage schreitet, tut dies, wie jeder andere Kläger, auf seine Gefahr und hat Verurteilung in die Kosten zu gewärtigen. Wird die Abgabe der Erklärung des Reichskanzlers ungebührlich verzögert, so wird der Kläger gleichwohl zur Klage schreiten dürfen, zumal wenn Verjährung droht. Das Reich wird dann, wenn später die Erklärung des Reichskanzlers in einem dem Beamten günstigen Sinne abgegeben wird, jedenfalls die Kosten tragen müssen. Kröner S. 13 meint irrig, daß der Reichskanzler in dem Prozesse gegen den Beamten gemäß § 839 den Beamten nicht decken kann.

Dem Reichskanzler ist vom Gesetzgeber ein sehr weitgehendes Recht eingeräumt, zumal eine Beschwerde gegen seine Entscheidung nicht statthaft ist. Die Erklärung, ob das Verhalten des betreffenden Beamten politischen oder internationalen Rücksichten entsprochen habe, ist vom Standpunkte der Vergangenheit, also desjenigen Zeitpunktes aus abzugeben, in welchem der betreffende Beamte tätig gewesen, untätig usw. geworden ist. Es darf nicht etwa das Verhalten des Beamten der etwa veränderten politischen oder internationalen Lage entsprechend nachträglich exkulpiert werden (KomBer. S. 22).

Das Gericht darf die Erklärung des Reichskanzlers nicht nachprüfen. Vgl. RGZ. 102, 173.

§ 6.

Unberührt bleiben die Vorschriften anderer Reichsgesetze, soweit sie für bestimmte Fälle die Haftung des Reichs über einen gewissen Umfang hinaus ausschließen.

Siehe die zusammenfassende Darstellung in § 5 d. W. unter § 6 PrAHG.

§ 7.

Den Angehörigen eines ausländischen Staates steht ein Ersatzanspruch auf Grund dieses Gesetzes nur insoweit zu, als nach einer im Reichs-Gesetzblatt enthaltenen Bekanntmachung des Reichskanzlers durch die Gesetzgebung des ausländischen Staates oder durch Staatsvertrag die Gegenseitigkeit verbürgt ist.

S. Anm. zu § 7 PrAHG.

§ 4. Die Beamten der Länder und Körperschaften (Kommunalverbände usw.). Die gesetzlichen Bestimmungen der einzelnen Länder.

1. Freistaat Preußen.

a) Amtshaftungsgesetz v. 1. August 1909 (GS. S. 691)[1]).

§ 1.

Verletzt ein unmittelbarer Staatsbeamter in Ausübung der ihm anvertrauten öffentlichen Gewalt vorsätzlich oder fahrlässig die ihm einem Dritten gegenüber obliegende Amtspflicht, so trifft die im § 839 des Bürgerlichen Gesetz-

[1]) Erläuterung in § 5 d. W.

buchs bestimmte Verantwortlichkeit an Stelle des Beamten den Staat.

Ist die Verantwortlichkeit des Beamten deshalb ausgeschlossen, weil er den Schaden im Zustande der Bewußtlosigkeit oder in einem die freie Willensbestimmung ausschließenden Zustande krankhafter Störung der Geistestätigkeit verursacht hat, so hat gleichwohl der Staat den Schaden zu ersetzen, wie wenn dem Beamten Fahrlässigkeit zur Last fiele, jedoch nur insoweit, als die Billigkeit die Schadloshaltung erfordert.

Die Verantwortlichkeit des Staates ist ausgeschlossen bei Beamten, die ausschließlich auf den Bezug von Gebühren angewiesen sind, sowie bei solchen Amtshandlungen anderer Beamten, für welche die Beamten eine besondere Vergütung durch Gebühren von den Beteiligten zu beziehen haben.

§ 2.

(Aufgehoben.)

§ 3.

Der Staat kann von dem Beamten Ersatz des Schadens verlangen, den er durch die im § 1 Abs. 1 bestimmte Verantwortlichkeit erleidet. Der Ersatzanspruch verjährt in drei Jahren von dem Zeitpunkt an, in welchem der Ersatzanspruch des Dritten diesem gegenüber von dem Staate anerkannt oder dem Staate gegenüber rechtskräftig festgestellt ist.

§ 4.

Die Vorschriften der §§ 1—3 finden auf die für den Dienst eines Kommunalverbandes angestellten Beamten mit der Maßgabe Anwendung, daß an die Stelle des Staates der Kommunalverband tritt. Jedoch trifft bei Amtspflichtverletzungen von Standesbeamten die Verantwortlichkeit den Staat.

Einem Kommunalverbande stehen gleich die Gutsbezirke, die Amtsverbände und die zur Wahrnehmung einzelner kommunaler Angelegenheiten gebildeten Zweckverbände.

§ 4a.

Die Vorschriften der §§ 1—3 finden ferner auf die Lehrer und Lehrerinnen eines Schulverbandes Anwendung.

Das gleiche gilt für die Lehrpersonen der Schulsozietäten sowie der sonstigen zur Unterhaltung von öffentlichen Unterrichtsanstalten verpflichteten Verbände und Stiftungen des öffentlichen Rechts.

Ergänzungsgesetz v. 14. Mai 1914 (GS. S. 117) — in Kraft getreten am 13. Juli 1914 —

§ 5.

(Aufgehoben.)

§ 6.

Soweit durch Reichsgesetze oder Landesgesetze für bestimmte Fälle eine Haftung des Staates oder der Kommunalverbände über den in jenen Gesetzen bestimmten Umfang hinaus ausgeschlossen ist, finden die Vorschriften dieses Gesetzes keine Anwendung.

§ 7.

Den Angehörigen eines ausländischen Staates steht ein Ersatzanspruch auf Grund dieses Gesetzes nur insoweit zu, als nach einer in der Preußischen Gesetzsammlung

enthaltenen Bekanntmachung des Staatsministeriums durch die Gesetzgebung des ausländischen Staates oder durch Staatsvertrag die Gegenseitigkeit verbürgt ist.

b) §§ 88—91, 127—145 II, 10 Allg. Landrecht von 1794[1]).

§ 88. Wer ein Amt übernimmt, muß auf die pflichtmäßige Führung desselben die genaueste Aufmerksamkeit wenden.

§ 89. Jedes dabei begangene Versehen, welches bei gehöriger Aufmerksamkeit und nach den Kenntnissen, die bei der Verwaltung des Amtes erfordert werden, hätte vermieden werden können und sollen, muß er vertreten.

§ 90. Vorgesetzte, welche durch vorschriftsmäßige Aufmerksamkeit die Amtsvergehungen ihrer Untergebenen hätten hindern können, sind für den aus Vernachlässigung dessen entstandenen Schaden, sowohl dem Staate, als einzelnen Privatpersonen, welche darunter leiden, verhaftet.

§ 91. Doch findet in beiden Fällen (§§ 89, 90) die Vertretung nur alsdann statt, wenn kein anderes gesetzmäßiges Mittel, wodurch den nachteiligen Folgen eines solchen Versehens abgeholfen werden könnte, mehr übrig ist.

§ 127. Geschäfte, welche dem ganzen Kollegio obliegen, müssen von allen Mitgliedern desselben vertreten werden[2]).

§ 128. Inwiefern die Mitglieder für einen durch Vorsatz oder Versehen entstandenen Schaden als Mitschuldner, oder ein jeder nur für seinen Anteil, haften, ist nach allgemeinen gesetzlichen Vorschriften zu bestimmen (T. I Tit. 6 §§ 29 ff.)[3]).

§ 129. Kann in Fällen, wo jedes Mitglied nur für seinen Anteil haftet, von einem oder dem andern dessen Anteil

[1]) Gelten für ganz Preußen (RGZ. 75, 233 u. 95, 346), auch für mittelbare Staatsbeamte. Vgl. Delius, Preuß. VerwBl. 46, 19.

[2]) Strieth. Arch. 48, 292, 295.

[3]) Jetzt § 426 BGB.

an der Entschädigung nicht beigetrieben werden, so müssen die übrigen denselben zu gleichen Teilen vertreten.

§ 130. Der Einwand, daß ein Versehen durch den unrichtigen Vortrag eines Mitgliedes, oder durch die von demselben geschehene Abfassung einer dem Schlusse des Kollegii nicht gemäßen Verfügung, oder durch andere Pflichtwidrigkeiten oder Fahrlässigkeiten desselben entstanden sei, befreit das Kollegium nicht von der Einlassung auf die Klage[1]).

§ 131. Findet sich aber bei der Untersuchung, daß dieser Einwand seine Richtigkeit habe, so muß der Kläger an dasjenige Mitglied, welches solchergestalt das Versehen unmittelbar begangen hat, vorzüglich sich halten.

§ 132. Nächst diesem haftet der Vorgesetzte, wenn er durch Anwendung der ihm vermöge seines Amtes obliegenden Aufmerksamkeit (§ 90) das vorgefallene Versehen hätte verhüten oder abwenden können[2]).

§ 133. Die übrigen Mitglieder[3]) haften nur in Ermangelung beider, und nur insofern, als besondere Gesetze ihnen eine vorzüglich eigene Aufmerksamkeit auf die Handlungen ihrer Kollegen bei Geschäften dieser Art ausdrücklich zur Pflicht gemacht haben.

§ 134. Hat der Vorgesetzte das Geschäft ohne Zuziehung des Kollegii oder nur mit Zuziehung einiger Mitglieder vorgenommen, so ist derselbe nur allein oder nur mit den zugezogenen Mitgliedern verantwortlich[4]).

§ 135. Die nicht zugezogenen Mitglieder sind nur alsdann zur Vertretung gehalten, wenn hiernächst das Geschäft dem Kollegio vorgetragen und zu einer Zeit, da dem Versehen

---

[1]) Strieth. Arch. **48**, 292. Vgl. § 10 d. W.

[2]) Strieth. Arch. **6**, 89.

[3]) Strieth. Arch. **20**, 195.

[4]) Strieth. Arch. **69**, 13 (Anwendung auf Subalterne).

noch abgeholfen werden konnte, von selbigem genehmigt worden.

§ 136. Hat das Kollegium die Besorgung der verschiedenen Arten seiner Geschäfte unter seine Mitglieder eigenmächtig verteilt, so ändert dieses nichts an der Vertretungsverbindlichkeit der Mitglieder gegen die Partei.

§ 137. Doch bleibt den übrigen der Regreß gegen diejenigen Mitglieder vorbehalten, welche die Besorgung des Geschäfts ausschließend übernommen und dabei das Versehen begangen haben.

§ 138. Sind aber durch Gesetze, Amtsinstruktionen oder höhere Anweisungen gewisse Arten von Geschäften einem oder etlichen Mitgliedern zur ausschließenden Besorgung angewiesen, so müssen diese für ein dabei begangenes Versehen und zwar, wenn ihrer mehrere sind, nach Vorschrift §§ 127, 128, 129 haften.

§ 139. Ist dem einen die eigentliche Besorgung des Geschäfts, den übrigen aber eine besondere Aufsicht über ihn solchergestalt angewiesen, so werden letztere nur für die Vernachlässigung dieser Aufsicht verantwortlich.

§ 140. Sind desgleichen zu einem gewissen Geschäfte besonders verordnete Mitglieder oder Subalternen zum Schadensersatze nicht vermögend, so haften der Vorgesetzte und die übrigen Mitglieder nur insofern, als bei der Auswahl oder Bestellung des Subjekts ein grobes oder mäßiges Versehen begangen oder die über das Geschäft zu führende allgemeine Aufsicht vernachläßigt worden.

§ 141. In keinem Falle sind Mitglieder eines Kollegii zur Vertretung gehalten, wenn ihnen bei dem Geschäfte, worin das Versehen vorgefallen ist, kein Votum zukam.

§ 142. Auch alsdann nicht, wenn sie mit Vorwissen und Genehmigung des Vorgesetzten abwesend waren.

§ 143. Ferner alsdann nicht, wenn sie durch Krankheit der Versammlung des Kollegii beizuwohnen verhindert worden.

§ 144. Endlich alsdann nicht, wenn sie überstimmt worden und ihr Votum schriftlich, unter Anführung der Gründe, zu den Akten gebracht haben.

§ 145. Auch die Erben der Mitglieder haften für den dem Erblasser obliegenden Ersatz, ebenso wie für andere Schulden desselben.

c) Für die Mitglieder der Regierung kommt der § 34 der Instr.[1]) zur Geschäftsführung der Regierungen v. 23. Okt. 1817 (GS. S. 248) in Betracht, welcher bestimmt:

„. . . ein jeder Departementsrat oder in einzelnen Sachen ernannter Dezernent . . ist . . . . . auch für eine gründliche und vorschriftsmäßige Bearbeitung der dazu gehörigen Gegenstände . . . zunächst und vollständig verantwortlich. Von dieser prinzipalen Verantwortlichkeit wird auch niemand durch den Beitritt des Kollegiums bei dem gehaltenen Vortrage befreit. Ist das Mitglied von dem Kollegium abgestimmt worden, so darf es den Beschluß nicht vertreten, wenn es seine abweichende Meinung in dem Dekrete kürzlich vermerkt und solches darunter von dem vorsitzenden Direktor oder Präsidenten hat bescheinigen lassen. Wohl aber haftet das Mitglied nachher vollständig für den weiteren Betrieb der Sache und eine zweck- und ordnungsmäßige Ausführung des Beschlusses. Auch kann dasselbe zur Verantwortung und vollen Vertretung gezogen werden, wenn es sich in der Folge ausweiset, daß es aus

---

[1]) Diese Instruktion ist das die Vertretungsverbindlichkeit der Regierungsbeamten regelnde Sondergesetz und zugleich gegenüber den §§ 127 ff. II, 10 ALR. das jüngere Gesetz (RG. Recht 1908 S. 821).

Unkunde des Sachverhältnisses, der Gesetze oder Vorschriften, oder vielleicht gar aus bloßem Eigensinn abweichender Meinung gewesen, oder aber durch falsche und unvollständige Darstellung das Kollegium zu dem Beschluß verleitet hat."

d) ALR. Teil I Titel 13[1]).

§ 41. Geschäfte eines öffentlichen Amtes soll niemand eigenmächtig einem anderen an seiner Statt auftragen.

§ 42. Ist es dennoch geschehen, so sind die Handlungen des Substituten nichtig, und er sowohl als sein Machtgeber haften, einer für beide und beide für einen, wegen alles daraus entstandenen Schadens.

§ 43. War jedoch der Substitut zur Verrichtung von Amtshandlungen dieser Art an sich qualifiziert, so wird zwar dadurch, daß der, welchem das Geschäft eigentlich oblag, ihn dazu eigenmächtig substituiert hat, die Handlung selbst noch nicht ungültig.

§ 44. Derjenige aber, welcher sich eine solche eigenmächtige Substitution angemaßt hat, soll, nach Bewandtnis der Umstände, mit verhältnismäßiger Geld- oder Gefängnisstrafe belegt werden.

§ 45. Auch von dieser Strafe bleibt ein Beamter frei, welcher durch Krankheit oder anderen Zufall die Geschäfte seines Amtes zu verwalten auf eine Zeitlang außerstande gesetzt worden, und auf so lange, bis von seinem Vorgesetzten wegen einstweiliger Versehung desselben Anstalten getroffen worden, solche Amtshandlungen, die keinen Aufschub leiden, andern, welche zu Geschäften von gleicher Art öffentlich bestellt und verpflichtet sind, aufgetragen hat.

---

[1]) Auch diese das Beamtenrecht betreffenden Paragraphen gelten als öffentliches Recht für ganz Preußen, wenn auch eine ausdrückliche Vorschrift für die neuen Provinzen fehlt. Vgl. auch Art. 89 AG. z. BGB.

2. Freistaat Bayern[1]) (einschließlich Koburg[2]).

a) AG. z. BGB. v. 9. Juni 1899 (Beil. z. Ges.- u. VerwBl. 1899 Nr. 28 S. 1—82).

Art. 60. Verletzt ein Beamter des Staates, einer Gemeinde oder eines anderen Kommunalverbandes in Ausübung der ihm anvertrauten öffentlichen Gewalt vorsätzlich oder fahrlässig die ihm einem Dritten gegenüber obliegende Amtspflicht, so trifft dem Dritten gegenüber die im § 839 BGB. bestimmte Verantwortlichkeit an Stelle des Beamten den Staat oder den Verband, in dessen Diensten der Beamte steht. Bei den Amtsgeschäften der Gerichtsvollzieher gilt dies auch für die Verletzung der Pflichten gegenüber dem Auftraggeber.

Ausländern[3]) kann die Entschädigung, vorbehaltlich der Haftung des Beamten, verweigert werden, wenn nicht nachgewiesen ist, daß in dem Heimatstaate des Beschädigten eine der Vorschrift des Absatz 1 Satz 1 entsprechende Haftung Deutschen gegenüber wenigstens insoweit anerkannt wird, als der Ersatz des Schadens von dem Beamten nicht zu erlangen ist.

Die für einzelne Klassen von Beamten bestehenden besonderen Vorschriften bleiben unberührt.

---

[1]) Vgl. v. Schelhorn S. 665 u. Oertmann, Bayr. Landesprivatrecht Abt. I S. 258 ff., 268. Wegen des früheren bayerischen Rechts s. Becher, Materialien Abt. IV u. V. AG. z. BGB. Bd. I S. 78 ff., und v. Schelhorn S. 534.

[2]) Durch Bekanntmachung v. 27. April 1921 (GVBl. S. 299) sind mit Wirkung vom 1. Mai 1921 an das Beamtengesetz (a a) und die Art. 60 u. 61 AusfG. z. BGB. (a) in Koburg eingeführt und die bisherigen Koburgischen Vorschriften außer Kraft gesetzt. Wegen des alten Rechts vgl. unten unter Thüringen (c) auch Sachsen-Koburg-Gotha.

[3]) D. h. Reichsausländern. Vgl. Art. 110 Abs. 2 RV.

[Der Beamte hat dem Staate oder dem Verbande, in dessen Diensten er steht, den Schaden zu ersetzen, der dem Staate oder dem Verbande aus der Verletzung der Amtspflicht entsteht. Die Vorschriften des § 852 BGB. finden mit der Maßgabe Anwendung, daß die dreijährige Verjährungsfrist mit dem Zeitpunkt beginnt, in dem die Ersatzpflicht des Staates oder des Verbandes dem Beschädigten gegenüber anerkannt oder rechtskräftig festgestellt ist[1]).]

Art. 61. Ist ein Beamter des Staates, einer Gemeinde oder eines anderen Kommunalverbandes für einen Schaden der in Art. 60 Abs. 1 bezeichneten Art deswegen nicht verantwortlich, weil er sich im Zustande der Bewußtlosigkeit oder in einem die freie Willensbestimmung ausschließenden Zustande krankhafter Störung der Geistestätigkeit befunden hat, so kann der Beschädigte von dem Staate oder dem Verbande Schadensersatz verlangen[2]).

Für den Schaden, der daraus entsteht, daß der Beamte bei einem Urteil in einer Rechtssache die Amtspflicht verletzt, ist der Staat oder der Verband in dem Falle des Abs. 1 nicht verantwortlich[3]).

---

[1]) Obsolet für Staatsbeamte, siehe unten unter (a a) (Beamtengesetz).

[2]) Es handelt sich hier um Fälle, in welchen die Verantwortlichkeit gemäß § 827 BGB. ausgeschlossen ist. Hier tritt also Haftung aus bloßer Versehung, ohne Verschulden ein. Da Art. 61 auf den 4. Absatz des Art. 60 nicht Bezug nimmt, so fällt auch der Regreßanspruch des Staates oder Verbandes gegen den Beamten weg. Vgl. v. Schelhorn S. 675. — Hat sich der Beamte in den fraglichen Zustand schuldhaft durch Getränke oder ähnliche Mittel versetzt, so ist er verantwortlich in gleicher Weise, wie wenn ihm Fahrlässigkeit zur Last fiele.

[3]) Ohne diese Vorschrift könnten recht unangenehme Folgen eintreten und eine Gefahr für die gesamte Rechtspflege entstehen.

Die Vorschriften des § 839 Abs. 1 Satz 2, Abs. 2 Satz 2, Abs. 3 BGB. und des Artikels 60 Abs. 1 Satz 2, Abs. 2, 3 finden entsprechende Anwendung[1]).

aa) Beamtengesetz v. 16. Aug. 1908 (GVBl. S. 581).

Art. 13. Verletzt ein Beamter vorsätzlich oder fahrlässig seine Amtspflicht, so haftet er dem Staate für den diesem daraus entstehenden Schaden.

Die Vorschriften der §§ 827, 830, des § 840 Abs. 1, des § 852 Abs. 2 und des § 853 BGB. finden entsprechende Anwendung.

Der Anspruch des Staates auf Schadensersatz verjährt in drei Jahren von dem Zeitpunkt an, in dem eine zur Geltendmachung des Anspruchs zuständige Behörde von dem Schaden und der Person des ersatzpflichtigen Beamten Kenntnis erlangt hat, ohne Rücksicht auf diese Kenntnis in 30 Jahren von der Begehung der Handlung an. Besteht der Schaden darin, daß der Staat wegen einer durch eine Amtspflichtsverletzung erfolgten Schädigung eines Dritten diesem Ersatz leisten muß, so beginnt die dreijährige Verjährungsfrist mit dem Zeitpunkt, in dem die Ersatzpflicht des Staates dem

---

Wenn z. B. ein Richter in Geisteskrankheit verfällt, so könnten schließlich alle diejenigen, welche jemals mit einem von diesen Beamten gefällten Urteil unzufrieden waren, mit der Behauptung hervortreten, auch dieses Urteil sei schon auf die geistige Erkrankung des Beamten zurückzuführen. Vgl. v. Schelhorn S. 674.

[1]) Aus dem Hinweis auf § 839 Abs. 1 Satz 2 ist richtig zu entnehmen, daß grundsätzlich in allen Fällen des Abs. 1 vom Art. 61 den Staat nur eine subsidiäre Ersatzpflicht trifft, d. h. also nur, wenn nicht auf andere Weise Ersatz geschaffen werden kann. Muß die Handlung, wenn der Beamte sich in verarmtem Zustande befunden hätte, als eine vorsätzliche angesprochen werden, so haftet der Staat primär.

Beschädigten gegenüber anerkannt oder rechtskräftig festgestellt ist.

ab) Verfahren bei Ersatzzuweisungen.

1. Staatsbeamte. Art. 179—181 des Beamtenges. v. 16. Aug. 1908 (GVBl. S. 581).

Art. 179: Hat ein Beamter durch vorsätzliche oder fahrlässige Verletzung seiner Amtspflicht dem Staate einen Schaden zugefügt, so kann die zuständige Behörde beschließen, daß der Beamte für den Schaden haftbar ist und in welcher Höhe er dem Staat Ersatz zu leisten hat. Der Beschluß ist mit Gründen zu versehen und dem Beamten unter Belehrung über das ihm zustehende Beschwerderecht zu eröffnen. Auf Verlangen ist ihm eine Abschrift zu behändigen.

Gegen den Beschluß steht dem Beamten die Beschwerde im Instanzenzuge offen. Die Frist zur Einlegung der Beschwerde beträgt zwei Wochen vom Tage der Eröffnung an.

Der Beschluß wird mit dem Ablauf der Beschwerdefrist oder mit der Eröffnung über die Entscheidung der letzten Instanz an den Beamten nach Maßgabe der Vorschriften über das Vollstreckungsrecht der Verwaltungsbehörden (Art. 6, 7 AG. z. ZPO. u. KO.) vollstreckbar. Der Beschluß kann auch vorher für vorläufig vollstreckbar erklärt werden, wenn zu befürchten ist, daß der Beamte sein Vermögen der Verwendung zum Ersatze des Schadens entziehen werde oder wenn sonst durch die Aussetzung der Vollstreckung für den Staat ein schwer zu ersetzender Nachteil entstehen würde. Dem Beamten ist in diesem Falle zu gestatten, durch Sicherheitsleistung oder durch Hinterlegung die Vollstreckung abzuwenden.

Art. 180. Gegen den vollstreckbaren Beschluß, durch den der Beamte zum Ersatz eines Schadens an den Staat verpflichtet wird, steht ihm sowohl hinsichtlich der Ersatzverbindlichkeit als auch hinsichtlich des Betrages des zu ersetzenden Schadens die Beschreitung des Rechtsweges offen.

Das Klagerecht erlischt binnen einer Ausschlußfrist von einem Jahre. Sie beginnt mit dem Tage, an dem der Beschluß vollstreckbar geworden ist. Auf sie finden die Vorschriften der §§ 203, 206, 207 BGB. entsprechende Anwendung.

Die Vorschrift des Art. 2 AG. z. ZPO. u. KO. findet keine Anwendung.

Art. 181. Die Vorschriften der Art. 179, 180 finden auf die in dem Art. 25 bezeichneten Staatsdienstaspiranten und sonstige Personen Anwendung.

2. Gemeindebeamte (Art. 82 u. 83 der Gemeindeordnung v. 17. Okt. 1927, GBBl. S. 293.

Art. 82. Hat ein Gemeindebeamter durch vorsätzliche oder fahrlässige Verletzung seiner Amtspflicht der Gemeinde einen Schaden zugefügt, so entscheidet auf Antrag der Gemeinde oder von Amts wegen die Staatsaufsichtsbehörde, ob er der Gemeinde für den Schaden haftbar ist und in welcher Höhe er Ersatz zu leisten hat. Gegen den Beschluß der Staatsaufsichtsbehörde steht den Beteiligten binnen 14 Tagen Beschwerde an die nächste höhere Staatsaufsichtsbehörde zu, diese entscheidet endgültig.

Der Beschluß wird mit Ablauf der Beschwerdefrist oder mit der Zustellung der Entscheidung des zweiten Rechtszuges vollstreckbar. Er kann schon vorher für vorläufig vollstreckbar erklärt werden, wenn zu befürchten ist, daß der Beamte (wie oben in Art. 179 Abs. 4 a. E. für Staatsbeamte).

Art. 83. Gegen den vollstreckbaren Beschluß nach Art. 82 steht dem Gemeindebeamten und der Gemeinde sowohl hinsichtlich der Ersatzverbindlichkeit als auch hinsichtlich des Ersatzbetrages der Rechtsweg vor den ordentlichen Gerichten offen.

(Abs. 2 ist gleichlautend mit Art. 180 Abs. 2 für Staatsbeamte).

3. Bezirksbeamte (Art. 36 der Bezirksordnung v. 17. Okt. 1927, GVBl. S. 325).

Art. 36: Für die Beamten des Bezirks gelten die Vorschriften der Gemeindeordnung über die Gemeindebeamten entsprechend.

b) Notariatsgesetz v. 9. Juni 1899 (Beil. z. GesBl. 1899 Nr. 28 S. 137—166).

Art. 126. Für den Schaden, den ein Notar oder ein Notariatsverweser in Ausübung des ihm anvertrauten Amtes durch Verletzung der Amtspflicht einem Dritten zugefügt, ist der Staat nach Maßgabe der Art. 60 u. 61 AG. z. BGB. verantwortlich.

Der Notar und der Notariatsverweser hat dem Staate nach Maßgabe des Art. 60 Abs. 4 AG. z. BGB. den Schaden zu ersetzen, der dem Staate aus der Verletzung der Amtspflicht entsteht. Für den Schaden, den hiernach ein Notariatsverweser dem Staate zu ersetzen hat, haftet dem Staate neben dem Notariatsverweser der Notar nach Maßgabe des Art. 115[1]).

Für den Schaden, den ein Notar oder ein Notariatsverweser in Ausübung des Amtes des Testamentsvollstreckers[2]) einem Dritten zugefügt, haftet der Staat nicht

c) Ges. v. 8. Aug. 1878 betr. Errichtung eines Verwaltungsgerichtshofes i. d. F. des Art. 165 AG. z.

[1]) Enthält die gleiche Bestimmung, wie § 101 des preuß. Gesetzes. Vgl. § 17 d. W.

[2]) Die Übernahme eines solchen Amtes gehört nicht zu den eigentlichen Notariatsgeschäften.

BGB. Art. 7 Abs. 2[1]). In Bayern ist bei allen Beamten, mit Ausnahme der Beamten der streitigen und der freiwilligen Gerichtsbarkeit[2]) die verwaltungsgerichtliche Vorentscheidung notwendig.

Art. 7 Abs. 2 hat durch das Gesetz v. 7. März 1924 (GVBl. S. 65) Art. 1 folgende Fassung erhalten: „Der Verwaltungsgerichtshof[3]) ist berufen in den Fällen, in denen die Vorschrift des Art. 60 Abs. 1 bayr. AusfGes. z. BGB. v. 9. Juni 1899 nicht Platz greift und ein Beamter des Staates, einer Gemeinde oder eines anderen Kommunalverbandes selbst wegen des Schadens in Anspruch genommen werden soll, den er durch eine in Ausübung oder in Veranlassung der Ausübung der ihm anvertrauten öffentlichen Gewalt vorgenommene Handlung einem dritten zugefügt hat, die Vorentscheidung darüber zutreffen, ob der Beamte sich einer Überschreitung seiner Amtsbefugnisse oder der Unterlassung einer ihm obliegenden Amtshandlung schuldig gemacht hat ...

---

[1]) Vgl. Gravenhorst S. 171. Die Vorschriften über die Vorentscheidung gelten für alle öffentl. Beamten sämtlicher Verwaltungszweige, insbesondere auch für die mittelbaren und die nur vorübergehend angestellten, nicht dagegen für Militärpersonen. Vgl. Gravenhorst S. 179.

[2]) Die Beamten müssen als solche tätig werden. Haben sie als Organe der Justizverwaltung Handlungen vorgenommen, so ist die Vorentscheidung erforderlich. Da nicht von ordentlicher streitiger Gerichtsbarkeit die Rede ist, so ist die Vorentscheidung auch nötig bei Beamten der Arbeitsgerichte, nicht dagegen bei Beamten der Verwaltungsgerichte.

[3]) Der bayr. Verwaltungsgerichtshof prüft nur die Frage der Gesetzmäßigkeit oder Gesetzwidrigkeit und des dienstlichen Verschuldens der Beamten, während er die Erledigung der Frage nach dem subjektiven Verschulden, nach Vorsatz und Fahrlässigkeit, dem ordentlichen Gericht überläßt. (Gravenhorst S. 132.)

Bei Handlungen eines Beamten der streitigen oder der freiwilligen Gerichtsbarkeit ist die Vorentscheidung nicht zulässig. Die Vorentscheidung bindet das Gericht.

Soll der Anspruch gegen den Staat oder den Verband wegen schuldhafter Verletzung der Amtspflicht erhoben werden, so wirkt die Vorentscheidung auch für das Verhältnis zwischen dem Staate oder dem Verband und dem Beamten."

3. **Freistaat Sachsen.**

Es ist bisher weder ein dem Artikel 131 Reichsverf. entsprechendes Gesetz noch ein Ausführungsgesetz zu § 12 Grundbuchordnung erlassen. Im Anschluß an das Reskript v. 18. Okt. 1796 und das Generale v. 28. Juni 1817 § 15 wird ein Gewohnheitsrecht angenommen, nach welchem der Staat und die Kommunalverbände für die bei der Ausübung der öffentlich-rechtlichen Funktionen ihrer Beamten vorkommenden widerrechtlichen Handlungen der letzteren den Verletzten neben dem schuldigen Beamten unmittelbar haften. Vgl. RGZ. **55**, 365 und OLG. Dresden (R. d. OLG. 5, 214 und **14**, 1). Streitig ist, ob die Haftung nur für grobe oder auch für leichte Fahrlässigkeit eintritt.

Wegen der Einzelheiten ist auf Kloß und Müller, Sächs. Privat-Landesrecht, 3. Aufl. 1927 § 52 S. 108ff. (vgl. auch § 58 unter II, 3 S. 122) zu verweisen. Es gilt also nur Reichsrecht (Art. 131 RVerf. § 839 BGB. usw., sowie § 12 Reichsgrundbuchordnung) mit den daraus sich ergebenden Folgen.

4. **Freier Volksstaat Württemberg**[1]). AG. z. BGB. v. 28. Juli 1899 (RegBl. 1899 S. 423–539).

Art. 202. Verletzt ein Beamter des Staates in Ausübung der ihm anvertrauten öffentlichen Gewalt vorsätzlich oder

[1]) Vorentscheidung einer Verwaltungsbehörde (§ 11 EG. z. GVG.) ist nicht erforderlich. Vgl. Göz bei Maquardsen III, 1, 2 S. 153.

fahrlässig die ihm Dritten gegenüber obliegende Amtspflicht, so trifft den Beteiligten gegenüber die im BGB. bestimmte Verantwortlichkeit an Stelle des Beamten den Staat.

Die Verantwortlichkeit tritt außerdem ein, wenn die Haftung des Beamten nur deshalb ausgeschlossen ist, weil der Beamte die Amtspflicht im Zustande der Bewußtlosigkeit oder in einem die freie Willensbestimmung ausschließenden Zustand krankhafter Störung der Geistestätigkeit verletzt hat.

Ausländern kann die Entschädigung vorbehaltlich der Verfolgbarkeit des Anspruchs gegen den Beamten selbst verweigert werden, wenn nicht nachgewiesen ist, daß in dem Heimatsstaate des Beschädigten im Falle des Abs. 1 eine mindestens aushilfsweise Haftung des Staates Deutschen gegenüber anerkannt wird.

Art. 203. Soweit der Staat den Schaden ersetzt hat, ist der Beamte unter denselben Voraussetzungen und in demselben Umfange zur Erstattung an den Staat verpflichtet, wie er ohne die Bestimmung in Art. 202 gemäß den Vorschriften des BGB. dem Dritten den aus der Verletzung entstandenen Schaden zu ersetzen hätte. Dies gilt auch, wenn der Staat nach § 12 GBO. an Stelle der eines Grundbuchbeamten den Beteiligten Ersatz geleistet hat.

Art. 204. Die Bestimmung der Art. 202 und 203 finden auf die Haftung der Gemeinden und anderer Kommunalverbände für die Amtshandlungen ihrer Beamten entsprechende Anwendung.

5. Republik Baden.

a) AG. z. BGB. v. 17. Juni 1899 (Ges. u. VerBl. 1899 S. 229—248).

Art. 5. Verletzt ein Beamter des Staates in Ausübung der ihm anvertrauten öffentlichen Gewalt vorsätzlich oder fahrlässig die ihm gegenüber einem Dritten obliegende Amtspflicht, so trifft dem Beteiligten gegenüber die im BGB. bestimmte Verantwortlichkeit an Stelle des Beamten den Staat.

Soweit nicht die Amtshandlung eines Beamten der streitigen oder freiwilligen Gerichtsbarkeit in Frage steht, ist die nach Absatz 1 zulässige Verfolgung des Staates im Falle des Verlangens des dem Beamten vorgesetzten Ministeriums an die Vorentscheidung des Verwaltungsgerichtshofes gebunden[1]). Das Verlangen kann nur so lange gestellt werden, als in dem gerichtlichen Verfahren ein landgerichtliches Endurteil nicht verkündet[2]) ist.

Auf das Verfahren vor dem Verwaltungsgerichtshof findet das Ges. v. 14. Juni 1884, die Verwaltungsrechtspflege betreffend, auf die Entscheidung Art. 11 des Ges. v. 24. Februar 1880, den Verwaltungsgerichtshof und das verwaltungsgerichtliche Verfahren betreffend, Anwendung[3]).

---

[1]) Hierher gehören die Richter einschließlich der Bürgermeister und deren Stellvertreter (soweit sie richterliche Funktion in bürgerlichen Rechtssachen ausüben), die Gerichtsnotare, Gerichtsschreiber, Gerichtsvollzieher, Standesbeamten und die Mitglieder der Grund- und Pfandbuchbehörden. Auch die Staatsanwälte sind einzurechnen. Dasselbe gilt für die Beamten der Kaufmanns- und Gewerbegerichte, da nicht etwa nur von „ordentlicher streitiger Gerichtsbarkeit" die Rede ist. Vgl. Gravenhorst, Konflikt S. 187 ff. Die Beamten der Verwaltungsgerichte gehören nicht hierher.

[2]) Zustellung ist nicht erforderlich.

[3]) Auch bei mittelbaren Beamten ist der Konflikt zulässig, dagegen nicht bei kirchlichen Beamten. Das Ministerium in Baden kann die Vorentscheidung zugunsten eines Ministers verlangen Die Beamten (auch nur vorübergehend angestellte) müssen sich in Ausübung staatlicher oder kommunaler Hoheitsrechte befunden haben; haben sie nur Rechte ausgeübt, die dem Staat oder Kommunalverband als juristischer Person des Privatrechts zustehen, so kann die Vorentscheidung nicht verlangt werden.

Soweit der Staat in diesen Fällen den Beschädigten befriedigt, ebenso im Falle des § 12 BGB., geht die Forderung auf den Staat über.

Die vorstehenden Bestimmungen finden auf die Haftung der Gemeinden und anderer Kommunalverbände entsprechende Anwendung.

Ausländern kann die Entschädigung verweigert werden wenn nicht nachgewiesen ist, daß in dem Heimatsstaate des Beschädigten eine der Vorschrift des Absatzes 1 entsprechende Haftung Inländern gegenüber anerkannt wird.

b) Grundbuchordnung vom 19. Juni 1899 § 3 (Fassung des Gesetzes v. 11. September 1908; GS. S. 507) „Verletzt ein Gemeindegrundbuchbeamter vorsätzlich oder fahrlässig die ihm einem Dritten gegenüber obliegende Amtspflicht, so trifft den Beteiligten gegenüber die im BGB. bestimmte Verantwortlichkeit an Stelle des Beamten die Gemeinde, in deren Dienst er steht."

6. Land Thüringen[1]).

a) Staatsbeamtengesetz v. 2. März 1923 (GS. S. 129).

§ 12. I. Verletzt ein Beamter vorsätzlich seine Amtspflicht so hat er dem Staate den diesen daraus erwachsenen Schaden zu ersetzen. Beruht die Verletzung der Amtspflicht auf Fahrlässigkeit, so ist der Staat berechtigt, von dem Beamten Schadensersatz zu verlangen. Sind mehrere Beamten beteiligt, so haften sie als Gesamtschuldner[2]).

II. Der Anspruch des Staates auf Schadensersatz verjährt in drei Jahren von dem Zeitpunkte an, in dem das dem Beamten vorgesetzte Ministerium von dem Schaden und der Person des ersatzpflichtigen Beamten Kenntnis erlangt hat, und ohne

---

[1]) Wegen Sachsen-Koburg s. Bayern.

[2]) Eine Entschließung des Landtages verlangt, daß in schonender Weise von dem Rückgriffsrecht Gebrauch gemacht wird.

Rücksicht auf diese Kenntnis in 30 Jahren von Begehung der Handlung an.

III. Besteht der Schaden darin, daß der Staat einem dritten wegen einer Schädigung, die auf einer Amtspflichtverletzung beruht, Ersatz leisten muß, so beginnt die dreijährige Frist mit dem Zeitpunkt, in dem die Ersatzpflicht des Staates dem Beschädigten gegenüber anerkannt oder rechtskräftig festgestellt ist.

IV. Die Haftung des Staates für die Amtspflichtverletzungen öffentlicher Beamter bei Ausübung der öffentlichen Gewalt wird im Rahmen von Art. 131 der Reichsverfassung durch besonderes Gesetz geregelt[1]).

b) Ausführungsverordnung zum BGB. v. 16. Mai 1923 (GS. S. 287). Haftung des Staates und anderer Körperschaften für Beamte.

§ 55. 1. Verletzt ein Beamter in Ausübung der ihm anvertrauten öffentlichen Gewalt die ihm einem anderen gegenüber obliegende Amtspflicht, so trifft die in § 839 BGB. bestimmte Verantwortlichkeit an Stelle des Beamten den Staat oder die Körperschaft, in deren Diensten der Beamte steht (Art. 131 Reichsverfassung). Ausschließlich zuständig sind die Landgerichte.

2. Der Staat und die Körperschaft könne vom Beamten Ersatz des Schadens verlangen, den sie durch die in Abs. 1 bestimmte Verantwortlichkeit erleiden. Der Ersatzanspruch verjährt in einem Jahre von dem Zeitpunkt an, wo der Ersatzanspruch des Geschädigten diesem gegenüber vom Staate oder der Körperschaft anerkannt, oder dem Staate oder der Körperschaft gegenüber rechtskräftig festgestellt ist.

---

[1]) Ein solches Gesetz soll nicht mehr erlassen werden.

3. Ausländern gegenüber haftet der Staat oder die Körperschaft nur insoweit, als sie eine entsprechende Haftung ihres Heimatstaates Deutschen gegenüber nachweisen.

c) Ausf. Ges. z. Reichsgrundbuchordnung.

Es sind noch die Gesetze der alten Länder in Kraft. Es ist aber zweifelhaft, ob sie noch insoweit gelten, als sie von § 12 des Staatsbeamtengesetzes abweichen. Vgl. z. B. Art. 10 Meiningen. Das wird aber zu bejahen sein, da das Grundbuchrecht gesondert geregelt ist.

Sachsen-Koburg-Gotha[1]). Art. 18 des Ges. v. 26. Nov. 1899 (GS. für Koburg S. 217, für Gotha S. 199).

Art. 18. Unerlaubte Handlungen von Beamten.

§ 1. Insoweit ein Beamter wegen vorsätzlicher oder fahrlässiger Verletzung der Amtspflicht einem Dritten zum Schadensersatz gemäß §§ 839, 1674, 1848 BGB. verpflichtet ist, tritt an dessen Stelle der Staat, die Gemeinde oder der Gemeindeverband, in dessen Diensten er steht.

Der Staat, die Gemeinde und der Gemeindeverband sind befugt, von dem Beamte Ersatz zu verlangen, und verpflichtet, dies zu tun, wenn dessen Handlung auf Arglist oder grober Fahrlässigkeit beruht.

Sind mehrere Beamten beteiligt, so haften sie ihrer Dienstbehörde gegenüber als Gesamtschuldner.

§ 2. Die Bestimmungen des § 1 Abs. 2 u. 3 finden auch Anwendung, wenn der Staat in Gemäßheit des § 12 der Grundbuchordnung Schadensersatz zu leisten hat.

§ 3. Nichtstaatsangehörigen[2]) gegenüber finden die Bestimmungen des § 1 nur Anwendung, wenn in dem Heimatsstaate des Geschädigten eine entsprechende Haftung des

---

[1]) Vgl. auch unter Bayern wegen „Koburg“.

[2]) Gleich Reichsausländer.

Staates, der Gemeinde oder Gemeindeverbände diesseitigen Staatsangehörigen gegenüber anerkannt wird.

§ 4. Die Vorschriften des Art. 143 der Strafprozeßordnung vom 21. September 1857 (Nr. 54 der Gemeinschaftlichen Gesetzsammlung) treten außer Kraft.

Sachsen-Altenburg. AG. z. GBO vom 4. Mai 1899 (GS. 1899 S. 69—73).

§ 16. Der Staat ist berechtigt, wenn er an Stelle des Grundbuchbeamten nach § 12 Abs. 1 der Grundbuchordnung hat Schadensersatz leisten müssen, von dem Beamten Ersatz zu verlangen. § 852 BGB. findet entsprechende Anwendung. Sind mehrere Grundbuchbeamte beteiligt, so haften sie als Gesamtschuldner.

Sachsen-Meiningen. Ges. vom 14. August 1899 zur Ausf. der ReichsGBO. (Samml. 1899 Nr. 85 S. 399—404).

Art. 10. Die Grundbuchbeamten sind der Staatskasse zum Ersatz alles dessen, was die Staatskasse auf Grund der Vorschrift des § 12 der Reichsgrundbuchordnung vom 24. März 1897 wegen einer jenen Beamten zur Last fallenden Verletzung ihrer Amtspflicht hat aufwenden müssen, nur dann verpflichtet, wenn sie ihre Amtspflicht vorsätzlich oder grob fahrlässig verletzt haben.

Die im § 852 Abs. 1 BGB. vorgesehene dreijährige Verjährung beginnt mit dem Zeitpunkte, in welchem die Ersatzpflicht des Staates von diesem anerkannt oder ihm gegenüber rechtskräftig festgestellt ist.

Schwarzburg-Rudolstadt. AG. z. GBO vom 28. Februar 1900 (GS. Nr. XXVII S. 169—174):

Art. 22. Verletzt ein Grundbuchbeamter vorsätzlich oder aus grober Fahrlässigkeit die ihm obliegende Amtspflicht, so trifft ihn dem Staate gegenüber die im § 839 BGB. bestimmte Verantwortlichkeit. Die im § 852 Abs. 1 BGB. vorgesehene dreijährige Verjährung beginnt mit dem Zeitpunkt, in welchem die Ersatzpflicht des Staates von diesem dem Verletzten gegenüber anerkannt oder dem Staate gegenüber rechtskräftig festgestellt ist. Sind mehrere Grundbuchbeamte beteiligt, so haften sie als Gesamtschuldner.

Schwarzburg-Sondershausen. AG. z. ReichsGBO. vom 29. Juli 1899 (GS. S. 150).

§ 29. Grundbuchbeamte sind diejenigen Beamten der Amtsgerichte, welche als Grundbuchrichter und Grundbuchführer die Geschäfte des Grundbuchamts besorgen.

Verletzt ein Grundbuchbeamter vorsätzlich oder fahrlässig die ihm obliegende Amtspflicht, so trifft ihn dem Staate gegenüber die im § 839 des BGB. bestimmte Verantwortlichkeit. Die im § 852 Abs. 1 des BGB. vorgesehene dreijährige Verjährung beginnt mit dem Zeitpunkt, in welchem die Ersatzpflicht des Staates von diesem anerkannt oder ihm gegenüber rechtskräftig festgestellt ist.

Reuß ält. Linie. Ges. vom 28. Oktober 1899 zur Ausf. der GBO. (GS. S. 85—90).

§ 12. Der Staat ist berechtigt, wenn er an Stelle des Beamten nach § 12 Satz 1 der Grundbuchordnung hat Schadensersatz leisten müssen, von dem Beamten Ersatz zu verlangen. § 852 BGB. findet entsprechende Anwendung. Die dreijährige Verjährungsfrist beginnt mit dem Zeitpunkte, in welchem die Ersatzpflicht des Staates von diesem anerkannt oder ihm gegenüber rechtskräftig festgestellt ist. Sind mehrere Beamte beteiligt, so haften sie als Gesamtschuldner.

Reuß j. Linie. Ges. vom 10. August 1899 zur Ausf. der GBO. (GS. S. 137—141).

§ 6. Der Staat ist berechtigt, wenn er an Stelle eines Grundbuchbeamten nach § 12 Abs. 1 der Grundbuchordnung

Schadensersatz hat leisten müssen, von dem Beamten Ersatz zu verlangen.

Dieser Anspruch verjährt in drei Jahren von dem Zeitpunkte an, in welchem die Ersatzpflicht des Staates von letzterem anerkannt oder ihm gegenüber rechtskräftig festgestellt worden ist.

Sind mehrere Grundbuchbeamte beteiligt, so haften sie als Gesamtschuldner.

Sachsen-Weimar (hat kein die Grundbuchbeamten treffendes Sondergesetz, es gelten deshalb die allgemeinen Gesetze unter a u. b).

d) Notare und Amtsschöppen. Nach § 85 bzw. § 107 der AusfVerord. zum RFFG. vom 21. August 1923 (GS. S. 599) haftet der Staat nicht für Notare und Amtsschöppen.

7. Volksstaat Hessen.

a) Gesetz betr. die Ausf. des BGB. vom 17. Juli 1899 (Reg.-Blatt 1899 S. 133–262).

Art. 77. Ein Beamter des Staates, einer Gemeinde oder eines anderen Kommunalverbandes kann wegen einer Handlung, die er in Ausübung oder in Veranlassung der Ausübung seines Amtes vorgenommen hat, zivilrechtlich oder strafrechtlich erst verfolgt werden, nachdem entweder von dem Verwaltungsgerichtshofe Vorentscheidung dahin getroffen worden ist, daß der Beamte sich einer Überschreitung seiner Machtbefugnisse oder der Unterlassung einer ihm obliegenden Amtshandlung schuldig gemacht hat, oder das dem Beamten vorgesetzte Ministerium erklärt hat, daß eine solche Vorentscheidung nicht verlangt werde. Es gilt als Verzicht des Ministeriums auf eine Vorentscheidung, wenn das Ministerium nicht innerhalb eines Monats, nachdem ihm ein darauf gerichteter Antrag des Geschädigten zugegangen ist, die Vorentscheidung beantragt[1]).

Art. 78. Für den Schaden, den ein Beamter (Art. 77) in Ausübung der ihm anvertrauten öffentlichen Gewalt einem Dritten zufügt, ist der Staat oder Verband, für den der Beamte tätig war, in gleicher Weise wie der Beamte verantwortlich. Der Staat, die Gemeinde oder der Kommunalverband haben dabei die rechtliche Stellung eines Bürgen. Sobald der Beamte rechtskräftig zur Zahlung verurteilt ist, kann die Einrede aus § 771 BGB.[2]) nicht mehr erhoben werden.

Ist die Einrede der Vorausklage nach den Vorschriften des BGB. ausgeschlossen, so tritt eine Haftung des Staates oder Verbandes nur dann ein, wenn durch eine auf Antrag des dem Beamten vorgesetzten Ministeriums zu erlassende Vorentscheidung des Verwaltungsgerichtshofes festgestellt ist, daß die im Art. 77 bezeichneten Voraussetzungen vorliegen, oder wenn das dem Beamten vorgesetzte Ministerium erklärt hat, daß eine solche Vorentscheidung nicht verlangt werde. Die Vorschrift des Art. 77 Satz 2 findet entsprechende Anwendung.

---

[1]) Die Vorentscheidung ist statthaft bei allen öffentlichen Beamten aller Verwaltungszweige, auch für die richterlichen und anderen Justizbeamten, ebenso für die mittleren und auch für die nur vorübergehend angestellten Beamten. Die eine Schuld des Beamten bejahende Vorentscheidung ist für das Gericht nicht bindend. Vgl. Gravenhorst S. 201. Der Hessische Verwaltungsgerichtshof prüft auch, ob auch subjektiv Überschreitung der Amtsbefugnisse vorliegt. Vgl. Gravenhorst S. 136 Anm. 2 u. unter „Baden".

[2]) Jetzt tritt nach Art. 131 RV. primäre Haftung des Staates (Verbandes) ein.

Art. 79. Die im Art. 78 bestimmte Haftung tritt nicht ein bei Handlungen von Beamten, die ausschließlich auf den Bezug von Gebühren angewiesen sind, insbesondere bei Handlungen von Notaren und Gerichtsvollziehern.

Art. 80. Die in Art. 78 bestimmte Haftung tritt Ausländern[1]) gegenüber nur insoweit ein, als Gegenseitigkeit verbürgt ist.

b) Gesetz betr. die Ausführung der Grundbuchordnung vom 22. Juli 1899 (RGBl. 1899 S. 363—367).

Art. 21. Verletzt ein Grundbuchbeamter vorsätzlich oder fahrlässig die ihm obliegende Amtspflicht, so trifft ihm dem Staate gegenüber die im § 839 BGB. bestimmte Verantwortlichkeit. Die im § 852 Abs. 1 BGB. bestimmte dreijährige Verjährungsfrist beginnt mit dem Zeitpunkte, in welchem die Ersatzpflicht des Staates den Beteiligten gegenüber rechtskräftig festgestellt oder vom Staate anerkannt ist.

8. **Mecklenburg-Schwerin.** Ges. v. 2. März 1921 (RegGBl. S. 463).

§ 1. Verletzt ein Beamter in Ausübung der ihm anvertrauten öffentlichen Gewalt die ihm einem Dritten gegenüber obliegende Amtspflicht, so trifft die in § 839 BGB. bestimmte Verantwortlichkeit an Stelle des Beamten den Staat oder die Körperschaft, in deren Diensten der Beamte steht (Art. 131 RV.).

§ 2. Der Staat oder die Körperschaft kann von dem Beamten Ersatz des Schadens verlangen, den er oder sie durch die in § 1 bestimmte Verantwortlichkeit erleidet. Der Ersatzanspruch verjährt in einem Jahre von dem Zeitpunkt an, in dem der Ersatzanspruch des Dritten diesem gegenüber von dem Staat oder der Körperschaft anerkannt oder dem

---

[1]) D. h. Reichsausländern.

Staat oder der Körperschaft gegenüber rechtskräftig festgestellt ist.

§ 3. Ausländern gegenüber haftet der Staat oder die Körperschaft nur insoweit, als sie eine entsprechende Haftung ihres Heimatstaates Deutschen gegenüber nachweisen.

§ 4. Soweit Ansprüche auf Grund dieses Gesetzes geltend gemacht werden, kann eine Vorentscheidung nach § 2 der VO. v. 5. Mai 1879 zur Ausführung des § 11 EG. z. GVG. nicht erlangt werden.

§ 5. Vorschriften, die diesem Gesetze entgegenstehen, insbes. § 49 Abs. 1 u. 2 d. VO. v. 9. April 1899 zur Ausf. des BGB. treten außer Kraft.

§ 6. Dieses Gesetz tritt mit seiner Verkündung in Kraft.

9. **Mecklenburg-Strelitz.** Ges. v. 27. Januar 1921 (Amtl. Anz. 1921 S. 139).

§ 1 (Wie Preußen in § 1).

§ 2. (Wie § 3 Preußen, nur tritt Verjährung schon nach 6 Monaten ein).

§ 3. Die Vorschr. der §§ 1 u. 2 finden auf die in Diensten einer Körperschaft des öffentl. Rechts stehenden Beamten mit der Maßgabe Anwendung, daß an die Stelle des Staates die Körperschaft tritt. Jedoch trifft bei Amtspflichtverletzungen von Standesbeamten die Verantwortlichkeit den Staat.

§ 4. (wie § 6 in Preußen, statt „Kommunalverbänden" heißt es: „Körperschaft des öffentl. Rechts").

§ 5. Den Angehörigen eines ausl. Staates steht ein Ersatzanspruch auf Grund dieses Gesetzes nur dann zu, wenn nachgewiesen wird, daß in dem Heimatstaate des Beschädigten die Gegenseitigkeit verbürgt ist.

§ 6. Mit dem Inkrafttreten dieses Gesetzes wird § 48 d. VO. z. Ausf. des BGB. v. 9. April 1899[1]) aufgehoben.

---

[1]) D. i. die alte Bestimmung über Haftpflicht.

10. Freistaat Oldenburg. Ges. v. 22. Dez. 1908 (GesBl. Bd. 23 S. 1110).

§ 1. Verletzt ein Beamter des Staates in Ausübung der ihm anvertrauten öffentlichen Gewalt vorsätzlich oder fahrlässig die ihm einem Dritten gegenüber obliegende Amtspflicht, so trifft die in § 839 BGB. bestimmte Verantwortlichkeit an Stelle des Beamten den Staat.

Dasselbe gilt hinsichtlich der vom Staate angestellten Lehrer und Lehrerinnen an den Volksschulen.

Ist die Verantwortlichkeit des Beamten oder Lehrers (Lehrerin) deshalb ausgeschlossen, weil er den Schaden im Zustande der Bewußtlosigkeit oder in einem die freie Willensbestimmung ausschließenden Zustande krankhafter Störung der Geistestätigkeit verursacht hat, so hat gleichwohl der Staat den Schaden zu ersetzen, wie wenn dem Beamten Fahrlässigkeit zur Last fiele, jedoch nur insoweit, als die Billigkeit die Schadloshaltung erfordert.

§ 2. Dem Staat steht gegen den Beamten oder Lehrer (Lehrerin) ein Anspruch auf Ersatz des Schadens zu, den er durch die im § 1 Abs. 1 u. 2 bestimmte Verantwortlichkeit erleidet, gegen einen Grundbuchbeamten jedoch nur, wenn er vorsätzlich oder aus grober Fahrlässigkeit die ihm obliegende Amtspflicht verletzt hat.

Von der Geltendmachung des Ersatzanspruches kann aus Billigkeitsgründen in Ausnahmefällen ganz oder teilweise abgesehen werden.

Der Ersatzanspruch verjährt in drei Jahren von dem Zeitpunkte ab, in dem der Ersatzanspruch des Dritten diesem gegenüber anerkannt oder dem Staate gegenüber rechtskräftig festgestellt ist.

Die Vorschrift des § 841 BGB. findet zugunsten des Staates entsprechende Anwendung.

§ 3. Die Vorschriften der §§ 1 und 2 finden entsprechende Anwendung:

1. auf die, außer den Lehrern und Lehrerinnen an den Volksschulen, im Dienst eines Kommunalverbandes stehenden Beamten mit der Maßgabe, daß an die Stelle des Staates der Kommunalverband tritt;

2. auf die Lehrer und Lehrerinnen eines besonderen Schulverbandes mit der Maßgabe, daß an die Stelle des Staates der Schulverband tritt. In Standesamtsbezirken, die aus mehreren Gemeinden gebildet sind, trifft die Verantwortung für die Amtspflichtverletzungen der in § 7 Abs. 4 des Reichsgesetzes über die Beurkundung des Personenstandes und die Eheschließung vom 6. Febr. 1875 (RGBl. S. 23) bestellten Standesbeamten die Gemeinde des Amtssitzes; die übrigen Gemeinden des Bezirks nehmen an den Kosten nach einem im Herzogtum vom Amte, in den Fürstentümern von der Regierung festzustellenden Maßstabe teil.

§ 4. Für die Ansprüche, die auf Grund dieses Gesetzes gegen den Staat, einen Kommunalverband oder einen besonderen Schulverband oder von diesen Verbänden gegen einen Beamten oder Lehrer (Lehrerin) erhoben werden, sind die Landgerichte ohne Rücksicht auf den Wert des Streitgegenstandes ausschließlich zuständig.

§ 5. Den Angehörigen eines ausländischen Staates steht ein Ersatzanspruch auf Grund dieses Gesetzes nur insoweit zu, als nach einer in den Gesetzsammlungen des Großherzogtums enthaltenen Bekanntmachung des Staatsministeriums durch die Gesetzgebung des ausländischen Staates oder durch Staatsvertrag die Gegenseitigkeit verbürgt ist.

11. Freistaat Braunschweig. a) Ges. v. 28. Juli 1910 (Ges. u. VO. S. 305).

§ 1. (Gleichlautend mit § 1 preuß. Ges. v. 1. Aug. 1909, jedoch fehlt Abs. 2.)

§ 2. (Gleichlautend mit § 3 preuß. Ges., jedoch ist Ersatz gegen Grundbuchbeamte nur gegeben, wenn dieser die ihm obliegende Amtspflicht vorsätzlich oder aus grober Fahrlässigkeit verletzt hat. Abs. 2 lautet: Die Vorschrift des § 841 BGB. findet zugunsten des Staates entsprechende Anwendung.)

§ 3. (Gleichlautend mit § 4 Abs. 1 preuß. Ges.) Haftbar sind Kommunalverbände (Gemeinden, Kreiskommunalverbände, Gemarkungen) und die Zweckverbände des öffentlichen Rechts.

§ 4. Für die Ansprüche, die nach diesem Gesetze gegen den Staat, einen Kommunalverband oder einen Zweckverband oder von diesen Verbänden gegen einen Beamten, einen Lehrer oder eine Lehrerin erhoben werden, ist das Landgericht ohne Rücksicht auf den Wert des Streitgegenstandes ausschließlich zuständig.

§ 5. (Betr. Aufhebung der bisherigen Bestimmungen.)

§ 6. (Gleichlautend mit § 7 preuß. Ges.)

b) AG. z. GBO. v. 12. Juni 1899 (GS. 1899 S. 379 bis 388).

§ 6. Ein Grundbuchbeamter ist dem Staate zum Ersatz alles dessen verpflichtet, was von dem Staate auf Grund der Vorschrift des § 12 der Grundbuchordnung wegen einer dem Grundbuchbeamten zur Last fallenden Verletzung der Amtspflicht hat aufgewendet werden müssen. Sind mehrere Grundbuchbeamte beteiligt, so haften sie als Gesamtschuldner.

Auf den nach Abs. 1 begründeten Anspruch finden die Vorschriften des § 852 des BGB. Anwendung.

12. Freistaat Anhalt. a) Ges. v. 2. April 1910 (GS. S. 475).

§ 1. Verletzt ein Staatsbeamter (§ 1 des Ges. den Zivildienst betr. v. 22. Dez. 1875, Nr. 408 GS.) in Ausübung der ihm anvertrauten Gewalt (sodann gleichlautend mit § 1 Abs. 1—3 preuß. Ges. v. 1. Aug. 1909).

§ 2. (Gleichlautend mit § 3 preuß. Ges.)

§ 3. (Gleichlautend mit § 4 preuß. Ges.: in Abs. 2 wird aber auch der Landarmenverband[1]) aufgeführt.)

§ 4. Die Vorschrift des § 4 Abs. 2 des Ges. betr. die Rechtsmittel gegen polizeiliche Verfügungen v. 26. März 1908 (Nr. 1268 GS.) gilt auch für die den Beteiligten nach diesem Gesetze zustehenden Rechte.

§§ 5 u. 6. (Gleichlautend mit § 6 u. 7 preuß. Ges.)

Das Ges. ist am 1. Okt. 1910 in Kraft getreten.

b) AusfG. z. GBO. v. 20. April 1899 (GS. S. 139).

§ 9. Verletzt ein Grundbuchbeamter vorsätzlich oder aus grober Fahrlässigkeit (eingefügt durch seit 28. März 1911 geltendes Ges. v. 19. März 1911, GS. S. 527, bis dahin genügte einfache Fahrlässigkeit) die ihm obliegende Amtspflicht, so trifft ihn dem Staate gegenüber die im § 839 BGB. bestimmte Verantwortlichkeit.

Die im § 852 Abs. 1 BGB. vorgesehene dreijährige Verjährung beginnt mit dem Zeitpunkte, in welchem die Ersatzpflicht des Staates von diesem anerkannt oder ihm gegenüber rechtskräftig festgestellt ist.

[**Waldeck**] jetzt **Preußen** a) Ges. v. 18. Dez. 1909 (RegBl. 1909 S. 119).

Im wesentlichen gleichlautend mit dem preuß. Ges. v. 1. Aug. 1909. Vgl. § 5 d. W. Konflikt ist nicht zulässig. In § 3 ist nur von einem Kommunalverband die Rede (vgl. § 4 preuß. Ges.). Das Ges. ist seit 1. Okt. 1910 in Kraft.

b) AG. z. GBO. v. 11. Dez. 1899 (GS. S. 173).

Art. 8. (Gleichlautend mit dem Art. 8 preuß. AG. z. GBO.; s. § 6b d. W.).

---

[1]) An Stelle des Landesverbandes ist der Landesfürsorgeverband getreten (§ 46 VO. v. 20. August 1924. GS. S. 103).

13. Schaumburg-Lippe. a) Ein Amtshaftungsgesetz ist nicht erlassen.

b) Ges. v. 23. Aug. 1899 betr. Ausf. des BGB. (Landesverordnung 1899 Nr. 13 S. 153—171.)

§ 16. Hat im Falle des § 12 der Grundbuchordnung für das Deutsche Reich vom 24. März 1897 an Stelle des Grundbuchbeamten der Staat, oder die Körperschaft, in deren Diensten der Beamte steht, Schadensersatz geleistet, so steht dem Staate oder der Körperschaft gegen den Beamten der Rückgriff in Höhe des geleisteten Schadensersatzes zu.

14. Freistaat Lippe. a) Ges. v. 28. November 1922 (GS. S. 910).

§ 1. 1. Verletzt ein Beamter in Ausübung der ihm anvertrauten öffentl. Gewalt vorsätzlich oder fahrlässig die ihm Dritten gegenüber obliegende Amtspflicht, so trifft die in § 839 BGB. bestimmte Verantwortlichkeit an Stelle des Beamten den Staat oder die Körperschaft, in deren Diensten der Beamte steht.

§ 2. Bei Amtspflichtverletzungen von Standesbeamten trifft die Verantwortlichkeit den Staat, nicht die Gemeinde.

3. (Gleichlautend mit Preußen § 1 Abs. 2, jedoch steht hinter: „so hat": „der Staat oder die Körperschaft den Schaden in gleicher Weise" den Schaden zu ersetzen.)

4. (Gleichlautend mit § 1 Abs. 3 in Preußen.)

§ 2. Staat oder Körperschaft, können von dem Beamten Ersatz des Schadens (weiter wie § 3 Preußen, jedoch steht hinter Staat stets „oder der Körperschaft").

§ 3. Für Ansprüche, welche auf Grund dieses Gesetzes gegen den Staat oder die Körperschaft erhoben werden, ist das Landgericht ohne Rücksicht auf den Wert des Streitgegenstandes zuständig.

§ 4. (Gleichlautend mit § 7 in Preußen, statt der Worte „nach einer in der preuß. Gesetzsammlung enthaltenen Bekanntmachung des preuß. Staatsministeriums" steht: „nach einer im Reichsgesetzblatt enthaltenen Bekanntmachung des Reichskanzlers".)

b) Ges. v. 17. Nov. 1899 zur Ausf. der GBO. (GS. 1899 S. 529—532).

Gleichlautend mit dem Gesetz von Anhalt, jedoch ist grobe Fahrlässigkeit nicht erforderlich.

15. Freie und Hansestadt Lübeck. a) Ges. v. 17. Febr. 1912[1]) (Samml. 1912 S. 78) — veröffentlicht am 23. Febr. 1912 —.

§ 1. Verletzt ein Beamter des Staates (dann gleichlautend mit § 1 Abs. 1 u. 2 preuß. Ges. v. 1. August 1909, es fehlt aber Abs. 3)[2]).

§ 2. (Gleichlautend mit § 3 preuß. Ges.)

§ 3. (Gleichlautend mit § 6 preuß. Ges.)

§ 4. Die Gemeinden haften gleichfalls für den von ihren Beamten in Ausübung der ihnen anvertrauten öffentlichen Gewalt zugefügten Schaden. Hierauf finden die §§ 1—3 entsprechende Anwendung.

§ 5. Die Vorschriften dieses Gesetzes finden keine Anwendung auf Beamte, die ausschließlich auf den Bezug von Gebühren angewiesen sind. Auf Grundbuchbeamte findet nur die Vorschrift in § 1 Abs. 2 dieses Gesetzes Anwendung.

§ 6. In Rechtsstreitigkeiten, in welchen durch die Klage ein Anspruch aus diesem Gesetze geltend gemacht wird, ist das Finanzdepartement zur Vertretung des Staates berufen.

b) AG. z. GBO. v. 18. Dez. 1899 (Samml. Nr. 85).

§ 3. Ein Richter oder Gerichtsschreiber, welcher vorsätzlich oder durch grobe Fahrlässigkeit die ihm als Grundbuchbeamten obliegende Amtspflicht verletzt, hat dem Staate in dem Umfange, in welchem dieser von Beteiligten auf Grund von

---

[1]) Ausländer stehen den Inländern gleich.

[2]) Vgl. RGZ. **105**, 335.

§ 12 der Grundbuchordnung verantwortlich gemacht ist, Ersatz zu leisten. Als grobe Fahrlässigkeit ist es nicht anzusehen, wenn bei der Anlegung neuer Grundbuchblätter an Stelle von alten gemäß § 6 Abs. 2 und 3 dieses Gesetzes davon ausgegangen wird, daß die zur Vorbereitung dieser Anlegung auf Anweisung des Senates vom 18. Februar 1899 angefertigten Entwürfe zu den neuen Blättern den Inhalt der alten Blätter im Zeitpunkte, wo das Grundbuch als angelegt anzusehen ist, richtig wiedergeben.

16. Freie Hansestadt Bremen. a) Ges. v. 19. März 1921 (GBl. S. 101).

§ 1. (Gleichlautend mit § 1 Abs. 1 u. 2 Preußen, das Wort „unmittelbar" fällt aber weg.)

§ 2. Der Beamte hat dem Staate den Schaden zu ersetzen, den der Staat durch die im § 1 Abs. 1 bestimmte Verantwortlichkeit erleidet. Das gleiche gilt im Falle des § 1 Abs. 2, wenn der Beamte unter dem Einfluß geistiger Getränke oder ähnlicher Mittel in einem vorübergehenden Zustand der in § 1 Abs. 2 bezeichneten Art gehandelt hat, es sei denn daß er ohne Verschulden in den Zustand geraten ist.

Fällt dem Beamten nur leichtes Verschulden zur Last, so kann der Staat mit Zustimmung der Finanzdeputation den Ersatzanspruch des Staates ermäßigen oder anordnen, daß von seiner Verfolgung abgesehen werden soll. Der Ersatzanspruch verjährt in 3 Jahren. Die Verjährung beginnt mit dem Zeitpunkt, an welchem die Ersatzpflicht des Staates von diesem dem Verletzten gegenüber anerkannt oder dem Staate gegenüber rechtskräftig festgestellt ist. Im übrigen finden auf die Verjährung die Vorschriften des BGB. entsprechende Anwendung.

§ 3. Die Vorschriften der §§ 1 u. 2 finden auf die im Dienste des Kreises oder einer Gemeinde angestellten Beamten mit der Maßgabe Anwendung, daß an die Stelle des Staates der Kreis oder die Gemeinde tritt, jedoch ist bei Amtspflichtverletzungen von Standesbeamten der Staat auch dann verantwortlich, wenn der Standesbeamte Gemeindebeamter ist.

Im Falle des § 2 Abs. 2 ist für die Ermäßigung oder Niederschlagung des Ersatzanspruches bei in Diensten des Kreises angestellten Beamten der Kreisausschuß, bei Gemeindebeamten der Gemeindeausschuß mit Zustimmung des Kreisausschusses zuständig.

§ 4. Die Vorschriften dieses Gesetzes finden keine Anwendung:

1. soweit es sich um das Verhalten solcher Beamten handelt, die auf den Bezug von Gebühren angewiesen sind,
2. soweit die Haftung des Staates oder der in § 3 genannten öffentl. Körperschaften für Amtspflichtverletzungen gewisser Beamtengruppen oder für bestimmte Fälle von Amtspflichtverletzungen gesetzlich besonders geregelt ist.

§ 5. (Gleichlautend mit § 7 in Preußen, es heißt aber hinter „nach einer": im Bremischen Gesetzblatt enthaltenen Bekanntmachung des Senats durch die Gesetzgebung usw.)

b) Wegen der Haftung des Staates für Notare vgl. GBl. betr. Ausführung des RFFG. v. 18. Juli 1899.

c) AG. z. GBO. v. 18. Juli 1899 (GBl. 1899 S. 133—136):

§ 10. Verletzt ein Grundbuchbeamter vorsätzlich oder fahrlässig die ihm einem Dritten gegenüber obliegende Amtspflicht, so haftet er dem Staate für allen Schaden, der daraus nach der Vorschrift des § 12 der Grundbuchordnung entsteht. Mehrere beteiligte Beamte haften als Gesamtschuldner.

Fällt dem Beamten nur ein leichtes Verschulden zur Last, so kann der Senat den Ersatzanspruch des Staates ermäßigen oder anordnen, daß der Ersatzanspruch nicht geltend gemacht werden soll.

Auf die Verjährung des nach Abs. 1 begründeten Anspruchs und auf die Verpflichtung des Ersatzpflichtigen zur Herausgabe des durch die Verletzung der Amtspflicht Erlangten findet die Vorschrift des § 852 BGB. Anwendung. Die im § 852 Abs. 1 BGB. bestimmte dreijährige Verjährungsfrist beginnt mit dem Zeitpunkt, in dem die Ersatzpflicht des Staates gegenüber den Beteiligten rechtskräftig festgestellt oder vom Staate anerkannt ist.

17. Freie und Hansestadt Hamburg. a) Gesetz v. 26. Januar 1920 (Amtsblatt S. 137).

AG. z. BGB. v. 14. Juli 1899.

§ 27 a Abs. 1 u. 2 (wie § 1 Abs. 1 u. 2 in Preußen, nur steht statt „unmittelbarer Staatsbeamter" „ein Beamter des Staates oder der Gemeinde")[1]).

§ 27b. Der Beamte hat dem Staat oder der Gemeinde den Schaden zu ersetzen, den der Staat oder die Gemeinde durch die in § 27a Abs. 1 bestimmte Verantwortlichkeit erleidet. Das Gleiche gilt, wenn der Beamte unter dem Einfluß geistiger Getränke oder ähnlicher Mittel in einen vorübergehenden Zustand der in § 27 Abs. 2 bezeichneten Art gehandelt hat, es sei denn, daß er ohne sein Verschulden in den Zustand geraten ist.

Der Ersatzanspruch verjährt in drei Jahren.

Die Verjährung beginnt mit dem Zeitpunkte, in welchem die Ersatzpflicht des Staates oder der Gemeinde von diesen dem Verletzten gegenüber anerkennt oder ihnen gegenüber rechtskräftig festgesetzt ist. Im übrigen finden auf die Verjährung die Vorschriften des BGB. Anwendung.

Von Verfolgung des Ersatzanspruchs kann der Senat mit Genehmigung des Bürgerausschusses absehen.

§ 27c. Soweit nach den bisherigen Gesetzen der Staat von dem schuldigen Beamten Ersatz nur verlangen kann,

---

[1]) Staat oder Gemeinde haften also auch für Beamte in unzurechnungsfähigem Zustande und Sportelbeamte (z. B. Notare).

wenn die Pflichtverletzung auf Versehen oder grober Fahrlässigkeit beruht, bleiben die Bestimmungen unberührt.

b) AG. z. GBO. v. 14. Juli 1899 (Amtsblatt 1899 S. 376 bis 384).

§ 34. Ein Richter oder Gerichtsschreiber, welcher vorsätzlich oder durch grobe Fahrlässigkeit seine Amtspflicht als Grundbuchbeamter verletzt, hat dem Staate in dem Umfange, in welchem dieser für den daraus entstandenen Schaden verantwortlich ist, Ersatz zu leisten.

Zur Bestellung einer Dienstkaution sind die Grundbuchbeamten nicht verpflichtet.

§ 35. Auf die Verjährung der Ersatzansprüche gegen den Staat findet der § 852 Abs. 1 BGB. auch dann entsprechende Anwendung, wenn die Ersatzpflicht ein Verschulden eines Grundbuchbeamten nicht zur Voraussetzung hat.

§ 5. Preußische Beamte.

Altes Recht. a) Im Gebiet des ALR. und in den gemeinrechtlichen Landesteilen wurde ein privatrechtlicher Anspruch auf Schadensersatz gegen den Staat oder die Kommunalverbände aus ungehöriger Ausübung oder Nichtausübung behördlicher amtlicher Funktionen grundsätzlich verneint und nur zugelassen, wenn diese Haftung im Gesetz besonders bestimmt war, z. B. in der Hinterlegungsordnung v. 14. März 1879. Vgl. RGZ. **11**, 209; **28**, 340; **38**, 206; **51**, 220; **54**, 55; **55**, 172; **71**, 46 und **72**, 350. Der Beamte haftete also persönlich, nur für Grundbuchbeamte machte § 29 Abs. 2 GBO. v. 5. Mai 1872 eine Ausnahme.

b) Für das Gebiet des französischen Rechts bestimmte der jetzt durch das Gesetz von 1909 aufgehobene Art. 1384 cod. civ.:

„Man ist nicht allein für den Schaden verantwortlich, den man durch seine eigene Handlung verursacht, sondern auch für diejenigen, der durch die Handlung von Personen verursacht wird, für welche man eingestehen muß, oder durch Sachen, die man unter seiner Obhut hat;

. . . Hausherren, Kommittenten (comettans) für den Schaden, welchen ihr Hausgesinde und die von ihnen Beauftragten (préposés) in den denselben anvertrauten Geschäften verursacht haben . . ."

Art. 1384 Code civil war durch Art. 89 Ziffer 2 AG. z. BGB. aufrechterhalten, soweit er auf die Haftung des Staates, der Gemeinden und anderer Kommunalverbände für den von ihren Beamten in Ausübung der diesen anvertrauten öffentlichen Gewalt zugefügten Schaden Anwendung findet. Vgl. RGZ. **54**, 19 u. JurWoch. 1905, 335. Irrig ist die Ansicht, daß der Art. 89 den Art. 1384 dahin habe einschränken wollen, daß der Staat, wenn er jemand die Ausübung öffentlicher Gewalt anvertraut, für die von diesem hierbei begangenen Versehen nur dann hafte, wenn er Staatsbeamter im eigentlichen Sinne (i. S. der Beamtengesetze) sei. Der Staat haftete auch, wenn einem Gemeindebeamten staatliche Funktionen übertragen werden oder wenn Nichtbeamten eine öffentliche Gewalt anvertraut wird (RG. Recht 1908, 85).

Ein Unterschied zwischen abhängigen und unabhängigen Beamten besteht nicht.

Nach Art. 1384 haftet der Staat auch dann, wenn der Beamte im einzelnen Falle keinerlei Weisungen von seiner vorgesetzten Behörde empfangen hat, sondern selbständig auf Grund feststehender gesetzlicher Bestimmungen handelt, wie z. B. der Richter oder der Gerichtsvollzieher bei Vornahme einer Zustellung (RGZ. **67**, 141, JW. 1915 S. 511).

Für den Gerichtsvollzieher haftet neben diesem auch der Staat, da bei Vornahme einer Pfändung der Gerichtsvollzieher nicht nur als Beauftragter des Gläubigers, sondern auch als Staatsbeamter in Ausübung öffentlicher Gewalt handelt (RG. Recht 1908 S. 352).

Der Staat und die anderen Verbände haften nicht, an Stelle des Beamten, sondern neben demselben (RGZ. **67**, 141; R. d. OLG. **20**, 264). Ihre Haftung kann auch bestehen in Fällen, wo der Beamte selbst nicht haftet, z. B. weil er geisteskrank ist (RGZ. **67**, 244 u. JW. 1911 S. 342).

Seit dem 1. Januar 1900 haftet der Beamte selbst nur bei Vorsatz, denn bei Fahrlässigkeit greift § 839 BGB Platz, so daß Staat usw. allein haftet. Vgl. RGZ. **74**, 253; **86**, 297. Für den Umfang des Ersatzanspruchs ist das rheinische Recht maßgebend, Schmerzensgeld kann also nicht gefordert werden (RG. Recht 1912 Nr. 3221). Im übrigen findet aber das BGB. Anwendung, insbesondere §§ 852 u. 254 (RGZ. **67**, 141).

Eine Haftung des Staates für Notare ist niemals anerkannt worden.

Der Art. 169 EinfGes. z. BGB. und § 852 Abs. 1 BGB. finden auf den aus Art. 1384 Abs. 3 vor dem 1. Januar 1900 entstandenen Schadensersatzanspruch gegen den Staat usw. Anwendung, wenn der Anspruch am 1. Januar 1900 nach dem bisherigen Recht noch nicht verjährt ist (RGZ. **67**, 141).

Das preußische Gesetz über die Haftung des Staates und anderer Verbände für Amtspflichtverletzungen von Beamten bei Ausübung der öffentlichen Gewalt.

Vom 1. August 1909 (GS. S. 691)[1]).

§ 1.

Verletzt ein unmittelbarer Staatsbeamter in Ausübung der ihm anvertrauten öffentlichen Gewalt vorsätzlich oder

[1]) In Geltung seit 1. Okt. 1909. Materialien: Drucks. des AbgH. 1907/08. Nr. 185 (Entw.), Nr. 346 (KomBer.), StenBer.

fahrlässig die ihm einem Dritten gegenüber obliegende Amtspflicht, so trifft die im § 839 des Bürgerlichen Gesetzbuchs bestimmte Verantwortlichkeit an Stelle des Beamten den Staat.

Ist die Verantwortlichkeit des Beamten deshalb ausgeschlossen, weil der den Schaden im Zustande der Bewußtlosigkeit oder in einem die freie Willensbestimmung ausschließenden Zustande krankhafter Störung der Geistestätigkeit verursacht hat, so hat gleichwohl der Staat den Schaden zu ersetzen, wie wenn dem Beamten Fahrlässigkeit zur Last fiele, jedoch nur insoweit, als die Billigkeit die Schadloshaltung erfordert.

Die Verantwortlichkeit des Staates ist ausgeschlossen bei Beamten, die ausschließlich auf den Bezug von Gebühren angewiesen sind, sowie bei solchen Amtshandlungen anderer Beamten, für welche die Beamten eine besondere Vergütung durch Gebühren von den Beteiligten zu beziehen haben.

1. Wegen des Begriffs „öffentliche Gewalt“ vgl. § 1a—c oben, und im übrigen § 9 (§ 839 BGB.). Der Beamte scheidet, soweit er nach § 839 BGB. ersatzpflichtig wäre, dem geschädigten Dritten gegenüber vollständig aus der Haftverbindlichkeit aus und nur der Staat usw. haftet dem Geschädigten primär und als Alleinschuldner. Der Staat haftet aber nur so — unter denselben Voraussetzungen und in gleichem Umfange (abgesehen von § 1 Abs. 2), wie der Beamte haften würde, wenn der Staat nicht einzutreten hätte. Obwohl §§ 1674 und 1848 BGB. nicht erwähnt sind,

---

S. 3870 ff. (1. Lesung), 1908/09 Drucks. Nr. 32 (Entw.), Nr. 354 A (KommBer.), StenBer. S. 675 ff., 4528 ff. u. 4610 ff. Drucks. des HH. Nr. 50. 1908/09 Nr. 139 (KomBer.).

haftet der Staat auch für den Vormundschaftsrichter. Wegen der Grundbuchbeamten s. § 6 d. W.

Es handelt sich bei der Haftung des Staates usw. nicht um eine Schuldübernahme. In der Person des Beamten entsteht eine zu übernehmende Verbindlichkeit nicht. Daß der Beamte, wenn er den Schaden ersetzt hat, das Geleistete nicht zurückfordern darf, beruht nicht darauf, daß er eine eigene Schuld bezahlt hat, sondern darauf, daß er durch die Leistung einer sittlichen Pflicht genügt hat (§ 814 BGB.). Die Annahme einer kraft Gesetzes sich vollziehenden Sonderrechtsnachfolge ist abzulehnen.

Die Haftung des Staates usw. ist nach § 839 BGB. und dem AHG. ausgeschlossen:

a) wenn den Beamten nur der Vorwurf der Fahrlässigkeit trifft, der Verletzte aber auf andere Weise Ersatz verlangen kann;

b) wenn der Beamte bei einem Urteil in einer Rechtssache seine Amtspflicht verletzt hat, es sei denn, daß die Pflichtverletzung mit einer im Wege des gerichtlichen Strafverfahrens zu verhängenden öffentlichen Strafe bedroht ist;

c) wenn der Verletzte vorsätzlich oder fahrlässig unterlassen hat, den Schaden durch Gebrauch eines Rechtsmittels abzuwenden, unter Umständen auch bei Mitverschulden des Verletzten im Falle des § 254 BGB.;

d) wenn der Beamte Gebühren für die Amtshandlung bezieht (§ 1 Abs. 3 AHG.);

e) wenn der Geschädigte Angehöriger eines außerdeutschen Staates ist, mit dem die Gegenseitigkeit nicht verbürgt ist (§ 7 AHG.);

f) bei Reichsbeamten, welche mit Angelegenheiten des auswärtigen Dienstes befaßt sind, unter bestimmten Voraussetzungen (§ 5 RAHG.).

Die Haftung des Staates usw. ist beschränkt auf den Fall, daß die Billigkeit Schadloshaltung erfordert, bei unzurechnungsfähigen Beamten (§ 1 Abs. 2 AHG.); ferner in den Fällen des § 6 AHG. des Reiches und Preußens.

Die Haftung des Staates usw. ist auch dem Beamten günstig, insofern als er in der Amtsausübung freier und unbefangener sein kann, den Unannehmlichkeiten eines oft unbegründeten Prozesses nicht ausgesetzt ist und auf schonende Behandlung bei Rückgriff des Staates gegen ihn hoffen darf.

2. Unmittelbarer Staatsbeamter. Wegen des Begriffs „Beamter" vgl. § 9 Ziff. 2 unten. Eine Übersicht derselben gibt das preuß. Beamtendiensteinkommengesetz v. 17. Dezember 1927. Der Begriff des unmittelbaren Staatsbeamten im Sinne des § 1 ist derselbe, wie im Staatsrecht. Unmittelbarer Staatsbeamter ist derjenige Beamte, der durch eine staatliche Behörde zu seinem Amte für den Staat berufen ist. Zu den mittelbaren Staatsbeamten gehören diejenigen Personen, welche bei den unter Aufsicht und Kontrolle des Staates stehenden Körperschaften, wie der Provinz, dem Kreise, den Stadt- und Landgemeinden, den städtischen Verbänden und Instituten, den landwirtschaftlichen und ritterschaftlichen Kreditinstituten, den öffentlichen Feuerversicherungsanstalten, den kaufmännischen Korporationen (OVG. **16**, 154), den Handelskammern (OVG. i. d. JZtg. **13**, **414**), den Landwirtschaftskammern (RG. i. JW. 1907 S. 754), den Landesversicherungsanstalten (RGZ. **69**, 185), den Handwerkskammern, in einem Beamtenverhältnisse angestellt sind. Mittelbare Staatsbeamte sind ferner die Professoren und Beamten an den Universitäten (Brand S. 24), Lehrer an den Mittelschulen und an den höheren Elementarschulen (Gruchot **43**, 1034), die Lehrer und Direktoren an den von den Gemeinden unterhaltenen höheren Lehranstalten (RGZ. **37**, 300; **84**, 40; OVG. **14**,

75; **37**, 185), die Direktoren und die Lehrer eines städtischen Lehrerseminars (RGZ. **70**, 422).

Unmittelbare Staatsbeamte sind die Richter, Verwaltungsbeamten, die Direktoren und Lehrer an staatlichen Anstalten (Delius, Recht 1909, 641), die Kandidaten des höheren Lehramts, sofern sie sich der staatlichen Unterrichtsverwaltung zur Verfügung gestellt haben, jedenfalls während derjenigen Zeit, in der sie an staatlichen Unterrichtsanstalten beschäftigt sind (RGZ. **84**, 64; **86**, 290; **94**, 199), ferner die Verwalter einer Hilfslehrerstelle an einem staatlichen Gymnasium (OVG., PrVBl. **32**, 617), die Landjäger (Gendarme) einschließlich der Offiziere, die Amtsanwälte, Notare (vgl. aber Abs. 3 § 1), Gerichtsvollzieher, die Vorsitzenden der Verwaltungsgerichte, die Polizeipräsidenten und Polizeibeamten in den Städten mit staatlicher (früher Königlicher) Polizei, die Gefängnisbeamten.

Nicht bloß lebenslänglich, sondern auch die vorübergehend, auf Kündigung, zur Probe oder auf Widerruf angestellten Beamten, auch die ehrenamtlich (Reimer 2 S. 14) und nur im Nebenamt (Amtsanwalt) tätigen gehören hierher. Es ist immer erforderlich, daß der Handelnde als Beamter angestellt ist oder infolge Beschäftigung mit hoheitsrechtlichen Funktionen gilt (RGZ. **113**, 221); es genügt also nicht, daß die schädigende Handlung von einer nicht beamteten (durch Privatdienstvertrag usw. angenommenen) Person vorgenommen ist, deren sich der Staat zur Ausübung der öffentlichen Gewalt einmal vorübergehend z. B. bei einer Verhaftung bedient (Brand S. 616, Reimer 2 S. 14; and. Ans. Salman S. 15).

Eine Bestallungsurkunde ist beim Beamten zwar üblich, aber nicht wesentlich; dasselbe gilt von der Beeidigung. Vgl. im übrigen die Rechtsprechung des RG. in Anm. 1 zu

§ 1 RAHG., nach welcher Hilfsgerichtsdiener, Hilfsgefangenenaufseher und Fleischbeschauer, auch wenn sie auf Privatdienstvertrag angenommen sind, als Staatsbeamte anzusehen sind.

Für Standesbeamte haftet stets der Staat, gleichgültig, ob sie Gemeinde- oder Staatsbeamte sind (§ 4 preuß. AHG.), dagegen nicht für Handelsrichter, Schöffen und Geschworene. Bei den Beamten der Preuß. Staatsbank (Seehandlung) haftet diese zunächst, eventuell aber bei Unvermögen der Staat.

3. Kirchliche Beamte und Hofbeamte. Keine Staatsbeamten sind die Geistlichen der evangelischen und katholischen Kirche, soweit sie nicht staatliche Obliegenheiten als Schulinspektoren oder Gefängnisbeamte ausüben (RGZ. **79**, 5), ebensowenig die Mitglieder des Gemeindekirchenrats oder die jüdischen Kultusbeamten. Nach Brand S. 27 sollen die Generalsuperintendenten sowie die Mitglieder und Beamten des evangelischen Oberkirchenrats und der Konsistorien, obwohl sie keine Staatsbehörden sind, alle Eigenschaften der unmittelbaren Staatsbeamten haben. Vgl. auch OVG. **22**, 38; **35**, 447. Der Staat haftet aber für sie ebensowenig wie für die ehemaligen Hofbeamten. Eine Haftung der Kirchengemeinden für ihre Beamten besteht mangels einer gesetzlichen Vorschrift (§ 4 kommt hier nicht zur Anwendung) nicht. Bei Ausübung öffentlicher Gewalt, z. B. Erhebung von Kirchensteuern haftet also der Beamte persönlich nach § 839 BGB.

4. Ein Beamter haftet ausschließlich nach § 839 BGB., nicht etwa auch nach §§ 823, 826 (RGZ. **100**, 287). Vgl. § 9 Ziff. 1. d. W. Dem Verletzten steht bei dem Zusammentreffen von Pflichtverletzungen mehrerer Beamten aus der Pflichtverletzung jedes Beamten ein besonderer Anspruch gegen den Staat zu. Ist der Staat wegen des Versehens

eines bestimmten Beamten in Anspruch genommen, so kann der Anspruch auf die Pflichtverletzung eines anderen Beamten nur gestützt werden, wenn der Anspruch gemäß § 128 ZPO. in der mündlichen Verhandlung geltend gemacht ist (Oberst. Bay. Landesgericht 16. Nov. 1906, Recht 1907 S. 59). Abweisung der auf Pflichtverletzung eines Regierungsbeamten gegründeten Klage hindert nicht die Erhebung einer neuen gegen den Staat wegen Verschuldens eines Justizbeamten.

Es ist nicht erforderlich, daß der schuldige Beamte vom Verletzten bezeichnet wird. Es genügt der Nachweis, daß der Schaden durch einen den Staat (Verband) haftbar machenden Beamten überhaupt und nicht durch einen Privatbediensteten oder sonstigen Nichtbeamten verschuldet ist (RGZ. **100**, 103). Der Verband kann auch nicht seine Haftung aus dem Grunde ablehnen, weil ihm durch die Unmöglichkeit, die Person des schuldigen Beamten festzustellen, die Verfolgung erschwert und die Möglichkeit eines Rückgriffs genommen würde (RGZ. **100**, 103).

5. Zu Abs. 2. Unzurechnungsfähige Beamte[1]). Wenn der Beamte im Zustande der Bewußtlosigkeit usw. den Schaden verursacht hat, so trifft ihn nach § 839 Abs. 1 BGB. (§ 827 Abs. 1) kein Verschulden, es sei denn, daß er sich selbst in den Zustand der Bewußtlosigkeit usw. durch den Genuß geistiger Getränke oder ähnliche Mittel versetzt hat (§ 827 Satz 2). Der § 829 BGB. ist nicht anwendbar (RGZ. **74**, 145; **84**, 221; JW. 1919, 185). Der Geschädigte wäre daher rechtlos. Es erscheint deshalb aus Billigkeitsgründen geboten, daß der Staat (Reich, Gemeinde), obwohl ein Verschulden des Beamten nicht vorliegt, die Haftpflicht trägt.

---

[1]) Der Zustand der Machtlosigkeit des pflichtwidrig handelnden Beamten gegenüber einer andringenden Menge fällt nicht unter § 1 Abs. 2 a. a. O. (RGZ. **104**, 306).

Bewußtlosigkeit ist ein vorübergehender, an sich nicht krankhafter Zustand, der die Willensfähigkeit aufhebt, Schlaf, Ohnmacht, Schlaftrunkenheit, Trunkenheit, hypnotische Zustände, auch neurasthenische Zustände, Hysterie (Reimer 2 S. 72). Krankhafte Störung der Geistestätigkeit braucht nicht bloß auf Geisteskrankheit zu beruhen, kann auch durch Körperkrankheiten, die die geistige Tätigkeit beeinflussen, wie Fieberzustände, herbeigeführt sein. Die krankhafte Störung muß aber die freie Willensbestimmung ausschließen. Bloße Minderung der Verstandes- und Willenskraft genügt nicht (RGZ. 74, 110; JW. 1908, 208).

In allen Fällen muß der Zustand im Augenblick der Begehung der schädigenden Handlung vorhanden gewesen sein; auf den Zeitpunkt des Eintrits der Schädigung kommt es nicht an. Gleichgültig ist, ob der Zustand ein dauernder, oder nur vorübergehender ist.

Der Staat haftet nur, wenn der Beamte gerade aus den angegebenen Gründen nicht verantwortlich ist. Soweit seine Verantwortlichkeit aus anderen Gründen, z. B. wegen Überlastung, Befehl des Vorgesetzten ausgeschlossen ist, tritt die Haftung nicht ein.

Liegen die Voraussetzungen des Abs. 2 vor, so haftet der Staat usw., wie wenn dem Beamten Fahrlässigkeit zur Last fiele, also nur subsidiär (Schelcher S. 88), und ferner nur insoweit, als die Billigkeit die Schadloshaltung erfordert. Diese Billigkeitshaftung ist zwar derjenigen aus § 829 BGB. nachgebildet, weicht aber ab insofern, als sie unabhängig davon besteht, ob „der Ersatz des Schadens von einem aufsichtspflichtigen Dritten erlangt werden kann", und nicht auf „die Verhältnisse der Beteiligten" Rücksicht zu nehmen ist, sondern „auf jene bestimmte Art von Billigkeit, die zwischen dem Staate und den von ihm besonders betroffenen Staatsbürger" gilt. Vgl. Schelcher S. 86, and. Ans. Reimer 2

S. 73. Coester S. 327 und Reimer 2 S. 73 wollen die Ersatzpflicht des Staates usw. unter Umständen ganz ausschließen, wenn nicht der Verletzte außer der Tatsache seiner Schädigung noch besondere Billigkeitsgründe für seine Forderung ins Feld führen kann. Hiergegen mit Recht Schelcher S. 86. Der Justizminister hat in der Kommission des AbgH. (KomBer. S. 4) erklärt, die Regierung sei sich darüber klar, daß hier Billigkeitsgründe in der Regel nicht zur Verneinung der Haftung führen könnten, der Staat selbst würde sich kaum darauf berufen; wohl aber entspräche die Hineinziehung der Billigkeit, der Schutzbedürftigkeit der kleinen Verbände (§ 4).

Abweichend von Art. 61 Abs. 2 bayr. AG. z. BGB. haftet der Staat auch dann, wenn ein Richter im Zustande der Bewußtlosigkeit usw. in einer Rechtssache bei einem Urteil die Amtspflicht verletzt (§ 839 Abs. 2 BGB.). Auch bei Versehen der Grundbuchbeamten haftet im Falle des § 1 Abs. 2 der Staat. Die Haftpflicht des Staates ist gegenüber dem § 12 RGBO. erweitert. Vgl. Dehne S. 47; Delius, PrVerwBl. **31**, 91; and. Ans. Reimer 2 S. 74 und Brand S. 625.

Ein Regreßanspruch des Staates gegen den Beamten ist im Falle des Abs. 2 nicht gegeben. Vgl. Reimer 2 S. 75.

Hat der Beamte die Bewußtlosigkeit usw. selbst schuldhaft verursacht, so haftet der Staat usw. nach § 1 Abs. 1 AHG., vorausgesetzt ist, daß der Beamte von der berauschenden Wirkung der genossenen geistigen Getränke Kenntnis hatte oder bei Anwendung der im Verkehr erforderlichen Sorgfalt haben mußte (Reimer 2 S. 74). Der Staat haftet dann aber nur so, als wenn dem Beamten Fahrlässigkeit zur Last fiele, selbst dann, wenn dieser vorsätzlich sich in den Zustand versetzt hat (Reimer 2 S. 74; and. Ans. Komm. d. RGR. zu § 827 Anm. 2, nach welchen der Beamte und damit auch der Staat im letzteren Falle, wie für Vorsatz, haften soll).

6. Zu Abs. 3. Eine Ausnahme von der Staats- usw. Haftung gemäß Abs. 1 macht der Abs. 3 a) für diejenigen Beamten, welche ausschließlich auf den Bezug von Gebühren angewiesen sind, b) für diejenigen Amtshandlungen, für welche die Beamten eine besondere Vergütung durch Gebühren von den Beteiligten beziehen. In den Fällen zu b und a haftet der Beamte persönlich. Ob die Gebühr bezahlt oder überhaupt geltend gemacht wird oder nicht, ist gleichgültig.

Zu a). Zu den Beamten unter a gehören hauptsächlich Notare, Vollziehungsbeamte usw. Bei ihnen haben die Beteiligten meistens die Wahl, an welchen Beamten sie sich wenden wollen; auch überwiegt dabei im allgemeinen das Privatinteresse. Die Ausschließung der Staats- (Verbands-) Haftung rechtfertigt sich dadurch, daß diese Beamten namentlich in bezug auf die Aufsicht in einem wesentlich lockerern Verhältnisse zum Staate usw. stehen, als die besoldeten Beamten. Es macht keinen Unterschied, ob der Beamte die Gebühren unmittelbar von den Beteiligten oder aus der Staats- bzw. einer anderen öffentlichen Kasse erhält, zu welcher die Gebühren zunächst vereinnahmt werden (OLG. Stettin, RGZ. 93, 39 läßt dort die Frage unentschieden). Es ist auch gleichgültig, ob die von den Beteiligten eingezogenen Gebühren voll dem Beamten zufließen, oder derselbe verpflichtet ist, einen Teil abzugeben, z. B. an eine bestimmte Kasse. Der Beamte haftet auch persönlich, wenn er aus der öffentlichen Kasse, zu welcher die Gebühren zunächst vereinnahmt werden, nur einen bestimmten Gebührenanteil erhält, dagegen fällt er nicht unter die Vorschrift des Abs. 3, wenn er aus der Kasse eine Pauschalvergütung bekommt. Hier profitiert auch der Staat an den Gebühren, tatsächlich zahlt er den Beamten Gehalt.

Zu b. Bei den übrigen Beamten, welche festes Gehalt oder ein Pauschquantum beziehen, kann es vorkommen, daß ihnen noch einzelne und bestimmte Amtshandlungen übertragen sind, für die sie Gebühren beziehen, und zwar von dem Beteiligten, dem Dritten, für den sie tätig werden. Der Beamte muß einen unmittelbaren Anspruch gegen den Beteiligten auf seine Gebühren haben, er muß Gläubiger sein (RGZ. 93, 38). Daß sie die Gebühren unmittelbar von den Beteiligten beziehen, ist nicht erforderlich. Es genügt auch, wenn die Gebühren auf einem Umwege zunächst in eine öffentliche Kasse gezahlt und von dieser an den Beamten abgeführt werden. Die Kasse ist hier nur Auszahlungsmaschine. Vgl. RGZ. 88, 258.

Es kommen in Betracht Kreisärzte und Kreistierärzte bei Vornahme gewisser gebührenpflichtiger gesundheitspolizeilicher Amtshandlungen (vgl. Ges. v. 24. Juli 1904 u. 14. Juli 1909), ferner bei den Gemeinden der Gemeindevorsteher bei Nottestamenten, da er einen Gebührenanspruch gegen den Erblasser hat, ob er ihn geltend gemacht und bekommen hat, ist für die Haftung gleichgültig.

Dieser haftet nicht, wenn er sich wegen der Eile über die gesetzlichen Bestimmungen nicht unterrichten konnte (RG., JW. 1909, 727), wenn er das Protokoll durch den Erblasser nicht genehmigen läßt (OVG., Gesetz u. Recht 17, 285), wenn er in einer kleinen Gemeinde in einem Eilfalle trotz Zweifel an seiner örtlichen Zuständigkeit und über die Gültigkeit ein Testament aufnimmt (RG., JW. 1911, 714), wenn er aus entschuldbarer Unkenntnis des Gesetzes die Feststellung der eigenhändigen Unterschrift des Erblassers unterläßt (OLG. Jena, ThürBl. 50, 285), aber wohl, wenn er in seiner Anweisung ausdrücklich darauf hingewiesen ist (RGZ. 58, 296).

Vgl. auch § 4 Anm. 3 (Fleischbeschauer, Steuererheber usw.). Gerichtsvollzieher fallen nicht unter Abs. 3, für sie haftet der Staat, denn sie beziehen ein festes Gehalt, wobei ihnen ein bestimmter Gebührenanteil als Teil ihres Diensteinkommens zugebilligt ist und der Gebührenanspruch gegen die Beteiligten steht nicht ihnen, sondern dem Staate zu. Vgl. Brand S. 626.

Strom- und Seelotsen, die öffentliche Gewalt ausüben, sofern Lotsenzwang besteht, sind zum Teil staatliche Beamte, zum Teil wird das Lotsengeschäft durch die Weser-, Elb- und Emslotsengemeinschaften ausgeübt (KommBer. v. 1907 S. 7). Für die Revierlotsen in Stettin-Swinemünde haftet der Staat (RGZ. **93**, 38).

7. Der Anspruch des Geschädigten gegen den Staat usw. verjährt in drei Jahren (§ 852 BGB.), die Verjährung beginnt in dem Zeitpunkt, in dem er von dem Schaden und der Person des Ersatzpflichtigen Kenntnis erlangt hat; ohne Rücksicht auf diese Kenntnis tritt Verjährung in 30 Jahren von der Begehung der Handlung an ein. Vgl. auch § 9 η. Daß ein bestimmter Beamter (Staat, Reich, Gemeinde), den Schaden verursacht hat, braucht er nicht zu wissen, es genügt, daß der Schaden auf das schuldhafte Verhalten eines Beamten des Staats usw. zurückzuführen ist.

§ 2.

(Wird der Staat auf Grund der Vorschrift des § 1 Abs. 1 in Anspruch genommen, so finden auf die Feststellung, ob der Beamte sich einer Überschreitung seiner Amtsbefugnisse oder der Unterlassung einer ihm obliegenden Amtshandlung schuldig gemacht hat, die für den Fall der Verfolgung des Beamten geltenden Vorschriften entsprechende Anwendung.)

Die Erhebung des sog. Konflikts vor dem Oberverwaltungsgericht nach dem Ges. v. 13. Febr. 1854 (GS. S. 86) ist durch das Ges. v. 16. Nov. 1920 (GS. 1921 S. 65) beeitigt, auch wenn der Beamte persönlich haftet. Vgl. RGZ. **102**, 171. Über die Schuldfrage entscheidet nach jeder Richtung jetzt das ordentliche Gericht allein.

§ 3.

Der Staat kann von dem Beamten Ersatz des Schadens verlangen, den er durch die im § 1 Abs. 1 bestimmte Verantwortlichkeit erleidet. Der Ersatzanspruch verjährt in drei Jahren von dem Zeitpunkt an, in welchem der Ersatzanspruch des Dritten diesem gegenüber von dem Staate anerkannt oder dem Staate gegenüber rechtskräftig festgestellt ist.

1. Der § 3 behandelt den Rückgriff des Staates (Verbandes) gegen den Beamten. Ist der Staat der direkt Geschädigte, so greifen die Vorschriften des ALR. usw. (s. § 7 d. W.) Platz. Es begründet keinen Unterschied, ob dem Beamten Vorsatz, grobes Verschulden oder nur geringe Fahrlässigkeit zur Last fällt. Kröner S. 34 will unrichtig die §§ 88ff. II, 10 ALR. für die Ersatzpflicht maßgebend sein lassen. Der Staat (Verband) haftet auch, wenn sich der schuldige Beamte nicht ermitteln läßt. In einem solchen Falle wird ein Regreßanspruch des Staates nicht möglich sein. Im Falle des § 1 Abs. 2 (unzurechnungsfähiger Beamter) hat der Staat keinen Rückgriff.

2. Den Spruchrichter kann der Staat nur unter den Voraussetzungen des § 839 Abs. 2 BGB. in Anspruch nehmen.

Für die Grundbuchbeamten ist es bei der Sondervorschrift des Art. 8 AG. z. GBO. verblieben.

Die Ausdehnung der Vorschrift des Art. 8 auf alle Beamten erschien, abgesehen davon, daß dadurch die im § 839 BGB. vorgesehene Verantwortlichkeit des Beamten für jedes Verschulden zu einer bloßen Haftung für Vorsatz und grobe Fahrlässigkeit abgeschwächt werden würde, nicht annehmbar, weil sie geeignet wäre, das Verantwortlichkeitsgefühl des Beamten unter Umständen bedenklich herabzumindern und dadurch nicht nur die Interessen des Staates, sondern auch des Publikums zu gefährden.

3. Daß der Rückgriff stattfindet, ist nicht absolut notwendig, wie sich aus dem Worte „kann" ergibt. And. Ansicht Krieg S. 1087. Es wird zulässig sein, daß bei besonders leichten Versehen sonst tüchtiger Beamten oder bei Beamten in schlechter wirtschaftlicher Lage, falls der Schaden gering ist, von den Ersatzansprüchen im Wege der Gnade Abstand genommen wird. Der Regel nach müssen allerdings fiskalische Ansprüche geltend gemacht werden.

4. Die Art der Ersatzleistung seitens des Beamten bestimmt sich nach den allgemeinen Grundsätzen des BGB. Zur Ausübung des Rückgriffsrechts ist nicht erforderlich, daß der Staat den Verletzten bereits entschädigt hat. Der Staat kann nach §§ 249 u. 257 BGB. von dem Beamten auch Befreiung von der ihm dem Dritten gegenüber erwachsenen Ersatzpflicht verlangen.

Der Staat (Verband) ist berechtigt, den Geschädigten zu befriedigen, ohne es zur Klage und zum Urteil kommen zu lassen (RGZ. **96**, 147). Er kann von dem Beamten auch Ersatz der Kosten beanspruchen, die er in dem von dem Dritten angestrengten Prozesse hat aufwenden müssen. Brand S. 629.

5. In dem Rückgriffsprozesse kann der Beamte in jeder Art den Beweis seiner Schuldlosigkeit führen, selbst wenn die Schuldfrage im Vorprozesse rechtskräftig bejaht ist oder der Staat die Schadensersatzpflicht dem Geschädigten gegenüber anerkannt hat (RGZ. **96**, 147). Die Voraussetzungen des § 1 müssen in dem Prozesse gegen den Beamten selbständig festgestellt werden, wenn dieser nicht schon am Rechtsstreit

gegen den Staat als Nebenintervenient beteiligt gewesen ist (§§ 68 u. 74 Abs. 3 ZPO.).

Im Falle der Streitverkündung, die regelmäßig erfolgt, muß der Beamte in die dem Vorprozesse getroffenen Feststellungen gegen sich gelten lassen (RG. JW. 1902, 250; 1906, 339).

Zuständig sind ausschließlich die Landgerichte (§ 39 Ziff. 3 AG. z. GVG.), das Reichsgericht ist also immer anrufbar.

Ist der Schaden durch mehrere Beamte verursacht, so haften sie nebeneinander, es kann sich ein Beamter nicht auf das mitwirkende Verschulden anderer Beamten, insbesondere Vorgesetzter oder verfassungsmäßiger Vertreter, berufen (RGZ. 95, 344).

6. Verjährung. Sie beginnt, abweichend von § 852 BGB., erst in dem Zeitpunkt, in dem der Ersatzanspruch des Dritten vom Verbande anerkannt ist oder dem Verbande gegenüber rechtskräftig festgestellt ist. Dieser Zeitpunkt ist maßgebend, auch wenn der Staat usw. die Persönlichkeit des Beamten gar nicht kennt. Hat der Staat freiwillig gezahlt, so liegt darin ein Anerkenntnis. Mit den Worten „anerkannt" wird ein Anerkenntnisvertrag ebensowenig gefordert, wie im Art. 8 AG. z. GVO. und im § 208 BGB. Unter Umständen haftet der Beamte länger, als er nach § 839 BGB. in Verbindung mit § 852 BGB. haften würde. Dadurch ist seine Rechtslage aber nicht erschwert. Rechtskräftig festgestellt ist der Anspruch erst, wenn er sowohl dem Grunde als auch dem Betrage nach festgestellt ist.

7. Auch für die Anwendung des § 841 BGB. tritt der Staat an die Stelle des schuldigen Beamten, im Verhältnis zwischen dem Staate und dem für den Schaden mitverantwortlichen „anderen", z. B. dem Vormund, ist dieser allein verpflichtet. Der Staat kann ohne weiteres das Rückgriffsrecht, das dem Beamten gegen den Mitschuldigen zusteht,

seinerseits geltend machen. Der § 841 BGB. behält auch noch für den schuldigen Beamten Bedeutung, sofern er nach § 3 des Gesetzes dem Staate (Verbande) Ersatz geleistet hat, er kann Rückgriff gegen den Mitschuldigen nehmen.

§ 4.

Die Vorschriften der §§ 1 bis 3 finden auf die für den Dienst eines Kommunalverbandes angestellten Beamten mit der Maßgabe Anwendung, daß an die Stelle des Staates der Kommunalverband tritt. Jedoch trifft bei Amtspflichtverletzungen von Standesbeamten die Verantwortlichkeit den Staat.

Einem Kommunalverbande stehen gleich die Gutsbezirke, die Amtsverbände und die zur Wahrnehmung einzelner kommunaler Angelegenheiten gebildeten Zweckverbände.

Wegen des Begriffs „Kommunalverband" vgl. RGZ. **90**, 260. Keinen Kommunalverband bilden die Gesamtheit der Rentengutsübernehmer i. S. der preußischen Rentengesetze (KG., R. d. OLG. 5, 302), öffentliche Feuerversicherungsgesellschaften (RGZ. **90**, 260; and. Ans. RG. v. 5. Okt. 1885, PrVerwBl. 85, 86, 49), Deichverbände, Knappschaftsvereine, Landwirtschaftskammern (RGZ. **90**, 260).

Die Kommunalverbände, namentlich die Gemeinden, sind an der Ausübung der öffentlichen Gewalt (z. B. Polizei) durch ihre Beamten so wesentlich beteiligt, daß das Gesetz seinen Zweck nicht erfüllen würde, wenn Bestimmungen über die Haftung der Kommunalverbände fehlten.

Die Belastung der Kommunalverbände ist viel geringer als auf dem privatrechtlichen Gebiete (§ 89 BGB.). Für die weiteren im § 4 genannten Kommunalverbände wird eine Haftung fast nur im Falle einer Rechtsverletzung bei der Einziehung von Abgaben durch eigene Beamte vorkommen, da ihnen das Steuererhebungsrecht zusteht.

Die Aufgaben, zu deren Erfüllung den Beamten der Gemeinde die Handhabung öffentlicher Gewalt zusteht, sind zum Teil rein kommunale, zum Teil an sich staatliche, wie die Ausübung der Polizeigewalt, die ihnen durch das Gesetz übertragen ist, und die Besorgung der örtlichen Geschäfte der Staatsverwaltung, die ihnen nach dem Gesetz übertragen werden kann. Für die Regelung der Haftung war der Gesichtspunkt maßgebend, daß es sich in allen in Betracht kommenden Fällen um die Amtstätigkeit von Beamten handelt, die im Dienste der Gemeinde stehen und für deren Versehen, diese als Trägerin der gesamten aus ihrer Amtsführung entstehenden Lasten einstehen muß. Eine Unterscheidung nach der Art der Aufgaben, welche der Beamte im Einzelfalle ausgeführt hat, ist in der Praxis undurchführbar. Für die Amtshandlungen des Gemeindebeamten ist also ohne Unterschied der Art ihrer Verrichtung die Gemeinde haftbar, mag er auch rein staatliche, den Kommunen delegierte Aufgaben erfüllt haben (RGZ. **88**, 157) u. RG. 5. Mai 1925, Recht 25, 936). Der Staat hat es verstanden, die Haftpflicht auf die Gemeinden abzuschieben. Entscheidend ist, ob der Beamte für den Dienst des Kommunalverbandes, nicht ob er von dem Kommunalverbande angestellt ist, es haftet also z. B. auch die rheinische Bürgermeisterei für die Amtshandlungen des Bürgermeisters, obwohl er von dem Oberpräsidenten ernannt wird, die Stadt Frankfurt (Main) für ihren vom Könige ernannten Oberbürgermeister. Die Kommunalverbände haften also auch für Beamte, mit deren Anstellung sie nicht das Geringste zu tun haben. Der Begriff des Gemeindebeamten i. S. des § 4 deckt sich nicht mit dem des Kommunalbeamtenges. v. 30. Juli 1899. Der § 4 bezieht sich auch auf unbesoldete (Ehren-)Beamte. Übergabe einer Bestallung ist trotz § 1 KBG. nicht wesentlich (RGZ. **99**, 265). Schon die Übertragung obrigkeitlicher Geschäfte kann die Eigenschaft eines Beamten begründen. An sich genügt z. B. bei Betriebsbeamten im Gegensatz zu Hoheitsbeamten ein Privatdienstvertrag zur Erlangung der Beamteneigenschaft nicht; and. Ans. Kröner S. 37. Vgl. § 1 RAHG. Anm. 1 und § 1 PrAHG. Anm. 1. Auch das Fehlen der staatlichen Bestätigung eines Polizeibeamten durch Landrat usw. (vgl. § 4 des PolGes. v. 11. März 1850) beseitigt die Haftung der Kommune nicht, da der Beamte jedenfalls Kommunalbeamter ist.

Stadt- und Landgemeinden[1]). Gemeindebeamte i. S. des § 4 sind der Bürgermeister, die Magistratsmitglieder, Beigeordnete, Stadträte, Gemeinderäte, kommunale Polizeibeamte, Gemeindevorsteher, auch kommissarisch bestellte, dagegen nicht Stadtverordnete und Mitglieder der Gemeindevertretung. Auch die Vorsitzenden und Beamten der Wohnungsämter (RG. 20. Okt. 1925; Recht 1925 Nr. 2422), der Mietseinigungsämter usw. gehören hierher, ebenso die Schiedsmänner (RGZ. **80**, 51; **60**, 321). Ist der Bürgermeister im Nebenamt Amtsanwalt, so haftet insoweit der Staat, für die in der Bürgermeistereigenschaft (auch als Polizeiverwalter) begangenen Schäden aber die Gemeinde. Auch für die Hilfsbeamten der Staatsanwaltschaft ist grundsätzlich die Gemeinde verantwortlich. (OLG. Kassel, Recht 1921 Nr. 2521.) Vgl. Anm. 5. Für die Beamten der Arbeitsgerichte haftet aber der Staat.

Der Vorsteher des Schätzungsamtes und sein Stellvertreter sind zwar Gemeindebeamte, nach § 11 Abs. 5 des Ges. v. 8. Juni 1918 (GS. S. 83) unterliegen aber ihre Amtspflichtverletzungen nicht dem AHG. v. 1. Aug. 1909. Die Stadt haftet für Verschulden der General- bzw. Berufs-

[1]) Wegen Haftung für Mietseinigungs- und Wohnungsämter vgl. RG. JW. **27**, 18 u. 298 sowie Delius i. Pr. VerwBl. **48**, 427.

vormünder, sofern sie als Beamte gehandelt haben (OLG. Posen, PosMSchr. 1916, 92).

Wegen der Haftpflicht der Jugendämter, Amtsvormünder und der Anstalts- u. Kreisvormundschaften vgl. Delius, Preuß. VerwBl. 46, 17.

Die Vereinsorgane der freiwilligen Feuerwehr (Vorsitzender, Brandmeister, Zugführer) sind keine Gemeindebeamte, die Gemeinde haftet also nicht für Brandmeister derselben beim eigentlichen Feuerlöschdienst oder bei Leitung von Übungen (RGZ. 83, 308). Anders verhält sich die Sache bei Pflichtfeuerwehren (Ges. v. 11. Dez. 1904, GS. S. 291), insbesondere wenn der Gemeindevorsteher tätig wird. Vgl. Delius, Recht 1916, S. 576.

Gutsbezirke. Der Gutsbezirk als solcher, nicht der Besitzer des Gutes, ist haftpflichtig. Vgl. Josef, JW. 26, 361.

Die Amtsverbände sind keine Kommunalverbände, sind aber in bezug auf die Haftung für ihre Beamten gleichen Grundsätzen unterworfen, da sonst das ganze Gebiet der Ortspolizei auf dem Lande innerhalb der östlichen Provinzen (abgesehen von der Provinz Grenzmark, wo in dem früher posenschen Teile für den Distriktskommissar der Staat haftet) und der Provinz Schleswig-Holstein ausgeschlossen wäre.

Für den Amtsvorsteher haftet der Amtsverband; für den rheinischen Landbürgermeister (GemOrd. v. 25. Mai 1856 §§ 7, 8) die Bürgermeisterei, für den westfälischen Bürgermeister (früher Amtmann) das Amt (Westf. LGO. v. 19. März 1856 §§ 4ff.). Dasselbe gilt für die für den Dienst des Amtes usw. bestellten sonstigen Beamten. Sind diese Personen als Organ der Polizei tätig, so haftet der Verband auch dann, wenn der Beamte zugleich Gemeindevorsteher ist (RGZ. 98, 196 u. OLG. Düsseldorf, Preuß. GemZtg. 13, 300).

Kreise. Der Landrat hat eine Doppelstellung insofern, als er die den Kreis betreffenden staatlichen Geschäfte führt und andererseits an der Kommunalverwaltung des Kreises beteiligt ist. Es muß also unterschieden werden, in welcher Eigenschaft er bei der Amtspflichtverletzung gehandelt hat (RGZ. **100**, 190). Zu Unrecht meint Simon S. 71, daß der Kreis für den Landrat nie hafte. Für die Beamten des Kreises gilt dasselbe wie vom Landrat. Es haftet also bald der Kreis, bald der Staat. Der Kreisausschußsekretär ist lediglich Kreiskommunalbeamter. Vgl. aber im Anhang „Landrat".

Regierungsbezirke. Diese sind keine Kommunalverbände, nur in Hessen-Nassau (Kassel und Wiesbaden). Einen Kommunalverband bildet auch der Lauenburgische Landeskommunalverband. Vgl. RGZ. **80**, 342.

Provinzen. Sie sind überall in Preußen Kommunalverbände. Die Teilung zwischen staatlichen und kommunalen Funktionen ist hier strenger durchgeführt als in den Kreisen. Der Oberpräsident ist unmittelbarer Staatsbeamter, für den der Staat haftet. Für den Dienst des Provinzialkommunalverbandes sind bestellt: Der Landeshauptmann, die Landesräte, die Bureaubeamten derselben, ferner die mit der Durchführung der Fürsorgeerziehung betrauten Beamten, die Beamten der Provinzialheilanstalten (Taubstumme, Blinde), der Provinzialhilfskasse, Wegebauverwaltung (vgl. §§ 87—98 ProvOrd. v. 29. Juni 1875) usw.

Wegen der zur Wahrnehmung einzelner kommunaler Angelegenheiten gebildeten Zweckverbände vgl. Zweckverbandsgesetz v. 19. Juli 1911 (GS. S. 115) u. §§ 128ff. LGO. v. 3. Juli 1891.

Allen diesen Verbänden ist stillschweigend durch den § 4 die zur Durchführung der Haftung erforderliche Rechtsfähigkeit gewährt.

2. **Andere Verbände, die öffentliche Gewalt ausüben.**

Die haftpflichtigen Verbände sind im § 4 erschöpfend aufgezählt. Eine entsprechende Anwendung auf andere Verbände ist ausgeschlossen. Es haften also nicht: Die öffentlichen Kreditinstitute (Landschaften), die als Vollstreckungsbehörden (Ges. v. 3. Aug. 1897) und bei Ausstellung von Unschädlichkeitsattesten öffentliche Gewalt ausüben (Brand S. 619), ferner die öffentlichen Feuerversicherungsanstalten, die kaufmännischen Korporationen (OVG. **16**, 154), die Landwirtschafts- (RGZ. **71**, 48), Handels-, Handwerkerkammern, Innungen, Landesversicherungsanstalten der Invaliditäts- und Altersversicherung, Berufsgenossenschaften, Wassergenossenschaften, Deichverbände usw., endlich die Verbände der staatlich anerkannten Religionsgesellschaften, die Privateisenbahngesellschaften.

3. Der § 1 Abs. 2 über unzurechnungsfähige Beamte gilt auch für die Gemeinden usw., ebenso § 1 Abs. 3. In letzterer Beziehung kommt die Tätigkeit der Gemeindevorsteher bei Aufnahme von Nottestamenten (§ 2249 BGB.) und der Fleischbeschauer, die bald Staats-, bald Gemeindebeamte sein können (§ 24 Ges. v. 28. Juni 1902; GS. S. 222), in Betracht. Für die städtischen Vollziehungsbeamten wurde in der Kom. des HH. (S. Ber. S. 18) in Übereinstimmung mit der Staatsregierung die Anwendung des Abs. 3 verneint, weil nach der VO. über das Verwaltungszwangsverfahren v. 15. Nov. 1899 die Gebühren dem Beamten nicht unmittelbar von dem Beteiligten zustünden.

Eichmeister und Landmesser fallen unter Abs. 3, dagegen nicht Schiedsmänner (RGZ. **88**, 51).

Die Konfliktserhebung ist auch bei Gemeindebeamten beseitigt (GS. 1921 S. 65). Wegen des Regreßanspruchs der

Gemeinde gegen den schuldigen Beamten vgl. oben § 3. Der Verband entscheidet selbständig, ob er Regreß gegen den Beamten nehmen will.

Wegen der Zuständigkeit des Gerichtes sind nach RGZ. 107, 61 die allgemeinen Vorschriften nicht mehr maßgebend, also ausschließliche Zuständigkeit der Landgerichte. Vgl. § 15 d. W.

4. Zusammentreffen mit anderen amtlichen Funktionen.

Wenn ein unmittelbarer Staatsbeamter im Nebenamt Kommunalbeamter ist oder umgekehrt, so haftet der Staat oder der Verband je nachdem der Schaden in Ausübung des Hauptamtes oder des Nebenamtes verursacht ist. Vgl. Simon S. 65, welcher bereits die Irrtümer Coesters S. 325 widerlegt hat. Es kann zweifelhaft sein, ob ein besonderes Amt oder nur eine bestimmte Funktion innerhalb desselben Amtes vorliegt. Für gemeindliche Polizeibeamte haftet stets die Gemeinde, auch wenn sie rein staatliche Funktionen ausüben.

5. Anordnungen der Staatsbehörden. Ersuchen. Auch wenn kommunale Polizeibeamte als Hilfsbeamte der Staatsanwaltschaft tätig sind, haftet für die von ihnen verursachten Schäden die Gemeinde, nicht der Staat (Justizfiskus). Maßgebend ist, für wessen Dienste der Beamte bestellt ist, nicht, daß er bei einer Aufgabe des Staates, nämlich der Strafverfolgung, mitzuwirken hat (OLG. Cassel 11. Aug. 1920; Recht 1921 Nr. 2521). Dagegen haftet der Staat, wenn der Hilfsbeamte der Staatsanwaltschaft im einzelnen Falle nicht aus eigener Initiative, sondern im ausdrücklichen Auftrage oder auf Befehl der Staatsanwaltschaft oder des Untersuchungsrichters gehandelt hat.

Bekanntlich sind die Gemeindebeamten verpflichtet, Anweisungen der Staatsbehörden (Landrat, Reg.-Präsident usw.)

Folge zu leisten, insbesondere sind die Hilfsbeamten der Staatsanwaltschaft dieser unterstellt. Wird in Fällen, wo der Gemeindebeamte auf Grund eines solchen für ihn maßgebenden Befehls dienstlich tätig wird, ein Schaden verursacht, so haftet der Staat, denn der anordnende Staatsbeamte (Verwaltungsbeamter, Staatsanwalt) hat schuldhaft gehandelt. RG. „Recht" 1922 Nr. 1103. Überschreitet dagegen der Gemeindebeamte den Auftrag oder handelt er aus eigener Initiative (wenn auch auf Anregung der Staatsbehörde), so haftet der Kommunalverband, denn der Schaden steht nicht im ursächlichen Zusammenhange mit dem Auftrage des Staatsbeamten (KommBer. S. 3).

Wird ein Gemeindebeamter von einem Staatsbeamten lediglich um Vornahme einer hoheitsrechtlichen Handlung, z. B. Steuereinziehung, ersucht oder umgekehrt, so ist der ersuchte Beamte haftbar, nicht der ersuchende. Der Staat haftet also im Falle der Unterstützung der städtischen Polizei durch einen Landjäger (Gendarm).

Die Gemeinde haftet nicht für Anordnungen ihres Wohnungsamtes, die auf Grund der Anweisungen der Aufsichtsbehörde erfolgt sind (OLG. Frankfurt 25. Febr. 1926, U 2/26, „Landgemeinde" 1927 S. 123).

§ 4a.

Die Vorschriften der §§ 1—3 finden ferner auf die Lehrer und Lehrerinnen eines Schulverbandes Anwendung.

Das gleiche gilt für die Lehrpersonen der Schulsozietäten sowie der sonstigen zur Unterhaltung von öffentlichen Unterrichtsanstalten verpflichteten Verbände und Stiftungen des öffentlichen Rechtes.

Ergänzungsgesetz v. 14. Mai 1914 (GS. S. 117) — in Kraft getreten am 13. Juli 1914 —

Die Volksschullehrer, welche unmittelbare Staatsbeamte sind (RGZ. **85**, 25 gegen RGZ. **80**, 338), waren (abgesehen von Rheinland, wo Art. 1384 Cod. civ. galt, s. oben) bis zum 13. Juli 1914 von der Wohltat des Gesetzes v. 1. Aug. 1909 ausgeschlossen und hafteten persönlich. Jetzt haftet an ihrer Stelle der Staat. Rückwirkende Kraft hat die Novelle von 1914 nicht (JW. 1915, 663; RGZ. **80**, 338).

Die Lehrpersonen an den höheren, von den Kommunen unterhaltenen Lehrerstellen sind Kommunalbeamte i. S. des § 4 des Ges. v. 1. Aug. 1909; für sie haftet der betreffende Kommunalverband (RGZ. **84**, 41; Delius i. „Recht" 1909, 641), a. A. Kaufmann JW. **25**, 393). Das gleiche gilt für die kommunalen mittleren Schulen und die Fachschulen, insbesondere Fortbildungsschulen (RGZ. **84**, 41; **97**, 312 u. 30. April 1920, III 327/19).

Lehrer an Privatschulen sind keine Beamte. Sie haften als Privatperson dem Geschädigten nach §§ 823ff. BGB., auch wenn sie staatliche oder städtische Lehrer sind (RGZ. **84**, 33 u. Recht, 1922, 1680).

Vgl. im übrigen Anm. 1 § 4 u. Anm. 2 zu § 1 sowie im Anhang „Lehrer".

In privatrechtlicher Beziehung (§§ 31, 89 BGB.) haftet für die Volksschullehrer der Schulverband, nicht der Staat.

§ 5.

[Die Vorschrift des § 6 des Gesetzes über die Zulässigkeit des Rechtsweges in Beziehung auf polizeiliche Verfügungen vom 11. Mai 1842 (GS. S. 192) gilt auch für die den Beteiligten nach diesem Gesetze zustehenden Rechte.]

1. Der § 6 des Ges. v. 11. Mai 1842 lautet:

„Wird eine polizeiliche Verfügung im Wege der Beschwerde als gesetzwidrig oder unzulässig aufgehoben, so bleiben dem Beteiligten seine Gerechtsame nach den allgemeinen gesetzlichen Bestimmungen über die Vertretungsverbindlichkeit der Beamten vorbehalten."

Der § 5 ist durch Art. 131 neue RV. aufgehoben, da nach diesem der Rechtsweg nicht ausgeschlossen werden darf (RGZ. **102**, 258). Vgl. Delius i. Recht 1921 Sp. 46 u. **106**, 34. Gegenüber Landesbeamten, die als Organe des Reiches auftreten und deshalb Reichsbeamten gleichzuachten sind, kam § 5 überhaupt nicht zur Anwendung (RG. u. JR. 77 Nr. 299). Der § 6 des Ges. v. 11. Mai 1842 wollte verhindern, daß indirekt die ordentlichen Gerichte auf die Ausübung der Polizeigewalt maßgebenden Einfluß gewännen. Die Entscheidung über die Gesetzmäßigkeit, Zweckmäßigkeit und Notwendigkeit polizeilicher Verfügungen sollte den Verwaltungsbehörden bzw. -gerichten vorbehalten bleiben.

Von einer Erläuterung kann aber nicht Abstand genommen werden, weil der § 6 noch besteht, wenn gegen den Beamten persönlich Schadensersatz geltend gemacht wird z. B. von Ausländern (§ 7 AHG.) oder bei sog. Sportelbeamten (§ 1 Abs. 3 AHG.).

Unter „polizeilichen Verfügungen" sind zu verstehen Verfügungen polizeilichen Inhalts, welche von einer Polizeibehörde in Ausübung der staatlichen oder kommunalen Polizeigewalt an bestimmte (natürliche oder juristische) Personen erlassen sind. Polizeibehörden sind die Orts- und Kreispolizeibehörden, die Landespolizeibehörden sowie verschiedene andere mit polizeilichen Funktionen betraute Behörden, z. B. die Berg-, Eisenbahnpolizeibehörden usw.

Das Gebiet der polizeilichen Verfügungen ist nicht scharf begrenzt, es beschränkt sich nicht auf die Sicherheitspolizei, sondern umfaßt alle Angelegenheiten der allgemeinen inneren Verwaltung, welche nicht zu den Hoheits- und Finanzsachen gehören, insbesondere Angelegenheiten, welche die Fürsorge für das Gemeinwohl, den Verkehr auf öffentlichen Wegen und Gewässern, den Schutz der Gewerbe, Häuser, Felder und Wälder usw. betreffen (RGZ. **25**, 146; **45**, 270, JW. **10**, 765).

Die polizeilichen Verfügungen enthalten entweder ein Gebot (Anordnung einer Handlung) oder ein Verbot (Anordnung einer Unterlassung); sie können aber auch einen anderen Inhalt haben, z. B. Genehmigung einer Anlage. Sie sind an keine Form gebunden und können auch mündlich erlassen werden[1]). Es gehören hierher Polizeiverordnungen (§§ 136ff. des Ges. v. 30. Juli 1883 u. § 5ff. des Ges. v. 11. März 1850); dagegen nicht die pol. Strafverfügungen wegen Übertretung (Ges. v. 23. April 1883); ferner das unmittelbare tätige Eingreifen des Trägers der Polizeigewalt sowie die von einem unteren Beamten (Schutzmann, Gendarm[2])) getroffenen Anordnungen[3]).

Eine pol. Verfügung setzt notwendig eine positive Handlung, die den Zweck einer Ausübung polizeilicher Gewalt hat, voraus. Sie liegt weder vor bei einer Ablehnung polizeilichen Einschreitens, noch bei sonstiger Unterlassung einer amtlichen Handlung, selbst dann nicht, wenn dieser die Absicht zugrunde liegen sollte, damit einer früher erlassenen polizeilichen Verfügung längere Wirksamkeit zu sichern (RG. DJZ. 1906 S. 120).

Es muß sich um einen unmittelbaren Eingriff in den Rechtskreis des Betroffenen handeln (RGZ. **101**, 24 u. JW. 1915, 932).

---

[1]) KompGerHof v. 30. Juni 1900 (DJZ. 1901 S. 31).

[2]) Die von einem Gendarm zur Ausführung eines strafgerichtlichen Urteils vorgenommene Beschlagnahme ist nicht eine polizeiliche Verfügung im Sinne des Ges. v. 11. Mai 1842 (KompGer. v. 28. Juni 1879; MBl. f. d. i. V. S. 260).

[3]) Droop, Rechtsweg in Preußen S. 67.

Eine Polizeiverfügung liegt vor, wenn eine Polizeibehörde oder ein Polizeibeamter als solcher, d. h. in dem Bewußtsein, damit eine polizeiliche Funktion auszuüben, in einem bestimmten einzelnen Falle eine Anordnung trifft (RGZ. 45, 270). Ob sich die Polizei innerhalb der ihr vom Gesetz gesetzten Grenzen gehalten hat, ist gleichgültig, auch wenn die Verfügung ungesetzlich ergangen ist, bleibt sie eine polizeiliche (RG. JW. 1900 S. 265). Keine polizeilichen Verfügungen sind solche, welche im privaten Interesse der von der Polizei vertretenen Gemeinde ergangen sind (RGZ. 25, 145).

Die Zulässigkeit der Schadensersatzklage ist dadurch bedingt, daß die Gesetzwidrigkeit oder Unzulässigkeit der Verfügung von den zuständigen Organen der Verwaltung festgestellt ist (KompGH., JMBl. 1862 S. 216 und MBl. f. d. i. V. 1884 S. 47).

Der § 6 verlangt zur Eröffnung des Rechtsweges, daß die polizeiliche Verfügung im Wege der Beschwerde aufgehoben sei. Das ist nicht der Fall, wenn der Beamte die Verfügung selbst wieder aufgehoben hat. Die Annahme, es genüge, daß die polizeiliche Verfügung überhaupt aufgehoben sei, steht nicht nur im Widerspruche mit dem Wortlaute des Gesetzes, sondern entbehrt auch jedes inneren Grundes und widerspricht der ganzen Tendenz des Gesetzes, die Polizei von den Gerichten unabhängig zu stellen (RGZ. 59, 170). Vgl. KompGH., DJZ. 1900 S. 506. Jn dem betr. Falle hatte der wegen Schadensersatz beklagte Polizeibeamte, um den Weiterbetrieb einer Schankwirtschaft zu hindern, die Schankwirtschaftsutensilien in polizeilichen Gewahrsam genommen, sie aber freiwillig wieder herausgegeben.

Der Weg der Beschwerde in § 6 ist nur als der gewöhnliche erwähnt. Diese Erwähnung stellt daher keine notwendige Voraussetzung für die Zulässigkeit der Klage auf, die Feststellung der Gesetzwidrigkeit usw. kann vielmehr auch von Amts wegen seitens der vorgesetzten Dienstbehörde usw. erfolgen. Vgl. KompGH., JMBl. 1845 S. 24 MBl. f. d. i. V. 1884 S. 47 (RGZ. **20**, 303).

Es genügt, wenn die polizeiliche Verfügung nicht auf Beschwerde, sondern im Verwaltungsstreitverfahren durch rechtskräftiges Endurteil aufgehoben ist (RG. Gruch. **39**, 1023). Vgl. § 131 LVG. Ferner ist es ausreichend, wenn die polizeiliche Verfügung im Wege der Beschwerde als gesetzwidrig oder unzulässig mißbilligt ist, eine Aufhebung der Verfügung braucht nicht notwendig ausgesprochen zu werden, „es ist genügend, daß auf erhobene Beschwerde der Landrat den verklagten Polizeiverwalter ersucht hatte, die Verfügung aufzuheben, weil sie unzulässig sei".

Eine Verfügung gilt als „mißbilligt", wenn sie einer Verfügung der vorgesetzten Behörde ausdrücklich zuwiderläuft und diese den Polizeibeamten durch Ordnungsstrafen zur Befolgung ihrer Verfügung angehalten hat (RG. Gruch. **46**, 1103).

Es muß jedoch die Verfügung selbst mißbilligt sein, eine Mißbilligung ihrer Begründung genügt nicht.

Hat das Oberverwaltungsgericht für die Aufrechterhaltung der polizeilichen Verfügung eine andere Begründung gegeben, als der Regierungspräsident und der Oberpräsident in ihren die Beschwerde zurückweisenden Bescheiden, so ist die Verfügung nicht aufgehoben. Die Mißbilligung der Begründung einer Verfügung hat nicht die Bedeutung der Aufhebung der Verfügung, wenn der Antrag auf Aufhebung der Verfügung durch den entscheidenden Teil des Urteils ausdrücklich zurückgewiesen ist (RG. JW. 1901 S. 175; Gruch. **45**, 380 u. PrVBl. **22**, 397). Vgl. auch KompGH. 19. Juni 1897, Stölzel, Entsch. Nachtr. S. 18.

Als „aufgehoben" im Sinne des § 6 ist eine Verfügung unter Umständen auch dann zu rechnen, wenn sie von der Entscheidung der höheren Instanz nur mittelbar getroffen wird, z. B. wenn eine andere, mit jener gleichlautende oder im engsten Zusammenhange stehende (jüngere) Verfügung aufgehoben worden ist, weil die, bei den Verfügungen zugrunde liegende Polizeiverordnung an dem fraglichen Tage noch nicht in Kraft getreten war (RGZ. **20**, 303: „es sei eine nicht gerechtfertigte formalistische Auffassung des Gesetzes, wenn man trotzdem noch eine wiederholte Anfechtung der erstgenannten Verfügung verlangen wolle, deren Ergebnis im voraus feststehen würde").

Zur Eröffnung des Rechtsweges ist zwar nicht gerade eine formelle Aufhebung der polizeilichen Verfügung notwendig, aber es ist daran festzuhalten, daß es jedenfalls einer Feststellung der zuständigen Verwaltungsbehörde bedarf, daß die Verfügung gesetzwidrig oder unzulässig war, und daß diese Feststellung dadurch nicht überflüssig wird, daß die Polizeibehörde, von welcher die Verfügung erlassen ist, dieselbe später selbst außer Wirksamkeit gesetzt hat, so daß eine formelle Aufhebung nicht mehr in Frage kommen kann. Vgl. KompGH., JMBl. 1869 S. 38 und MBl. f. d. i. V. 1884 S. 47; OVG. **18**, 419; **28**, 344, DJZ. 1900 S. 27, 506 und 1902 S. 463, sowie Droop, Rechtsweg S. 72 u. MinBl. f. d. i. V. 1876 S. 234 und 1884 S. 45.

Der Vorschrift des § 6 wird nicht dadurch genügt, daß in einem anderen gerichtlichen Verfahren, z. B. im Strafprozeß, die polizeiliche Verfügung als nicht zulässig bezeichnet worden ist (KompGH., JMBl. S. 50).

Der Einwand, daß die aufgehobene Verfügung trotz des Ausspruchs der vorgesetzten Dienstbehörde gesetzmäßig und zuverlässig gewesen sei, kann vom ordentlichen Richter nicht berücksichtigt werden.

Ändert die vorgesetzte Verwaltungsbehörde ihre Ansicht nach Anstellung der Klage, so tut dies der Zulässigkeit der Regreßklage keinen Eintrag (KompGH., JMBl. 1854 S. 24).

Die Klage aus § 6 ist auch gegen einen inzwischen aus dem Amte geschiedenen Polizeibeamten zulässig. Vgl. RGZ. **33**, 244 (RG., Gruch. **46**, 1106).

Der § 6 kommt auch dann zur Anwendung, wenn ein anderer klagt als derjenige, wider den die Verfügung gerichtet ist. Vgl. Oppenhoff, Ressortverhältnisse (2. Aufl.) S. 345 Anm. 177 u. KompGH., JMBl. 1854 S. 24.

Wird eine Regreßklage erhoben, ohne daß die polizeiliche Verfügung wegen Gesetzwidrigkeit oder Unzulässigkeit aufgehoben ist, so ist die Klage als unbegründet abzuweisen, nicht der Rechtsweg für unzulässig zu erklären (RG. 26. April 1887, RheinArch. **78** III, 86; „mit der Aufrechterhaltung der polizeilichen Maßregel ist der Entschädigungsklage der Boden entzogen, diese daher als unbegründet abzuweisen"; LG. Köln 14. Febr. 1843, RheinArch. **34** III, 44: hier wurde sogar unter Verwerfung der Einrede der Unzulässigkeit des Rechtsweges dem Kläger eine Frist zur Beibringung der Entscheidung der Beschwerdeinstanz gesetzt). Vgl. auch RGZ. **41**, 267 und Gruch. **45**, 380.

Für die Klage auf Schadensersatz, welcher durch Ausführung einer noch nicht rechtskräftigen polizeilichen Verfügung entstanden ist, ist der Rechtsweg zulässig. Der Polizeiverwalter hatte in der irrigen Annahme, daß das Urteil des Bezirksausschusses, welches die Schankkonzessionsentziehung aussprach, rechtskräftig sei, die Schließung des Schanklokals angeordnet. Später wurde das Urteil des Bezirksausschusses von OVG. aufgehoben und die Klage auf Entziehung der Schankerlaubnis abgewiesen (RG., Gruch. **39**, 1023).

Für die Klage gegen ein polizeiliches Organ auf Ersatz des durch eine von diesem vorgenommene, außerhalb seiner Amtsbefugnisse liegenden Handlung entstandenen Schadens ist der Rechtsweg zulässig (RG., Gruch. 33, 1029).

Richtet sich der Anspruch des Geschädigten nicht gegen die polizeiliche Verfügung, sondern wird der Polizeibeamte verklagt, weil er in Ausübung seines Amtes fahrlässig gehandelt und dadurch der Schaden verursacht ist, so gelangt der § 6 nicht zur Anwendung (RGZ. 59, 172). Dasselbe gilt, wenn einem Polizeibeamten im Wege der Zivilklage ein Vergehen im Amte vorgeworfen und seine Verurteilung zum Schadensersatze als rechtliche Folge seines Vergehens verlangt wird.

§ 6.

Soweit durch Reichsgesetze oder Landesgesetze für bestimmte Fälle eine Haftung des Staates oder der Kommunalverbände über den in jenen Gesetzen bestimmten Umfang hinaus ausgeschlossen ist, finden die Vorschriften dieses Gesetzes keine Anwendung.

In einer Reihe von Fällen ist eine Haftung des Reiches, des Staates oder der Kommunalverbände ausgeschlossen oder auf ein bestimmtes Maß beschränkt. Soweit eine Haftung des Verbandes nicht eintritt, haftet der Beamte persönlich nach § 839 BGB.

Der § 6 hat den Zweck, eine aus einem Beamtenverschulden sich ergebende Haftung des Verbandes einzuschränken, er greift also nicht Platz in Fällen, wo ein Beamtenverschulden überhaupt nicht in Frage kommt (RGZ. 99, 209). In Betracht kommen §§ 6, 12 des Postgesetzes v. 28. Okt. 1871 (RGZ. 107, 43); §§ 18 XV, 19 VIII der Postordnung v. 28. Juli 1917, § 13 Postscheckordnung v. 6. Nov. 1908 (RGBl. S. 763), § 21 der Telegraphenordnung

v. 16. Juni 1904, §§ 1 und 4 des Wechselprotestgesetzes v. 30. Mai 1908 (RGBl. S. 321), §§ 453ff. HGB.; das Scheckgesetz v. 11. März 1908; das Reichshaftpflichtgesetz v. 7. Juni 1871 (RGBl. S. 207); die Eisenbahnbau- und Betriebsordnung v. 4. Nov. 1904 (RGBl. S. 387); die Unfallversicherungsgesetze; die Militärversorgungsgesetze (RGZ. **103**, 60 u. **98**, 208); die Gesetze betr. Unfallfürsorge für Beamte v. 18. Juni 1901 (RGBl. S. 211) und für Gefangene v. 30. Juni 1900 (RGBl. S. 536); §§ 25 u. 43 des preuß. Eisenbahngesetzes v. 3. Nov. 1838 (GS. S. 505); das preuß. Beamtenfürsorgegesetz v. 2. Juni 1902 und das Gefangenenfürsorgegesetz v. 28. Juli 1902.

In den meisten Fällen wird hier regelmäßig von Ausübung öffentlicher Gewalt nicht die Rede sein. Neben dem Anspruch aus § 14 des Ges. über die Naturalleistungen für die bewaffnete Macht im Frieden v. 13. Febr. 1875/24. Mai 1898 haftet für Schäden bei Truppenübungen weder das Reich noch die beteiligte Militärperson (RGZ. **82**, 319).

Das Gesetz vom 30. Mai 1898, betreffend die Entschädigung der im Wiederaufnahmeverfahren freigesprochenen Personen (RGBl. S. 345) und das Gesetz v. 14. Juli 1904, betr. die Entschädigung für unschuldig erlittene Untersuchungshaft (RGBl. S. 321) fallen nicht unter § 6. Sie setzen das Verschulden eines staatlichen Organs nicht voraus und bleiben insoweit unberührt. Ist der Schaden durch das schuldhafte Handeln eines Beamten verursacht und geht der Ersatzanspruch gegen ihn aus dem § 839 des BGB. über die auf Grund der beiden Gesetze gewährte Entschädigung hinaus, so greift insoweit das vorliegende Platz; das gleiche gilt, wenn der § 1 Abs. 2 dem Geschädigten einen höheren Ersatzanspruch gewährt.

Auch das Kriegsleistungsgesetz v. 12. Juni 1873 fällt nicht unter § 6 (RGZ. **93**, 200 u. **104**, 18); ebensowenig das alte preuß. Tumultgesetz v. 11. März 1850 (RG. v. 14. Juni 1912; Preuß. GemZtg. **19**, 59) und das neue Reichsunruhengesetz v. 12. Mai 1920 (RGZ. **101**, 357; **102**, 154; **107**, 60 u. 258). Nach § 14 desselben werden Ansprüche auf Grund der Amtshaftungsgesetze wegen der in der Zeit vom 1. Nov. 1918 bis 14. Mai 1920 zugefügten Tumultschäden am Vermögen nicht ausgeschlossen, es entscheiden nicht die Ausschüsse, sondern die ordentlichen Gerichte (OLG. München v. 27. Okt. 1920, Leipz. Zeitschr. **21**, 114). Die Ansprüche der Geschädigten auf Grund der AHG., die nach dem 14. Mai 1920 entstanden sind oder wegen der Schäden an Leib und Leben in der Zeit vom 1. Nov. 1918 bis 14. Mai 1920 gehen aber nach § 12 des neuen Gesetzes auf das Reich usw. über, soweit sie vom Reich Entschädigung erhalten haben. Der Überschuß verbleibt den Geschädigten. Vgl. RGZ. **106**, 218.

Im Falle der Schädigung durch ein Kraftfahrzeug ist die Anwendung der AHG. nicht ausgeschlossen. Dem Kraftfahrzeuggesetze v. 3. Mai 1909 kann ein einschränkender Einfluß auch nicht in dem Sinne beigemessen werden, daß seine Vorschriften den Umfang des Schadens ausschließlich bestimmen (RGZ. **94**, 102).

Der § 45 der preuß. Hinterlegungsordnung v. 21. April 1913 stellt klar, daß die Vorschrift der §§ 20, 22 Abs. 3 u. 23 der Geltendmachung eines Anspruchs gegen die Staatskasse wegen Verschuldens eines Beamten nicht im Wege stehen.

§ 7.

Den Angehörigen eines ausländischen Staates steht ein Ersatzanspruch auf Grund dieses Gesetzes nur inso-

weit zu, als nach einer in der Preußischen Gesetzsammlung enthaltenen Bekanntmachung des Staatsministeriums durch die Gesetzgebung des ausländischen Staates oder durch Staatsvertrag die Gegenseitigkeit verbürgt ist.

Der Staatsvertrag kann sowohl vom Reich wie von Preußen abgeschlossen sein.

Es muß Gegenseitigkeit im vollen Umfange verbürgt sein, der Staat usw. also an Stelle des Beamten haften, nicht bloß als Bürge.

Vgl. im übrigen oben § 1f.

Der § 7 besteht auch jetzt noch zu Recht (RGZ. 111, 379). Auch der ausländische Staat, wenn er klagt, fällt darunter. Mit den Niederlanden besteht für Preußen Gegenseitigkeit (GS. 1929 S. 1).

§ 8.

Dieses Gesetz tritt am 1. Oktober 1909 in Kraft.

§ 6. Grundbuchbeamte.

a) Haftpflicht des Staates.

§ 12 der Reichsgrundbuchordnung v. 24. März 1897 (RGBl. S. 139):

„**Verletzt ein Grundbuchbeamter vorsätzlich oder fahrlässig die ihm obliegende Amtspflicht, so trifft den Beteiligten gegenüber die im § 839 BGB. bestimmte Verantwortlichkeit an Stelle des Beamten den Staat oder die Körperschaft, in deren Dienste der Beamte steht. Das Recht des Staates oder der Körperschaft, von dem Beamten Ersatz zu verlangen, bleibt unberührt.**“

1. Altes Recht. § 29 der preußischen Grundbuchordnung v. 5. Mai 1872 (GS. S. 446ff.), welche fast für die ganze Monarchie galt, bestimmte:

„Die Beamten des Grundbuchamts haften für jedes Versehen bei Wahrnehmung ihrer Amtspflichten, soweit für den Beschädigten von anderer Seite her Ersatz nicht zu erlangen ist.

Soweit der Beschädigte nicht imstande ist, Ersatz seines Schadens von dem Grundbuchbeamten zu erhalten, haftet ihm für denselben der Staat."

Das alte Recht hat noch Bedeutung für die Zeit v. 1. Okt. 1872 bis 31. Dez. 1899.

Eine genaue Zusammenstellung des Rechts der übrigen Länder findet sich in Johows Begründung des Entwurfs eines Sachenrechts S. 142ff.

In den meisten Staaten war die Haftpflicht des Staates eine subsidiäre.

Für die nach dem 1. Januar 1900 begangenen Amtspflichtverletzungen in Bezirken, in denen das Grundbuch am 1. Jan. 1900 noch nicht angelegt war, gilt das alte Recht bis zur Anlegung des Grundbuchs. Vgl. auch RGZ. **99**, 221.

2. Das Grundbuch wird beim Amtsgericht geführt. In Württemberg und Baden haben Organe der Gemeinden zum Teil die Grundbuchführung. Hier haftet nicht der Staat, sondern die Gemeinden. Wer als Grundbuchbeamter anzusehen ist, ergibt das Landesrecht. Der Regel nach sind es der Grundbuchrichter und der Grundbuchführer, d. h. der mit der Wahrnehmung der Gerichtsschreibereigeschäfte in Grundbuchsachen beauftragte Beamte (bzw. dessen Vertreter), nicht die dem letzteren beigegebenen Hilfsbeamten. Nicht zu den Grundbuchbeamten ist zu zählen der Aufsichtsbeamte, der durch Unterlassen rechtzeitiger Bestellung eines Vertreters oder in anderer Weise seine Amtspflicht verletzt hat. Ebensowenig der Nachlaß-, Vormundschafts-, Zwangsversteigerungs- oder Prozeßrichter usw., wenn er innerhalb seines Geschäftskreises mit Vorschriften des Grund-

buchrechts befaßt ist und sie anwendet; auch nicht Kanzlisten (RG. Recht **10**, 166) und Gerichtswachtmeister. Hat der Aufsichtsbeamte dem Grundbuchrichter eine Anweisung erteilt, durch welche dieser materielle oder formelle Vorschriften des Grundbuchrechts verletzt hat, so wird an der Haftbarkeit des Grundbuchbeamten nichts geändert, denn dieser war zur Nachprüfung verpflichtet.

Auch Richter und Notare, welche Teilhypothekenbriefe herstellen (§ 61 GBO.), können sich auf § 12 nicht berufen, dieser tritt erst in Anwendung, wenn der Grundbuchrichter daraufhin einen Grundbuchakt vornimmt. Notare sind bei Auflassungen usw. auf Grund des Gesetzes v. 13. Mai 1918 (GS. S. 51) nicht „Grundbuchbeamte".

Grundbuchrichter sind auch die Mitglieder der Beschwerdekammern der Landgerichte und der Beschwerdesenate der Oberlandesgerichte (Kammergericht) und des Reichsgerichts, da die Haftung des Staates nicht auf einer persönlichen Rücksichtnahme auf die in erster Instanz tätigen Grundbuchbeamten beruht. (And. Ans. Güthe S. 191.)

Die Urkunds-(Gerichtsschreiberei)-Beamten der höheren Instanzen sind keine Grundbuchbeamten, da sie Eintragungen im Grundbuch nicht vornehmen bzw. anordnen.

Der § 12 macht die Unterscheidung notwendig, ob der Amtsrichter den Schaden als Grundbuchsbeamter oder als Richter der freiwilligen Gerichtsbarkeit verursacht hat. Nur im ersteren Falle haftet der Staat nach § 12, im anderen kommen die allgemeinen Grundsätze der Beamtenhaftung zur Anwendung. In der Praxis kommt es häufig vor, daß der Grundbuchrichter auch Akte der freiwilligen Gerichtsbarkeit, z. B. Schuldverschreibungen, Kaufverträge usw. aufzunehmen hat. Wenn nun auch auf Grund derselben grundbuchliche Operationen vorgenommen werden, so ist doch nur die letztere Tätigkeit eine „grundbuchamtliche".

In Zweifelsfällen wird man sich für das dem Beamten günstigere Recht zu entscheiden haben, so daß § 12 zur Anwendung kommt.

Verletzen Grundbuchbeamte ihre allgemeinen Beamtenpflichten (durch unvorsichtiges Umgehen mit Feuer wird Verbrennen der Grundakten herbeigeführt), so haftet der Staat nicht gemäß § 12 GBO., sondern nach den Amtshaftungsgesetzen. Vgl. Güthe S. 169; and. Ans. Predari, GBO. § 12 Anm. 4.

Die Streitfrage des preußischen Rechts, ob bei Entscheidung reiner Rechtsfragen der Grundbuchrichter das Privileg des Spruchrichters in Anspruch nehmen darf, fällt jetzt, da das Vorrecht (§ 839 Abs. 2 BGB.) auf die streitige Gerichtsbarkeit beschränkt ist. And. Ans. Dernburg Bd. 3 § 35, welcher die verwaltende Tätigkeit des Grundbuchrichters von der urteilenden getrennt wissen will.

Die Haftung des Grundbuchrichters bei Entscheidung über die Frage der Erbberechtigung oder sonstigen Legitimationsfälle richtet sich daher nach § 839 Abs. 1. Vgl. Güthe S. 170 und unter § 9 Ziff. 4 d. W.

3. Die Amtspflichten der Grundbuchbeamten als solcher ergeben sich aus der Grundbuchordnung, den ergänzenden Landesgesetzen, aus den Verwaltungsvorschriften. Zu den hauptsächlichsten Pflichten gehören die Eintragungen in das Grundbuch, Erteilung und spätere Ergänzung von Hypothekenbriefen und beglaubigten Abschriften usw.

Die Verletzung einer Amtspflicht kann sowohl in Verzögerung oder Unterlassung (zu später Erledigung oder Nichterledigung eines Eintragungsantrages) als in einer Handlung (ungerechtfertigter Löschung) liegen.

Die Amtspflichtverletzungen können sowohl auf dem Gebiete des materiellen oder formellen Grundbuchrechts liegen, als auch auf dem Gebiete der Verwaltungstätigkeit,

z. B. Aufbewahrung der Grundakten. Belanglos ist, ob die Vorschrift eine zwingende ist oder nicht. Durch Verletzung von Ordnungsvorschriften wird allerdings meistens Schaden nicht verursacht werden.

Der § 12 enthält bei Verletzung der Amtspflichten nicht den Zusatz „einem Dritten gegenüber".

Nach der Denkschrift z. GBO. soll durch diese Fassung klargestellt sein, daß im Sinne des § 839 sämtliche Amtspflichten des Grundbuchbeamten Pflichten sind, die ihm gegenüber einem Dritten obliegen. Der Staat haftet also auch für die Verletzung bloßer Ordnungsvorschriften, soweit hierdurch Schaden verursacht ist. Kröner S. 19; and. Ans. Reimer 2 S. 41. Der Satz bedarf jedoch der Einschränkung. Z. B. die Pflichten des Grundbuchführers zur Aufbewahrung und Verwendung von Schreibmaterialien und viele Dienstvorschriften sind zweifellos keine Pflichten, welche dem Grundbuchbeamten einem Dritten gegenüber obliegen. Die Vermutung, welche § 12 aufstellt, wird widerlegt werden können. Das ist im Einzelfalle zu prüfen.

Nach RGZ. **72**, 329 ist durch § 12 der Kreis der Entschädigungsberechtigten sachlich nicht anders als in § 839 bestimmt, und der Umfang der Verpflichtungen des Grundbuchbeamten nicht anders normiert.

4. Als Beteiligte, denen nach § 12 ein Ersatzanspruch gegen den Staat gegeben ist, sind alle diejenigen zu erachten, denen durch die Pflichtverletzung des Grundbuchbeamten unmittelbar ein Vermögensschaden erwachsen ist (Denkschrift S. 155), nicht diejenigen, welche ohne beteiligt zu sein, nur mittelbar einen Schaden erleiden.

Beteiligte in den Fällen, in denen die Amtspflichtverletzung den Inhalt des Grundbuches oder des Briefes betrifft, sind diejenigen, welche von der Eintragung (Briefinhalt) betroffen sind oder zu deren Gunsten die Eintragung erfolgt ist oder erfolgen soll. Ob diese Beziehung bereits z. Z. der Amtspflichtverletzung bestanden hat, oder erst später eingetreten ist, ist unerheblich. Vgl. RGZ. 66, 107; and. Ans. OLG. Rostock, Meckl. Ztschr. 26, 39. Auch diejenigen gehören hierher, die nach Entstehung des Schadens in unmittelbare Beziehungen zu dem von der Amtspflichtverletzung betroffenen Rechte getreten sind. Vgl. Güthe I S. 184.

In den sonstigen Fällen der Amtspflichtverletzung ist Beteiligter, dessen Recht von der Amtspflichtverletzung betroffen wird. (Güthe S. 186.)

5. Für unzurechnungsfähige Grundbuchbeamte haftet in Preußen der Staat nach § 1 Abs. 2 AHG. Es wird meistens angenommen, daß das AHG. auf Grundbuchbeamte überhaupt nicht Anwendung finde; zu Unrecht, das AHG. umfaßt alle Beamten, Ausnahmen setzt es ausdrücklich fest, auch der Vormundschaftsrichter (§ 1674 u. § 1848 BGB.) fällt unter das AHG. Die Vorzugsstellung des Grundbuchbeamten im § 8 AG. z. GBO. ist jedoch bestehen geblieben, weil wohlerworbene Rechte nicht ohne weiters beseitigt werden durch ein jüngeres Gesetz. § 7 preuß. AHG. ist nicht anwendbar, weil § 12 GBO. reichsgesetzlich schon die Ausländer den Inländern gleichgestellt. Der § 839 Abs. 3 BGB. gilt auch im Falle des § 12 GBO. (RG., SeuffArch. 66. Nr. 198; Recht 1911 Nr. 1038).

Vgl. im übrigen die §§ 9 und 15 d. W. und Güthe I S. 165.

6. Ein Schaden ist noch nicht eingetreten, wenn ein Recht unrichtig im Grundbuch eingetragen ist.

Nicht die formelle Unrichtigkeit, sondern das materielle Unrecht stellt den Schaden dar. Das materielle Unrecht muß zugleich wirtschaftlich einen Schaden darstellen. Der gutgläubige Erwerb eines Dritten spielt hier eine große Rolle. Güthe I S. 174 sagt: „Bei Verschlechterung des Ranges braucht die Zwangsversteigerung nicht abgewartet zu werden, es kann aber auch nicht sofort Geldentschädigung gefordert werden. Es muß die Kündigung der Hypothek betrieben werden, sobald sie möglich ist, eventuell ist Zwangsversteigerung zu beantragen." Wer die Hypothek trotz Kenntnis der Rangverschlechterung stehen läßt, gibt damit sein Einverständnis zu erkennen, dadurch wird der ursächliche Zusammenhang zwischen Amtspflichtverletzung und Schaden unterbrochen. Vgl. Güthe I 174.

Als Mitverschulden des Geschädigten (§ 254 BGB.) ist das Nichteinsehen des Grundbuches nicht zu erachten (RG. 25. Juni 1910; ZBlFG. **11**, 254), wenn nicht besondere Umstände für das Gegenteil sprechen. Vgl. hierzu RG. 20. Febr. 1912, Warneyer Erg Bd. **12**, 281.

7. Beispiele für Verschulden:

Unrichtigkeit in der Bezeichnung des Grundstücks nach § 2 GBO., sofern sie nicht auf Fehlern im Kataster beruht (RG. Bolze 13 Nr. 217), mehrfache Eintragung desselben Grundstücks (RG. Bolze 1 Nr. 525). Verzögerung oder Versäumung der Erledigung von Anträgen z. B. in den Fällen des § 18 (RGZ. **2**, 324, **22**, 235). Vgl. über die Überwachung der Vorlegung einer Sache RG. 20. April 1907, Recht **07**, 717, über die Behandlung von Arrestsachen (OLG. Hamburg ZBlFG. **9**, 330), wegen Versäumung ordnungsmäßiger Wiedervorlegung von Akten seitens des Grundbuchführers RGZBlFG. **10**, 729 u. **12**, 723.

Der Grundbuchrichter handelt nicht fahrlässig, wenn er einen auf Eintragung einer Sicherungshypothek gerichteten Arrestbefehl nicht schneller erledigt als sonstige bei ihm eingehende Anträge auf Eintragungen in das Grundbuch (RG. 1909 Recht Nr. 1681).

Eintragungen ohne Vorliegen ihrer Voraussetzungen, insbesondere ohne genügende Prüfung des Grundbuchinhalts (RG. Warneyer ErgBd. **12**, 379), der Geschäftsfähigkeit

(RG. Gruch. 36, 458), der Identität der Beteiligten (RGZ. 35, 204 u. Bolze 5 Nr. 329), der Vertretungsbefugnis oder sonstigen Legitimation des Erklärenden (§§ 13—16 GBO.), der behördlichen Genehmigung (RG. Gruch. 52, 698), ferner Eintragungen ohne den erforderlichen Antrag oder auf einen an einen Vorbehalt geknüpften Antrag (vgl. RGZ. 39, 234) (keine Haftung, wenn der Richter genau nach dem Wortlaute der Anträge verfährt, selbst, wenn sich der Antragsteller im Irrtum über die Folgen befunden hat; nach OLG. Jena, ThürBl. 59, 104 hat jedoch der Grundbuchrichter sich stets zu vergewissern, ob die von den Beteiligten gebrauchten Ausdrücke ihrem wahren Willen entsprechen, was Güthe I S. 173 für zu weitgehend hält), Eintragungen ohne die erforderliche Eintragungsbewilligung oder Zustimmu ng (§§ 19, 21, 22, 25—27), z. B. Umwandlung einer Buchhypothek in eine Briefhypothek auf einseitigen Antrag des Gläubigers (RG. JMBl. 1885 S. 165 u. Bolze 1 Nr. 526), Eintragung einer Zwangshypothek ohne Unterlage (RG. Bolze 10 Nr. 272 b), Eintragung ohne vorherige Eintragung des von ihr Betroffenen (§ 40 Abs. 1 GBO.; RGZ. 28, 294), Eintragung einer Inhabergrundschuld ohne staatliche Genehmigung (§ 43 GBO.; RGZ. 59, 381), Eintragung eines Widerspruchs zugunsten eines früheren Eigentumsberechtigten nach erfolgtem Zuschlag (RGZ. BlFG. 7, 839), Unrichtigkeit bei der Eintragung der Reihenfolge (§ 46 GBO., RGZ. 57, 277, 60, 392; OLG. Dresden Recht 03 Nr. 337), Eintragung eines Grundstückskäufers als Eigentümer ohne gleichzeitige Eintragung der beantragten Kaufgelderhypothek für den Verkäufer (RGZ. 22, 235 u. Gruch. 25, 453), Unterlassung der Eintragung auf die Firma eines Einzelkaufmanns (RGZ. 60, 395), Unterlassung der Bekanntmachung nach § 55 BGO. (RG. Gruch. 33, 1080), jedoch keine Haftung des Grundbuchführers, wenn ein Kanzlist die Benachrichtigungsschreiben aus dem für sie bestimmten Fache entfernt und ihre Zustellung an die richtige Adresse vereitelt (RG. Recht 10 Nr. 165), Verletzung der Vorschriften über die Erteilung und den Inhalt der Briefe (§§ 56ff. GBO., RG., JW. 1907, 395); über die Aushändigung an den Berechtigten (LG. Schwerin, ZBlFG. 7, 217). Vgl. auch RG. Bolze **11**, Nr. 176 über die Rückgabe eines nicht vernichteten Hypothekenbriefes bei Löschung der Hypothek.

Der Grundbuchrichter haftet, wenn er eine Eintragung ohne gehörige rechtliche Prüfung oder Prüfung der Personen- und Vertreterbefugnis (RG., JW. 1912 S. 866; Warneyer 1915 Nr. 140) oder ohne die dafür erforderliche vormundschaftsgerichtliche Genehmigung (RG. Gruch. **52**, 696) vornimmt, oder eine beantragte Eintragung unterläßt (RGZ. **72**, 324; Warneyer 1913 Nr. 196—198), wenn er ferner entgegen § 17 GBO. eine später beantragte Eintragung ohne Erledigung der früher beantragten in unrichtiger Reihenfolge vornimmt (RGZ. **57**, 277, **60**, 392, **65**, 98, einen Fall fehlenden Verschuldens betreffs § 17 GBO. behandelt RG., Warneyer 1917 Nr. 277) oder unter Verstoß gegen Art. 7 PrAG. z. GBO. die Ausfertigung des Hypothekenbriefes nicht mit dem Entwurfe und dem Grundbuch verglichen hat (RGZ. **77**, 423), auch der den Beteiligten eine falsche Rechtsbelehrung über die Stempelpflicht eines Geschäfts (RG., Warneyer 1913 Nr. 140) oder sonst eine falsche Auskunft erteilt, auch wenn er zu ihrer Erteilung nicht verpflichtet war (RG., JW. 1914 S. 151).

Wegen der Verpflichtung zur Belehrung der Parteien s. RGZ. **85**, 409 und zur Prüfung von dem Grundbuchamt eingereichten Urkunden innerhalb des Zweckes, zu dem sie erkennbar übergeben sind, aber nicht darüber hinaus s. RG., Warneyer 1916 Nr. 279.

Das fehlerhafte Verhalten des Grundbuchrichters führt mangels adäquaten ursächlichen Zusammenhanges nicht zur Schadensersatzpflicht, wenn der Schaden bei sachentsprechendem Verhalten der Nachfolger nicht entstehen konnte und mit deren Mißgriff nach der Lebenserfahrung nicht zu rechnen war (RG., Recht 1919 Nr. 146).

Vgl. auch § 6 b d. W.

Ein Grundbuchbeamter, der die einer Grundschuld im Range vorgehende Auflassungsvormerkung in dem Grundschuldbrief nicht erwähnt, verstößt gegen §§ 70, 57 Ziff. 4 GBO. Auch die Beachtung von Ordnungsvorschriften gehört zu den Amtsgeschäften des Grundbuchbeamten, an dessen Sorgfaltspflicht besondere Anforderungen gestellt werden müssen. Es genügt nicht, daß er sich auf nicht ganz klare Ausf.VO. und irreführende Formulare verläßt (RG. 19. 9. 28, JW. 28 Nr. 2301).

Gegen die allzu große Ängstlichkeit des Grundbuchrichters wendet sich das RG. in einem Urteil vom 17. Nov. 1928 V 660 27. Es spricht aus, daß der Grundbuchrichter nicht schuldhaft handelt, wenn er bei gewissenhafter Prüfung einer Eintragungsbewilligung zu einer bestimmten haltbaren Ansicht ihrer Bedeutung gelangt, die eine an sich gesetzlich zulässige Eintragung begründet. Er ist dann nicht verpflichtet, jedem etwa möglichen Zweifel durch Aufklärung nachzugehen, bevor er sich zur Eintragung entschließt. Es liegt auch rechtspolitisch nicht im Interesse des häufig eine schnelle Erledigung der Eintragungsanträge erfordernden Rechtsverkehrs, wenn man den Grundbuchrichter in dieser Beziehung zu peinlich und ängstlich macht.

b) Der Regreßanspruch des Staates gegen die Grundbuchbeamten.

Der Staat, welcher gemäß § 12 RGBO. den Geschädigten befriedigt hat, kann gegen den schuldigen Beamten Regreß nehmen. Die Voraussetzungen sind in den einzelnen Ländern verschieden. Vgl. § 4 d. W. Der für ganz Preußen geltende Art. 8 AG. z. GBO. v. 26. Sept. 1899 (GS. S. 307) bestimmt:

„Verletzt ein Grundbuchbeamter vorsätzlich oder aus grober Fahrlässigkeit die ihm obliegende Amtspflicht, so trifft ihn dem Staate gegenüber die im § 852 Abs. 1 BGB. bestimmte Verantwortlichkeit. Die im § 852 Abs. 1 BGB. vorgesehene dreijährige Verjährung beginnt mit dem Zeitpunkt, in welchem die Ersatzpflicht des Staates von diesem dem Verletzten gegenüber anerkannt oder dem Staate gegenüber rechtskräftig festgestellt ist.“

1. Hat ein Grundbuchbeamter direkt den Staat geschädigt, so richtet sich seine Verantwortlichkeit nach dem öffentlichen Rechte des Landes. Vgl. § 7 d. W.; für Preußen sind also maßgebend die §§ 88ff. II, 10 ALR.

2. Grobes Versehen und Vorsatz. Hat der Grundbuchbeamte nicht vorsätzlich oder aus grobem Versehen die ihm obliegende Amtspflicht verletzt, so trägt den Schaden unter allen Umständen der Staat. Dasselbe gilt im Falle des § 827 BGB. Der Beamte ist nur disziplinarisch verantwortlich. Er ist also gegenüber den übrigen Beamten, welche für jedes Versehen haften, erheblich bevorzugt. Maßgebend für Art. 8 war insbesondere die mit der Tätigkeit der Grundbuchbeamten in außergewöhnlichem Maße verbundene Gefahr, durch geringfügige Versehen unverhältnismäßig hohe Ersatzverbindlichkeiten auf sich zu laden, eine Gefahr, welche die Grundbuchbeamten in einem bei anderen Beamtenklassen nicht beobachteten Umfange zum Abschluß von Versicherungen nötigte, andererseits nicht selten zu einer den Liegenschaftsverkehr hemmenden übertriebenen Ängstlichkeit veranlaßte.

Grobe Fahrlässigkeit[1]) liegt vor, wenn die im Verkehr erforderliche Sorgfalt in ungewöhnlich großem Maße verletzt oder wenn nicht beachtet wird, was im gegebenen Falle jedem einleuchten mußte. (RGZ. **77**, 427, RG. JW. 1908, 412; 1909, 108; 1911, 36; 1915, 22.) Gesetzliche Merkmale fehlen. Es ist nur Beurteilung von Fall zu Fall möglich. Grobe Fahrlässigkeit: Eintragung im Grundbuch ohne Antrag, oder ohne die erforderliche Zustimmung, eines unrichtigen Geldbetrages, einer falschen Reihenfolge, die Vornahme einer Eintragung ohne Einforderung des Briefes, dagegen nicht ohne weiteres Unkenntnis der in den amtlichen oder sonstigen leicht zugänglichen Sammlungen veröffentlichten Entscheidungen höchster Gerichte. Vgl. Güthe II 1320.

Der Maßstab für das Verschulden ist ein objektiver, wenn auch persönlichen Tatumständen nicht jeder Anspruch auf Berücksichtigung versagt werden kann, z. B. ein langjähriger Strafrichter wird plötzlich Grundbuchrichter.

3. Jeder Grundbuchbeamte haftet für das Versehen, welches ihm in der ihm zugewiesenen Geschäftssphäre zur Last fällt, selbständig und allein. Das Präsentieren der eingehenden Anträge kann sowohl der Richter wie der Gerichtsschreiber vornehmen. Für eine Verletzung der Amtspflicht haftet im Falle der Vertretung nur der Vertreter, mag auch die Vertretung gegen die Geschäftsverteilung verstoßen. Der Amtsnachfolger hat nicht die Verpflichtung, vor jeder neuen Eintragung die Grundakten durchzusehen, ob etwa noch in den Grundakten eingeheftete Anträge unerledigt sind, wohl aber muß er die noch nicht eingehefteten

[1]) Es ist darunter eine „besonders schwere Vernachlässigung" der gebotenen Sorgfalt oder eine ausnehmende Sorglosigkeit (Mot. I, 280) zu verstehen (RG. 22, April 1908, Recht S. 458)

Urkunden berücksichtigen. Hat der Richter auf einen Antrag eine Wiedervorlegung verfügt, der Gerichtsschreiber dieselbe nicht notiert, sondern die Urkunde in die Akten ordnungswidrig eingeheftet, so trifft den Amtsnachfolger, welcher ohne Kenntnis des Antrages eine andere Post einträgt, kein Verschulden. Haftbar ist diesfalls der Grundbuchführer (RG., Gruch. **26**, 442). Hat der Amtsnachfolger die Expedition der von seinem Vorgänger verfügten Eintragung zu prüfen, so haftet er nur für die Übereinstimmung zwischen Expedition und Verfügung, nicht auch für das Materielle der Verfügung. Hat der Amtsnachfolger Kenntnis von einem Versehen des Vorgängers, so kann er haftpflichtig werden, wenn er es unterläßt, gemäß § 54 GBO. einen Widerspruch von Amts wegen einzutragen.

Zu den Amtspflichten des Grundbuchrichters gehört es hauptsächlich, die Einträge mit Angabe des Wortlautes zu verfügen, die gerichtlichen Protokolle aufzunehmen, die Expedition der Eintragungsverfügungen zu prüfen usw. Der Grundbuchführer hat die Vorlegung der Eingänge mit den Grundakten zur Verfügung, die Ausführung der Eintragungsverfügung, die Verwahrung der Urkunden, den Entwurf der Expedition, die Ausführung derselben, die Aufbewahrung der Grundbücher und Grundakten, usw. zu besorgen. Er hat auch die Erklärungen zu Protokoll zu nehmen, welche der gerichtlichen Form nicht bedürftig sind. Vgl. jetzt auch Gesetz v. 14. Dez. 1920 (GS. S. 75) betr. Übertragung richterlicher Geschäfte auf den Gerichtsschreiber.

Als Gesamtschuldner sind die Beamten nur da verhaftet (§ 840 BGB.), wo sie ein Geschäft gemeinsam zu besorgen haben, z. B. die Unterzeichnung bei allen Eintragungen im Grundbuch und bei der Ausfertigung der Hypotheken-, Grundschuld- und Rentenschuld-Briefe und der nachträglich auf die letzteren gesetzten Vermerke sowie bei Erteilung beglaubigter Abschriften.

Eine Pflicht des Richters, den Gerichtsschreiber zu beaufsichtigen dahin, daß jede der richterlichen Anordnungen ausgeführt wird, besteht nicht. Führt der Gerichtsschreiber die Verfügung nicht aus, so haftet er allein. Würde sich allerdings der Richter nicht darum kümmern, ob ihm überhaupt ausgeführte Einträge vorgelegt werden, so würde auch bei ihm ein Verschulden anzunehmen sein. Hat der Gerichtsschreiber bei der Expedition die Benachrichtigung der Beteiligten nicht berücksichtigt, so hätte der Richter bei Prüfung der Expedition dies bemerken müssen; diesfalls liegt ein Versehen beider Beamten vor. Ist die Benachrichtigung verfügt und expediert, so haftet der Gerichtsschreiber allein, wenn sie nicht ausgeführt wird. Irrig ist die Ansicht des Landgerichts in der vom Reichsgericht (Gruch. 33, 1080) entschiedenen Sache, daß die Verpflichtung zur Benachrichtigung beiden Beamten obliege.

Auch wenn die richterliche Verfügung insofern unrichtig ausgeführt wird, als der Hypothekenbrief z. B. einem Unberechtigten ausgehändigt wird, haftet der Grundbuchführer allein.

Es steht im Belieben des Staates, ob er den Richter oder Buchführer oder beide zugleich in Anspruch nehmen will. Hat bei solidarischer Verantwortlichkeit ein Beamter den ganzen Ersatz geleistet, so kann er sich an den mitverhafteten Beamten wegen des auf ihn entfallenden Anteils halten (§ 426 BGB.).

Die Gesamthaftung gegenüber dem Staate tritt aber nur ein, wenn beide Grundbuchbeamten mindestens grobes Versehen zur Last fällt. Hat sich der Grundbuchführer z. B. nur eines mäßigen Versehens schuldig gemacht, so fällt bei ihm die Ersatzpflicht gegenüber dem Staate weg. Ebenso umgekehrt beim Richter.

4. Vgl. im übrigen §§ 8 u. 15 des Werkes sowie § 3 PrAHG.

Abteilung III.

Haftpflicht der Beamten.

A. Haftpflicht des Beamten gegenüber dem eigenen Staat (Verbande).

§ 7. Der Staat usw. als direkt Geschädigter.

Der Art. 80 Abs. 1 EG. z. BGB. lautet:

„Unberührt bleiben, soweit nicht im BGB. eine besondere Bestimmung getroffen ist, die landesgesetzlichen Vorschriften über die vermögensrechtlichen Ansprüche und Verbindlichkeiten der Beamten, der Geistlichen und der Lehrer an öffentlichen Unterrichtsanstalten aus dem Amts- oder Dienstverhältnisse, mit Einschluß der Ansprüche der Hinterbliebenen."

1. Ist nicht ein Dritter der durch die pflichtwidrige Amtshandlung Geschädigte, sondern der Staat (Verband), in dessen Diensten der Beamte steht, so kommt nicht § 839 BGB. zur Anwendung, sondern das öffentliche Recht des betreffenden Landes[1]). Der Staat (Verband), in dessen Diensten der Beamte steht, kann nicht als Dritter i. S. des § 839 angesehen werden. Fehlt es in einem Lande an einschlägigen

[1]) Für einen Reichsbeamten gilt gemäß § 19 RBG. das Recht des Landes, in dem derselbe seinen dienstlichen Wohnsitz hat (RGZ. **92**, 236; **95**, 346; **97**, 244 u. JW. 27 Nr. 1016), also §§ 88 ff. II, 10 ALR. in Preußen.

Vorschriften, so sind die Grundsätze über den Dienstvertrag sprechend zur Anwendung zu bringen (RGZ. 63, 430). Später hat das RG. allerdings die Analogie eines privatrechtlichen Dienstvertrags abgelehnt (RGZ. 97, 43; 40, 294), aber die Lücke nicht geschlossen.

2. In Preußen, auch in der Rheinprovinz (RGZ. 95, 346) und den neuerworbenen Landesteilen (RGZ. 75, 233), gelten die §§ 88—91, 127—145 II, 10 ALR., und zwar auch für mittelbare Staatsbeamte (RGZ. 28, 335). Vgl. § 4 d. W. Als Ergänzungsvorschriften zu diesen Bestimmungen sind die allgemeinen Vorschriften des BGB., nicht die Grundsätze des ALR. I 6 (Grad des Versehens usw.) heranzuziehen. Vgl. Brand S. 579, die abweichende Ansicht in der 2. Aufl. wird aufgegeben.

Ist der Schaden dem eigenen Staate (Verbande) durch ein Beamtenkollegium angerichtet, so haftet abweichend von der Haftung Dritter gegenüber (S. 190) das Kollegium als solches gemäß §§ 127—145 II, 10 ALR.

Der Beamte haftet für jedes, auch geringes Versehen sowie für die Verletzung jeder Amtspflicht, nicht bloß der ihm gegenüber einem Dritten obliegenden (§ 839 BGB.).

Durch § 839 BGB., welcher die Haftung des Richters aus Urteilen gegenüber dem an der Rechtssache Beteiligten beschränkt, wird die dem Staate gegenüber bestehende Ersatzpflicht nicht beschränkt (Verf. v. 30. Nov. 1906, IVa 9319 bei Müller, Justizverwaltung I 458). Der Spruchrichter haftet aber nicht für jedes Versehen, sondern nur dann, wenn er das Recht vorsätzlich gebeugt hat und auch dann nur subsidiär (RGZ. 38, 388). Manchmal wird auch angenommen, daß er wegen dolus und culpa lata hafte. (Vgl. Motive z. BGB. Bd. II S. 821.)

Der Beamte haftet dem Staat usw. in allen Fällen nur subsidiär[1]), selbst bei Vorsatz und grobem Versehen (§ 91 II, 10). Vgl. RGZ. **32**, 322. Solange der Anspruch noch gegen andere Personen verfolgt werden kann, ist die Klage des Staates (Verbandes) gegen den Beamten unzulässig. Vgl. RG. JW. **98**, 186, **02**, 436.

Das mitwirkende Verschulden des Staates usw. richtet sich nach § 254 BGB. Das Versehen seiner übrigen Beamten muß er gegen sich gelten lassen, sofern diese nicht gesamt schuldnerisch mit dem schuldigen Beamten haften.

Der Beamte kann sich nicht damit entschuldigen, daß er die einschlägige Gesetzes- oder Verwaltungsvorschrift nicht gekannt habe oder nicht die erforderliche Bildung und Erfahrung besitze oder daß er die Angelegenheit vorher mit anderen Beamten besprochen habe (RGZ. **75**, 233; Gruch. **28**, 968, **30**, 157 u. Monatsschrift f. d. Beamten 1908 S. 438). Ein vertretbares Verschulden liegt aber nicht vor, wenn das Gesetz usw. verschieden ausgelegt werden kann und die Auslegung des Beamten in Literatur und Praxis gebilligt wird. (RG., Bolze 7 Nr. 100.) Ob das Gericht oder die vorgesetzte Behörde eine andere Auffassung später vertritt, ist gleichgültig (RGZ. **42**, 346; JW. **94**, 93). Sind die anzuwendenden Gesetze usw. klar und lückenlos, so haftet der Beamte für die unrichtige Auslegung einer Rechtsnorm (RG. i. Monatsschr. f. d. Beamte 1909 S. 234). Unter allen Umständen ist von dem Beamten zu verlangen, daß er die ihm obliegende oder von ihm für geboten erachtete Prüfung der Gesetzmäßigkeit einer Dienstvorschrift in sorgfältiger und gewissenhafter Weise vornehme, und daß er einer bestimmten Anweisung der vorgesetzten Dienstbehörde nicht den Gehorsam versagt, bevor er durch reifliche, pflichtgemäße Erwägung zu der

---

[1]) Vgl. § 9 Ziff. 5 c.

Überzeugung von der Ungesetzlichkeit der Anweisung gelangt ist (RG., JMBl. 1095 S. 121). An nicht rechtskundige Beamte sind nicht dieselben Anforderungen zu stellen, wie an rechtskundige; Beamte in ländlichen Bezirken sind anders zu beurteilen, wie in großen Städten. Vgl. im übrigen Anm. 2ff. § 9 d. W. (Eile usw.).

Bei Überlastung mit Dienstgeschäften ist es Pflicht des Beamten, sofort bei der zuständigen Stelle Meldung zu erstatten und energisch Abhilfe zu verlangen (RGZ. **96**, 147).

Bei Handlungen eines Richters (Amts-, Untersuchungsrichters) oder Staatsanwalts usw., die nach Lage der Sache einen raschen Entschluß und schleunigste Ausführung erfordern, ist die Haftpflicht nicht schon dann begründet, wenn sich das Vorgehen später nicht als sachdienlich und zweckdienlich erweist.

Wenn der Richter sich in der von ihm vorausgesetzten Sachlage geirrt oder in der Wahl des Mittels für den gesetzmäßig verfolgten Zweck fehlgegriffen hat, so hat er damit noch nicht seine Amtspflicht verletzt. Es liegt nicht im Sinne des Gesetzes, daß der richterliche Beamte in seiner innerhalb der Grenzen der Gerichtsverfassung und Prozeßordnung gelegenen, insoweit unabhängig auszuübenden Amtstätigkeit durch die ihm drohende zivilrechtliche Haftung dem Fiskus gegenüber ungebührlich beengt würde, und wenn er für jede objektiv ungeeignete, obschon formell gesetzliche Handlung auf dem Wege der Kostenerstattungspflicht zur Rechenschaft gezogen werden könnte (RGZ. **56**, 339).

Jeder Beamte hat grundsätzlich die finanziellen Interessen des Staates (Verbandes) wahrzunehmen.

Inwieweit dies zu den Amtspflichten eines Richters gehört, darüber sagt das RG.: (Ein Amtsrichter, welcher in derselben Sache Lokaltermin auf einen Tag und den folgenden angesetzt hatte, war die Nacht über nicht auswärts geblieben, sondern an seinen Amtssitz zurückgekehrt und am folgenden Tage wieder hingereist. Die Klage des Fiskus auf Ersatz der Mehrkosten ist abgewiesen.) „Es gehört nicht zu den Amtspflichten eines Richters, positiv auf den finanziellen Vorteil des Staates bedacht zu sein, auch kann es nicht als selbstverständlich gelten, daß ein Richter aus irgendeinem beliebigen Grunde Amtsgeschäfte, welche zunächst ihm obliegen, durch seinen Stellvertreter erledigen läßt. Wie weit er hierin gehen zu dürfen meint, das ist vielmehr lediglich Sache seines pflichtgemäßen Ermessens. Zweifelhaft ist, ob der Richter verpflichtet gewesen wäre, die Nacht außerhalb zu bleiben, wenn er gewußt hätte oder hätte wissen müssen, daß keine Amtsgeschäfte für ihn an seinem Amtssitze zu erledigen waren. Der Richter hatte keine Verpflichtung, den ihm nur für den ersten Tag zugeordneten Gerichtsschreiber zum Bleiben zu veranlassen, unter Übernahme der Verantwortung für diese eigenmächtige Anordnung dem Aufsichtsrichter gegenüber" (RGZ. 58, 304).

Im allgemeinen ist ein Verschulden zu verneinen, wenn ein Ermessen des Beamten stattfindet.

Ein Amtsrichter hatte eine Sitzung des Schöffengerichts, in welcher der Gerichtsschreiber sich weigerte, auch als Dolmetsch tätig zu sein, wegen dieser Weigerung aufgehoben. Die Klage des Justizfiskus auf Erstattung der für die Sachen, welche noch anstanden, erwachsenen Zeugengebühren, ist durchgedrungen. Der Einwand des Richters, die Fortsetzung der Sitzung habe er mit dem Ansehen des Gerichts für unvereinbar gehalten, ist verworfen. Nach Ansicht des Reichsgerichts (RGZ. 32, 290) wäre allerdings die Sache anders zu beurteilen gewesen, wenn der Richter behauptet hätte, er sei infolge des Verhaltens des Gerichtsschreibers so erregt gewesen, daß er sich für unfähig gehalten habe, weiter seine richterliche Tätigkeit in der Sitzung auszuüben[1]).

In den Gründen heißt es: „Unrichtig ist die Behauptung, daß überall da, wo ein Ermessen stattfinde, ein Verschulden ausgeschlossen sei. Der Umstand, daß es dem diskretionären Ermessen des Vorsitzenden überlassen ist, die geeigneten Anordnungen zu treffen, um Störungen der Verhandlung abzuwenden und zu unterdrücken, sowie daß derselbe nicht nur berechtigt, sondern auch verpflichtet ist, für Aufrechterhaltung der Ordnung zu sorgen, legt dem Vorsitzenden die Pflicht auf, die gehörige Aufmerksamkeit anzuwenden und unter Erwägung aller Umstände sorgfältig zu prüfen, ob eine Veranlassung vorliegt, welche das gewählte Mittel der Aufhebung der Sitzung zu rechtfertigen vermag, und ob er bei dessen Anwendung nicht seine anderweitigen Amtspflichten verletzt, zu welchen im vorliegenden Falle auch die gehörte, Sorge dafür zu tragen, daß sowohl im Interesse des Staates als der Parteien die sämtlichen zur Verhandlung anstehenden Sachen in der dazu bestimmten Sitzung erledigt wurden[2]).

Anders gestaltet sich die Sache, wenn das Gesetz bestimmte Grenzen für das Ermessen der Beamten vorschreibt.

Ein Richter, welcher auf Grund seines Ermessens Zeugengebühren innerhalb einer Maximal- und Minimalgrenze festsetzt, kann dieserhalb nicht verantwortlich werden, es müßte

---

[1]) Dann hätte aber der Richter mindestens für Benachrichtigung seines Stellvertreters sorgen müssen. Macht das Benehmen des Staatsanwalts (Amtsanwalts) oder der Gerichtsmitglieder die vorläufige Aufhebung der Sitzung erforderlich, so ist ebenfalls die sofortige Einberufung der Stellvertreter zu veranlassen.

[2]) Die Amtspflicht kann verletzt werden, wenn der Beamte vermöge seiner Dienststellung nur befugt war, nach freiem oder pflichtgemäßem Ermessen in der fraglichen Richtung amtlich zu handeln (RG. 20. Febr. 1902, JW. Beil. 214).

ihm denn ein besonderes Verschulden dabei, eine absichtliche Nichtbeachtung der für sein Ermessen maßgebenden tatsächlichen Verhältnisse nachgewiesen werden. Eine materielle Ungesetzmäßigkeit wäre nur anzunehmen, wenn der Richter in der Absicht zu begünstigen oder in sonst unentschuldbarer Weise Gebühren über das gesetzliche Maß hinaus angewiesen hätte. In einem solchen Falle würde es sich nicht um die — wenn auch unzweckmäßige — Ausübung eines dem Beamten vom Gesetze anheimgegebenen Ermessens, sondern um eine Überschreitung der diesem Ermessen vom Gesetze gezogenen Grenzen handeln[1]).

Hinsichtlich der Beweislast des Beamten gegenüber dem Anspruche des Staates auf Ersatz amtlich übergebener, abhanden gekommener Sachen sagt das RGZ. 74, 343: „Der Beamte ist verpflichtet, einen Verlust oder die Ursache einer Beschädigung aufzuklären und mindestens die Möglichkeit nachzuweisen, daß der Verlust oder die Beschädigung der Sache ohne sein Verschulden eingetreten ist. Hat der Beamte seiner Verpflichtung zur Darlegung der ihn entlastenden Umstände so weit genügt, als dies den Umständen nach möglich ist, so ist es Sache des Staates darzutun, daß die behaupteten und erwiesenen Möglichkeiten eines von dem Beamten nicht verschuldeten Verlustes tatsächlich nicht in Betracht kommen. Man kann einen einwandfreien Beamten nicht verantwortlich machen, weil er den positiven Beweis, wie der Verlust eingetreten ist, nicht zu führen vermag."

Ist einem Beamten eine Kasse anvertraut, so haftet er für den Bestand der Kasse, sofern er nicht nachweist, daß ein etwaiger Fehlbetrag von ihm nicht verschuldet ist (RG., Recht 1908 S. 363).

---

[1]) RGZ. **23**, 326.

Die Entlastung (Decharge) seitens der zuständigen Verwaltungsorgane hat nur zur Folge, daß der betreffende Beamte wegen Unregelmäßigkeiten und Nachlässigkeiten in der Kassenführung (z. B. unrichtige Auszahlungen) nicht mehr in Anspruch genommen werden kann, ebensowenig seine Erben; dagegen tritt diese Wirkung nicht ein, wenn Rechenfehler, Auslassungen, doppelte Ansätze und strafbare Handlungen in Frage stehen (RG., JW. 1899 S. 616).

Die preußischen Minister sind persönlich für Etatsüberschreitungen verantwortlich. Auf diese Verantwortlichkeit allein bezieht sich die nachträgliche Genehmigung von Etatsüberschreitungen seitens des Parlaments. Die vermögensrechtlichen Ansprüche des Staates gegen einen Verwaltungsbeamten, welcher sich bei seiner amtlichen Handlung durch Abweichung von dem Voranschlag verantlich gemacht hat, werden dadurch nicht beseitigt (RG., Bolze 1 Nr. 533).

Daß Staat (Verband) und Beamter in einem Vertragsverhältnis stehen, kommt für den Schaden weder § 839 noch § 823 BGB. in Betracht.

Der Umfang der Ersatzpflicht des Beamten bemißt sich nach dem Schaden. Jedoch fallen ihm nicht ohne weiteres die Prozeßkosten zur Last, die der Staat usw. hat tragen müssen.

Die Verjährung des Anspruchs gegenüber dem schuldigen Beamten ist nicht die kurze von drei Jahren, sondern die ordentliche von 30 Jahren, da ein Vertragsverhältnis vorliegt, an die Stelle des § 546 I 9 ALR. ist § 195 BGB. getreten (RGZ. **92**, 237 u. JR. 1927 Nr. 1016). Vgl. im übrigen § 9 Ziff. 5 G.

Hat der auf Schadenserstattung klagende Verband bewiesen, daß der Beamte eine Dienstvorschrift verletzt hat, so ist es Sache des Beamten, nachzuweisen, daß ihn trotzdem kein Verschulden trifft (RG., Gruch. **39**, 1183).

Beispiele aus der Praxis:

Justizbeamte. Ein Richter haftet für die Kosten einer unzulässigen öffentlichen Ladung im Falle des § 319 StPO. (RG., JMBl. 1894 S. 353). Der eine Ladung anordnende Richter (insbes. der ersuchte) hat zu prüfen, ob der Wohnort des Geladenen im Gerichtsbezirk liegt, und haftet für die mehrerwachsenden Zeugengebühren (RG., Bolze 1922 Nr. 211).

Der Registerrichter haftet für die Kosten, wenn er entgegen einer Anordnung des Justizministers eine Bekanntmachung veröffentlicht (RG., JMBl. 1905 S. 12).

Eine Haftung des Vorsitzenden, welcher das persönliche Erscheinen des Angeklagten zur Hauptverhandlung II. Instanz angeordnet hat, findet nicht statt (OLG. Posen, R. d. OLG. **9**, 48).

Die Strafvollstreckungsbehörde (Staatsanwalt oder Amtsrichter) hat bei Erlaß der Vollstreckungsanweisung nur den Inhalt des maßgebenden Urteils genau zu beachten, nach Erstattung der Entlassungsanzeige über den Gefangenen die Befolgung der Anweisung zu prüfen, ev. die Fortsetzung der Vollstreckung zu veranlassen. Vgl. Obertr. 9. Dez. 1869 (JMBl. 1870 S. 71). Für rechtzeitige Entlassung des Gefangenen hat der Vorsteher des Gefängnisses zu sorgen, auch wenn der Gefangene während der Strafzeit in eine Krankenanstalt gebracht ist. Bleibt der Gefangene nach Ablauf der Strafzeit in der Krankenanstalt, so haftet der Gefängnisvorsteher für die dadurch entstandenen Kosten (RGZ. **13**, 220). Vgl. auch RGZ. **10**, 231.

Die Strafvollstreckungsbehörde macht sich haftbar, wenn sie einen erledigten Steckbrief nicht zurücknimmt, sofern ein unnötiger Transport entsteht (RG., Bolze **10**, 143, **13**, Nr. 212).

Sie haftet auch für unnötig verursachte Transportkosten, wenn sie nicht in dem dem Aufenthaltsort des Verurteilten am nächsten gelegenen Gefängnis vollstrecken läßt (RG., JMBl. 1891 S. 345).

Ein Bureaubeamter, welcher die Aufstellung der Kostenrechnung ungenau oder überhaupt nicht erledigt, haftet, wenn die Kosten wegen Verjährung nicht mehr erfordert werden können (RG., Bolze 6, 285). Die mit dem Vermerk „Eilt" versehenen Verfügungen müssen von den Bureaubeamten bei Vermeidung der Haftpflicht unverzüglich erledigt werden und zwar auch außerhalb der gewöhnlichen Geschäftsstunden (RG., Gruch. 42, 204). Vgl. auch RG., JW. 1902 S. 434 u. 1904 S. 85.

Kassenbeamten und Revisoren.

1. Der die Kasse revidierende Postdirektor und Oberpostsekretär hatten das von dem kasseführenden Postsekretär geführte Abrechnungsbuch mit dem der Hauptkasse zu vergleichen, da der Sollbestand ohne diese Vergleichung nicht festzustellen war. Die Unterlassung dieser Vergleichung qualifiziert sich als grobe Verschuldung (RG., Bolze 6, 811).

Die in Anspruch genommenen Revisoren wurden nicht dadurch entschuldigt, daß ihre Art der Revision die allgemein übliche war (RG., Bolze 6, 812).

Da sie solidarisch hafteten, so konnten sie sich auch nicht darauf berufen, daß auch ein Postinspektor die dienstliche Aufsicht vernachlässigt hätte, der nicht mitverklagt war (RG., Bolze 6, 813).

Die Revisoren waren verantwortlich für die nach der ersten ungenügenden Kassenrevision verübten Unterschlagungen, weil im Falle der bei genügender Revision zu erzielenden Entdeckung der ungetreue Beamte entfernt sein würde und weitere Unterschlagungen nicht hätte verüben können (RG., Bolze 6, 187).

Sie sind auch verantwortlich für die zum Zweck der Verfolgung des ungetreuen Beamten und der Wiedererlangung des Unterschlagenen aufgewendeten Kosten als mittelbaren Schaden (RG., Bolze 6, 188).

2. Der Kassenrevisor, welcher bei einer außerordentlichen Kassenrevision die von ihm entdeckte Unregelmäßigkeit in der Kassenführung des Rendanten wahrgenommen, aber nicht zum Protokoll vermerkt hatte, wurde zur Erstattung der von diesem nach der Revision veruntreuten Summe verurteilt, weil ein pflichtmäßiges Verfahren des Beklagten fernere Unterschlagungen unmöglich gemacht haben würde. Zugleich wurde die solidarische Verurteilung neben der des Amtsrichters ausgesprochen, weil dieser, wenn er bei einer früheren Revision sorgfältig verfahren wäre, die Veruntreuungen schon damals wahrgenommen hätte. Haben beide pflichtwidrig gehandelt, so kann der Staat beide in Anspruch nehmen, jeden von der Zeit ab, zu welcher pflichtmäßige Sorgfalt den Schaden abgewendet haben würde (RG., Bolze 10, 263).

3. Richtig ist zwar, daß die Entdeckung der Defekte bei einer in früherer Zeit gehörig vorgenommenen Revision den ungetreuen Kassierer für die Zukunft (auch die Zeit, nachdem der wegen unterlassener Kontrolle in Anspruch genommene Bürgermeister nicht mehr im Amte war) unschädlich gemacht haben würde. Die Haftpflicht für die aus jener Vernachlässigung der Amtspflichten entstandenen Nachteile kann aber für eine Zeit nicht fortwirken, in welcher der Beklagte nicht imstande war, durch ordnungsmäßige Ausübung seiner Amtspflicht Nachteile zu verhüten (RG., Bolze 5, 325).

4. Dem Beklagten würde als Rechnungsführer und Mitglied der Sparkassendeputation ein haftbar machendes Verschulden zur Last fallen nicht nur dann, wenn er bestimmte

Wissenschaft von den Unterschlagungen des Kassierers hatte und diese verschwieg, sondern auch, wenn er zwar keine bestimmte Wissenschaft, aber doch begründeten Verdacht hatte, daß der Kassierer der Kasse Gelder der Sparkasse veruntreute, und dennoch bei der Beaufsichtigung der Kasse und den Revisionen auf das von ihm eingeschlagene Verfahren sich beschränkte, durch welches wirklich vorgekommene Unterschlagungen nicht entdeckt werden konnten. Er muß dann die ihm zu Gebote stehenden Mittel anwenden, um die Richtigkeit der Bilanzen und Journale des Kassierers festzustellen, oder sonst geeignete Maßregeln ergreifen, durch welche der Grund oder Ungrund des Verdachts festgestellt wurde (RG., Bolze 5, 326).

5. Kassenbeamte, denen angeblich von den Gläubigern selbst unterschriebene Quittungen von anderen Personen behufs Erhebung der darin bezeichneten Geldbeträge vorgelegt werden, haben auf die Echtheit der Unterschrift zu achten, auch dann wenn der Überbringer den Kassenbeamten bekannt ist (RGZ. 73, 354).

6. Für den Ausfall einer Gerichtskostenforderung ist der Kassenkurator verantwortlich, weil derselbe die vorläufige Niederschlagung der Kosten verfügt hatte, ohne Überzeugung davon zu nehmen, ob nicht durch den unterlassenen Antrag auf Arrestierung und Überweisung der für den Schuldner eingetragenen Hypothek sowie Eintragung im Grundbuch die Kosten einzuziehen waren. Wenn auch die Hypothek für einen Dritten arrestiert war, mußte sich der Kassenkurator sagen, daß dieser Arrest durch anderweitige Befriedigung jenes Dritten wegfallen konnte, überdies war die Höhe des Arrestes nach dem Berichte unbestimmt gelassen und daraus war der Zweifel zu entnehmen, ob nicht ein Betrag der Hypothek freigeblieben sei und der Staatskasse überwiesen werden könne (RG., Bolze 3, 368).

7. Der Kassenbeamte haftet bei Zahlung ohne vorschriftsmäßigen Belag, wenn der Staat in Schaden kommt (RG., JW. **16**, 371 Nr. 66).

8. Ein preußischer Gerichtskassenrendant, der es unterläßt, eine für die Gerichtskasse nach Eintragung des Zwangsversteigerungsvermerkes hypothekarisch eingetragene Forderung zum Zwangsversteigerungstermin anzumelden, macht sich schadensersatzpflichtig (OLG. Köln, Recht 1906 S. 49).

9. Kassendefekt. Hat ein Beamter durch Außerachtlassung der gebotenen Vorsicht das Abhandenkommen von Geldern aus der ihm anvertrauten Kasse verschuldet, so kann er zu seiner Entlastung nicht geltend machen, daß auch seine Vorgesetzten nicht genügend für sichere Aufbewahrung der Gelder gesorgt hätten (RG., Recht 1908 Nr. 2132).

Ein Kreisphysikus haftet für die Mehrkosten, wenn er als Gefängnisarzt für eine Anzahl Gefangene, ohne sie vorher zu untersuchen, die unrichtige Bescheinigung, daß sie wegen „Verdauungsstörungen" einer Zulage in 2. oder 3. Diätform bedurften, ausstellt (RG., Bolze **17**, 185).

Ein Medizinalbeamter, der nicht mit der erforderlichen Sorgfalt bei Anlegung von Untersuchungsstationen, z. B. für Maul- und Klauenseuche, vorgeht, ist für den aufkommenden Schaden verantwortlich (OVG. 27. März 1908, Selbstv. S. 798).

Baumeister. Ein Regierungsbaumeister führt einen fiskalischen Bau wegen Verwendung besseren Materials um 20000 Mark über den Anschlag aus. Die Lieferanten sind vom Fiskus bezahlt, der Beamte muß die 20000 Mark ersetzen. Unerheblich: 1. der höhere Sachwert, 2. Befehl des Regierungsrates, 3. Genehmigung der Überschreitung durch den Landtag (RGZ. **13**, 258).

Ein Gemeindevorsteher handelt nicht fahrlässig, wenn er wegen einer längeren Abwesenheit seinem Stellvertreter Blanketts amtlicher Formulare aushändigt, denn er durfte erwarten, daß die Blanketts sachgemäß ausgefüllt würden (RG., Recht 1907 S. 1534).

Ein Gemeindevorsteher hatte unterlassen, ein Forsthaus in der Beschreibung der Gebäude eines Eigentümers aufzunehmen. Infolgedessen war dasselbe zur Gebäudesteuer nicht herangezogen. Als der Irrtum entdeckt wurde, war die Steuer schon verjährt. Der Gemeindevorsteher ist zum Ersatz der ausgefallenen Abgabe verurteilt (RG., Bolze **10**, 270).

Städtische Beamte.

Der Bürgermeister und der Stadtkämmerer sind zum Ersatz der von ihnen angewiesenen Summen an die Stadt verurteilt, weil sie die ihnen vorgelegten falschen Zahlungsanweisungen blindlings unterschrieben haben, ohne sich auch nur die betreffenden Akten beilegen zu lassen, um sich aus denselben zu überzeugen, ob die Armensachen, in denen ihnen Anweisungen zur Unterschrift vorgelegt wurden, überhaupt existierten. Wenn die Anweisungen von dem Stadtsekretär kontrasigniert waren, so überhob sie das nicht ihrer eigenen Prüfungspflicht (RG., Bolze **20**, 229).

Der Vorsitzende des Vorstandes einer öffentlichen Wassergenossenschaft, welcher glaubte, ohne Genehmigung des Vorstandes eine Anschaffung machen und dafür Zahlung leisten zu dürfen, wozu er nach dem Statut nicht berechtigt war, haftet auf Ersatz, aber erst, wenn von dem Empfänger Zahlung nicht zu erlangen ist (RG., Bolze **2**, 561).

§ 8. Der Staat usw. als Regreßnehmer.

Hat der Staat (Verband) auf Grund seiner prinzipalen Haftpflicht den dem Dritten erwachsenen Schaden erstatten müssen, so kann er den Beamten wegen der verauslagten Summe in Anspruch nehmen. Auch hier gilt das öffentliche Recht der verschiedenen Länder (Art. 80 EG. z. BGB.). Wegen der Regreßklage gegenüber den Grundbuchbeamten vgl. § 6 d. W.

Die Bestimmungen des Rechts der einzelnen Länder sind in § 4 wiedergegeben. Die Anwendung desselben dürfte keine Schwierigkeiten bieten.

Zu vergleichen ist § 15 d. W. sowie § 3 PrAHG., wo alle Fragen in formeller und materieller Beziehung insbesondere für Preußen erörtert sind.

B. Haftpflicht des Beamten gegenüber Dritten (Privatpersonen, anderen Verbänden).

§ 9. Haftpflicht des Einzelbeamten.

Das BGB. hat folgende Bestimmung:

§ 839. „Verletzt ein Beamter vorsätzlich oder fahrlässig die ihm einem Dritten gegenüber obliegende Amtspflicht, so hat er dem Dritten den daraus entstehenden Schaden zu ersetzen. Fällt dem Beamten nur Fahrlässigkeit zur Last, so kann er nur dann in Anspruch genommen werden, wenn der Verletzte nicht auf andere Weise Ersatz zu erlangen vermag.

Verletzt ein Beamter bei dem Urteil in einer Rechtssache seine Amtspflicht, so ist er für den daraus entstehenden Schaden nur dann verantwortlich, wenn die Pflichtverletzung mit einer im Wege des gerichtlichen Strafverfahrens zu verhängenden öffentlichen Strafe bedroht ist. Auf eine pflichtwidrige Verweigerung oder Verzögerung der Ausübung des Amtes findet diese Vorschrift keine Anwendung[1]).

[1]) Siehe Näheres in § 12 b d. W.

Die Ersatzpflicht tritt nicht ein, wenn der Verletzte vorsätzlich oder fahrlässig unterlassen hat, den Schaden durch Gebrauch eines Rechtsmittels abzuwenden."

1. Verhältnis des § 839 zu §§ 823, 826 BGB. Sedes materiae für die Beamtenhaftung ist § 839 BGB. Es ist streitig, ob der § 839 BGB. eine erschöpfende Regelung der Beamtenhaftung ausspricht oder nicht. Eine Reihe von Schriftstellern meint, daß § 839 selbständig neben den allgemeinen Bestimmungen der §§ 823ff. GBB. in Betracht kommt und daß ein Beamter sich sowohl nach der Sondervorschrift des § 839 als auch nach den erwähnten allgemeinen Bestimmungen verantwortlich machen kann.

Der Beamte würde dann seine Vorrechte aus § 839 BGB. verlieren, auch haftete der Staat (Verband) nicht für ihn. Das RG. hat sich in ständiger Rechtsprechung (RGZ. **87**, 348; **94**, 103; **100**, 287) für die ausschließliche Haftung aus § 839 ausgesprochen. Damit ist die Frage für die Praxis erledigt. Wer sich über die an die Gegenansicht sich knüpfenden weiteren Streitfragen informieren will, vgl. Reimer 3, S. 20ff. u. 70ff. und Delius, Recht 1913 S. 494.

Auch § 831 BGB. ist neben § 839 ausgeschlossen. (RG. 23. März 1928; JR. **28**, 1244.)

2. Beamter und Amtshandlung. a) Allgemeines:

Es sind nur öffentliche Beamte, nicht Privatbeamte, Angestellte und Privatunternehmungen, z. B. Bank- bzw. Versicherungsbeamte gemeint, und zwar alle dem Staat oder einer öffentlichen Körperschaft oder Anstalt gegenüber in einem öffentlichen Dienstverhältnis stehenden Personen, welche auch einer besonderen Dienstgewalt (im Gegensatz zu dem bloßen Arbeiter im Dienste des Staates) unterstellt sind (RGZ. **37**, 225; **67**, 117).

Der Kreis der Beamten i. S. der AHG. (für welche der Staat usw. haftet) ist nicht derselbe, wie in § 839 BGB., sondern ein engerer.

Wer als **Beamter** anzusehen ist, sagt das BGB. nicht. Maßgebend ist das öffentliche Recht des Reiches oder der Länder (RG., PrVerwBl. 42, 392). Man wird sich im allgemeinen an den § 359 StGB. halten können, welcher bestimmt:

„Unter Beamten im Sinne dieses Strafgesetzes, sind zu verstehen alle im Dienste des Reichs oder in unmittelbarem oder mittelbarem Dienste eines Bundesstaates auf Lebenszeit, auf Zeit oder nur vorläufig angestellte Personen, ohne Unterschied, ob sie einen Diensteid geleistet haben oder nicht, ingleichen Notare, nicht aber Advokaten und Anwälte."

Der § 359 spricht ausdrücklich von „Beamten im Sinne dieses Strafgesetzes", allein durch diese Bemerkung wird eine entsprechende Ausdehnung dieser Begriffsbestimmung nicht ausgeschlossen.

Nach Ansicht der RG. (JW. 1917 S. 854) wird das Beamtenverhältnis nicht durch Vertrag, sondern durch einseitigen Verwaltungsakt begründet.

Zum Begriff des **Staatsbeamten** gehört, daß die Dienste dem **Staate selbst** oder einer mit der Erfüllung staatlicher Aufgaben **betrauten anderen Körperschaft** des **öffentlichen Rechts selbst**, nicht **etwa einer einzelnen Person**, mag diese sich auch ihrerseits in der Stellung eines unmittelbaren Staatsbeamten befinden, zur Unterstützung in **ihren** Dienstobliegenheiten geleistet werden. Die **Bureaubeamten** der **Spezialkommissare** sind bis zum Jahre 1889/90 nicht als im **Staatsdienst** angestellt anzusehen (RGZ. 62, 241).

Dasselbe gilt von Bureaugehilfen, welche der **Landrat** für sich angenommen hat (RGSt. 28, 249) und von Amtssekretären der Amtsvorsteher, welche auf Grund eines Privatvertrages angestellt sind (OVG. 6, 119):

Unerheblich ist, ob ein Beamter gegen Lohn (Diäten) oder Gehalt angestellt ist, ob er sein Amt unentgeltlich[1]), als Ehrenamt[2]) bekleidet, ob er ständig oder unständig, auf Kündigung, Probe oder Widerruf angestellt ist, ob er Dienste höherer oder niederer Art verrichtet, ob die Dienste in Ausübung der Hoheitsrechte des Staates gegenüber den Untertanen bestehen oder im Abschluß von privatrechtlichen Rechtsgeschäften oder ausschließlich bzw. vorwiegend in wissenschafltichen, künstlerischen oder technischen Arbeitsleistungen, ob der Beamte einen Diensteid geleistet hat oder nicht[3]), ob die Stellung als Lebensberuf oder neben anderen amtlichen oder privaten Geschäften als Nebenamt ausgeübt wird, ob die Anstellung des Beamten unmittelbar vom Staatsoberhaupt oder durch eine hierzu ermächtigte Behörde erfolgt, ob er eine plan-(etats-)mäßige Stelle bekleidet oder nicht (RGZ. 51, 300 u. RGSt. 29, 233).

Das innere Verhältnis zwischen Behörde und Angestellten kann als ein privatrechtliches geregelt sein, während

---

[1]) Auch der unbesoldete Assessor oder Referendar ist zivilrechtlich verantwortlich, ebenso die übrigen im Vorbereitungsdienste befindlichen Beamten.

[2]) RGSt. 35, 327. Auch der „Ehrenamtmann" in Westfalen ist Beamter (RGZ. 67, 117).

[3]) Wo die Ausübung der Amtsbefugnisse durch die vorherige Beeidigung, z. B. bei Bahnpolizeibeamten, bedingt ist, ersetzt die bloße Vollziehung eines Eidesformulars die Eidesleistung nicht (RGSt. 12, 270).

Nach § 6 Abs. 3 PrV. v. 15. Nov. 1899 ist die Zuständigkeit preußischer Vollziehungsbeamter durch deren eidliche Verpflichtung bedingt (RGSt. 39, 95).

nach außen hin der Angestellte amtliche Funktionen ausüben soll (RGSt. **16**, 387).

Ein Postillion ist Staatsbeamter. Diese Eigenschaft wird durch den Umstand, daß er zugleich im privatrechtlichen Verhältnis zum Posthalter stand, nicht ausgeschlossen (RG. Bolze 14, 377).

Der Umstand, daß die Art der Dienstleistung äußerlich den in Privatverhältnissen vorkommenden Arbeitsformen gleich ist, rechtfertigt nicht die Verneinung der Beamteneigenschaft (RGSt. 5, 337).

Selbst die Klausel in einem Dienstvertrage, daß die Person die Rechte eines öffentlichen Beamten nicht haben solle, schließt die Möglichkeit nicht aus, daß dennoch eine Anstellung als Beamter erfolgt ist, dann nämlich, wenn Funktionen übertragen sind, welche nur Ausfluß eines öffentlichen Amtes sein können (RGZ. **113**, 221, RGSt. **16**, 378).

Die Anstellungsbehörde muß in der Regel den Willen haben, die betreffende Person als Beamten anzustellen, nicht bloß einen privatrechtlichen Dienstvertrag mit ihm abzuschließen (RGSt. **31**, 293).

Ob bei dem Angestellten alle Voraussetzungen zutreffen, durch welche die Qualifikation zur Erlangung des betreffenden Amtes bedingt war (z. B. Großjährigkeit), ist für die Beamtenqualität nicht entscheidend (RG., Rechtspr. **2**, 24).

Sollte sich später herausstellen, daß das Beamtenverhältnis nichtig ist, so würde das auf die Haftungsfrage keinen Einfluß ausüben.

Zu den Beamten sind zu rechnen: die Universitätsprofessoren und Privatdozenten (MBl. f. d. i. V. 1863 S. 153[1]), die oberen Werksbeamten der fiskalischen Gruben,

---

[1]) Privatdozenten sollen nur haften nach öffentlichem Recht nicht aus einem Dienstvertrage, aber auch nicht aus § 839 BGB.

dagegen nicht die niederen, z. B. die Grubensteiger (OVG. 20, 120), die in Privatdiensten angestellten Forst- und Jagdbeamten, sofern sie vom Landrat bestätigt oder gemäß § 24 ForstdiebstahlG. v. 15. April 1878 vereidigt sind (RGSt. 39, 156; 43, 361), der Dirigent einer freiwilligen unter polizeilicher Genehmigung gebildeten Feuerwehr (OVG. 8, 403), die Vorsteher der Kaufmannschaft in Stettin (RG., JW. S. 167), die Mitglieder des evangelischen Gemeindekirchenrats (RGZ. 59, 329), informatisch im Zivildienst beschäftigte Militäranwärter (RG. JW. 1901 S. 614), der Reichstagswahlvorsteher (OLG. Braunschweig, Goltd. 53, 79), die Mitglieder der preußischen Voreinschätzungskommission (RGSt. 38, 235), die von privaten Eisenbahngesellschaften unter Zustimmung des Staates mit der Handhabung der Bahnpolizei betrauten Personen (RGSt. 10, 235), mit Genehmigung der Staatsbehörde angestellte Hundefänger eines Tierschutzvereins (RGSt. 30, 29) oder in Privatdiensten stehende Fischereiaufseher (RGSt. 1, 566); Postaushelfer (RGSt. 49, 111), Beamte der Berufsgenossenschaften (RGZ. 71, 237, StGSt. 38, 17), öffentliche Fleischbeschauer (RGSt. 4, 422; JW. 1908 S. 355); Kursmakler, von den Magistraten angestellte Taxatoren einer Feuersozietät (Brand S. 22), Hilfsaufseher im Gefängnis (RG., Recht 1911 Nr. 2407, JW. 1906, 609), Hilfsheizer usw., die mit bahn-

---

(Lindemann-Soergel I, 898; and. Ans. Reindel, Recht 1913, 366). Nach Josef, Iherings Jahrb. 63, 233, sollen Universitätsprofessoren und ihre Assistenten den Studenten gegenüber haften, ebenso Geistliche gegenüber den sie in Anspruch nehmenden Personen.

Kein Beamter ist der bayerische Hypothekenschätzer (OLG. München, SeuffArch. 1907, 1107).

polizeilichen Aufgaben betraut sind (RG., JW. 1910, 663; OVG., Recht 1918, 292).

Es ist nicht einzusehen, weshalb diese Personen, für welche der Staat (Verband) übrigens in der Regel nicht haftet, nicht der Vorteile der Beamtenhaftung (Subsidiarität usw.) des § 839 BGB. teilhaftig sein sollen, zumal sie im wesentlichen dieselben Funktionen ausüben wie Staatsbeamte.

Auch Militärpersonen (Offiziere, Sanitätsoffiziere, Unteroffiziere) gehören zu den Beamten (RGZ. **54**, 198; **55**, 172; **72**, 349), ja selbst gewöhnliche Soldaten, sofern sie z. B. als Patrouillenführer kommandiert sind.

Hofbeamte gehörten nicht zu den öffentlichen Beamten, es sei denn, daß die von ihnen geleisteten Dienste mittelbar oder unmittelbar dem Staate geleistet wurden (OLG. Celle, R. d. OLG. **6**, 419).

Nicht zu den Beamten i. S. des § 839 BGB. gehören diejenigen Personen, welche von einem Beamten zur Hilfeleistung bei seinen Dienstgeschäften hinzugezogen werden (vgl. z. B. § 113 Abs. 3 StrGB.)[1]).

Neben den Beamten des Staates kommen noch diejenigen folgender Körperschaften, Stiftungen und Anstalten in Betracht:

Die kommunalen Verbände: Stadtgemeinden (Bürgermeister, Magistratsmitglieder), Landgemeinden (Gemeindevorsteher, Amtsvorsteher, Schulze, Dorfrichter), Kreise, Provinzen, die Schul-, Armen-[2]) und Wegeverbände; die kirchlichen Körperschaften der

---

[1]) Ist die zugezogene Person selbst Beamter, so haftet sie trotzdem nicht etwa gemäß § 839 BGB., es sei denn, daß die Dienste zu ihren Amtshandlungen gehören.

[2]) OVG. **41**, 443.

öffentlich aufgenommenen Kirchengesellschaften[1]) die vielfach bestehenden ständischen Körperschaften (Ritterschaften, Landschaften), die Schulen und Universitäten als Anstalten, die Anwalts-, Patentanwalts-, Ärzte-, Zahnärzte-, Handels-, Handwerker-, Apotheker- und Landwirtschaftskammern, die neuen Innungen, die reichsgesetzlich geordneten Krankenkassen, Hilfskassen, die Berufsgenossenschaften für Unfallversicherung und die Versicherungsanstalten des Invaliditäts- und Altersversicherungsgesetzes. Ferner Hospize, Krankenanstalten, Siechenhäuser, Armenhäuser, insoweit sie öffentliche Anstalten sind und nicht auf privater Stiftung beruhen und lediglich unter privater Verwaltung stehen.

Landesgesetzlich besteht eine große Anzahl juristischer Personen des öffentlichen Rechts auf den durch Art. 65, 66, 67, 69 u. 75 EinfG. z. BGB. dem Landesrecht überlassenen Rechtsgebieten (Wasserrecht, Deich- und Sielrecht, Bergrecht, Jagd- und Fischereirecht, Versicherungsrecht), in Preußen z. B. die Deichverbände, Fischereigenossenschaften, öffentliche Genossenschaften zu Be- und Entwässerungsanlagen.

Beamter ist nicht gleichbedeutend mit Inhaber eines Amtes (Amtsträger).

[1]) Vgl. § 19 II, 11 ALR. und v. Krais S. 289. Öffentlich aufgenommene Kirchengesellschaften in Preußen sind die christlichen Kirchen, nämlich die römisch-katholische einschl. der altkatholischen die unierte lutherische und reformierte, die separierten Altlutheraner, die Gemeinden der reform.-niederländischen Konfession, die Herrnhuter und böhmischen Brüder, die einzelnen jüdischen Synagogengemeinden, die Mennoniten und Baptisten, sofern sie Korporationsrechte erlangt haben. Vgl. Delius, Deutsches Vereinsrecht, 5. Aufl., S. 524. Beamte sind nicht allein die Geistlichen, sondern auch die Kirchenbedienten (Küster, Kantor), dagegen Glockenläuter und Totengräber der Regel nach nicht.

Keine Beamten sind: der Vormund (Gegenvormund, Pfleger, Beistand), das Familienratsmitglied (§ 1862 BGB.), der Testamentsvollstrecker (§ 2197 BGB.), der Nachlaßpfleger oder -verwalter, der Konkursverwalter, Zwangsverwalter, Schiedsrichter (wegen der Schöffen und Geschworenen vgl. § 12b d. W.), die Mitglieder der nach § 131 GO. gebildeten Prüfungsausschüsse (RG., JW. 1904, 189), die Mitglieder der Parlamente, die Vertretungen der Kommunalverbände (Stadtverordnetenversammlungen usw.), Rechtsanwälte, Ärzte und Tierärzte, soweit sie nicht beamtet sind, Impfärzte als solche (OVG. 26, 131), Land- und Feldmesser, Apotheker, Hebammen, Bezirksschornsteinfeger, öffentlich bestellte Sachverständige. Endlich gehören nicht zu den Beamten solche Personen, die nur mit einzelnen hoheitsrechtlichen Handlungen, z. B. Transport eines Gefangenen (RGSt. 33, 29), beauftragt werden.

Die Verantwortlichkeit dieser Personen, überhaupt der auf Grund eines privaten Dienstvertrages (§ 611 BGB.) angenommenen nicht als Beamte angestellten Hilfskräfte, richtet sich bei Dienstwidrigkeiten nach allgemeinem Rechte.

b) Verantwortlichkeit. Der Beamte muß im Besitze seiner vollen geistigen Kräfte sein.

Daß, wenn der Beamte im Zustande der Bewußtlosigkeit oder in einem die freie Willensbestimmung ausschließenden Zustande krankhafter Störung der Geisteskräfte gehandelt hat, eine Haftbarkeit nur im Falle des § 827 Satz 2 BGB. eintritt, d. h. wenn der Beamte sich durch geistige Getränke oder ähnliche Mittel, z. B. Morphium, Äther, Chloralhydrat u. dgl. Narkotika, in einen vorübergehenden Zustand dieser Art versetzt hat, ist nicht zweifelhaft. Der § 829 BGB. findet nach seinem klaren Wortlaut auf § 839 BGB. keine Anwendung.

In einzelnen AHG., z. B. Preußen, hat der Staat (Verband) aber die Haftung für unzurechnungsfähige Beamte übernommen.

Der Beamte kann ferner durch Gewalt (vis absoluta), arglistige Täuschung oder widerrechtliche Drohung zu der Amtshandlung veranlaßt sein; dann tritt keine Haftung ein, sofern bei der nötigen Aufmerksamkeit nicht die Täuschung entdeckt oder die Unschädlichkeit der Drohung erkannt werden mußte. In solchen Fällen überwiegt aber das Mitverschulden des Geschädigten (§ 254 BGB.).

Als verantwortlicher Beamter kann nur derjenige in Betracht kommen, welchem die selbständige Erledigung der Amtsgeschäfte aufgetragen ist (RGSt. 5, 337).

Hat z. B. ein Assessor, welcher der Staatsanwaltschaft oder einer Verwaltungsbehörde zur Beschäftigung überwiesen ist, noch nicht die Berechtigung, die von ihm bearbeiteten Verfügungen usw. zu unterzeichnen, so haftet nicht dieser, sondern der Beamte, welcher die Entscheidung usw. unterzeichnet hat.

Verläßt sich ein Richter auf die Verfügungsentwürfe des Urkundsbeamten (Gerichtsschreibers[1])), so tut er dies auf eigene Gefahr (RG., JW. 1916 S. 714 u. JMBl. 1885 S. 165). Ist der Entwurf fehlerhaft, so kann er sich nicht damit entschuldigen, daß der Betreffende ein zuverlässiger Beamter gewesen sei. Dieser Umstand ist bei der Bemessung des Verschuldens verwertbar (RGZ. 77, 428). Die dem Richter als selbständig arbeitend zugeordneten Hilfsbeamten, wie Assessoren und der gesetzliche bzw. geschäftsordnungsmäßige Stellvertreter, sind für ihre Amtshandlungen allein verantwortlich (Obertrib.-Strieth., Arch. 25, 236), ebenso die über

---

[1]) Dieser kann aber für die Richtigkeit des Entwurfs nach besonderer Bestimmung unter Umständen selbst verantwortlich sein.

zwei Jahre im Vorbereitungsdienste beschäftigten Referendare, welche durch den Justizminister mit der zeitweiligen Wahrnehmung richterlicher Geschäfte beauftragt sind (§ 2 Abs. 1 AG. z. GVG.). Dasselbe gilt von den sog. Rechtspflegern.

Wichtig wird die Frage bei Beamten, welche auf Grund des mündlichen Vortrages eines anderen Beamten entscheiden. Auch hier haftet der Chef, obwohl ihm sein „vortragender Rat", dessen Hilfe er sich nach den Dienstvorschriften bedienen darf, Falsches zur Entscheidung vorgetragen oder „vorverfügt" hat[1]). Der haftbar gemachte Beamte kann natürlich den anderen im Regreßwege in Anspruch nehmen. Hier wird von Bedeutung sein, ob der höhere Beamte ohne Ermächtigung der vorgesetzten Dienstbehörde die Hilfskraft angenommen hat, ob er die Akten selbst lesen mußte oder ob er den Fehler auch ohne Studium der Akten erkennen konnte. Danach wird das Verschulden gemäß § 254 BGB. zu bestimmen sein.

Wenn ein Beamter seine Aufsichtspflicht über den Beamten, welcher die schadenstiftende Handlung vorgenommen hat, vernachlässigt hat, so haften beide als Gesamtschuldner. Vgl. Kayser S. 55.

Nach Art. 78 EG. z. BGB. bleiben unberührt die landesgesetzlichen Vorschriften, nach welchen die Beamten für die von ihnen angenommenen Stellvertreter und Gehilfen in weiterem Umfange als nach dem BGB. haften.

Der Vorbehalt bezieht sich nur auf die Haftung des Beamten Dritten gegenüber, nicht gegenüber dem Staate. In letzterer Beziehung entscheidet gemäß Art. 80 EG. z. BGB. das öffentliche Recht des betreffenden Landes. In Betracht

---

[1]) Der „vorverfügende" Beamte kann aber verantwortlich sein, wenn ihn eine Dienstvorschrift als verantwortlich für diese Tätigkeit bezeichnete. (Vgl. Josef, LeipZ. 27, 1090 ff.)

kommen hier insbesondere Fälle, in welchen Gerichtsvollziehern, Versteigerungsbeamten und Notaren die Zuziehung von Vertretern und Gehilfen gestattet ist.

Ohne Art. 78 würde der Beamte nur gemäß § 831 BGB. haften; der Art. 78 gestattet der Landesgesetzgebung die Bestimmung einer weitergehenden Haftung, z. B. daß der Beamte unbedingt haften soll. Vgl. für Preußen §§ 42—45 I, 13 ALR. u. Art. 101 PrFGG. in §§ 4 u. 12e d. W.

Hat ein Beamter zur Ausführung eines Dienstgeschäftes andere Personen befugterweise herangezogen, so haftet er nicht etwa nach § 278 BGB., sondern nur gemäß § 831 BGB. für den von dem Vertreter oder Gehilfen in Ausführung ihrer Verrichtungen zugefügten Schaden, ohne daß es des Beweises eines ihm zur Last fallenden Verschuldens bedarf, sofern er nicht den Beweis seiner Schuldlosigkeit nach Maßgabe des § 831 Satz 2 erbringt. Vgl. Delius, Recht 1916, 580.

Die hinzugezogene Person haftet gemäß §§ 823ff., nicht etwa aus § 839 BGB., sollte sie auch selbst Beamter sein, es sei denn, daß die Tätigkeit zu ihren Dienstgeschäften gehört.

Für die Versehen des unbefugt bzw. nicht geschäftsordnungsmäßig angenommenen Stellvertreters oder Gehilfen haftet der Beamte wie für eigene.

Darf der Beamte die ihm zur Ausbildung oder Beschäftigung Überwiesenen mit der selbständigen Erledigung von Amtsgeschäften beauftragen, wie dies gemäß § 2 PrAusfG. z. GVG. der Amtsrichter bezüglich der über zwei Jahre im Vorbereitungsdienst befindlichen Referendare darf, so haftet er nur, wenn ihn culpa in eligendo aut custodiendo trifft. Der § 831 Abs. 1 Satz 2 BGB. gilt auch für die Fälle des § 839 BGB. (Reimer 3, 14). Dagegen haftet der Richter unbedingt für Referendare, die noch nicht zwei Jahre im Vorbereitungsdienst beschäftigt sind.

Bei Prüfung der außervertraglichen Haftung darf der nur auf öffentlich-rechtliche Vertragsverhältnisse entsprechend anwendbare § 278 BGB. nicht hineingezogen werden (RG. 10. Febr. 1928, JW. **23**, 1241; RGZ. **120**, 162).

Bei den Amtshandlungen ist zu unterscheiden, ob solche aus eigener Initiative des Beamten hervorgehen oder ob sie von dem betreffenden Beamten auf Grund höheren Befehls bzw. einer allgemeinen dienstlichen Anweisung vorgenommen werden.

Daß der Beamte bei ersteren haftbar erscheint, ist nicht zweifelhaft. Wo für einen Beamten die gesetzliche Gehorsamspflicht gegenüber einer dienstlichen Anweisung besteht, ist der Beamte von der Verantwortlichkeit frei (OVG. 21. Jan. 1908, Sörgel, Jahrb. d. VerwaltR. I 45).

Die Gehorsamspflicht des Verwaltungsbeamten bedeutet aber nicht die Verpflichtung, die Anordnungen seiner Vorgesetzten blindlings zu befolgen (RG., JW. 1908 S. 654). Der Untergebene hat zu untersuchen,

1. ob der Befehl (Auftrag) die vorgeschriebene amtliche Form hat, von deren Beachtung die Gültigkeit desselben abhängt, ob er z. B., wenn schriftlich erteilt, die Unterschrift des Vorgesetzten hat;
2. ob ihm, dem Unterbeamten, die allgemeine sachliche oder örtliche Zuständigkeit zur Ausführung des Befehls beiwohne[1]). Der Beamte braucht solchen Anordnungen der vorgesetzten Behörde nicht nachzukommen, welche nicht amtliche Geschäfte zum Inhalt haben oder nicht in den Geschäftskreis ihrer gesetzlich normierten Zuständigkeit gehören;

---

[1]) Die Zweckmäßigkeit oder Angemessenheit des Befehls unterliegt nicht der Kritik des Untergebenen.

3. ob der Befehlende die allgemeine sachliche und örtliche Zuständigkeit besitzt, einen Befehl der fraglichen Art zu erteilen;
4. ob der Dienstbefehl den Gesetzen und der Verfassung offenbar zuwiderläuft.

Kommt der Beamte einem formell richtigen Befehle nach, so ist er gedeckt und hat die materielle Richtigkeit desselben nicht zu vertreten. Für diese haftet die anordnende Behörde (Brand S. 548). Konnte der Untergebene die Ungesetzmäßigkeit des Befehls erkennen, so ist er mitschuldig. Bei telegraphisch übermittelten Befehlen ist zu prüfen, ob sie verstümmelt angekommen sind.

Was den Inhalt des Befehls betrifft, so braucht selbstverständlich der Untergebene strafbare oder sonst gesetzlich verbotene bzw. sittlich verwerfliche Handlungen nicht auszuführen[1]).

Ist nicht klar erkenntlich, daß ihm eine rechtswidrige Handlung zugemutet wird, so ist der Beamte verpflichtet, dem Befehle nachzukommen (Reimer 3, 16).

Richterliche Beamte stehen, soweit sie rein richterliche Amtshandlungen vornehmen, nur unter der Autorität des Gesetzes und haben Dienstbefehle der Vorgesetzten deshalb abzulehnen. In Verwaltungsangelegenheiten haben sie natürlich Anordnungen der Vorgesetzten nachzukommen, soweit als gesetzliche Vorschriften nicht entgegenstehen.

Wird ein Richter von dem übergeordneten Gericht zur Vornahme einer Amtshandlung, z. B. Eintragung einer Hypothek, angewiesen, so trifft die Verantwortung allein

[1]) Nach dem noch gültigen, weil öffentliches Recht enthaltenden § 48 I, 6 ALR. hat derjenige, welcher aus Unwissenheit einen gesetzwidrigen Befehl ausgerichtet hat, den Regreß gegen den befehlenden Vorgesetzten.

das anordnende Gericht. Sobald aber der Richter die in einem speziellen Falle ergangene Anweisung generalisiert und auf andere Fälle anwendet, also die Ansicht des höheren Gerichts zu der seinigen macht, wird er selbst verantwortlich (JW. 42, 333).

Ein Verschulden liegt aber nicht vor, wenn der Richter in einer anderen Sache eine Rechtsansicht, welche das Beschwerdegericht ausgesprochen hat, seiner Entscheidung zugrunde legt.

Mit dieser Pflicht des Beamten, den Befehl der vorgesetzten Behörde zu befolgen, steht die Pflicht, den Ersuchen anderer Behörden gemäß den Gesetzen über Gewährung der Amtshilfe nachzukommen, in analogem Verhältnisse. Verantwortlich ist hier die ersuchende Behörde. Die Prüfungspflicht der ersuchten Behörde erstreckt sich regelmäßig auf die Frage der abstrakten Zuständigkeit der ersuchenden Behörde und der eigenen konkreten Zuständigkeit. Nach der für die Gerichte hinsichtlich der Erledigung von Rechtshilfesachen jetzt maßgebenden Bestimmung des § 159 GVG.[1]) ist dem ersuchten Gericht auch die Kognition über die eigene örtliche Zuständigkeit entzogen, sofern es sich um Ersuchen eines im Instanzenzuge vorgesetzten Gerichts handelt. Von letzterem Falle abgesehen hat das ersuchte Gericht die verlangte Handlung auch auf ihre materielle Legalität zu prüfen, nämlich ob die Vornahme derselben nach dem Rechte des Amtssitzes erlaubt ist[2]).

Wenn ein Dienstbefehl den Beamten unter Umständen von der eigenen Verantwortlichkeit entbindet, so gilt ein

---

[1]) Vgl. auch § 2 RFGG. Wegen der Prüfungspflicht des Amtsrichters bei Requisitionen der Staatsanwaltschaft siehe § 160 Abs. 2 StPO.

[2]) Vgl. auch § 37 des Rechtshilfegesetzes v. 21. Juni 1869.

gleiches nicht von dem bloßen Einverständnis, selbst dann nicht, wenn der Vorgesetzte den Untergebenen geradezu angewiesen hat, eine Verfügung zur Genehmigung vorzulegen und bei Erteilung der Genehmigung redaktionelle Änderungen der Verfügung vorgenommen hat (OVG. I, S. v. 17. Nov. 1899).

Auch die Bestätigung einer Verfügung, Anordnung usw. durch die obere Instanz ist nicht geeignet, die untere Instanz von ihrer Verantwortlichkeit zu entbinden (Kraft S. 29).

Ermächtigt z. B. der Militärbefehlshaber einen Polizeipräsidenten, einen Spielklub zu schließen, so ist der letztere verantwortlich (RG., Recht 1916, 422).

Daß ein Beamter, welcher eine amtliche Angelegenheit erledigt hat, unbedingt berechtigt ist, sich auf den Ausspruch einer Behörde zu berufen, welche vom Staate dazu bestimmt ist, über Fragen irgendwelcher Art, z. B. über Zuständigkeit usw., einen endgültigen Entscheid zu treffen, bedarf keiner Ausführung.

Haftbar ist die letzte Instanz, denn deren Entscheidung ist die maßgebende. Es kann aber vorkommen, daß die Haftpflichtverbindlichkeit der ersten handelnden Behörde dabei bestehen bleibt.

Hat sich die höhere Instanz materiell gar nicht mit der Sache befaßt, sondern aus formellen Gründen das Rechtsmittel zurückgewiesen, so ist die anordnende untere Instanz allein verantwortlich. Vgl. SeuffArch. 25, 244.

c) Amtshandlung (dans l'exercise de ses fonctions[1])).

Der § 839 setzt ein amtliches Tun voraus. Die Handlung muß amtlichen Zwecken dienen.

---

[1]) Eine schädigende Amtshandlung kann auch darin liegen, daß dem eigenen unbegründeten Antrage des Verletzten stattgegeben wird, statt ihn abzuweisen (RG., JW. 1912, 866).

Außerhalb seines Amtskreises ist der Beamte ebenso Privatmann wie jeder andere Staatsbürger und denselben gesetzlichen Vorschriften unterworfen. Er kann sich vertragsmäßig und deliktisch in der gleichen Weise haftbar machen. Eine Handlung, die der Beamte lediglich als Privatmann aus persönlichen Gründen, wenn auch während oder bei Gelegenheit eines amtlichen Geschäfts, aber ohne unmittelbare sachliche Beziehung zu einem solchen vornimmt, ist keine Amtshandlung (RGZ. **84**, 94).

Die Haftung des Staates usw. darf nicht ausgedehnt werden auf unerlaubte Handlungen, die ein Beamter aus rein persönlichen Beweggründen ohne jede innere Beziehung zu seinen amtlichen Befugnissen und besonderen Amtspflichten, sei es auch während seiner Dienststunden, begeht. Haftung tritt also nicht ein, wenn ein Polizeibeamter auf der Wachtstube während seiner Dienstzeit falsche Urkunden anfertigt oder Schmähbriefe schreibt, sofern jeder innere Zusammenhang mit seiner Amtstätigkeit fehlt (RGZ. **104**, 288ff.).

Auch Unterlassungen gehören hierher, vorausgesetzt, daß eine Pflicht zum positiven Handeln bestand und von dem Beamten vernachlässigt wurde. Es würde zu weit gehen, wenn man annehmen wollte, daß überhaupt jede Handlung, insoweit sie das Gepräge des Unerlaubten an sich trägt, nicht mehr Anspruch auf die Bezeichnung Amtshandlung erheben könne, weil natürlich kein Beamter ein Amt bekleidet, das ihn zur Überschreitung der Gesetze, zur willkürlichen Verletzung fremder Rechte und Interessen ermächtigt. Der Beamte, der in dieser seiner Eigenschaft unter ausdrücklicher oder stillschweigender Berufung auf sein Amt eine Handlung vornimmt, hat eben doch die staatliche Autorität hinter sich, und der Private ist nicht ohne weiteres berechtigt, sich dem Beamten zu widersetzen, auch wenn er glaubt, daß derselbe zu seinen Ungunsten den Kreis der ihm zustehenden amtlichen Befugnisse überschritten hat (Schelhorn S. 458).

Es ist klar, daß derjenige keine amtlichen Funktionen ausübt, welcher sich als Privater einen Amtscharakter anmaßt und dergestalt mit dem Schein des Amtlichen tätig wird. Dasselbe gilt, wenn der Handelnde irrtümlicherweise von seiner Beamteneigenschaft überzeugt war.

Ebensowenig handelt derjenige in amtlicher Eigenschaft, welcher zwar ein Amt besitzt, aber Handlungen vornimmt, die mit den Aufgaben des Amtes in gar keinem Zusammenhange stehen. Wer z. B. als Polizeibeamter die Gelegenheit einer Haussuchung benutzt, um zu stehlen, nimmt damit keine amtliche Handlung vor. Dasselbe gilt von einem Gerichtsvollzieher, welcher anläßlich einer von ihm vorzunehmenden Pfändung sich selbst Gegenstände des Schuldners rechtswidrig aneignet.

Wesentlich ist ferner, daß das in Frage stehende Geschäft eine amtliche Natur hat. Begeht ein Beamter eine Handlung, die zwar äußerlich das Gepräge des Amtlichen, in Wirklichkeit aber nicht der Erfüllung staatlicher Aufgaben, sondern anderen Zwecken dient, z. B. ein Münzbeamter fälscht Banknoten und bringt sie zwecks eigener Bereicherung in Verkehr, oder ein Gerichtsschreiber fertigt falsche Hypothekenbriefe zu demselben Zwecke an, so liegt keine Amtshandlung vor. Etwas anderes ist es natürlich, wenn ein Gerichtsschreiber fälschlich Hypothekenbriefe anfertigt und diese von dem Richter versehentlich mit anderen ihm zur Unterzeichnung vorgelegten Schriftstücke unterschrieben werden[1]).

Dagegen wird der Charakter einer Amtshandlung dadurch nicht beeinträchtigt, daß bei Ausübung der Handlung eigen-

[1]) Klewitz, S. 93. Hier nimmt der Richter, wenn er es auch nicht will, tatsächlich eine Amtshandlung vor.

süchtige oder sonst pflichtwidrige Zwecke mitverfolgt werden, z. B. wenn der Beamte bestochen ist oder wenn er zur Befriedigung persönlicher Rachegefühle von seinen Machtbefugnissen Gebrauch macht (RGZ. **91**, 349 u. **104**, 288).

Ist einer Behörde durch Gesetz die Verpflichtung auferlegt, Auskunft zu erteilen, so muß sie dies mit der durch die Umstände gebotenen Sorgfalt tun. Läßt sie diese Sorgfalt außer acht, so kann sie Schadensersatzansprüche nicht damit abwehren, daß sie ihre Auskunft unverbindlich erteilt. Eine solche Erklärung kann sie von ihrer gesetzlichen Pflicht und den aus ihrer Verletzung entspringenden Folgen nicht befreien (RG. 3, ZS. 25. Febr. 1927, III 155/26. JR. 27 Nr. 1019).

Bei der Frage, ob bei Erteilung einer Auskunft der Beamte als Privatmann gehandelt hat, ist erheblich der Umstand, ob die Auskunft sich auf Gegenstände bezieht, die zum Geschäftskreise desselben gehören. Man denke an Auskünfte des Vormundschaftsrichters an Vormünder usw. (RGZ. **84**, 94).

Wer dagegen gelegentlich einer Amtshandlung eine Rechtsauskunft über ein ihm fremdes Rechtsgebiet erteilt, handelt als Privatmann. Die Auskunft wird durch den rein tatsächlichen Zusammenhang mit der amtlichen Tätigkeit noch keine amtliche. Vgl. RGZ. **49**, 273 u. OLG. Braunschweig, R. d. OLG. **18**, 99.

Der Staat (Verband) haftet auf Grund der AHG. für einen privatim erteilten Rat (Auskunft) nicht (RG., Recht 1912 Nr. 1359), dagegen kann der Beamte selbst nach § 676 bzw. §§ 823, 826 BGB. verantwortlich sein. Vgl. Reimer **2**, 33.

Entscheidend ist immer, ob objektiv eine Amtshandlung vorliegt; gleichgültig erscheint, ob der Verletzte oder der Beamte sie als solche angesehen hat (OVG. **12**, 415). Es genügt, wenn die Vornahme der Handlung an und für sich zur Zuständigkeit des Beamten gehörte, wenn auch nicht gerade im vorliegenden Falle. Das RGZ. **71**, 60 geht noch viel weiter und rechnet es auch zu den Pflichten des Beamten, die Grenzen seiner Zuständigkeit zu kennen und einzuhalten und sich der Vornahme solcher Handlungen zu enthalten, welche ausschließlich Beamten anderer Art vorbehalten sind. Indem der Beamte, wenngleich in Überschreitung seiner Amtsbefugnisse, so doch in seiner Eigenschaft als Beamter tätig wird, hat er damit auch für die Folgen der Vernachlässigung der erforderlichen Sorgfalt gemäß § 839 BGB. einzustehen. Die abweichende Ansicht (RGZ. **60**, 321) ist vom RG. ausdrücklich aufgegeben. Diese Grundsätze gelten insbesondere auch für Unterschriftsbeglaubigungen durch unzuständige Beamte, z. B. Polizeibeamte, Ortsvorsteher, Schiedsmänner (RG., JW. 1917, 931). Vgl. auch oben § 1c d. W. und RG. 23. März 1927, JR. **27**, Nr. 1112.

Die Auffassung, daß der Beamte, der unter Überschreitung seiner örtlichen Zuständigkeit handelt, nicht als Beamter handelt, widerspricht der Rechtspr. des RG. (RGZ. **71**, 63; **93**, 261; **99**, 288; **104**, 263 u. 348.)

Es soll nach der herrschenden Ansicht nicht erforderlich sein, daß der Beamte zur Entfaltung amtlicher Tätigkeit verpflichtet ist, vielmehr genügen, daß er zu solcher berechtigt ist. Eine Amtshandlung i. S. des § 839 BGB. soll auch dann vorliegen, wenn der Beamte zwar freiwillig, aber doch innerhalb seines amtlichen Pflichtenkreises in Tätigkeit getreten ist, insbesondere auch dann, wenn er eine amtliche Auskunft erteilt hat, obwohl er zu ihrer Erteilung nicht verpflichtet war, sie vielmehr nur aus Gefälligkeit gab (Reimer **2**, 34, RGZ. **52**, 365; **68**, 278). Der Dritte soll einen Anspruch darauf haben, daß ihm eine richtige Auskunft[1]) erteilt wird (RGZ. **93**, 61). Der Beamte soll die

[1]) Vgl. auch Joseph, LeipZ. 28, 1610.

freiwillig übernommene Amtspflicht mit derselben Sorgfalt verrichten müssen, wie die Akte, welche er vorzunehmen verpflichtet ist. Falls also der Beamte die Auskunft freiwillig erteilt, und zwar unrichtig, so ist bei Prüfung des ursächlichen Zusammenhanges mit dem Schaden nicht von dem Sachverlauf bei Ablehnung der Auskunft, sondern von der Gestaltung bei richtiger Auskunft auszugehen (RG., JW. 1914, 152.

Das OLG. Oldenburg (Urteil v. 29. Mai 1908, Recht 1908, 519) bemerkt zu dieser Rechtsprechung des RG., daß es das Gesetz geradezu in sein Gegenteil verkehre, denn der § 839 BGB. spreche unzweideutig nur von der Verletzung einer Pflicht, eine Amtshandlung möge in der Auskunftserteilung liegen, dagegen liege eine einem Dritten gegenüber obliegende Amts*pflicht* nicht vor. Das ist richtig. Amtshandlungen kann man freiwillig oder in Ausübung einer Pflicht vornehmen. Nur der Gesetzgeber oder die vorgesetzte Dienstbehörde kann einem Beamten Pflichten auferlegen, nicht dieser sich selbst. Vgl. Delius, DJZ. 1904, 529, Brand S. 587 u. OLG. Kolmar (R. d. OLG. **12**, 116).

Hat ein Beamter über die Grenzen seiner strengen Amtspflicht hinaus denjenigen, welche seine Tätigkeit in Anspruch nehmen, mit seinem rechtlichen Rate zur Seite gestanden, so darf dies nicht dazu führen, ihn verantwortlich zu machen, wenn er in einer Frage, in der er Belehrung der Erschienenen für unnötig halten durfte, diese Belehrung unterlassen hat (RG., Gruch. **55**, 1003).

Pensionierte, suspendierte oder auf *Wartegeld gestellte* Beamte können überhaupt keine Amtshandlungen wahrnehmen, sie haften als Privatleute, wenn sie tätig werden.

Ein Schutzmann befindet sich auch dann in amtlicher Eigenschaft, wenn er in seiner *dienstfreien* Zeit als Sicherheitsbeamter gegen eine Person, die eine andere belästigt, einschreitet (RG., Recht 1914 Nr. 1615). Oertmann, Bayr. Landesprivatrecht S. 261, will den Staat wegen der von den Beamten in ihren Freistunden ausgeübten schädigenden Handlungen niemals haften lassen. Das ist nicht zutreffend. Auch ein beurlaubter Beamter kann sich ausdrücklich oder durch schlüssiges Tun wieder in den augenblicklichen Besitz der staatlichen Macht setzen, seine Handlungen sind dann gültige Amtshandlungen (Coester S. 309, Reimer 2, 34).

3. Verletzung einer dem Beamten gegenüber einem Dritten[1]) obliegenden[2]) Amtspflicht.

a) Dritter.

Als Dritter kann auch ein Beamter des Staates (Verbandes) selbst in Betracht kommen[3]). Die Haftung des § 839

---

[1]) „Zweiter" im Sinne des § 839 ist der Staat (Verband), „Dritter" ist der Geschädigte und „Erster" der Beamte. v. Schellhorn meint, S. 545, daß auch der Staat usw. als „Dritter" in Betracht kommen könnte, zumal wenn er als Prozeßpartei geschädigt sei.

[2]) Statt „obliegend" hieße es besser: „zu erfüllende" Amtspflicht.

[3]) Ein Beamter will z. B. durch Überanstrengung mit Dienstgeschäften durch seine Vorgesetzten krank geworden (RGZ. **100**, 188) oder durch Zuweisung gesundheitsschädlicher Räume (Dienstzimmer, -Wohnung) geschädigt sein (RG. Recht 1928 Nr. 1777, RGZ. **71**, 243 u. **91**, 21). Es ist Pflicht der Vorgesetzten, auf den durch überstandene Krankheit geschwächten Gesundheitszustand des Beamten Rücksicht zu nehmen, letzterer darf nur mit der entsprechenden Schonung zum Dienste herangezogen werden, sofern bekannt ist bzw. bekannt sein mußte, daß er noch nicht wieder voll dienstfähig geworden ist (RG. 104, 23). Haftpflicht des Staates usw. für Aufbewahrung von Fahrrädern der Beamten („Recht" **23**, 341 Nr. 1192) und deren Garderobe (OLG. Hamburg bei Brand, Beamtenrecht 3. Aufl. S. 574), bei wahrheitswidrigen Berichten der Vorgesetzten (RGZ. **105**, 197).

wirkt nicht zugunsten der Personen, welche außerhalb des Beamtenverhältnisses stehen (RGZ. **100**, 188; **105**, 197 u. **111**, 178). Daß der Beamte zunächst im Interesse der Allgemeinheit tätig wird, schließt eine Amtspflicht des Einzelnen gegenüber nicht aus (RG. 11. Okt. 1927, Recht 1927 Nr. 2421).

Der Vorgesetzte hat die Amtspflicht wahrheitsgemäße Berichte (z. B. Qualifikations-) über nachgeordnete Beamte zu erstatten (RGZ. **105**, 196), auch auf schonungsbedürftige Beamte Rücksicht zu nehmen (RGZ. **104**, 25).

Die Amtspflicht bestimmt sich nach öffentlichem Recht, sie kann auf Gesetz, Verordnung, allgemeiner und spezieller Dienstanweisung, ja auch auf Dienstgebrauch beruhen. Der Beamte haftet nicht wegen jeder schuldhaften Verletzung irgendeiner Amtspflicht, sondern nur wegen Verletzung einer dem Dritten gegenüber bestehenden Amtspflicht.

Den Gegensatz bilden die Amtspflichten, die von dem Beamten nur im Innenverhältnis seinem Dienstherrn (Staat, Verband) gegenüber zu beobachten sind, also die Ordnungs- und Aufsichtsvorschriften, z. B. über Amtsstunden, inneren Verkehr, allgemeine Dienstordnung (RG., Recht 1912 Nr. 744) und die Amtspflichten, welche dem Beamten zwar nach außen, aber unmittelbar im öffentlichen Interesse zur Aufrechterhaltung der öffentlichen Ordnung, zum Schutze des staatlichen Vermögens, zur Wahrung der ordnungsmäßigen Amtsführung der Beamten im allgemeinen auferlegt sind (RGZ. **58**, 298; **72**, 330; **78**, 243).

Die Haftung des Beamten tritt nur bei einem Verstoße gegen amtliche Pflichten ein, deren Erfüllung, wenn nicht allein, so doch zum mindesten auch dem Schutze einzelner Dritter dienen soll, sie fällt dagegen fort, wenn es sich um eine Verletzung von Pflichten handelt, die dem Beamten lediglich im Interesse des Staates und der Allgemeinheit auferlegt sind. Es ist Grundsatz des deutschen Staatsrechts, daß die Interessen der Allgemeinheit den Interessen der einzelnen vorgehen, und daß die Staatsangehörigen, insbesondere in den Zeiten der Not, dem Staatswohl Opfer bringen müssen. Haben der Reichskanzler und die Minister in der Nachkriegszeit in der Wahl der Mittel fehlgegriffen, insbesondere die Interessen einzelner Staatsbürger zurücktreten lassen, so haben sie ihre Amtspflichten dem Reiche, aber nicht Dritten gegenüber verletzt (RG. 4. Nov. 1927; RGZ. **118**, 325, JW. 1928, 102; JR. 1928 Nr. 59). Vgl. auch Delius i. LeipzZ. 1928, 242).

Ein Minister verletzt keine Amtspflicht, wenn er Beschlüsse eines Ausschusses des Parlaments z. B. „zur Berücksichtigung einer Beamtenpetition" nicht befolgt (RG. 11. Nov. 1926, Deutsche Richter-Zeitung Rechtspr. 1927, 6.

Pflichten, die dem Beamten gegenüber Dritten obliegen, sind demnach nur solche, welche dem Beamten im Interesse des einzelnen auferlegt sind (RGZ. **78**, 243). Es kommt nicht darauf an, auf wessen Antrag der Beamte das Geschäft vornimmt. Die Amtspflicht des Beamten besteht allen denjenigen gegenüber, in deren Rechtskreis durch die Pflichtverletzung des Beamten unmittelbar eingegriffen wird, deren Interessen nach der besonderen Natur dieses Geschäfts, nicht etwa nur infolge hinzutretender äußerlicher Umstände, dadurch berührt werden. (RGZ. **58**, 299, **66**, 109, **72**, 330; **78**, 243; **86**, 105.)[1]) Die wichtigste Beamtenpflicht,

[1]) Es haftet also der Gemeindevorsteher bei nicht ordnungsmäßiger Aufnahme eines Nottestaments nicht bloß dem Erblasser, sondern auch demjenigen, welchen der Testator in dem Testamente bedenken wollte (RGZ. **58**, 296 u. OLG. Oldenburg, R. d. OLG. **7**, 140).

die Pflicht zur Amtsverschwiegenheit[1]) (RGZ. **88**, 171; **92**, 354) besteht nicht bloß im Interesse des inneren Dienstes, sondern auch gegenüber denen, die ein Interesse an ihrer Erfüllung haben und denen durch ihre Verletzung Schaden zugefügt werden kann (RGZ. **87**, 419; **88**, 172).

Eine allgemeine Dienstpflicht kann aber zur Pflicht i. S. des § 839 werden, wenn z. B. ein Richter einen Unbefugten zu einer nicht öffentlichen Sitzung zuläßt, obwohl die Interessenten die Entfernung verlangen. Vgl. Reimer **2**, 37.

Zu den Pflichten Dritten gegenüber gehören aber nicht bloß die besonderen Amtspflichten, sondern auch die jedem Staatsbürger anderen gegenüber obliegenden allgemeinen Pflichten, deren Verletzung sich als unerlaubte Handlung i. S. der §§ 823ff. BGB. darstellt. Der gegen die §§ 823, 824, 826 verstoßende Beamte verletzt seine Amtspflicht i. S. des § 839. Vgl. Schelcher S. 72.

Der Beamte hat die Amtspflicht gegenüber allen Staatsbürgern jedes Amtsgeschäft so einzurichten, daß ihnen kein unnötiger Schaden entsteht. Vgl. RGZ. **91**, 383 u. Delius, DJZ. 1919, 260. Insbesondere muß er bei Anwendung von Zwangsmitteln, wie Gebrauch von Schußwaffen, dafür sorgen, daß unbeteiligte Dritte nicht davon betroffen werden (RGZ. **91**, 381).

„Ein Scharfschießen die Straße entlang, auch wenn sie augenblicklich leer zu sein scheint, bringt stets die Gefahr der

[1]) Die Mitteilung von Adressen an eine Privatperson (Gewerbetreibender) durch die Beamten eines Einwohnermeldeamtes enthält nicht unbedingt eine Verletzung der Amtspflicht. Nur insoweit die Pflicht zur Amtsverschwiegenheit oder einer sonstigen Anordnung eines Vorgesetzten dadurch verletzt wird oder die Verwertung der betreffenden Kenntnis zum Geschäftskreise der Behörde selbst gehört, ist jede Mitteilung von Tatsachen, die der Beamte lediglich durch sein Amt erfahren hat, untersagt (RGSt. **37**, 354).

Verletzung von Personen oder doch fremden Eigentums mit sich und ist deshalb unerlaubt. Dessen muß sich ein Polizeibeamter auch in Augenblicken der Erregung bewußt bleiben." (RGZ. 104, 203.) Das RG. würde also auch bei berechtigtem Gebrauch der Waffe zum Schadenersatz verurteilen, wenn das Schießen auf der Straße erfolgt, selbst einer menschenleeren, und dadurch Schaden verursacht wird. Der Landjäger (Gendarm) verletzt seine Amtspflicht, wenn er einer zur Hilfeleistung hinzugezogenen Person bei Verfolgung von Verbrechern eine gefährliche, z. B. Schüssen besonders ausgesetzte Stelle anweist (RG., Recht 1920 Nr. 1457).

Sogar von denjenigen, gegen welchen sich die Amtshandlung richtet (man denke an Zwangsvollstreckung, Waffengebrauch usw.) muß er Schaden abhalten, soweit dies im Bereich des Möglichen liegt (RGZ. **108**, 367).

Die Pflicht des Beamten, die Grenzen seiner Zuständigkeit innezuhalten, besteht gegenüber Jedem, der von den Folgen der Amtsüberschreitung betroffen werden kann (RG. 20. Jan. 1922 „Recht" Nr. 1102).

Zu den bloßen Ordnungsvorschriften gehört: die Pflicht des Gerichtsvollziehers, grundsätzlich nur an Werktagen Zustellungen und Vollstreckungshandlungen vorzunehmen[1]), die Vorschriften über den Beginn oder das Ende

[1]) Dafür, daß die Haftung der Beamten auch nach §§ 823ff. BGB. statthaft sein müsse, wird folgendes Beispiel angeführt: Ein Gerichtsvollzieher pfändet trotz des Verbotes, ohne richterliche Erlaubnis an Sonn- und Feiertagen Vollstreckungshandlungen vorzunehmen, an einem Sonntag nachmittag in der nachweisbaren Absicht, den Schuldner vor den Augen der geladenen Tischgäste zu diskreditieren oder des geschäftlichen Vertrauens zu berauben. Hier sind allerdings alle Voraussetzungen des § 826 BGB. gegeben, nicht aber diejenigen des § 839. Aber gleichwohl tritt keine Haftung ein. Vgl. oben § 9 Ziff. 1 d. W.

der Bureaustunden, die Verpflichtung des Amtsrichters, den Gerichtsschreiber zu beaufsichtigen. Ein Dritter wird gegen den Amtsrichter einen Anspruch daraus nicht herleiten können, daß derselbe es unterlassen habe, seine Aufsichtspflicht in genügender Weise zu erfüllen. Auch die Verpflichtung zur Durchführung des vom Gericht beschlossenen Ausschlusses der Öffentlichkeit ist keine dem Gericht gegenüber einem Dritten obliegende Amtspflicht. Ein Angeklagter wird keinen Anspruch darauf stützen können, daß durch Versehen des Gerichts eine Person unzulässigerweise den Verhandlungen beigewohnt habe und ihm dadurch Schaden entstanden sei. Die sachgemäße Auswahl eines Blattes für Bekanntmachungen aus dem Handels- usw. Register ist keine Amtspflicht, welche dem Registergericht den Beteiligten gegenüber obliegt (BayrOLG., Recht 1906, 192).

Als Pflichten, die dem Beamten gegenüber Dritten obliegen, sind anzusehen: die Pflicht, Beschwerden spätestens vor Ablauf von drei Tagen bzw. einer Woche dem Beschwerdegericht vorzulegen (§ 751 ZPO. und § 348 Abs. 2 StPO.), vor gewissen Entscheidungen den Gegner des Antragstellers zu hören (§§ 99 Abs. 3, 891 ZPO.), den zu Entmündigenden persönlich unter Zuziehung von Sachverständigen zu vernehmen (§ 654 ZPO.).

Als ein Merkmal für das Bestehen einer Amtspflicht Dritten gegenüber ist auch die Zulässigkeit von Rechtsmitteln gegen die Amtshandlung anzusehen. Es darf aber nicht angenommen werden, daß nur dann eine Amtspflicht, die dem Beamten dem Dritten gegenüber oblag, verletzt ist, wenn dem Dritten die Möglichkeit gegeben war, ein Rechtsmittel einzulegen, denn es kann jemand erst durch die eingetretene Verletzung seiner Rechte zum „Dritten" werden oder die eingetretene Verletzung durch ein Rechtsmittel überhaupt nicht mehr beseitigt werden können (RGZ. 66, 109).

Auch die strafrechtliche Verfolgbarkeit der Verletzung der Amtspflicht wird der Regel nach ergeben, ob die verletzte Norm dem besonderen Interesse des Dritten dienen soll, denn die Verletzung bloßer Dienstvorschriften ist nur disziplinarisch strafbar. Die Verletzung eines Strafgesetzes durch einen Beamten, die einen Dritten schädigt, bedeutet aber wohl immer eine Verletzung der dem Beamten demjenigen Dritten gegenüber obliegenden Amtspflicht, dessen Rechtsgut durch die Straftat verletzt ist (Reimer 2, 41). Daß der Kreis der ersatzberechtigten Personen eng zu ziehen ist, ergibt sich auch aus der Tendenz des Gesetzes, welches die Beamtenhaftpflicht möglichst milde gestalten wollte. Der Gesetzgeber wollte jedenfalls nicht das harte preußische Recht (Haftung gemäß § 140 I, 12 ALR.) für den deutschen Beamten noch härter machen.

Die Belehrungspflicht des Notars besteht nur gegenüber den Beteiligten i. S. des § 168 Satz 2 FGG., nicht auch dem zufällig miterschienenen Vertragsgegner des Erklärenden. Daß dessen Interessen mit berührt werden und daß der Notar allen denen haftet, die im Vertrauen auf die beurkundete Rechtslage im Rechtsverkehr tätig werden, beweist nichts Gegenteiliges (RG. III ZS. 2. Okt. 1928, „Recht" 1928 Nr. 2466).

Der Kreis der Personen, deren Interessen die dem Beamten zur Pflicht gemachte Tätigkeit dienen soll, ist nicht in allen Fällen gleichzustellen mit dem Kreise der Personen, die bei der betreffenden Amtstätigkeit als unmittelbar Beteiligte erscheinen. Beide Kreise können zusammenfallen, brauchen es aber nicht (RGZ. 78, 214). Dem Beamten braucht der Kreis der ersatzberechtigten Personen bei der Vornahme der Amtshandlung nicht bekannt zu sein (RGZ. 78, 249). Bei einem Notar z. B. besteht die Möglichkeit eines Eingriffs in einem fremden Rechtskreis gegenüber einer unbestimmten, unbegrenzten Zahl von Personen. Die Formen, deren Verletzung die Nichtigkeit gerichtlicher oder notarieller Urkunden zur Folge hat, sind nicht bloß im Interesse desjenigen, dessen rechtsgeschäftliche Erklärungen beurkundet werden, vorgeschrieben, sondern zugleich auch im Interesse und zum Schutze anderer, deren Rechtsverhältnisse hierdurch unmittelbar berührt werden (RG., Recht 1904, 193). Es kommen aber immer nur als „Dritte" solche Personen in Betracht, die durch die Pflichtverletzung des Beamten unmittelbar einen Schaden erlitten haben. Eine Ausnahme enthalten lediglich die §§ 844, 845 BGB., wo auch nur mittelbar Geschädigten ein Ersatzanspruch eingeräumt ist (RGZ. **55**, 40; **64**, 65). Aber auch nur diejenigen Hinterbliebenen können Anspruch erheben, deren Ernährer gegenüber einer Amtspflicht verletzt wurde. (OLG. Dresden, SeuffArch. **71** Nr. 252.) Eine Amtspflicht gegenüber den Hinterbliebenen ist nicht erforderlich (RGZ. **94**, 103).

Nicht erforderlich ist, daß durch die Amtspflichtverletzung selbst ohne Hinzutritt anderer Umstände ein Schaden entstanden sein muß. Es kommt nicht darauf an, ob der Schaden unmittelbar oder mittelbar entsteht. Nur die Anteilnahme an der schädigenden Handlung muß eine unmittelbare sein, d. h. Dritter ist nur derjenige Geschädigte, in dessen Recht durch die Amtspflichtverletzung unmittelbar eingegriffen wird. Zutreffend betont Reimer **2**, 38, daß das Unterscheidungsmerkmal nicht auf dem Gebiete des ursächlichen Zusammenhanges liege, sondern in dem Rechtskreis, der verletzt wird. Den Gegensatz der unmittelbaren Nachteile bilden solche Nachteile, die erst wieder infolge der Vermittlung des durch die Pflichtverletzung geschaffenen Zustandes auf einem Rechtsgebiete in die Erscheinung treten, welches an sich durch die Pflichtverletzung nicht berührt wird (RGZ. **66**, 110, **78**, 248). Die Amtspflicht besteht nicht gegenüber solchen

Personen, die nur infolge hinzutretender äußerlicher Umstände ein Interesse an der Rechtsbeständigkeit der Amtshandlung haben. Deshalb ist Dritter nicht der Makler, dessen Provisionsanspruch nicht entsteht, weil der von ihm vermittelte Kaufvertrag infolge Fehlers des Urkundsbeamten nichtig ist (RGZ. **78**, 248, **46**, 213). Personen, welche durch die Flucht eines Verbrechers Schaden erleiden, können keinen Anspruch erheben, weil trotz Haftbefehls und Ersuchens der Staatsanwaltschaft die Polizeibeamten ihn fahrlässigerweise entkommen ließen (OLG. Hamburg, Recht 1908 Nr. 302). Auch daraus, daß ein Staatsanwalt die Verfolgung eines Defraudanten so nachlässig betreibt, daß dieser seinen Raub in Sicherheit bringen kann, erwachsen dem Geschädigten keine Ansprüche. Endlich ist ein Zollbeamter, welcher rechtswidrig Waren eines Händlers zollfrei über die Grenze läßt und dadurch andere Händler, welche ihre Waren verzollen müssen, schädigt, nicht ersatzpflichtig. Vgl. Reimer **2**, 40.

Die die Amtspflicht vorschreibende Norm braucht nicht notwendig in Form einer zwingenden Vorschrift (Muß-Vorschrift) gegeben zu sein. Es genügt auch eine Soll-Vorschrift. Wer eine Person zum Vormunde bestellt, die nicht dazu bestellt werden soll (§§ 1781, 1782 BGB.), obwohl er weiß, daß sie in Konkurs geraten ist, haftet, wenn der so bestellte Vormund später Mündelvermögen unterschlägt. Vgl. Reimer **2**, 40.

β) Verletzung der Amtspflicht.

Die Amtspflicht muß verletzt sein, es muß ein objektiv rechtswidriges Verhalten der Beamten vorliegen, der Eingriff in den Rechtskreis des einzelnen darf weder gesetzlich noch vertraglich erlaubt gewesen sein. Auszuscheiden sind daher alle gesetzlich erlaubten Eingriffe, z. B. durch Enteignung oder Ausübung anderer gesetzlicher Zwangsrechte, ferner alle Eingriffe in die fremde Rechtssphäre, in die der

Verletzte eingewilligt hat (volenti non fit injuria), sofern es sich nicht um Rechtsgüter handelt, über die der Verletzte nicht frei verfügen kann. Tötung und Körperverletzung eines Menschen ist stets eine objektiv rechtswidrige Handlung, wenn sie nicht aus einem besonderen Grunde zu einer rechtmäßigen wird (Notwehr, Notstand, Tötung im Kriege, ordnungsmäßiger Waffengebrauch der Exekutivbeamten und des Militärs). Vgl. RGZ. **50**, 65; OLG. Dresden, SeuffArch. **71**, 252.

Bei Revolutionsschäden ist mit Emge (DJZ. 1919, 260) zwischen echten und unechten revolutionären Handlungen zu unterscheiden. Erstere sind solche, welche die Revolution „trugen", d. h. sie hervorriefen, ermöglichten und sicherten. Die unechten sind nur „bei Gelegenheit" der Revolution erfolgt. Alle Plünderungen, Schießereien, Gewaltakte, die von einzelnen oder mehreren ausgeübt wurden, ohne von der zur Herrschaft gelangten revolutionären Idee legitimiert zu sein, sind rechtswidrig, sofern das neue Recht nicht anders bestimmt. Vgl. Reimer **2**, 62.

Hat der Beamte eine unzweckmäßige oder sachlich ungerechtfertigte Maßregel ergriffen, so ist seine Handlung nicht rechtswidrig, wenn er sich innerhalb der vom Gesetze gezogenen Schranken gehalten hat, besonders dann nicht, wenn ihm überlassen war, nach seinem Ermessen zu handeln und er in diesem, sei es aus Irrtum, übertriebener Vorsicht oder Kurzsichtigkeit, fehlging (Schelcher S. 73), oder wenn nach Lage der Sache ein rascher Entschluß und schleunige Ausführung geboten war (RGZ. **56**, 334).

Die Verletzung der Amtspflicht kann sowohl in Handlungen wie in Unterlassungen bestehen. Positive Verletzung liegt nicht bloß dann vor, wenn der Beamte innerhalb seiner Zuständigkeit pflichtwidrig handelt, sondern auch wenn er den Kreis seiner Befugnisse überschreitet; negative, wenn er ihm aufgetragene Geschäfte nicht oder nicht vollständig verrichtet. Das Nichttun des Gebotenen macht den Beamten aber nur dann verantwortlich, wenn eine Amtspflicht zur Vornahme der unterlassenen Handlung bestand und positives Handeln den Eintritt des Schadens verhindert hätte. Eine Amtspflichtverletzung kann die Unterlassung des Gebotenen auch dann darstellen, wenn die Verpflichtung zum amtlichen Handeln durch das diskretionäre Ermessen des Beamten selbst erst bestimmt werden mußte. Der Beamte, welchem Spielraum für seine amtliche Tätigkeit gelassen ist, hat die Pflicht, die Voraussetzungen zur Amtstätigkeit da als vorhanden anzuerkennen, wo sie nach gewissenhafter Auffassung vorliegen. Vgl. Reimer **2**, 63 u. Schelcher S. 74; and. Ans. RG., DJZ. 1906, 429. Immer aber muß eine rechtliche Verpflichtung des Beamten zum Handeln gegeben sein. Wer die Macht hat, einen bevorstehenden Schaden abzuwenden, selbst mit geringer Mühe, für den besteht nicht ohne weiteres eine rechtliche Verpflichtung, es liegt hier nur ein Sittengebot vor. Eine Rechtspflicht zu handeln, braucht nicht notwendig durch ein ausdrückliches Gebot der Rechtsordnung vorgeschrieben zu sein, sie kann auch aus der eigenen Tätigkeit des Beamten entspringen. Wenn der Beamte eine an sich erlaubte Handlung vornimmt und einen Zustand schafft, aus dem für einen anderen Schaden entsteht, ohne daß die durch die Umstände gebotenen Vorsichtsmaßregeln getroffen werden, so liegt auch dann eine rechtswidrige Unterlassung vor. Vgl. Reimer **2**, 64.

4. Die Schuldfrage. Vorsatz und Fahrlässigkeit des Beamten.

Ist der Fall der Notwehr gegeben, so entfällt die Annahme einer Amtspflichtverletzung der beteiligten Beamten. Angriffe gegen den Staat als solchen dürfen abgewehrt werden, die Polizei usw. ist grundsätzlich bei der Wahl ihrer Mittel zur Aufrechterhaltung der Ordnung, Ruhe und Sicherheit unbeschränkt. Die Voraussetzungen der Notwehr beurteilen sich, da über die zivilrechtlichen Folgen einer amtlichen, in Ausübung der öffentlichen Gewalt getroffenen Maßnahmen zu entscheiden ist, nach dem BGB. (§ 227). Vgl. RGZ. **117**, 242.

Die Verletzung der Amtspflicht muß auch subjektiv widerrechtlich, d. h. schuldhaft sein[1]). Das Verschulden besteht in Vorsatz und Fahrlässigkeit. Ob Verschulden vorliegt, muß nach der gesamten Sachlage beurteilt werden (RGZ. **206**, 219). Das RG. (RGZ. **106**, 410) verneint ein Verschulden, wenn ein Kollegialgericht z. B. ein OLG. oder ein LG. die Handlung des Beamten für berechtigt erklärt hat. Vgl. auch JR. 1925 Nr. 1519. Vorsätzlich handelt der Beamte, der sich bewußt ist, eine Pflichtverletzung zu begehen (Vorstellungstheorie). Das bloße Erkennenmüssen reicht nicht aus (RG., JW. 1910, 484). Nicht notwendig ist, daß der Beamte die Verletzung auch wirklich gewollt hat (Willenstheorie). Es genügt auch dolus eventualis. Vgl. ferner RGZ. **86**, 105 u. LZ. 1914, 1129. Ein Lehrer handelt vorsätzlich, wenn er einen Schüler züchtigt, obwohl er weiß, daß er ein sog. „Bluter" ist (RG., Recht 1919 Nr. 1096). Grobes Verschulden steht dem Vorsatz nicht gleich, and. Ans. RG. (22 ZS.) v. 18. Juni 1917, U 1051/17.

Die vorsätzliche Schädigung eines Dritten durch Amtshandlungen gehört zu den Seltenheiten. Von erheblicher praktischer Bedeutung ist dagegen die Haftung des Beamten im Falle der Fahrlässigkeit. Fahrlässig handelt, wer die im Verkehr erforderliche (nicht bloß die übliche, SeuffArch.

---

[1]) Gleichgültig ist, ob der Beamte selbst der Auffassung ist, er habe seine Amtspflicht fahrlässig verletzt, denn über diese Frage hat nicht der Beamte, sondern der über den Schadensersatz urteilende Prozeßrichter zu entscheiden (RGZ. **59**, 388).

69, 13) Sorgfalt außer acht läßt (§ 276 BGB.). Es genügt nicht, daß der Beamte beim Handeln keine schädlichen Folgen für andere sieht oder beabsichtigt, sondern der Beamte ist auch zur Überlegung verpflichtet, ob dieselben nicht möglich sind, und hat für die Abwendung der möglichen Sorge zu tragen (RGZ. **85**, 72). Der Grad der Fahrlässigkeit ist gleichgültig (RGZ. **51**, 191). Der Beamte haftet nicht bloß für grobes Versehen (culpa lata), vielmehr jede, auch die geringste Vernachlässigung macht ihn haftbar. Die Haftung ist also eine recht strenge (RG., LZ. 1918, 692[1])).

Ob Fahrlässigkeit vorliegt, ist nach den Umständen des einzelnen Falles zu beurteilen[2]). Allgemeine Regeln lassen sich nicht aufstellen. Der Maßstab des Verschuldens ist ein objektiver (RGZ. **41**, 200; Recht 1919 Nr. 722). Der Ansicht Nöldeke S. 813, daß das Maß der eigenen Urteilsfähigkeit und Einsicht des Beamten in Betracht zu kommen habe, kann nicht beigepflichtet werden. Eine Individualisierung erscheint unzulässig, die Beamten derselben Kategorie sind durchweg gleichmäßig zu behandeln, dem geschädigten Dritten gegenüber aus der Person des betreffenden Beamten hergeleitete Momente zu berücksichtigen, ist nicht angängig. Der Dritte hat nicht die Auswahl des Beamten, er muß denjenigen angehen, welchem der

---

[1]) Nicht jedes objektive Versehen stellt subjektiv ein Verschulden dar, sondern nur ein solches, das bei gehöriger Aufmerksamkeit hätte vermieden werden können (RG., SächsArch. **14**, 355 u. Gruch. **43**, 500 u. 915). Der Mangel an Bildung schließt die Haftung wegen Versehen, welche der Beamte zu vertreten hat, nicht aus (RG., Gruch. **28**, 970).

[2]) Vgl. Haffner S. 62. Ob der Strafrichter oder der Disziplinarrichter eine Fahrlässigkeit für vorliegend erachtet hat oder nicht, ist für den Zivilrichter nicht bindend.

Staat die betreffende Funktion übertragen hat. Vgl. RG., JW. 1908, 494.

Es kann vorkommen, daß ein Beamter, welcher über besonders glänzende Eigenschaften verfügt und einen hohen Grad von Sorgfalt aufzuwenden vermöchte, obwohl seine Handlungsweise nach dem Maßstabe seiner eigenen Fähigkeiten gemessen, als fahrlässig erscheinen müßte, nicht haftet, weil sein Verhalten doch noch den Anforderungen des objektiven Maßstabes genügt. Es kann umgekehrt aber einen Beamten eine Haftung treffen, trotzdem er zufolge seiner geringen Begabung, seiner mangelhaften geistigen Eigenschaften mit dem besten Willen nicht imstande gewesen wäre, die erforderliche Sorgfalt anzuwenden und den tatsächlichen Fehler zu vermeiden.

Man wird aber in der Forderung des Objektivismus nicht so weit gehen dürfen, jegliche Klassenunterschiede zu verneinen. Es muß, wie Reimer 2, 66 richtig bemerkt, das Subjektive des einzelnen sich mit dem Objektiven auf einer gerechten, der Verkehrsanschauung entsprechenden Grenze treffen. Auch das RGZ. 68, 423 u. Recht 1919 Nr. 722 hält eine Berücksichtigung der Verschiedenheit von Beamten nach Alter, Bildung, Lebensstellung usw. für zulässig.

Es ist zu beachten, daß der Prüfstein für die obliegende culpa nicht die Sorgfalt ist, welche ein ideal vollkommener Musterbeamter anwenden würde, sondern eine Sorgfalt, wie sie der pflichtgetreue Durchschnittsbeamte anzuwenden pflegt[1]). Hauptfälle beamtlicher Verschuldung sind Nichtbeachtung klarer Gesetze und allgemeiner Verwaltungsvorschriften[2]),

[1]) Haffner S. 62 u. Geser S. 71, sowie RG., JW. 1906 S. 132, 1909 S. 11 u. OLG. Kolmar v. 26. Febr. 1907 (Recht S. 766).

[2]) Z. B. Nichtbeachtung zwingender gesetzlicher Normen über die Formen amtlicher Bekanntmachungen, über die Art und Weise des Vollzugs administrativer Verfügungen.

deren Kenntnis für einen Beamten selbstverständlich, grundlegender Entscheidungen der höchsten Gerichtshöfe, des Inhalts der Akten und sonstiger Urkunden usw. (RGZ. 83, 341). Daß ein Beamter der Regel nach die für sein Ressort maßgebenden Bestimmungen kennen muß, bedarf keiner Ausführung[1]). Schuldhaft handelt der Beamte, wenn er seine Vorschriften nicht kennt, und sich auch um deren Bestehen nicht kümmert, und ohne Prüfung der Berechtigung seines Verfahrens bei Veräußerung beschlagnahmter Waren in fremdes Eigentum eingreift (RG. 3. Dez. 1926; Recht 1927 Nr. 338).

Jedoch wird die Frage, ob es zu der hinsichtlich eines Beamten im Verkehr erforderlichen Sorgfalt gehört, daß derselbe schon bei Eintritt in sein Amt die bestehenden rechtlichen Vorschriften sich angeeignet hat und vollständig nach jeder Richtung beherrscht, und daß er sich während seiner Amtsführung über jede eintretende Veränderung in den bestehenden Vorschriften stets rechtzeitig und mit genügender Gründlichkeit orientiert, nicht unbedingt bejaht werden dürfen[2]). Es kann Beamtenkategorien geben, bei denen die Zahl der zu beachtenden Vorschriften eine noch verhältnismäßig geringe ist, hier kann es angehen, eine derartig genaue Kenntnis und gründliche Erfassung aller einschlägigen Bestimmungen

---

[1]) Die Schutzbehauptung eines Exekutivbeamten, bei strikter Befolgung einer bestimmten Dienstvorschrift sei die Wahrnehmung des Dienstes unmöglich, wird sorgfältig erwogen werden müssen.

[2]) Kein Verschulden bei Nichtkenntnis einer erst kurz vorher veröffentlichten Reichsgerichtsentscheidung (LG. Naumburg, NaumbAK. 1914, 81), bei falscher Auslegung des Begriffs: „öffentliche Versammlung" (OLG. Kolmar, ElsLothrZ. 1911, 78), bei Auslegung alter Medizinalvorschriften durch Medizinalbeamte (OLG. Hamburg, HansGZ. 1905 Beil. Nr. 17), bei Überlastung durch zwei Dezernate (RG. LzZ., 1918 Sp. 388, Recht 1913 Nr. 1141).

zu verlangen. Dagegen gibt es wiederum zahlreiche Beamtenklassen, denen hiermit geradezu Unmögliches zugemutet würde (Schelhorn S. 530). Auch hier ist die richtige Mitte zu treffen und muß der vernünftige Maßstab des gesunden und normalen Verkehrs und seiner Bedürfnisse angelegt werden. Es mag jedoch betont werden, daß nur in besonders eigenartigen Fällen ein Verschulden verneint werden darf. Grundsätzlich muß von jedem, der ein Amt übernimmt, gefordert werden, daß er sich über die ihm obliegenden Amtspflichten alsbald unterrichtet und sich an der Hand der bestehenden Vorschriften die Fähigkeit verschafft, ihnen gegebenenfalls gerecht zu werden. So hätte der Gemeindevorsteher nicht warten dürfen, bis er zu einer Testamentserrichtung gerufen wurde, sondern hätte sich nach Antritt seines Amtes unverzüglich auch auf die Ausübung dieses Teiles seiner amtlichen Tätigkeit vorbereiten müssen, z. B. durch Einsicht von Büchern und Instruktionen für den Dienst als Gemeindevorsteher bei Nottestamenten. Es kann zugegeben werden, daß die Vorschriften des BGB. über die Errichtung von Testamenten schwer verständlich sind und daß einem juristisch nicht vorgebildeten Gemeindevorsteher bei ihrer Auslegung durchaus entschuldbare Irrtümer unterlaufen können. Hier handelt es sich aber um keine irrtümliche Auslegung des Gesetzes. Das Verschulden besteht darin, daß er während der dreimonatlichen Amtszeit sich um die bestehenden Vorschriften überhaupt nicht gekümmert, im Bewußtsein, sie nicht zu kennen, an die Testamentserrichtung herangetreten ist, lediglich auf die Angaben eines gleichfalls unerfahrenen jungen Mannes bauend (RG. 22. Jan. 1924, III 212/23), „Landgemeinde“ 1924 S. 145.

Für den richterlichen Beamten[1]) kann insbesondere als Verschuldung in Betracht kommen parteiische, ungleiche Aus-

[1]) Auch der Verwaltungsrichter.

legung des Rechtssatzes in gleichartigen Fällen (Rechtsungleichheit) und Verdrehung des Wortlautes; Mißachtung unzweideutiger Zeugenaussagen, Unterlassung einer beantragten Beweisaufnahme u. dgl.; fahrlässige Verschleppung oder Verzögerung der Entscheidung über eine spruchreife Angelegenheit [1]).

Der stolze Satz: „jura novit curia" kann, wie auch Klewitz S. 24 hervorhebt, unmöglich wörtlich genommen werden. Die Rechtskenntnisse, welche von einem Richter billigerweise beansprucht werden, sind die eines gebildeten, nicht eines allwissenden Juristen [2]).

In Deutschland gelten trotz des am 1. Jan. 1900 in Kraft getretenen neuen Rechts noch zahlreiche Partikularrechte. Der Verstoß eines erst seit kurzem in ein neues Rechtsgebiet versetzten Richters, der noch keine Zeit gehabt hat, sich in das partikulare Recht einzuarbeiten [3]), wird unter Umständen nicht als Versehen aufgefaßt werden können. Gleiches wird zu gelten haben, wenn plötzlich eine Reihe neuer umfangreicher Gesetze, insbesondere solcher, welche das alte Recht abändern, ohne daß die aufgehobenen Bestimmungen be-

---

[1]) Auf dem Gebiete des Strafrechts auch: ungerechtfertigte Verhaftung, gesetzlich unzulässige Durchsuchung oder Beschlagnahme.

[2]) **Omnium habere memoriam et penitus in nullo errare devinitatis magis, quam humanitatis est** (C. I, 17, 2, 14). Zutreffend sagt das OLG. Dresden (Rechtspr. d. OLG. **5**, 214), daß man von einem Richter verlangen müsse, daß er die wichtigsten und gebräuchlichsten Rechtsbegriffe erfaßt hat und richtig zu handhaben versteht. Unkenntnis völkerrechtlicher Bestimmungen kann entschuldigen (RG., JW. S. 162). Vgl. aber jetzt Art. 4 RV.

[3]) Welcher deutsche Jurist wäre wohl imstande, ein Dutzend Partikularrechte mit ihren zahllosen Details und Besonderheiten vollständig jederzeit im Kopfe zu haben.

sonders bezeichnet werden, eingeführt ist. Auch der Umstand, daß es sich um eine entlegene Rechtsmaterie, z. B. das Lehnrecht, oder um komplizierte Tatbestände[1]) handelt, oder daß dem Amtsrichter in einer kleinen Stadt nicht die Hilfsmittel (neueste Gesetzesausgabe, neueste Kommentare usw.) nicht zur Seite stehen, wird herangezogen werden müssen[2]).

Die Befolgung einer Ansicht in einer streitigen Frage[3]), welche der über den Schadensanspruch entscheidende Richter für unrichtig hält, ist nicht ohne weiteres als Versehen anzurechnen.

Auch die freie und selbständige Rechtsanwendung des Richters hat sich nach der allgemein anerkannten Rechtsauffassung und nach der oberstrichterlichen Rechtsprechung zu richten (RGZ. **59**, 388; 60, 395; Gruch. **59**, 754). Der Richter handelt fahrlässig, wenn er anerkannte Rechtsgrundsätze[4]) bei seiner Amtstätigkeit unbeachtet und unbefolgt

---

[1]) RG. in Ztschr. f. preuß. Recht **4**, 690; vgl. auch RG. Bureaublatt **86**, 74.

[2]) Das RGZ. **41**, 200 erklärt die Entschuldigung des Beamten mit Amtsüberlastung, Mangelhaftigkeit der Gerichtsbibliothek und Seltenheit des Falles als gesetzlich unerheblich, scheint aber später diese Ansicht eingeschränkt zu haben, wenn es sagt:

„Zur Verneinung des Verschuldens kann der Umstand mitverwertet werden, daß es sich um einen Einzelrichter in einem kleinen Orte ohne alle literarischen Hilfsmittel handelt, der kurz nach Inkrafttreten des neuen Rechts zum ersten Male sich vor die Anwendung von Gesetzesvorschriften gestellt sah, welche von dem bisherigen Recht völlig abweichen" (RG., Recht 1908, S. 458).

[3]) Die Befolgung einer in einem Kommentar vertretenen Rechtsansicht entlastet den Richter nicht ohne weiteres (RG., JW. 1904, 536).

[4]) Es hat sich bezüglich der Frage bereits eine konstante Rechtsprechung des Reichsgerichts (oder des obersten Gerichtshofes des betreffenden Landes bzw. bei Provinzialrecht des übergeord-

läßt (RG., JW. 1916, 293). Eine offenbar unrichtige Gesetzesauslegung, ein Verstoß gegen Gesetzesvorschriften, über deren Bedeutung Meinungsverschiedenheiten nicht denkbar sind, stellt sonach immer ein Verschulden dar, nicht aber, nach Ansicht des RG., eine unrichtige Stellungnahme bei Gesetzesbestimmungen, die für die Auslegung Zweifel in sich tragen, zumal wenn letztere noch neu, die Zweifelsfragen noch unausgetragen und der Richter für seine Auslegung namhafte Rechtslehrer auf seiner Seite hat (RGZ. **40**, 204; **42**, 236; **58**, 430; **59**, 381, **60**, 392; **85**, 72).

Es läßt sich bei der Unzahl juristischer Schriftsteller sogar schwer feststellen, was ist die herrschende Meinung in der Theorie. Will man die Zahl oder die Autorität der einzelnen Schriftsteller für entscheidend halten? Auch eine einzige Entscheidung des Reichsgerichts schafft noch keine zweifelsfreie Unterlage. Wie oft kommt es vor, daß der betreffende Senat seine Ansicht ändert oder das Plenum des Reichsgerichts dieselbe reprobiert. Auch die Theoretiker pflegen ihre Ansicht zu wechseln.

Eine Fahrlässigkeit liegt nach Ansicht des OVG. nicht vor, wenn der Beamte bei der Auslegung der anzuwendenden Vorschrift es nicht an der erforderlichen pflichtgemäßen Überlegung hat fehlen lassen, dabei aber zu einer Ansicht gelangt ist, welche von der üblichen oder in Wissenschaft und Rechtsprechung anerkannten Meinung abweicht (OVG. **46**, 441; **55**, 459).

M. E. ist nur folgendes zu sagen: Die Auslegung muß vom juristischen Standpunkt haltbar, sie muß verständig begründet sein bzw. werden können.

---

neten Oberlandesgerichts) gebildet. Man wird auch der Regel nach verlangen müssen, daß der Richter die in den amtlichen und sonstigen leicht zugänglichen Sammlungen veröffentlichten Entscheidungen der obersten Gerichtshöfe kennt.

Welcher Richter sollte überhaupt in einer jeden Irrtum ausschließenden Weise feststellen können, welche von verschiedenen vertretenen Auffassungen, deren jede sich auf gute Gründe stützt, nun die einzig richtige ist? (Schelhorn S. 530.) Es ist zweifellos Pflicht des Richters, nach richtiger Erkenntnis und einer tieferen Erfassung der von ihm anzuwendenden Gesetze zu streben. Er hat Judikatur und Literatur heranzuziehen.

Aus der Praxis des Reichsgerichts mögen hier noch folgende Fälle mitgeteilt werden:

Ist dem Verwaltungsbeamten die Ansicht seiner vorgesetzten Behörde bekannt, so stellt eine grundlose Abweichung von dieser Ansicht eine Fahrlässigkeit dar (RG., JW. 1916, 202).

Rechtsirrtum kann nur ausnahmsweise als Entschuldigungsgrund gelten, wenn „die Rechtsnormen selbst an Unklarheiten und Zweideutigkeiten" leiden oder „ungewöhnlich verwickelte Tatbestände" die richtige Gesetzesanwendung verhindert haben (RG., Gruch. **30**, 137 u. **33**, 1117; JW. 1894, 93; RGSt. **30**, 135, 139, 140).

Es kann dem Richter nicht zum Vorwurf gereichen, daß er eine spätere Änderung der Rechtsansicht nicht voraussieht und ebensowenig, daß er sich bei etwaigen eigenen Bedenken doch der herrschenden Ansicht in seinem Verhalten unterordnet (RGZ. **42**, 326).

Der Grundbuchrichter verletzt seine Amtspflicht nicht fahrlässig, wenn er bei Auslegung unklarer oder lückenhafter Gesetzesvorschriften nicht die von höchsten Gerichten erst hinterher ausgesprochene Meinung trifft (RGZ. **59**, 381).

Eine in rechtlicher Beziehung unrichtige Beurteilung der Zulässigkeit eines Eintragungsantrags, welche nicht auf Unkenntnis oder Nichtbeachtung zweifelsfreier Gesetzesbestimmungen beruht, ist jedenfalls dann nicht als eine fahrlässige Verletzung der Amtspflicht zu erachten, wenn die betreffende

Auffassung in der Literatur von namhaften Schriftstellern und in der Rechtsprechung von dem höchsten Beschwerdegericht in Grundbuchsachen (Kammergericht) vertreten wird; wollte man dem Grundbuchrichter in einem solchen Falle eine weitergehende Verantwortlichkeit auferlegen, so würde man ihn tatsächlich nicht für eine Verschuldung, sondern für objektives Unrecht haften lassen. Vgl. RGZ. **40**, 204; **59**, 388; JW. 1888, 36 u. 1906, 132; Recht 1907, 846.

Wenn der Grundbuchrichter in schwierigen Rechtsfragen Zweifel hegt und in übergroßer Sorgfalt nicht gerechtfertigte Anforderungen stellt, so haftet er, da er nicht fahrlässig handelt bzw. keine Amtspflicht verletzt, für den daraus entstandenen Schaden (Vereitelung der Auflassung) nicht. Anders wäre zu entscheiden, wenn bereits eine alle Zweifel in der betreffenden Rechtsfrage abschneidende Entscheidung des RG. (oder für Preußen des KG.) ergangen wäre (RG., JW. 1906, 133).

Bei Formalien wird man im allgemeinen fordern müssen, daß sich der Richter an die allgemeine und rezipierte Praxis halte, selbst wenn die Abweichung nach richtiger Ansicht keine Nichtigkeit bildet, aber als eine Nichtigkeit aufgefaßt werden kann und zu einer Vernichtung in concreto führte. Das RG. (JW. 1888, 36) sagt:

„Von den Beamten ist bei Aufnahme einer Urkunde ein höheres Maß von Sorgfalt und Aufmerksamkeit nicht zu fordern, als daß von ihm diejenigen Formen beobachtet werden, welche von den obersten Gerichtshöfen als die dem Gesetze entsprechenden erklärt sind. Es begründet daher noch keine Verschuldung, wenn die Urkunde trotzdem als formwidrig erkannt wird. Eine weitergehende Verantwortlichkeit würde Haftung nicht für Verschuldung (subjektives Unrecht), sondern für objektives Unrecht sein."

Vorstehende Ausführungen gelten auch entsprechend für nichtrichterliche Beamte. Man wird hier der Kenntnis des Rechts die Kenntnis der für das betreffende Ressort erlassenen Verwaltungsvorschriften gleichzusetzen haben.

Die Kenntnis allgemeiner Rechtsgrundsätze z. B., daß sich neue Gesetze nur auf solche Tatbestände beziehen, die während ihrer Geltungsdauer zur Entstehung gelangt sind, wird man auch von nicht juristisch vorgebildeten Beamten fordern müssen. Vgl. RG. 20. Okt. 1908, 571/07. Dasselbe gilt von der Auslegung von Gesetzen, über deren Bedeutung kein Zweifel sein kann[1]).

Bei nicht rechtsgelehrten Beamten wird, soweit es sich um reine Rechtsfragen handelt, eine mildere Beurteilung Platz greifen müssen.

„Bei einem ländlichen Gemeindebeamten, der sein Amt als ein Ehrenamt bekleidet, als Ortsgerichtsvorsteher aber über seine Zuständigkeit hinausgegangen ist, darf nicht derselbe Maßstab angelegt werden wie bei besonders vorgebildeten Berufsbeamten" (RG., Recht 1908, 56).

Bei Polizeibeamten sind die Ausstellung eines falschen Attestes, z. B. Lebensbescheinigung, unzulässige Versagung von Versammlungen, Aufführungen usw. Hauptfälle von Schadensklagen.

Ein Irrtum über Tatsachen entschuldigt, sofern die pflichtgemäße Sorgfalt nicht außer acht gelassen wurde.

Hat ein Polizeibeamter nach sorgfältiger Prüfung der Sache in tatsächlicher und rechtlicher Beziehung sich eine vertretbare Ansicht über die Art und Weise seines Vorgehens gebildet, so kann ihn ein ohne Verletzung dienstlicher Pflichten vorgekommener Irrtum nicht schaden (BayVerwGHof., Recht 1911, 207). Vgl. auch RG., JW. 1916, 1196.

---

[1]) Mayer, Deutsches Verwaltungsrecht 1895 I § 7 u. 8.

Zwei Beispiele aus der Praxis[1]).

„Ein Polizeibeamter sollte unnötigerweise eine Scheune bei einer Feuersbrunst niedergerissen haben, wozu er sich irrtümlich berechtigt glaubte, weil das Niederreißen derselben ihm notwendig erschien. Dieser Irrtum entschuldigte den Beamten.“

„Ein Grenzaufseher war ‚befugt‘, die Ware zu beschlagnahmen, wenn er überzeugt war, daß sie geschmuggelt war; ob sie wirklich geschmuggelt war, ist für seine Schadensersatzpflicht gleichgültig.“

Nicht entschuldigen würde infolge Außerachtlassung der gehörigen Sorgfalt z. B. der tatsächliche Irrtum eines Beamten, der Befehl erhalten hat, verfälschter Milch auf dem Markte nachzugehen und sie wegzugießen, irrtümlich aber Rahm vergießt, welchen er für gewässerte Milch hält. Durch den Befehl ist er hierfür nicht gedeckt; der Irrtum ist die Folge pflichtwidrigen Mangels an Aufmerksamkeit. Vgl. Geser S. 80.

Die Auffassung des OVG. ist folgende: In einer objektiv rechtswidrigen Verfügung liegt eine fahrlässige Amtsüber-

---

[1]) Über die Haftung eines nicht rechtskundigen Beamten sagt das OLG. Jena, Recht 1903, 209: „Die Nichtbeachtung des § 2242 BGB. seitens eines Dorfbürgermeisters bei Errichtung eines Dorftestaments enthält keine fahrlässige Verletzung der Amtspflicht, da diese Gesetzesstelle für den Laien nicht nur schwer verständlich, sondern sogar irreführend ist, ihre Nichtbeachtung hiernach auf mangelndes Verständnis einer Gesetzesstelle zurückzuführen ist, welche einem Laien nicht als Fahrlässigkeit angerechnet werden darf.“ — Hat sich ein nicht rechtskundiger Beamter bei dem Justitiar seiner Behörde oder bei anderen Rechtskundigen, z. B. einem Rechtsanwalt, Rat geholt und ist er dementsprechend verfahren, so kann dies dazu führen, eine Haftpflicht zu verneinen. Gedeckt ist der Beamte jedoch hierdurch nicht ohne weiteres.

schreitung an sich nicht. Rechtsirrtum freilich gilt stets als Fahrlässigkeit. (Vgl. Entsch. 14, 420ff.) Solcher Rechtsirrtum liegt auch vor, wenn ein Beamter eine Dienstanweisung aus Unkenntnis verletzt (Entsch. 15, 443ff.).

Eine aus Irrtum in der Beurteilung und Feststellung tatsächlicher Verhältnisse vorgenommene rechtswidrige Handlung eines Beamten hält das OVG. in älteren Entscheidungen (Bd. 8 S. 408 u. 417) unter Umständen überhaupt nicht für Amtsüberschreitung.

Stephan S. 14 meint: „Man wird dieser Auffassung zustimmen können, jedoch auch nicht fehl gehen, wenn man gröberen Irrtum auch über Tatsachen als zu vertretende fahrlässige Amtsüberschreitung ansieht."

Ein Beamter, welcher sich bei Beglaubigung einer Urkunde nicht genügend über die Personenidentität vergewissert, verletzt seine Amtspflicht (OLG. Dresden, SächsArch. 15, 228 u. RGZ. 35, 214).

Ist einem Beamten eine Erkundigungspflicht (§ 2262 BGB.) nicht mit ausdrücklichen Worten vorgeschrieben, sondern nur mittels Schlußfolgerung festzustellen und zu erkennen, so kann die Unterlassung solcher Schlußfolgerung dem Beamten nicht ohne weiteres als Fahrlässigkeit angerechnet werden, zumal wenn auch sonst in der Rechtswissenschaft die Ansicht von dem Nichtbestehen der Ermittelungs- und Nachforschungspflicht vertreten ist (RG., Recht 1908, 663).

Der Amtsnachfolger hat ohne weiteres nicht die Verpflichtung, die Amtshandlungen seines Vorgängers auf ihre Richtigkeit zu prüfen. Wegen der Grundbuchrichter s. oben § 6 d. W. Der Nachfolger braucht nicht die Akten daraufhin durchzusehen, ob alle Anträge erledigt sind. Jedoch wird man für nicht eingeheftete Piecen eine Prüfung fordern müssen. Selbstverständlich ist es Pflicht des Nachfolgers, von ihm entdeckte Versehen wieder gut zu machen, sofern dies noch möglich ist. Die vorgesetzte Behörde ist berechtigt, den Nachfolger zu beauftragen, nach etwaigen Versehen des Vorgängers zu forschen. Läßt er sich in dieser Beziehung ein Verschulden beikommen, so haftet er, denn er hat eine Dienstpflicht vernachlässigt.

Darf der Beamte nach eigenem Ermessen handeln, so ist er für eine bloß unzweckmäßige, aber nicht gesetzwidirge Ausübung dieser Befugnis nicht verantwortlich zu machen, es müßte ihm denn ein besonderes Verschulden dabei, eine absichtliche Nichtberücksichtigung der für sein Ermessen maßgebenden tatsächlichen Verhältnisse nachgewiesen werden (RGZ. **23**, 326) oder reine Willkür vorliegen (RGZ. **99**, 254). Nicht richtig ist, daß überall da, wo ein Ermessen stattfindet, ein Verschulden ausgeschlossen sei (RGZ. **32**, 390 u. **92**, 243). Vgl. auch oben § 7 b. W. Es bedarf übrigens eines eingehenden Nachweises von Pflichtwidrigkeiten, der, wenn überhaupt, sicher schwer zu führen ist. Wer will einem Beamten ein Verschulden nachweisen, wenn er einen nachgeordneten Beamten für dienstunfähig erklärt oder einen sog. politischen Beamten zur Disposition stellt, und so dessen Einkünfte verringert.

Schuldhafte einer Haftung des Staates usw. begründende Ermessungsausübung eines Beamten beschränkt sich übrigens nicht auf den Fall der Willkür. Auch wenn eine solche nicht mit Sicherheit festzustellen ist, kann das Vorgehen eines Beamten in solchem Maße als sachwidrig erscheinen, daß es als eine Amtspflichtverletzung angesehen werden muß. Wenn ein Beamter innerhalb des Kreises der in seinem Ermessen stehenden Tätigkeit eine Handlung vornimmt, die mehr der Willkür als dem freien Ermessen zuzurechnen ist, die ein verständiger Beamter nicht oder doch nicht leicht in dieser Weise vorgenommen haben würde, dann hat der

Richter allen Anlaß und Grund, dieses Verhalten der Nachprüfung zu unterziehen (RG. JW. 1925 S. 1875). Eine Haftung für die Nichtvornahme einer an sich von Zweckmäßigkeitserwägungen abhängenden Handlung ist zu bejahen, wenn der Beamte (Polizeibeamter) die nach der Sachlage gebotene Maßnahme nur deshalb unterläßt, weil er die dazu erforderliche Energie nicht aufgebracht hat. Vgl. RG. 23. Okt. 1925; III 534/24, RGZ. 121, 232. Dasselbe gilt, wenn der Beamte bei Ausübung des ihm eingeräumten Ermessens in so hohem Maße fehlsam gehandelt hat, daß sein Verhalten mit den an eine ordnungsmäßige Verwaltung zu stellenden Anforderungen schlechterdings unvereinbar ist (RGZ. **121**, 233).

In das Gebiet des Ermessens der Verwaltungsbehörde fällt die Abwägung zwischen Mittel und Zweck, die Entscheidung darüber, welches Mittel erforderlich ist, um das Ziel zu erreichen, dessen Erreichung als notwendig erachtet wird. Eine ordnungsmäßige Verwaltung erfordert aber, daß zwischen Zweck und Mittel ein angemessenes Verhältnis obwaltet. Ein Mißbrauch des Ermessens kann also auch schon in der Wahl eines durch den zu erreichenden Zweck nicht gerechtfertigten Mittels liegen. Es ist also nicht richtig, daß im Rechtswege nicht nachprüfbar sei, ob vielleicht mildere Mittel ebenfalls Erfolg gehabt hätten (RGZ. **121**, 233).

Als Entlastungsgründe können für den Beamten in Betracht kommen sowohl eine erst geringe dienstliche Erfahrung wie dienstliche Überlastung (RG., Gruch. 1913, 1120; BayrObLG., Recht 1918 Nr. 1534), zumal in ihrem Zusammenhange (RGZ. **77**, 428); ferner die Kürze der dem Beamten zu Gebote stehenden Zeit (RG., JW. 1906, 162) und die durch die Art seiner Tätigkeit gebotene Eile (RG., Gruch. **43**, 501; LZ. 1915, 1666; OLG. Oldenburg, DJZ. 1917, 1036).

Eine starke Belastung mit Amtsgeschäften kann aber regelmäßig nur für Säumnisse als Entschuldigungsgrund in Betracht kommen, dagegen nicht ohne weiteres bei pflichtwidrigem Handeln in Ausführung eines Dienstgeschäfts (RG., Recht 1910 Nr. 2548) und nicht bei Verstößen gegen völlig klare Gesetzesvorschriften (RGZ. **41**, 200; JW. 1911, 46).

Die Geschäftslage kann vereinzelt sich derartig gestalten, daß die rechtzeitige Erledigung aller Amtsgeschäfte sich beim besten Willen nicht ermöglichen läßt. Bei großen Amtsgerichten z. B. kommt es nicht selten vor, daß zu gleicher Zeit mehrere Anträge auf Sistierung von Zwangsvollstreckungen einlaufen, und zwar kurze Zeit vor dem kritischen Zeitpunkt (Versteigerung). Wenn es so dem Richter an der nötigen Zeit gebricht, um alle Anträge noch rechtzeitig zu erledigen, so kann ihm deswegen natürlich kein Vorwurf gemacht werden.

Ein Verschulden liegt nicht vor, wenn der Vormundschaftsrichter alle vor ihm behandelten Vormundschaftssachen, auch die einfachen, nur oberflächlich oder wenigstens keine einzige einzelne Sache mit Gewährpflichtgemäßer Sorgfalt behandeln konnte (RGZ. **96**, 147).

Bei Geschäftsüberlastung hat übrigens der betreffende Beamte die Pflicht, der vorgesetzten Behörde Meldung zu erstatten und Abhilfe zu verlangen (RGZ. **96**, 147).

Das Versehen eines Beamten kann nicht schon deshalb, weil der Beamte überbürdet war, als nicht schuldhaft angesehen werden (RG. 1. Okt. 1926; JR. 26 Nr. 2342).

Bei Verwaltungsbeamten ist zu berücksichtigen, daß die Entschlossenheit und Tatkraft nicht durch die Sorge vor leichthin erhobenen Schadensersatzansprüchen gelähmt wird (RGZ. **206**, 411). Vgl. auch RGZ. **99**, 255; Recht 1923 Nr. 885, RGZ. **104**, 264.

Sie haften also nicht, wenn schnelles und entschlossenes Handeln durch die Amtspflicht geboten war.

5. Die Schadenfrage.

a) Verursachung des Schadens (Kausalzusammenhang).

Vorsatz und Fahrlässigkeit braucht nur hinsichtlich der Amtspflichtversetzung, nicht auch hinsichtlich des entstandenen Schadens vorhanden zu sein (RGZ. **40**, 317; **93**, 61). Es ist also nur erforderlich, daß der Beamte gesehen hat oder bei Anwendung der erforderlichen Sorgfalt hätte sehen müssen, er handle seiner Amtspflicht zuwider, nicht auch, daß er die durch die Amtspflichtverletzung bewirkte Verletzung eines fremden Rechts oder Interesses oder gar den daraus entstehenden Schaden beabsichtigt hat oder hätte voraussehen müssen (RG., JW. 1907, 828; 1914, 354; Recht 1914 Nr. 771). Voraussehbarkeit des Schadens gehört nicht zum Tatbestande der Fahrlässigkeit (RGZ. **93**, 01 u. Recht 1925 Nr. 2429).

Zwischen Amtspflichtverletzung und dem Schaden muß ein ursächlicher Zusammenhang bestehen.

Für diesen ist nicht erforderlich, daß die Amtspflichtverletzung die einzige Ursache, sondern nur, daß sie eine der mitwirkenden Ursachen ist (RG., Recht 1910 Nr. 712). Der ursächliche Zusammenhang wird dadurch nicht aufgehoben, daß mehrere Ursachen zu einem Erfolge zusammenwirken. (RGZ. **28**, 167; **66**, 109; **72**, 327; **81**, 130.) Der Schaden muß aber eine „adäquate" Folge der Amtspflichtverletzung sein, d. h. er darf nicht nur unter Mitwirkung eines zweiten Ereignisses zustandegekommen sein, das mit dem ersten keinen Zusammenhang hat. Ein ursächlicher Zusammenhang im Rechtssinn ist nicht gegeben, wenn der Schaden eine jenseits aller Erfahrung und Berechnung liegende Folge der Pflichtverletzung, der Zusammenhang zwischen beiden nur durch eine Verkettung mit anderen, von der Pflichtverletzung unabhängigen, in keiner Weise erkennbaren oder berechenbaren Umständen begründet oder sonst ein so entfernter ist, daß er nach der Auffassung des Lebens vernünftigerweise als solcher nicht mehr in Betracht gezogen werden kann (RGZ. **42**, 293; **72**, 327; **81**, 360; **96**, 76 u. 219). Wenn bei Sprengungen innerhalb der Gefahrzone ein Mensch verletzt wird, so steht der adäquate Zusammenhang mit der Sprengung außer Zweifel, auch wenn der Verlauf der Sprengung ein ungewöhnlicher war (RG., Recht 1916 Nr. 934). Subjektive Voraussehbarkeit des Schadens seitens des Täters ist nicht erforderlich, es genügt, daß nach allgemeiner, menschlich sicherer Voraussicht der Eintritt des Schadens zu erwarten war (RGZ. **42**, 293; **69**, 344; **81**, 361). Ursache ist also jede Bedingung, welche nach ihrer Eigenart die objektive Möglichkeit eines Erfolges von Art der eingetretenen allgemein erhöht. Dagegen ist ein ursächlicher Zusammenhang nicht gegeben, wenn der Umstand nach seiner Natur und nach der Erfahrung des Lebens die Gefahr, daß der Schaden eintrete, weder erhöht noch den Kreis der drohenden Gefahren verändert. Vgl. Schelcher S. 82.

Nach § 830 Abs. 1 Satz 2 BGB. ist, wenn sich nicht ermitteln läßt, wer von mehreren Beamten den Schaden durch seine Handlung verursacht hat, jeder verantwortlich. Es wird also bis zum Beweise des Gegenteils der ursächliche Zusammenhang vermutet.

β) Konkurrierendes Verschulden des Verletzten.

Der Schadensanspruch wird beseitigt, absolut durch Verschulden des Verletzten gemäß § 839 Abs. 3 BGB., relativ im Falle des § 254 BGB. (hier ist auch Minderung zulässig).

1. Relativ. Der § 254 lautet:

„Hat bei der Entstehung des Schadens ein Verschulden des Beschädigten mitgewirkt, so hängt die Verpflichtung zum Ersatz sowie der Umfang des zu leistenden Ersatzes von den Umständen, insbesondere davon ab, inwieweit der Schaden vorwiegend von dem einen oder dem anderen Teile verursacht worden ist.

Dies gilt auch dann, wenn sich das Verschulden des Beschädigten darauf beschränkt, daß er unterlassen hat, den Schuldner auf die Gefahr eines ungewöhnlich hohen Schadens aufmerksam zu machen, die der Schuldner weder kannte, noch kennen mußte, oder daß er unterlassen hat, den Schaden abzuwenden oder zu mindern. Die Vorschrift des § 278 findet entsprechende Anwendung."

Es entscheidet nach § 254 BGB. das freie richterliche Ermessen darüber, ob trotz des Verschuldens des Verletzten eine Ersatzpflicht vorliegt (RG., Recht 1906 Nr. 2531). Die „vorwiegende" Verursachung setzt eine Vergleichung voraus, in welchem Maße die beiderseitige Handlungsweise zu dem Erfolge beigetragen hat (RGZ. 54, 23). Die Haftung kann durch Selbstverschulden des Verletzten sogar völlig ausgeschlossen sein (RG., Recht 1917 Nr. 1825) oder nur gemindert werden (Zusprechung eines Bruchteils des Schadens). Gegenüber einer vorsätzlichen Handlung des Beamten ist das eigene fahrlässige Verhalten des Verletzten regelmäßig nicht zu berücksichtigen (RGZ. 69, 281; 76, 323; 78, 389; JW. 1919, 305).

Der Verletzte kann die Amtspflichtverletzung veranlaßt, insbesondere durch Täuschung (RG., Recht 1906 Nr. 12, 1905 Nr. 2234), es unterlassen haben, den Schaden abzuwenden oder zu mindern, oder den Beamten auf die Gefahr eines ungewöhnlich hohen Schadens aufmerksam zu machen.

Es ist im letzteren Falle nicht nötig, daß der Verletzte das Drohen des Schadens erkannt hat, es genügt, wenn er es bei gehöriger Aufmerksamkeit hätte erkennen müssen (RG., Gruch. 50, 366).

Der Verletzte muß rechtlich verantwortlich, also zurechnungsfähig gewesen sein (OLG. Dresden, Seuff Arch. 66 Nr. 227). Ein mitwirkendes Verschulden bei Kindern unter sieben Jahren kommt nicht in Betracht (RGZ. 54, 407; and. Ans. OLG. Stuttgart, WürttembZ. 16, 273). Bei Kindern zwischen 7 und 18 Jahren muß die zur Erkenntnis der Verantwortlichkeit erforderliche Einsicht vorhanden gewesen sein (RGZ. 51, 275; 59, 221). Das Verschulden des gesetzlichen Vertreters des Verletzten kommt nicht in Betracht (RGZ. 62, 346; 75, 257; 79, 319; 121, 118; 67, 153); § 278 BGB. ist nicht anwendbar. Auch die sinngemäße Anwendung des § 831 BGB. ist nicht angängig, weil natürliche, im Gegensatz zu juristischen Personen für die unerlaubten Handlungen ihrer gesetzlichen Vertreter nicht haften.

Der Verletzte haftet auch für das Verschulden seines Gehilfen (RGZ. 62, 346; 75, 258). Auch rechtsgeschäftliche Vertreter können als Gehilfen in Frage kommen (RGZ. 55, 329).

Ist gemäß Art. 131 RV. Reich (Verband) usw. verklagt, so kann ein Verschulden desselben bei Auswahl der betr. Beamten nicht geltend gemacht werden, denn das Reich wird nicht aus eigenem Verschulden in Anspruch genommen (RGZ. 105, 174).

2. Absolut. Nach § 839 Abs. 3 BGB. tritt bei Verletzung der Amtspflicht eine Ersatzpflicht des Beamten nicht ein, wenn der Verletzte oder sein gesetzlicher Vertreter vorsätzlich oder fahrlässig es unterlassen haben, den Schaden durch Gebrauch eines Rechtsmittels abzuwenden.

Das Verschulden in diesem Falle erachtete der Gesetzgeber für so groß, daß unter Beiseitesetzung des Abwägungsgrundsatzes des § 254 BGB. jeder Schadensanspruch abgesprochen ist, auch wenn das Verschulden des Beamten größer ist als das des Verletzten (RG., SeuffArch. **71**, Nr. 208). Das gilt auch bei Vorsatz des Beamten und zwar auch dann, wenn der Verletzte nur fahrlässig die Einlegung des Rechtsmittels versäumt hat (RGZ. **86**, 286). Der Abs. 3 bezieht sich auch auf die beschränkte Haftung des Spruchrichters aus § 839 Abs. 2.

Der Ausdruck „Rechtsmittel" ist im weitesten Sinne zu nehmen, es sind darunter nicht nur die als ordentliche Rechtsmittel bezeichneten Rechtsbehelfe (Beschwerde, Berufung, Revision, Einspruch) oder diejenigen, welche die Prozeßordnungen Rechtsmittel nennen, sondern überhaupt alle Rechtsbehelfe auf dem Gebiete der freiwilligen oder streitigen Gerichtsbarkeit und des Verwaltungsrechts, selbst die Aufsichtsbeschwerde, d. h. die Beschwerde bei der vorgesetzten Behörde des Beamten, sofern diese berechtigt ist, die schädigende Amtshandlung zu beseitigen oder zu korrigieren, zu verstehen (RG. 24. Jan. 1927; Jur. Woch. **27**, 1412, OLG. Königsberg, SeuffArch. **75**, 171; Colmar, R. d. OLG. **16**, 299). In der Unterlassung der Aufsichtsbeschwerde liegt jedenfalls so lange keine Fahrlässigkeit, als die Annahme einer Dienstwidrigkeit nicht dringlich naheliegt (RG. 24. Jan. 1927; Jur. Woch. **27**, 1412). Es gehören ferner hierher Einspruch gegen ein Versäumnisurteil (§ 338 ZPO.) und den Vollstreckungsbefehl (§ 700 ZPO.), die Nichtigkeits- und Restitutionsklage (§§ 578 ff. ZPO.; RGZ. **38**, 341), der Antrag auf Wiedereinsetzung in den vorigen Stand (§§ 320 ff. ZPO., § 44 StPO.), die Anfechtungsklage gemäß §§ 654 u. 957 ZPO., Widerspruch gegen den Zahl-Zahlungsbefehl (§ 694 ZPO.), die Abänderungsklage des § 323 ZPO., Widerspruch gegen Arreste und einstweilige Verfügungen (§§ 924, 936 ZPO.), die Wiederaufnahme im Strafverfahren (§ 399 StPO.), (and. Ans. v. Schelhorn 611), Antrag auf gerichtliche Entscheidung (§ 454 StPO.), Einspruch gegen Strafbefehl (§§ 449ff. StPO.), Klage und Beschwerde im Verwaltungsstreitverfahren. Kann der entstandene Schaden durch einen behördlichen Akt, z. B. durch Einschreiten der Aufsichtsbehörde beseitigt werden, so hat der Geschädigte dies zunächst zu versuchen. Man denke auch an die Niederschlagung von Gerichtskosten (§ 6 GKG.).

Die in Art. VI § 3 Abs. 2 des Entlastungsges. v. 11. März 1921 (RGBl. S. 229) gegen die Entscheidungen des Rechtspflegers (vgl. JustMinBl. 1923 S. 401) gegebenen Einwendungen sind Rechtsmittel. (RG. 28. Febr. 1928, JR. **28**, 1103 u. Recht **28**, 1045.)

Auch die Angehung des Beamten, welcher die schädigende Amtshandlung begangen hat, in Form einer mündlichen oder schriftlichen Remonstration[1]) wird zu den Rechtsmitteln im Sinne des § 839 BGB. zu zählen sein. Vgl. Brand S. 594; and. Ans. OLG. Celle, R. d. OLG. **18**, 102, welches ausführt:

---

[1]) Der Geschädigte darf es nicht bei fortgesetzten „Erinnerungen" z. B. der Geschäftsstelle (Gerichtsschreiberei) bewenden lassen, sondern muß Dienstaufsichtsbeschwerde (also einen wirksameren Rechtsbehelf) einlegen. (RG. JW. **28**, 1856.) Er muß auch alle zulässigen Rechtsbehelfe anwenden, bei schädigenden polizeilichen Strafverfügungen ist neben dem Antrage auf gerichtlicher Entscheidung auch die Aufsichtsbehörde der Polizei anzurufen, ferner eine Remonstration mit genauer Aufklärung des Sachverhalts bei der Polizeibehörde selbst einzureichen, damit die Verfügung noch vor Abgabe der Sache an das Gericht zurückgenommen werden kann.

„Rechtsbehelfe ohne Devolutiveffekt oder bloße Erinnerungen und Beschwerden im Aufsichtswege (abgesehen von dem Falle der Verzögernug in der Erledigung von Anträgen zum Grundbuche) fallen nicht darunter. Eine ausdehnende Interpretation verbietet sich, weil es sich um eine Ausnahmevorschrift handelt." Danach würde nur § 254 BGB. in Frage kommen.

Kein Rechtsmittel ist die Anrufung des Reichsrats oder des Staatsministeriums gegen die Entscheidung eines Ressortministers oder gar die Anrufung des Reichs- oder Landtages (bzw. Ausschusses) gegen Beschlüsse des Reichskabinetts bzw. Staatsministeriums. Eine Beschwerde über das Reichskabinett oder das Staatsministerium an den Reichspräsidenten oder einen Staatspräsidenten gibt es nicht, weil alle Entscheidungen der Gegenzeichnung bedürfen und diese nicht derjenige vornehmen kann, gegen den die Beschwerde sich gerade richtet.

Der Verletzte braucht einen Anfechtungsprozeß nicht zu führen, da dieser nicht zu den Rechtsmitteln gehört. Es kann jedoch § 254 BGB. anwendbar werden, auch bei subsidiärer Haftung des Beamten die Anfechtungsklage Voraussetzung des Schadensanspruchs sein.

Nach RG. (Recht 1923 Nr. 195) braucht er auch nicht zu versuchen, Ersatz des Schadens zu erlangen.

Die bloße Möglichkeit der Einlegung eines Rechtsmittels genügt nicht.

Die Unterlassung muß auf einem Verschulden des Verletzten beruhen. Er muß die im Verkehr erforderliche Sorgfalt (§ 276 BGB.) außer acht gelassen haben (RG., JW. 1911, 227).

Es versteht sich von selbst, daß die Einlegung eines Rechtsmittels überhaupt zulässig sein muß.

Ist die Entscheidung des Beamten unanfechtbar, so kann von einem Verschulden keine Rede sein. Die Einlegung des Rechtsmittels muß auch in der Macht des Beschädigten liegen. Ist der Verletzte nicht in der Lage, die Kosten des Prozesses zu bezahlen, so muß er um Bewilligung des Armenrechts für die höhere Instanz bitten. Sollte ihm dasselbe abgeschlagen werden, so liegt keine verschuldete Unterlassung der Einlegung eines Rechtsmittels vor. Indes wird man verlangen müssen, daß der Verletzte die zulässigen Rechtsmittel gegen die Versagung des Armenrechts einlegt, da sonst ein Verschulden vorliegt.

Die Einlegung des Rechtsmittels muß ferner geeignet sein, den Schaden abzuwenden. Der § 839 Abs. 3 trifft also nicht zu, wenn von vornherein anzunehmen ist, daß Schaden hierdurch nicht werde abgewendet werden können. Z. B. das in erster Instanz dem Gegner zugesprochene und in dessen Besitz befindliche Objekt geht zufällig unter, oder ein Polizeibeamter hat ein beschlagnahmtes Nahrungsmittel rechtswidrig vernichtet. Vgl. Haffner, S. 69 Anm.

Auch ein Rechtsmittel, das eine Minderung des Schadens herbeigeführt hätte, kommt in Frage, obwohl § 839 Abs. 3 im Gegensatz zu § 254 nur von Abwendung des Schadens spricht. Ebenso fällt die Verzögerung der Einlegung des Rechtsmittels unter Abs. 3, wenn die unverzügliche Einlegung den Schaden abgewendet haben würde.

Ob die Begründung des Rechtsmittels eine zutreffende war, ist gleichgültig. (Cohn i. Gruch. 1899, 399). Trifft aber den Geschädigten insoweit ein Verschulden, so ist nach § 254 BGB. zu verfahren.

Von wesentlicher Bedeutung wird sein, ob der amtliche rechtswidrige Akt mit Entscheidungsgründen versehen war, so daß der Beschädigte dieselben prüfen konnte. Vgl. Klewitz S. 48.

Meistens wird es dem Geschädigten zum Vorwurfe gereichen, wenn er es unterlassen hat, den Inhalt der amtlichen Verfügung (Urteil usw.), soweit ihm dazu Gelegenheit geboten ist, einer näheren Prüfung zu unterziehen, und infolgedessen Verstöße in rechtlicher oder tatsächlicher Hinsicht nicht zu seiner Kenntnis gelangt sind, die ihm begründete Veranlassung zur Beschreitung des Rechtsmittelweges hätte geben müssen. Bei nicht ganz einfachen Sachen wird man verlangen können, daß der Beschädigte sich eines rechtsverständigen Beirats bedient, behufs Prüfung des Rechtspunktes bzw. der Frage, ob ein Rechtsmittel einzulegen ist.

Das Versehen eines Rechtsanwalts als Parteivertreters schadet dem Geschädigten nicht. Durch den Rat eines Rechtsverständigen wird der letztere aber nicht immer entschuldigt.

Es ist die Behauptung aufgestellt (vgl. Sintenis, Pandekten 2 zu § 125), es könne niemandem ein Vorwurf daraus gemacht werden, daß er einem Richterspruch gemäß handele. Dieser Standpunkt ist in seiner Allgemeinheit nicht zu rechtfertigen. Enthält der Richterspruch eine Unrichtigkeit und ist nach Lage der Sache anzunehmen, daß die hiervon betroffene Partei sich des rechtsverletzenden Momentes in dem Urteil bewußt geworden ist oder desselben bei sachgemäßer Prüfung hätte werden müssen, so trifft den Beschädigten der Vorwurf eines durchaus unentschuldbaren Verhaltens.

Der Richter ist kein unfehlbarer Mensch und, die Partei von der Prüfungspflicht seiner Amtshandlungen zu entbinden, hieße eine Prämie auf die Sorglosigkeit Privater setzen in Verhältnissen, wo dieselbe am wenigsten am Platze ist. Anderseits ist nicht zu verlangen, daß eine Partei alle möglichen Rechtsmittel einlegt. Hier muß das Maß des praktisch Vernünftigen entscheiden.

Wie steht es aber, wenn eine inkorrekte Entscheidung des Gerichts vorliegt. Das Gericht erläßt z. B. eine Entscheidung, die es selbst für ein nach § 303 ZPO. unanfechtbares Zwischenurteil über ein selbständiges Angriffsmittel erklärt, während sie sich nach der Ansicht der oberen Instanz als ein anfechtbares Teilurteil darstellt.

Für die Partei muß die tatsächlich erlassene Entscheidung maßgebend sein, wie sie nach dem Willen des Gerichts zu erkennbarem Ausdrucke gelangt ist. Es darf dem Geschädigten nicht die Gefahr einer inkorrekten Handhabung der Prozeßnormen durch den Instanzrichter aufgebürdet werden. Es schadet auch nicht, wenn erst nach Ablauf der Rechtsmittelfrist wichtige Bedenken gegen die Entscheidung zur Kenntnis des Geschädigten gelangen.

Solche Benachteiligungen, welche durch rechtswidrige Unterlassungen, Verstöße gegen die gesetzliche Form, z. B. bei letztwilligen Verfügungen, Unrichtigkeiten bei der Aufnahme von Protokollen, der Erteilung von Zeugnissen u. dgl. entstehen können, wird der Beteiligte, sobald er von der Versäumnis, dem Formfehler usw. Kenntnis erhielt, durch eine Eingabe bei dem betr. Beamten unschädlich machen müssen.

Ist z. B. bei einem Konkursverfahren die Prüfung einer angemeldeten Forderung unterblieben, und unterläßt es der hiervon betroffene Gläubiger, trotz rechtzeitiger Kenntnis von dem Versehen, die nachträgliche Prüfung seiner Forderung zu veranlassen, so hat er es sich selbst zuzuschreiben, wenn er bei der Verteilung der Masse nicht berücksichtigt wird. Unter den richterlichen Zeugnissen nimmt der Erbschein einen besonderen Platz ein. Es handelt sich hier nicht um ein Attest gewöhnlicher Art, die Wiedergabe urkundlicher Tatsachen, bei denen ein Fehler meistens in einer Nachlässigkeit des Beamten seinen Grund haben wird, sondern um einen Akt, welcher eine tatsächliche und rechtliche Beurteilung voraussetzt, zu deren Ermöglichung die Beteiligten dem Richter das nötige Material unterbreiten müssen. Ist dieses unvollständig, so werden an einem Fehler des Erbscheins die Interessenten unter Umständen auch die Schuld tragen.

γ) Der Schaden insbesondere.

Es muß jemand geschädigt sein in seinen berechtigten Interessen, nicht gerade in seinen Rechten und Rechtsgütern im Sinne des § 823 BGB. Die Ersatzpflicht aus § 839 ist also eine weitergehende. And. Ans. Schelcher S. 74. Der Beamte haftet nach § 839 für alle Rechtsgüter, nicht bloß die in § 823 BGB. aufgezählten (OLG. München, LzZ. 1918 Sp. 291).

Aber erfordert wird eine Schädigung gerade der Person und derjenigen Interessen oder Rechtsgüter, zu deren Schutz die verletzten Dienstvorschriften besonders bestanden.

Die geschützte Person ist nicht nur, wer gerade den Antrag zu der schädigenden Amtshandlung stellt (RGZ. **58**, 298).

Erforderlich ist ferner, daß durch das Verschulden des Beamten in einen privatrechtlichen, nicht etwa nur in den öffentlich-rechtlichen Interessenkreis eingegriffen ist, und ein auf privatrechtlichem Gebiete liegender Schaden zugefügt ist (RGZ. **87**, 119; **91**, 49; **92**, 305 u. Recht 1919, 358). Wird z. B. durch einen falschen Qualifikationsbericht die Beförderung eines Beamten verhindert, so ist ein Anspruch nicht gegeben, weil der Beamte ein Recht auf Beförderung nicht hat. Ebensowenig wie er einen Anspruch auf Verleihung einer Beamtenstelle hat. Dem Beamten stehen vielmehr nur Rechte aus einer tatsächlich verliehenen Anstellung zu. Durch verspätete Anstellung oder Nichtanstellung werden nur öffentlich-rechtliche Anwartschaften verletzt. (RGZ. **103**, 431, Jur. Woch. 1921 S. 530.)

Umgekehrt hat der Beamte, dessen Pensionierung durch einen unrichtigen Bericht seines Vorgesetzten herbeigeführt ist,

Schadensansprüche, die in dem Unterschiede zwischen Gehalt und Pension bestehen. Vgl. Delius, Recht 1921, 47, RGZ. 103, 430 u. Warneyer 1919 Nr. 181.

Der Schaden tritt nicht bereits in dem Augenblick ein, wo die Amtspflichtverletzung begangen ist.

Entstanden ist er erst, wenn ein materieller Schaden eintritt. Der Eintritt des Schadens muß zur juristischen Gewißheit geworden sein und nicht nur im Lichte einer zukünftigen Möglichkeit erscheinen. Letzteres ist der Fall, wenn und solange ein gefahrdrohendes Ereignis auf die Vermögenssphäre der bedrohten Person noch keinerlei aktuelle Einwirkung geäußert hat[1]). Ein Hypothekengläubiger, welcher infolge Versehens eines Richters eine schlechtere Priorität erhält, kann der Regel nach erst Anspruch erheben, wenn er in der eingeleiteten Zwangsvollstreckung einen Ausfall erlitt, den er sonst nicht gehabt hätte, und wenn er ferner den persönlich verpflichteten Schuldner vergeblich in Anspruch genommen hat. Vgl. oben § 6 d. W. Von dem endgültigen Eintritt eines Vermögensnachteils kann aber auch noch nicht die Rede sein, wenn eine solche aktuelle Einwirkung zwar schon in ersichtlicher Weise stattgefunden hat, jedoch dem Betroffenen noch Mittel und Wege zu Gebote stehen, den rechtswidrigen Zustand zu beseitigen und so den Schaden von sich abzuwenden. Der Erlaß einer Entscheidung, auch einer vorläufig vollstreckbaren, genügt allein noch nicht.

Ist dagegen das ungerechte Urteil rechtskräftig geworden, für den ungesetzlichen Beschluß oder Verfügung die Beschwerdefrist abgelaufen oder entbehrt die Amtshandlung

---

[1]) Der Verlust eines Sicherungsmittels, z. B. des Pfandrechts, bedeutet nicht notwendig auch den Eintritt eines Schadens. Nur dann trifft dies zu, wenn ohne dasselbe der Anspruch nicht oder nicht vollständig zu realisieren wäre.

überhaupt der Anfechtungsmöglichkeit, so ist damit die Rechtswidrigkeit zu einer regelmäßig[1]) unumstößlichen Tatsache geworden.

Unrichtig ist die Ansicht von Weber S. 35, daß erst durch die Vollstreckung der rechtswidrigen Entscheidung ein Schaden verursacht werden könne.

Warum sollen auch die Kosten der Zwangsvollstreckung entstehen? Zutreffend hebt v. Schelhorn S. 547 hervor, daß ein schikanöser Gegner mit der Vollstreckung so lange warten könne, bis der Verletzte Beweismittel für den Regreßprozeß gegen den Beamten verloren hat.

δ) Umfang des Schadensersatzes.

Das BGB. trifft über den Umfang des zu ersetzenden Schadens in den §§ 249ff. nähere Bestimmungen.

Grundsätzlich besteht die Verpflichtung des Beamten darin, den Schaden in Natur zu ersetzen durch Herstellung[2]) des Zustandes, welcher bestehen würde, wenn der zum Ersatz verpflichtende Umstand nicht eingetreten wäre (§ 249 BGB.). Vgl. RGZ. **17**, 112. Wenn also durch Verschulden eines Beamten ein Recht verloren geht, so geht die Ersatzverbindlichkeit in erster Linie darauf, den Verletzten das verlorene Recht wiederzuschaffen.

Bei Hoheitsakten usw. ist Naturalrestitution ausgeschlossen nach RG. 4. Dez. 1925 („Landgemeinde" 26, 166).

---

[1]) Ausnahmen sind die Fälle, in denen die Voraussetzungen für eine Nichtigkeits- oder Restitutionsklage im Zivilprozeß oder für ein Wiederaufnahmeverfahren im Strafverfahren vorliegen. And. Ans. v. Schelhorn S. 606.

[2]) Das Gesetz spricht nicht von Wiederherstellung, es genügt also die wirtschaftliche Herstellung des entsprechenden Zustandes, einer Vermögensanlage, wie sie ohne den kausalen Umstand sich gestaltet hätte. Vgl. Reimer **3**, 34.

Der § 251 BGB. bestimmt: „Soweit die Herstellung nicht möglich[1]) oder zur Entschädigung des Gläubigers nicht genügend ist, hat der Ersatzpflichtige den Gläubiger in Geld zu entschädigen. Der Ersatzpflichtige kann den Gläubiger in Geld entschädigen, wenn die Herstellung nur mit unverhältnismäßigen Aufwendungen möglich ist[2])."

Die Verpflichtung zum Schadensersatz umfaßt die Leistung des gesamten Interesses, also sowohl den erlittenen positiven unmittelbaren oder mittelbaren Schaden, wie den entgangenen Gewinn. Als entgangen gilt der Gewinn, der nach dem gewöhnlichen Laufe der Dinge oder nach den besonderen Umständen, insbesondere nach den getroffenen Anstalten und Vorkehrungen, mit Wahrscheinlichkeit erwartet werden konnte (§ 252 Abs. 2 BGB.).

Ob der Beamte den Schaden vorsätzlich oder fahrlässig herbeigeführt hat, ist gleichgültig. Eine Abstufung des Umfanges des Schadens nach dem Grade des Verschuldens kennt das BGB. nicht. Lediglich der Umfang des verursachten Schadens bestimmt den Umfang des zu leistenden Schadensersatzes.

Zum Schaden gehören auch die Kosten, die dem Verletzten durch einen sachgemäßen, aber vergeblich gegen einen anderen Verpflichteten (§ 839 Abs. 1 Satz 2 BGB.) geltend gemachten Ersatzversuch erwachsen sind (RGZ. **91**, 232),

---

[1]) Nur die Handlungen, welche der Beamte als Privatmann juristisch vornehmen könnte, können bei der Naturalrestitution verlangt werden, nicht auch solche, deren Vornahme dem Staat als Träger der öffentlichen Gewalt möglich wäre. Vgl. Reimer **3**, 34; and. Ans. Schelcher S. 83.

[2]) Z. B. wenn die Kosten der Hebung des beim Zusammenstoß gesunkenen Schiffes, dessen Wert z. Z. des Zusammenstoßes bedeutend übersteigen (RGZ. **71**, 212).

einschließlich vorsorglicher Vollstreckungsmaßnahmen (RG., Recht 1920 Nr. 3379), die Kosten, die ihm durch einen siegreichen Vorprozeß gegen einen anderen Ersatzpflichtigen entstanden sind, jedoch von dem Verurteilten nicht zu erlangen sind, endlich die Gebühren, welche für die pflichtwidrige Amtshandlung des Beamten erhoben sind. Fällt dem Verletzten bei Durchführung oder Anstrengung des Vorprozesses ein Verschulden zur Last (Klage bei unzuständigem Gericht usw.), so treffen ihn die Kosten.

Zu ersetzen ist im allgemeinen nur der Vermögensschaden, nicht der immaterielle Schaden (§ 253 BGB.). Im Falle der Verletzung des Körpers oder der Gesundheit, sowie im Falle der Freiheitsentziehung kann jedoch der Verletzte auch wegen des Schadens, der nicht Vermögensschaden ist, eine billige Entschädigung in Geld verlangen (§847 BGB.). Vgl. RGZ. **76**, 174 u. **113**, 106. Es ist nicht die Regel, daß eine Körperverletzung oder Gesundheitsbeschädigung einen immateriellen Schaden verursacht hat, dieser bedarf vielmehr einer besonderen Begründung. Der Grundsatz der Billigkeit bezieht sich nur auf die Höhe, nicht auf die Angemessenheit der Entschädigung überhaupt. (RG., JW. 1906, 340, 1911, 279.) Ein Gendarm macht unberechtigterweise von seiner Waffe Gebrauch und verletzt jemanden, oder ein Schutzmann sistiert unter Nichtbeachtung seiner Instruktion ein anständiges Mädchen, die er für eine Prostituierte hält, zur Wache, ein Gefangener wird nicht innerhalb der Frist des § 115 StPO. vom Richter verhört usw. Maßgebend bei der Bemessung des Schmerzensgeldes soll die Vermögenslage des Schuldners sein. Vgl. RGZ. **63**, **104**. Dieser Grundsatz kann bei Beamten keine Anwendung finden, da dieselbe nicht für sich, sondern als Organe des Staates handeln. Aber auch die Vermögenslage des Staates (Verbandes) kann nicht in Betracht kommen. (RG., JW.

1915, 920.) Man wird das Schmerzensgeld berechnen müssen nach einem Durchschnittssatz, also die Vermögensverhältnisse eines gutsituierten Bürgers des Mittelstandes zugrunde legen.

Compensatio lucri cum damno. Wenn durch die Amtspflichtverletzung sowohl Nachteile wie Vorteile für den Betroffenen entstehen, so stellt der Überschuß den Schaden dar. Beides, Vorteile und Nachteile, müssen aber aus demselben Ereignis erwachsen sein. Das OLG. Dresden (Seuff-Arch. 47, Nr. 14) hat deshalb die Aufrechnung mit der Versicherungssumme für unzuverlässig erklärt, weil der Anspruch auf diese nicht durch die Amtspflichtverletzung, sondern durch das Eingehen des Versicherungsvertrags entstanden sei. Der bloß tatsächliche Zusammenhang zweier verschiedener Ereignisse, aus deren einem ein Vorteil, aus dem anderen aber Schaden erwächst, genügt nicht (RGZ. 65, 60). Der Begriff „ein und dasselbe Ereignis" ist aber nicht zu eng zu fassen. Es genügt ein ursächlicher, der Natur der Sache entsprechender, adäquater Zusammenhang zwischen dem schädigenden Verhalten des Beamten und dem für den Verletzten, wenn auch mittelbar herbeigeführten Vorteile (RGZ. 54, 137; 73, 340; 80, 161; 84, 389). Schaden und Vorteil müssen sich aber, wenn sie nicht unmittelbar in Zugang und Abgang vom Vermögen bestanden haben, jedenfalls in Vermögenswerten darstellen lassen (RGZ. 95, 88). Das trifft nicht zu, wenn der Verletzte der Kriegsgefahr entgangen ist.

Soweit der Beamte (Staat) Schadensersatz zu leisten hat, ist er nach § 255 BGB. zum Ersatze nur gegen Abtretung der Ansprüche verpflichtet, die dem Ersatzberechtigten auf Grund des Eigentums an der Sache oder auf Grund des Rechts gegen Dritte zustehen.

e) Subsidiarität des Ersatzanspruches.

Bei vorsätzlicher Amtspflichtverletzung haftet der Beamte dem Geschädigten unmittelbar. Fällt dem Beamten lediglich eine Fahrlässigkeit zur Last, so haftet er nur, wenn der Geschädigte nicht auf andere Weise Ersatz zu erlangen vermag, oder wie das ALR. (II, 10 § 91) es ausdrückt, kein anderes gesetzmäßiges Mittel, wodurch den nachteiligen Folgen eines solchen Versehens abgeholfen werden könnte, mehr übrig ist[1]).

Dies Vorrecht des Beamten ist eingeführt, weil der Beamte berufsmäßig dauernd verpflichtet sei, in die Verhältnisse Dritter einzugreifen, und es deshalb nicht angehe, ihn wegen jeden Mißgeschicks haften zu lassen, zumal die Tätigkeit des Beamten auch noch die Besonderheit habe, daß sie von ihm nicht zu seinem Vorteile ausgeübt werde.

Der Ersatzanspruch gegen den Beamten ist ausgeschlossen, solange es noch in der Macht des Verletzten liegt, ohne Verstoß gegen das Gesetz anderweitige Deckung zu erlangen. Die Klage ist dann abzuweisen (RG., JW. 1913, 598), selbst eine Feststellungsklage ist unzulässig. Die Eventualität oder Wahrscheinlichkeit, daß der Schaden z. B. von einem anderen freiwillig ersetzt werde, wendet die Ersatzpflicht des Beamten nicht ab.

Es muß sich stets um einen gegenwärtigen Anspruch gegen den Hauptverpflichteten handeln. Unzulässig ist es, den Ersatzanspruch des Verletzten um einer entfernten

[1]) Kann der entstandene Schaden durch den Akt einer Behörde beseitigt werden, so hat der Geschädigte dies zunächst zu beantragen. Es kann auch Deckung aus sog. Dispositionsfonds in Frage kommen. Nach § 6 des Gerichtskostengesetzes können z. B. die Gerichte Gebühren, welche durch eine unrichtige Behandlung der Sache entstanden sind, niederschlagen. Vgl. auch § 102 ZPO.

Möglichkeit der Entschädigung durch den zunächst Verpflichteten abzuweisen. Der Verletzte braucht sich nicht auf eine solche Möglichkeit des Ersatzes verweisen zu lassen, die zwar einigermaßen wahrscheinlich, aber doch erst in der Zukunft zu seiner Befriedigung führen würde (RGZ. **80**, 252). Die Vermutung z. B., daß der Hauptverpflichtete infolge einer angetretenen Erbschaft zahlungsfähig werden könnte, reicht nicht aus. Vgl. Reimer **3**, 41. Der Verletzte hat Anspruch auf alsbaldige Erstattung seines Schadens (RGZ. **80**, 254). Der Umstand, daß die Zwangsvollstreckung im Auslande stattfinden müßte, in der hierin liegenden Erschwerung der Durchbringung des Anspruches, kann die alsbald zu verwirklichende anderweitige Erfolgmöglichkeit ausschließen. Vgl. RGZ. **80**, 252 (RG. 21. Dez. 1926; JR. 27 Nr. 468).

Der Geschädigte hat sich also zunächst an denjenigen zu halten, welcher dolos oder fahrlässig das Versehen des Beamten herbeigeführt hat, oder an denjenigen, welcher durch dasselbe ungerechtfertigt bereichert worden ist (Obertrib. StriethArch. **37**, 216), oder an den, welcher vertraglich die Haftung für den Schaden dem Verletzten gegenüber übernommen hat, z. B. als Bürge oder auf Grund eines Versicherungsvertrages oder auf Grund bestimmter gesetzlicher Vorschrift für den Schaden haftet[1]). Haftet der Staat (Verband) auf Grund der Amtshaftungsgesetze, so kann der Beamte selbstverständlich nicht als Ersatzpflichtiger in Betracht kommen (OLG. München, SeuffArch. **68**, Nr. 80).

Falls der Hauptverpflichtete nicht freiwillig leistet, muß der Verletzte ihn verklagen. (BayrOLG., Recht 1916 Nr. 1498);

---

[1]) Eine Verweisung an das Reich z. B. auf Grund des neuen Reichsunruhengesetzes v. 12. Mai 1920 wird nicht möglich sein, weil das Reich nach § 2 nur haftet, wenn und insoweit ohne Entschädigung das Fortkommen des vom Tumultschaden Betroffenen unbillig erschwert wird (RG. 25. 2. 1921, „Recht" 1921 Nr. 1622).

Zwangsvollstreckung in alles Vermögen (sei es Mobiliar- oder Immobiliarvermögen) betreiben, auch die Leistung des Offenbarungseides verlangen (RG., JW. 1898, 186).

Aber selbst das Ausklagen kann unterbleiben, wenn der Geschädigte nachweisen kann, daß dies nicht zur Befriedigung führen werde. Es genügt auch der Nachweis, daß die Zwangsvollstreckung in das Vermögen des in erster Linie Verpflichteten eine erschöpfende gewesen ist. Ob dies aber zutrifft, hat das Gericht auf Grund der Lage des einzelnen Falles nach freiem Ermessen zu beurteilen. Vgl. RGZ. **22**, 44. Der Beweis, daß die Vermögenslage des in erster Linie Haftenden eine bessere inzwischen geworden sei, muß erhoben werden (RG., JW. 1902, 433).

Der Umstand, daß der zunächst für den Schaden Verhaftete schon früher einmal unpfändbar befunden worden und den Offenbarungseid geleistet habe, ist nicht ausreichend[1]), um sofort die Klage gegen den Beamten zu erheben.

Sind jedoch seit Leistung des Offenbarungseides noch keine fünf Jahre vergangen, so kann die Wiederholung nur verlangt werden, wenn glaubhaft gemacht wird, daß der Schuldner später Vermögen erworben habe (§ 903 ZPO.). Dies würde aber der Beamte einwandweise behaupten müssen.

Nach RG. (Recht 1920 Nr. 3378) soll bei fruchtloser Pfändung und Leistung des Offenbarungseides dem Beamten (Staat) der Nachweis, daß noch anderes greifbares Vermögen vorhanden sei, obliegen.

Auch die Anstellung eines Anfechtungsprozesses gehört dann zu den Voraussetzungen der Schadensklage, wenn ein bestimmter Anhalt für die Annahme vorliegt, daß die Bedingungen der Anfechtungsklage gegeben seien[2]).

---

[1]) Obertr. 27. Mai 1857, StriethArch. **24**, 341.
[2]) Vgl. RG., JW. 1898, 186.

Klewitz S. 41 und Geser S. 113 meinen, daß dem Geschädigten nicht zugemutet werden könne, zunächst die deckungspflichtige Person zu belangen, wenn dies mit Aufopferungen verbunden wäre, die ganz außer Verhältnis zur Sache ständen, z. B. mit großem Aufwand an Zeit und Geld zunächst der Aufenthalt derselben ermittelt werden müßte.

Auch hier wird man an der Hand des konkreten Falles die Entscheidung zu finden haben. Man wird, wenn der Hauptverpflichtete mit unbekanntem Aufenthalte abwesend ist, den Beweis fordern müssen, daß trotz angestellter geeigneter Ermittelungen bei Behörden, Verwandten, Bekannten usw. der Aufenthalt nicht hat festgestellt werden können. Ein Urteil, durch welches der Betreffende für tot erklärt wird, braucht nicht beigebracht zu werden. Auch kostspielige Aufrufe in ausländischen Zeitungen sind nicht erforderlich.

Der Umstand, daß der Hauptverpflichtete außerhalb des Deutschen Reiches sich aufhält, beseitigt die Subsidiarität der Schadensklage nicht, es müßte denn sein, daß in dem betreffenden Lande die Klage nach vernünftigem Ermessen nicht durchführbar ist. Erschwerung der Rechtsverfolgung ist dagegen nicht ausreichend.

Ist der zunächst Verpflichtete in Konkurs versunken, so kürzt sich der Ersatzanspruch gegen den Beamten um diejenige Summe, welche der Beschädigte als Konkursquote erhält.

Der Beschädigte hat keineswegs nötig, den Prozeß gegen den vermeintlichen Hauptverpflichteten, wenn er mit seiner Klage aus zureichenden gesetzlichen Gründen in I. Instanz abgewiesen ist, nutzlos noch durch alle zulässigen Instanzen zu verfolgen (RG., JW. 1902, 433). Jedenfalls müßte dann doch der Beamte mindestens durch Anführung von Gründen wahrscheinlich machen, daß der Beschädigte bei fernerer Verfolgung seiner Klage eine abändernde günstige

Entscheidung erstritten haben würde[1]). Es hängt also von dem konkreten Falle ab, ob die Einlegung geboten erscheint[2]).

Regelmäßig wird der Verletzte in dem Prozeß gegen den Hauptverpflichteten, dem Beamten (Staat) den Streit verkünden.

Es empfiehlt sich für den Beamten bzw. Staat, dem Prozeß des Geschädigten als Nebenintervenient beizutreten. (Obertr., Entsch. **14**, 431); er kann dann, wenn der Kläger untätig bleibt, gemäß § 67 ZPO. selbständig Rechtsmittel einlegen. Erhebt der Verletzte Klage gegen den Beamten (Staat) vor rechtskräftiger Feststellung, daß gegen den Dritten ein Ersatzanspruch nicht besteht, so läuft er Gefahr, daß die Haftung in beiden Prozessen verschieden beurteilt und beide Klagen abgewiesen werden (RGZ. **96**, 168).

Die Frage, ob der Geschädigte von einem Dritten Ersatz verlangen kann, ist auf Verlangen des ersteren in dem Schadensersatzprozesse gegen den Beamten (Staat) selbst zu entscheiden, es darf das Gericht nicht verlangen, daß die Frage in einem besonderen Prozesse zwischen dem Geschädigten und dem Dritten erfolgt (RGZ. **96**, 768).

Voraussetzung ist immer ein Verschulden des Verletzten. Ein solches wird auch durch entschuldbaren Rechtsirrtum ausgeschlossen (RGZ. **73**, 337; **76**, 61; **89**, 288). Ist der Anspruch jetzt verjährt oder der Hauptverpflichtete unpfändbar, so ist die Klage des Verletzten ausgeschlossen. Auch die Folgen der verspäteten Einlegung eines Rechtsmittels (z. B. Klageabweisung mangels Fristeinhaltung) treffen ebenfalls den Geschädigten.

---

[1]) Obertr. 22. Juni 1857, StriethArch. **25**, 236. Vgl. auch AppellGer. Hamm, Gruch. **8**, 88 u. RG., JW. 1902, 438.

[2]) Meisner S. 303 will jedenfalls den Instanzenzug zuvörderst erschöpft wissen.

Liegt ein Verschulden des Verletzten vor, so fällt die Ersatzpflicht des Beamten (Staates) selbst dann weg, wenn das Verschulden des fahrlässig handelnden Beamten größer ist als das des Verletzten bei der Verwirkung des Ersatzanspruchs gegen den Hauptverpflichteten (OLG. Colmar, R. d. OLG. **12**, 117).

Ist die Geltendmachung des Ersatzanspruchs gegen den Hauptverpflichteten schuldhaft unwiderbringlich versäumt, so ist der Anspruch gegen den Beamten ohne weiteres verloren (RGZ. **86**, 289).

Die Frage, ob die subsidiäre Haftung vom Gerichte auch dann zu berücksichtigen ist, wenn der Verletzte nachweist, er habe den Prinzipalverpflichteten deshalb nicht in Anspruch genommen, weil der Beamte demselben, falls dieser verurteilt würde, wieder ersatzpflichtig sei, ist für das preußische ALR.vom RG. (Gruch. **30**, 697) dahin beantwortet worden, daß ein derartiges Regreßrecht ohne Einfluß auf die subsidiäre Haftung des Beamten sei. Es wird dies damit begründet, daß in diesem Falle eben noch ein anderes Mittel dem Kläger zu Gebote stehe, um seinen Schaden auszugleichen. Es sei nicht erforderlich, daß diese Ausgleichung zugleich den Beamten von jeder Verbindlichkeit aus dem begangenen Vergehen entlaste und denselben nicht einem neuen Anspruche aussetze, an welchen der Kläger zunächst verwiesen wird. Der letztere brauche mithin nicht Prinzipalverpflichteter zu sein, in dem Sinne, daß die Erfüllung seiner Verpflichtung auch dem subsidiär haftenden Beamten materiell zugute kommt. Dasselbe ist für das jetzige Recht anzunehmen (RGZ. **91**, 96; **74**, 253). Es kommt lediglich darauf an, ob der klagende Verletzte die Möglichkeit hat, von einem anderen, als dem Beamten, seinen Schaden erstattet zu verlangen. Ob und aus welchen Rechtsgründen dieser andere seinerseits sich wieder an den Beamten (Staat) halten kann, fällt nicht in das Gewicht (RGZ. **91**, 96; and. Ans. KG. **22** ZS. 18. Juni 1917; 22 U. 1051/17).

Haben mehrere Beamte fahrlässig gehandelt und ist die Pflichtverletzung eines jeden für den Schaden kausal gewesen, so haften alle Beamten als Gesamtschuldner (§ 840 Abs. 1 BGB.). Unzulässig wäre es, wenn jeder der Beteiligten den Einwand aus § 839 Abs. 1 Satz 2 erheben wollte, denn dann würde der Verletzte nie zu seinem Rechte kommen (RGZ. **51**, 262; **85**, 411). Der Ausdruck „auf andere Weise" begreift eben regelmäßig nur diejenigen Fälle in sich, in denen eine Schadensdeckung auf andere Art als durch Inanspruchnahme des oder der schuldigen Beamten, besonders durch Geltendmachung des Ersatzanspruches gegen einen an der schädigenden Handlung beteiligten Nichtbeamten möglich ist. Reimer 3, 45 will diesen Grundsatz sogar dann gelten lassen, wenn ein Mitglied eines Kollegiums vorsätzlich, die übrigen fahrlässig gehandelt haben; and. Ans. Schelhorn S. 627. Das ist nicht zutreffend. Hat z. B. ein Reichsbeamter und ein unmittelbarer preußischer Beamter fahrlässig gemeinschaftlich Schaden angerichtet, so ist die Berufung auf subsidiäre Haftung ausgeschlossen, fällt dem Reichsbeamten aber Vorsatz zur Last, dem preußischen Beamten nur Fahrlässigkeit, so haftet das Reich, an das sich der Verletzte zunächst halten muß. Ist der Schaden von einem Amtsrichter und einem Notar verursacht, so besteht zwischen dem für den Amtsrichter haftenden Staat und dem Notar ein Gesamtschuldverhältnis, es haftet nicht etwa der Staat bloß hilfsweise (RGZ. **85**, 411). Ist dagegen der Schaden von einem Amtsrichter und einem Laienrichter (Schöffen usw.) angerichtet, so haftet bei fahrlässiger Amtspflichtverletzung des Amtsrichters der Staat nur subsidiär, also erst nach dem Privatmann.

ζ) Vererbung des Ersatzanspruchs. Der Anspruch des Geschädigten auf Schadensersatz geht unbeschränkt auf die Erben über. Ausgenommen ist übrigens der Anspruch aus § 847 BGB. (Schmerzensgeld). Dieser ist nur vererblich, nachdem er durch Vertrag anerkannt oder rechthängig geworden ist.

η) Verjährung desselben.

Maßgebend ist § 852 BGB. (RGZ. **67**, 141 u. **72**, 331), da unerlaubte Handlungen in Frage stehen.

§ 852 Abs. 1 BGB. bestimmt:

„Der Anspruch auf Ersatz des aus einer unerlaubten Handlung entstandenen Schadens verjährt in drei Jahren von dem Zeitpunkt an, in welchem der Verletzte von dem Schaden und der Person des Ersatzpflichtigen Kenntnis erlangt, ohne Rücksicht auf diese Kenntnis in dreißig Jahren von der Begehung der Handlung."

Hat sich der Beamte nur einer Fahrlässigkeit schuldig gemacht, so beginnt die Verjährung erst von dem Zeitpunkte an, wo sich herausgestellt hat, daß der Beschädigte von anderer Seite her Ersatz nicht erlangen kann, sei es, daß der Hauptverpflichtete zahlungsunfähig befunden ist, sei es, daß sich herausgestellt hat, daß eine gültige Hauptverpflichtung überhaupt nicht existiert. (RG., JW. 1915, 594.) Kommen mehrere Hauptverpflichtete nacheinander in Frage, so beginnt die Verjährung gegen den in zweiter Linie Ersatzpflichtigen nicht bereits mit dem Zeitpunkte, in dem der Geschädigte davon Kenntnis erhält, daß diese Person ihm dann hafte, wenn er von der anderen keinen Ersatz bekommt. Die Verjährung kann nicht beginnen, solange die Möglichkeit des Ersatzes durch einen anderen besteht (RG., JW. 1915, 594 u. BayerOLG., R. d. OLG. **28**, 324).

Kenntnis von Schaden ist die Kenntnis der schädlichen Folgen der unerlaubten Handlung im allgemeinen, die Ungewißheit über den Umfang und die Höhe des Schadens im einzelnen schließt den Beginn der Verjährung nicht aus. Mit der Kenntnis vom Schaden überhaupt erhält der Verletzte auch Kenntnis von allen in Zukunft sich zeigenden Schadenswirkungen, soweit ihr Eintritt als eine in der natürlichen Entwicklung der Dinge liegende Folge der unerlaubten Handlung ist. Voraussetzung ist ferner Kenntnis von der Person des Ersatzpflichtigen. Dazu bedarf es zunächst der Kenntnis von dem schuldhaften Verhalten, das den Schaden verursacht hat (RGZ. **76**, 63). Die Einzelheiten des schädigenden Ereignisses braucht der Geschädigte nicht zu kennen, es genügt, wenn ihm das schädigende Verhalten in allgemeinen Umrissen bekannt ist. Vgl. Warneyer 1912 Nr. 432 (RG. III ZS. 11. Okt. 1927, 41/27; Recht 1927 Nr. 2421).

Auch unrichtige Rechtsauffassung kann den Beginn der Verjährung hindern (RGZ. **67**, 145 u. andererseits **76**, 63; ferner RG. i. JR. 1927, Nr. 1016). Insbesondere bei einem nur mittelbar Verletzten genügt eine einigermaßen sichere Kenntnis, die es ihm gestattet, nach vorsichtigen und vernünftigen Erwägungen eine Klage mit Aussicht auf Erfolg anzustrengen. (RG. Warneyer 1915 Nr. 54 u. JR. 1927 Nr. 1016).

Zu der Kenntnis genügen nicht bloße Befürchtungen und Vermutungen. Anderseits ist nicht eine jeden Zweifel am Obsiegen ausschließende Überzeugung erforderlich. Die Kenntnis muß so weit reichen, daß der Verletzte nach vorsichtigen und verständigen Erwägungen die Klage gegen den Beamten (Staat) mit Aussicht auf Erfolg erheben kann (RGZ. **76**, 63; **86**, 286). In der Regel genügt Kenntnis der in Betracht kommenden Tatsachen, wenn schwierige Rechtsüberlegungen angestellt werden müssen, muß man verlangen, daß der Geschädigte auch über die Rechtslagen klar ist (RG. 4. Mai 1926, JR. Nr. 1825).

Die Person des Täters ist manchmal nicht zu ermitteln. Falls der Staat (Verband) haftet, genügt die Kenntnis, daß der Schaden überhaupt durch einen Staatsbeamten usw. angerichtet ist.

Die Erkennbarkeit des Schadens fällt nicht notwendig mit der Amtspflichtverletzung zusammen, der Schaden kann auch erst später hervortreten (RGZ. **71**, 439; Gruch. **53**, 690). Daß der Verletzte von dem vollen Umfange des Schadens Kenntnis erlangt hat, ist nicht erforderlich (BayerOLG., Recht 1911, 78; KG. 6 ZS. LZ. 1919, 658). Es genügt, wenn der Verletzte die Ursache des Schadens in allgemeinen Umrissen kennt, auf die Einzelheiten des schädigenden Ereignisses oder Zustandes kommt es nicht an (RGZ. **70**, 157; **85**, 424).

Die Verjährung ergreift das ganze Recht (RG., JW. 1917, 39). Einzelne erst später hervortretende und nicht voraussehbare Schäden können die Verjährung von neuem beginnen lassen (RGZ. **37**, 273; **70**, 157).

Eine verschuldete Unkenntnis, ein Kennenmüssen, steht der Kenntnis nicht gleich (RGZ. **76**, 63; **87**, 232). Mit der Unkenntnis der Gesetze, insbesondere der Gesetze über die Haftung des Reiches oder Staates kann sich der Verletzte nicht entschuldigen (RGZ. **67**, 145), es sei denn, daß ein entschuldbarer Rechtsirrtum vorliegt (RGZ. **73**, 337). Nach Reimer **3**, 61 soll das RG. (LZ. 1917, 599) die Verjährung erst mit der tatsächlich erlangten Kenntnis beginnen lassen.

Auch in dem Falle des § 1 Abs. 2 AHG. (Reich und Preußen) ist § 852 BGB. maßgebend, obwohl hier ein Verschulden des Beamten nicht vorliegt, weil er unzurechnungsfähig ist (RGZ. **70**, 157).

Nach dem BGB. tritt eine Unterbrechung der Verjährung nur insoweit ein, als der Klageanspruch rechtshängig wird. Eine Teilklage unterbricht die Verjährung nur hinsichtlich des eingeklagten Anspruchteils. Der Restanspruch ist verjährt, wenn nicht vor Ablauf der Verjährung die Teilklage auf das Ganze erweitert wird (RGZ. **57**, 363; **65**, 399; **75**, 203; **77**, 215; **90**, 292). Durch Erhebung einer Feststellungsklage wird aber die Verjährung hinsichtlich des gesamten Anspruchs unterbrochen (RGZ. **90**, 292). Der Antrag auf Abweisung der negativen Feststellungsklage und überhaupt die Verteidigung gegen diese stellt keine die Verjährung unterbrechende gerichtliche Handlung dar (RGZ. **60**, 391; **90**, 292).

Dem Geschädigten steht gegenüber der Verjährungseinrede die Replik der allgemeinen Arglist offen, insbesondere dann, wenn der Beamte (Staat) durch sein Verhandeln über die Höhe des von ihm dem Grunde nach anerkannten Anspruchs mit den Geschädigten diesen von der rechtzeitigen Erhebung oder Erweiterung der Klage abgehalten (RGZ. **57**, 376) oder auch nur den Bescheid auf das Entschädigungsgesuch bis nach Ablauf der Verjährung hinausgezögert hat (RGZ. **87**, 281). Es genügt, wenn dem Geschädigten begründete Veranlassung gegeben ist, während der Verjährungszeit von der Einklagung abzusehen (RG., JW. 1918, 304).

Auch nach Vollendung der Verjährung (§ 852 BGB.) bleibt dem Geschädigten der Anspruch auf Herausgabe der Bereicherung, z. B. unterschlagener Gelder usw. (§§ 812ff. BGB.), der erst in 30 Jahren verjährt. Der Übergang von Schadensersatzanspruch zum Bereicherungsanspruch ist keine unzulässige Klageänderung. Ebensowenig stellt die nachträgliche Richtung des erhobenen Schadensersatzanspruchs auf die Bereicherung in II. Instanz einen neuen Anspruch im Sinne des § 529 ZPO. dar (RGZ. **47**, 390; **61**, 254; **71**, 360). Der Staat haftet nach Vollendung der dreijährigen Verjährung noch auf Höhe derjenigen Gebühren, welche er für die Amtshandlung erhoben hat. Ist der Beamte bereichert, so kann die betreffende Summe nur von ihm selbst herausverlangt werden, denn der Staat (Verband) haftet nur im Rahmen des § 839, nicht auch der §§ 812ff. BGB. Vgl. Reimer 3, 62.

§ 10. Haftpflicht mehrerer Beamten.

Die maßgebenden Bestimmungen des BGB. sind folgende:

§ 830. „Haben mehrere durch eine gemeinschaftlich begangene unerlaubte Handlung einen Schaden verursacht, so ist jeder für den Schaden verantwortlich. Das gleiche gilt, wenn sich nicht ermitteln läßt, wer von mehreren Beteiligten den Schaden durch seine Handlung verursacht hat.

Anstifter und Gehilfen stehen Mittätern gleich."

§ 840 Abs. 1. „Sind für den aus einer unerlaubten Handlung entstehenden Schaden mehrere nebeneinander verantwortlich, so haften sie, vorbehaltlich der Vorschrift des § 835 Abs. 3, als Gesamtschuldner."

a) Die Beamten bilden ein Kollegium, d. h. sie müssen nach gesetzlicher Ordnung zusammenwirken.

In Abweichung von §§ 127—145 II, 10 ALR. (RGZ. **29**, 250) haftet ein Beamtenkollegium niemals als solches, es haften immer nur die schuldigen Beamten, d. h. die für die beanstandete Entscheidung gestimmt haben, gleichgültig, ob einzelnen Mitgliedern eine Fahrlässigkeit in verschiedenem Grade zur Last fällt (vgl. RG., JW. 1899, 287) und zwar als Gesamtschuldner nach § 840 BGB. (RGZ. **89**, 15 u. RG. 17. Febr. 1928, JR. 1928, 1243).

Die Motive zum BGB. (Bd. II S. 826) sagen: „Ein Bedürfnis in Abweichung von den allgemeinen Grundsätzen durch positive Bestimmungen dem Beschädigten in dem in

Rede stehenden Falle die Verfolgung seines Ersatzanspruches zu erleichtern, kann nicht anerkannt werden. Eine solche Begünstigung des Beschädigten kann auf der anderen Seite für die nichtschuldigen Mitglieder des Kollegiums zu großen Härten führen, die auch durch einen Regreß der letzteren gegen die schuldigen Mitglieder keineswegs in allen Fällen beseitigt werden."

Wenn man die Schuldfrage feststellen will, muß streng unterschieden werden, ob es sich um die Verletzung einer den sämtlichen Mitgliedern des Kollegiums oder bloß einem Mitgliede obliegenden Amtspflicht handelt[1]).

In manchen Fällen wird es der Vorsitzende allein sein, welcher sich verantwortlich macht, nämlich bei Versehen bezüglich Leitung der mündlichen Verhandlung, bei Zuwiderhandlungen gegen die §§ 216 Abs. 2 u. 262 ZPO. (Verspätete oder unrichtige Terminsbestimmung.)

Wird eine Sache verspätet vom Vorsitzenden dem Berichterstatter zugeschrieben oder von diesem nicht rechtzeitig zum Vortrag gebracht, so haften diese Beamten allein. Man denke an den Fall, daß die Beschlußfassung auf den Einspruch eines Jagdgenossen verspätet erfolgt und die Jagdgenossenschaft dadurch an der Verpachtung der Jagd gehindert wird.

Trägt bei Beschlußfassungen — ohne mündliche Verhandlung mit den Parteien — der Referent (Berichterstatter) in der beratenden Sitzung den Akteninhalt unrichtig vor, führt er z. B. unrichtige Tatsachen an oder enthält wesentliche Umstände vor u. dgl., so haftet er, falls hierdurch der unrichtige Beschluß veranlaßt ist, allein. Besteht eine Vorschrift, daß auch der Vorsitzende die Akten vorher lesen soll,

[1]) Vgl. oben im § 4 d. W. unter Preußen die Reg.-Instr. v. 23. Okt. 1817 und dazu RG. III ZS. 20. Okt. 1908, Recht S. 822, wegen der Regierungsbeamten.

damit er den Vortrag des Referenten kontrollieren kann, so haftet auch der Vorsitzende, und zwar, als Gesamtschuldner, mit dem Referenten, wenn er die schadenbringende Entscheidung hätte verhindern können.

Sind jedoch die von dem Referenten angeführten Tatsachen offenkundig falsch, oder mußten sie wegen inneren Widerspruchs oder aus anderen Gründen auch von dem minder Aufmerksamen als unrichtig erkannt werden, so trifft auch die übrigen beistimmenden Mitglieder die Verantwortlichkeit.

Tragen die Parteien dem Kollegium das Sachverhältnis vor, so kann sich ein Mitglied auf unrichtigen Vortrag des Referenten bei der demnächstigen Beratung selbstverständlich nicht berufen.

Einzelne Amtshandlungen können seitens des Kollegiums einem einzelnen Mitgliede, z. B. dem beauftragten Richter, übertragen werden. In solchen Fällen, z. B. bei falscher Protokollierung von Zeugenaussagen, kommt stets nur die Haftung dieses einzelnen in Betracht.

Bei Fassung von Entscheidungen handelt es sich dagegen um eine allen Mitgliedern obliegende Amtspflicht. Für jedes einzelne Mitglied muß der Beweis der mit dem Schaden im Kausalzusammenhang stehenden Verschuldung geführt werden. Verantwortlich können nur sein diejenigen Mitglieder, denen ein entscheidendes Votum (Stimmrecht) zusteht und die bei der betreffenden Amtshandlung (Beschluß usw.) mitgewirkt haben. Wer nur eine beratende Stimme hat, kommt nicht in Betracht, sollten auch die stimmberechtigten Mitglieder seinem Votum gefolgt sein. Für die Gerichtskollegien ist eine bestimmte Zahl mitwirkender Beamten vorgeschrieben, bei anderen Kollegien nicht. Im letzteren Falle ist es gleichgültig, ob das betreffende Mitglied sich ohne

Entschuldigungsgrund von der Sitzung ferngehalten hat. Vgl. Haffner S. 71.

Von den bei der Amtshandlung mitwirkenden Mitgliedern ist ferner nicht haftbar, wer seine Stimme gegen den Beschluß abgegeben hat. Sollte derselbe sich auch des gleichen Versehens schuldig gemacht haben, wie die anderen Mitglieder und nur aus anderen Gründen gegen den Beschluß gestimmt haben, so ist sein Handeln doch nicht kausal für die Entstehung des Schadens, denn er wollte zu der Entstehung des schädigenden Beschlusses überhaupt nicht mitwirken. Auch durch ihre etwaige Unterschrift haben sie sich nicht mitverantwortlich gemacht, denn damit haben sie nur bezeugt, daß die gesetzlich vorgeschriebene Mehrheit sich für die fragliche Entscheidung ausgesprochen hat, sich aber keineswegs mit derselben einverstanden erklärt. Vgl. Nöldeke S. 826. Irrig ist die Ansicht Hachenburgs S. 437, daß die Mitglieder eines Beamtenkollegiums nach § 830 BGB. gesamtverbindlich haften, insofern ihnen allen die verletzte Amtspflicht obliegt, ohne Rücksicht darauf, ob alle einzelne Mitglieder die pflichtwidrige Handlung zugleich miteinander veranlaßt haben.

Für Pflichtwidrigkeit wegen Unterlassung haften sämtliche Mitglieder des Kollegiums, welche zur Behandlung der Sache damals d. h. zur Zeit der in Frage kommenden schuldhaften Unterlassung zuständig und im gegebenen Falle fähig waren.

Später in das Kollegium eingetretene Mitglieder haften nicht, sofern sie nicht selbst durch pflichtwidrige Tätigkeit oder Untätigkeit den Fehler zu dem ihrigen machen.

Streitig ist die Behauptungs- und Beweislastfrage. Ist der Kläger (Geschädigter) verpflichtet, die schuldigen Beamten einzeln zu bezeichnen oder haben die nichtschuldigen Beamten bei Inanspruchnahme des ganzen Kollegiums ihre

Nichtschuld einredeweise geltend zu machen. Die Frage hat allerdings für die Fälle, in denen der Staat (Verband) an Stelle der Beamten primär haftet, keine Bedeutung mehr, nur für die Rückgriffsklage des Staates usw. gegen die Beamten kann sie erheblich werden. Vgl. im übrigen § 9 Ziff. 5 ε d. W.

Für die Geschädigten kann es unter Umständen schwierig sein, die Mitglieder, welche bei der Amtshandlung mitgewirkt haben, ihrem Namen nach zu erfahren. Bei den ordentlichen Gerichten ist durch die Öffentlichkeit und Mündlichkeit, sowie durch die Vorschrift, daß die Urteile von sämtlichen Richtern unterschrieben werden müssen, für eine genügende Kenntlichmachung der Richter gesorgt. Bei Beschlüssen, welche eine Zivilkammer oder ein Senat erläßt, ist aber nur die Unterschrift des Vorsitzenden und eines Beisitzers vorhanden.

Wenn andere Mittel versagen, wird man die betreffende Behörde für verpflichtet halten müssen, die Namen der beteiligten Mitglieder dem Geschädigten zu nennen, damit dieser seine Rechte verfolgen kann. Vgl. § 89 Einl. z. ALR. Ein Recht, den Namen des Referenten (Berichterstatters) als solchen von der Behörde genannt zu verlangen, wird man ebenfalls anerkennen müssen. Die Reichspost nennt übrigens den oder die schuldigen Beamten.

Haffner S. 70, welcher die Pflicht der Behörde zur Nennung des Namens bestreitet, meint, daß wenn der Geschädigte die betreffenden Beamten nicht ermitteln könne, es notwendig sei, den Vorsitzenden oder das Mitglied, welche beide durch ihre Unterschrift bekannt seien — zunächst allein zu belangen und es diesen zu überlassen, die Mitschuldigen zu nennen. Führe auch dies zu keinem Resultat, so wären, falls sich Kläger an dem Vorsitzenden oder dem Mitgliede allein nicht erholen könne, sämtliche zur Zeit der verpflichtenden Handlung dem betreffenden Gericht bzw. der betreffenden Abteilung desselben Angehörende zu verklagen und die Klage dann gegen diejenigen fallen zu lassen, deren Nichtbeteiligung sich bei der weiteren Verhandlung herausstelle.

Ein umständlicher und kostspieliger Weg!

Kennt nun auch der Geschädigte die Namen der mitwirkenden Mitglieder, so weiß er doch nicht, welche derselben für und welche gegen den Beschluß gestimmt haben. Es kann davon keine Rede sein, daß der Vorsitzende oder ein Mitglied des Kollegiums verpflichtet ist, über diese Abstimmung Auskunft zu erteilen.

Das RGZ. 89, 14 hält entgegen § 200 GVG. die Vernehmung der Mitglieder eines Schöffengerichts als Zeugen über die Abstimmung beim Urteil usw. für zulässig. Ein sehr bedenkliches Verfahren, da die Abstimmung geheim ist und Pflicht zur Amtsverschwiegenheit besteht. Vgl. auch § 11 RBG. Reimer 3, 18 meint, daß in Prozessen gegen den primär haftenden Verband die Beamten als Zeugen vernommen werden könnten und der Staat die Genehmigung zur Aussage nicht versagen darf, weil rein fiskalische Interessen in Frage ständen (§ 376 Abs. 2 ZPO.).

Wird die Klage gegen ein Mitglied erhoben, so muß sie, falls dasselbe geltend macht, daß es nicht mitschuldig ist, abgewiesen werden. Daß der Kläger mit den Kosten belastet werden muß, folgt aus dem Gesetze, entspricht aber nicht der Billigkeit.

Es bleibt deshalb nichts anderes übrig, als daß der Geschädigte vor Erhebung der Klage jedes Mitglied auffordert, den entstandenen Schaden zu bezahlen. Macht der betreffende Beamte glaubhaft geltend, daß er gegen den Beschluß gestimmt habe[1]), so wird von der Erhebung der

[1]) Hierzu wird er befugt sein, wenn er auch der Regel nach über Beratung und Abstimmung Amtsverschwiegenheit beobachten muß.

Klage Abstand genommen werden müssen, widrigenfalls sich Kläger über die Belastung mit den Kosten nicht beschweren kann, wenn im Prozesse die Wahrheit der Schutzbehauptung des Beamten bewiesen wird. Beantwortet der Beamte die Aufforderung des Geschädigten nicht, so wird er mit den Kosten auch dann belastet werden müssen, wenn er gegen den Beschluß gestimmt hat, denn er hat dem Kläger Veranlassung zur Klage gegeben. Vgl. v. Schelhorn 628.

Nöldeke S. 814 behauptet, daß keine Präsumtion dafür spreche, alle Mitglieder (einstimmig) hätten sich an der Pflichtverletzung beteiligt, es daher nicht Sache des Beamten sei, seine Nichtbeteiligung an der schädigenden Amtshandlung nachzuweisen. Kläger also den Beweis des Verschuldens in vollem Umfange erbringen müsse, wobei er sich in den meisten Fällen der Eideszuschiebung bedienen werde. Eine Präsumtion spreche lediglich dafür, daß eine Mehrheit des Kollegiums den Beschluß gefaßt habe, nicht aber, daß dies von sämtlichen Mitgliedern geschehen sei. Dieser, auch vom RGZ. 89, 14 vertretenen Ansicht kann nicht beigepflichtet werden, Haffner S. 71 und Geser S. 136 betonen zutreffend, daß die Nichtbeteiligung einredeweise geltend gemacht werden müsse[1]). Dem Geschädigten kann nicht ein geradezu unmöglicher Beweis aufgebürdet werden, während der Beamte mit Leichtigkeit den Unschuldsbeweis führen kann.

Meltz S. 88 glaubt die Lösung in § 830 Abs. 2 BGB. zu finden, nach welchem die Gesamtschuldhaftung auch dann eintritt, wenn sich nicht ermitteln läßt, wer von mehreren

[1]) Es empfiehlt sich für den überstimmten Beamten, ein Separatvotum zu den betreffenden Akten oder zu den Generalakten zu geben, um sich den Beweis für die Zukunft zu sichern. Der dies zulassende § 244 II, 10 ALR. ist trotz des Reskripts v. 16. Aug. 1834 (Jahrb. 54, 179) nicht aufgehoben.

Beteiligten den Schaden verursacht hat, übersieht aber, daß eben eine Ermittelung möglich ist. Vgl. auch Reimer 3, 18.

Hat ein Mitglied vorsätzlich, ein anderes nur fahrlässig gehandelt, so kann nur das letztere, nicht auch das erstere gemäß § 839 Abs. 1 Satz 2 auf subsidiäre Haftung sich berufen. And. Ans. Reimer 3, 17.

Hierbei kommen nur dritte Hauptverpflichtete in Betracht. Indes können diejenigen Mitglieder, welchen nur Fahrlässigkeit zur Last fällt, den Geschädigten auf Grund des § 839 BGB. zunächst an diejenigen Mitglieder verweisen, welchen Vorsatz zur Last fällt. Ist den sämtlichen Mitgliedern des Kollegs nur Fahrlässigkeit zur Last zu legen, so ist § 839 nicht anwendbar. Zutreffend führt das RGZ. 51, 259 aus:

„Wäre in diesem Falle der § 839 Abs. 1 Satz 2 anzuwenden, so könnte ein jeder der mehreren Beamten, da ihnen nur Fahrlässigkeit zur Last fällt, geltend machen, daß der Beschädigte erst nachweisen müsse, daß er von dem anderen Teile Ersatz nicht erlangen könne. Der Beschädigte würde also keinen der Beamten in Anspruch nehmen können, wenn nicht zufällig der eine von ihnen zum Ersatz des Schadens nicht imstande sein sollte. Das Resultat wäre so widersinnig, daß es zweifellos vom Gesetzgeber nicht gewollt sein kann. Die Haftung aus § 840 Abs. 1 erleidet auch keine Änderung, wenn der eine Beamte bereits rechtskräftig zum Schadensersatz verurteilt ist, denn ein solches Urteil begründet keine neue Verpflichtung, sondern stellt nur fest, daß der vom Beschädigten geltend gemachte Anspruch auf Schadensersatz wirklich vorhanden ist, und wirkt deshalb bei einem Gesamtschuldverhältnisse nur gegen den Gesamtschuldner, gegen den es ergangen ist, aber nicht zugunsten eines anderen Gesamtschuldners (§ 425 Abs. 2 BGB.)."

Auch die nicht rechtsgelehrten Mitglieder eines Kollegiums haften in Konkurrenz mit rechtsgelehrten (vgl.

z. B. in den Kammern für Handelssachen), soweit es sich nicht um eine reine Rechtsfrage handelte und es den ersteren nicht zugemutet werden konnte, sich über deren Bedeutung — etwa durch Befragung der rechtsgelehrten Mitglieder — klar zu werden. Es kann hier nämlich von einem Verschulden nicht die Rede sein.

Art. 5 des Württ. Entwurfs vom Jahre 1833 bestimmte: „Hinsichtlich der durch unrichtige Rechtsausführungen des Referenten veranlaßten Beschlüsse können die nicht rechtsgelehrten Mitglieder nicht in Anspruch genommen werden." Vgl. Haffner 25.

Nach § 840 BGB. haften die schuldigen Mitglieder als Gesamtschuldner. Es kann also der Geschädigte nach seinem Belieben den Ersatz des Schadens von jedem der Beamten ganz oder zu einem Teile fordern. Dasjenige Mitglied, welches den Schaden bezahlt hat, kann gemäß § 426 BGB. gegen die Mitschuldigen Regreß nehmen.

b) Die Beamten bilden kein Kollegium.

Haben Beamte, welche nicht miteinander in einem Kollegium sitzen, zusammen den Schaden verursacht, so tritt ebenfalls nach § 840 BGB. gesamtschuldnerische Haftung ein. Eine Anwendung des § 839 Abs. 1 Satz 2 (Subsidiarität der Haftung) ist ausgeschlossen, sofern allen Beamten nur Fahrlässigkeit zur Last fällt. Bezüglich des Regresses ist § 426 BGB. maßgebend.

Ist von den schuldigen Beamten der eine dem andern übergeordnet, und hat der erstere durch Vernachlässigung seiner Pflicht zur Mitwirkung, zur Anleitung oder Beaufsichtigung des Untergebenen bei dessen Geschäftsführung den Schaden mitverursacht, so gelten die vorstehenden Rechtssätze ebenfalls, jedoch kommt im Innenverhältnis der § 840 Abs. 2 bzw. § 841 BGB. zur Anwendung.

§ 11. Haftung eines oder mehrerer Beamten im Verein mit einem Nichtbeamten.

Hat außer dem Beamten ein Nichtbeamter an der schadenstiftenden Handlung (Unterlassung) teilgenommen, so tritt gemäß § 840 BGB. ebenfalls gesamtschuldnerische Haftbarkeit ein. Bei Fahrlässigkeit haftet der Beamte nur subsidiär gemäß § 839 BGB., also wenn von dem Nichtbeamten Schadensersatz nicht zu erlangen ist. Er kann also den Geschädigten zunächst an den Nichtbeamten verweisen. Bezüglich des Regresses kommt die Vorschrift des § 426 BGB. zur Anwendung.

Eine Spezialbestimmung enthält § 841 BGB.:

„Ist ein Beamter, der vermöge seiner Amtspflicht einen anderen zur Geschäftsführung für einen Dritten zu bestellen, oder eine solche Geschäftsführung zu beaufsichtigen, oder durch Genehmigung von Rechtsgeschäften bei ihr mitzuwirken hat, wegen Verletzung dieser Pflichten neben dem anderen für den von diesem verursachten Schaden verantwortlich, so ist in ihrem Verhältnisse zueinander der andere allein verpflichtet."

Der Paragraph trifft vorzugsweise den Vormundschafts-, Nachlaß-, Konkurs-, Zwangsverwaltungsrichter im Verhältnis zum Vormunde, Nachlaßpfleger, Konkurs- und Zwangsverwalter.

Der Vormundschaftsrichter z. B. haftet mit dem Vormund solidarisch, wenn er denselben nicht gehörig beaufsichtigt oder eine ungeeignete Person zum Vormunde bestellt hat. Dieses trifft aber nur zu, wenn der Beamte sich einer vorsätzlichen Pflichtverletzung schuldig macht. Bei fahrlässiger Pflichtverletzung des Beamten greift die Vorschrift des § 839 Abs. 1

Satz 2 durch, welche ausdrücklich besagt, daß bei Fahrlässigkeit keine Haftung des Beamten mit dem anderen nebeneinander, sondern daß eine solche nacheinander besteht.

Ist der andere zahlungsunfähig, so haftet der Richter.

Alles dies gilt aber nur gegenüber dem geschädigten Dritten. Im Verhältnis der beiden Schadenstifter zueinander haftet aber nicht der Beamte, sondern der andere allein. Dies ist aus Billigkeitsrücksichten bestimmt, da sonst beide nach § 426 BGB. zu gleichen Teilen haften würden. Vgl. auch RGZ. **80**, 252.

§ 12. Haftpflicht besonderer Beamtenkategorien und von Personen in beamtenähnlichen Stellungen.

a) Der Vormundschaftsrichter und die Mitglieder des Familienrates.

§ 1674 BGB.:

„Verletzt der Vormundschaftsrichter vorsätzlich oder fahrlässig die ihm obliegenden Pflichten, so ist er dem Kinde nach § 839 Abs. 1, 3 verantwortlich."

§ 1848 BGB.

„Verletzt der Vormundschaftsrichter vorsätzlich oder fahrlässig die ihm obliegenden Pflichten, so ist er dem Mündel nach § 839 Abs. 1, 3 verantwortlich."

§ 1872 Abs. 2:

„Die Mitglieder des Familienrats ... sind in gleicher Weise verantwortlich wie der Vormundschaftsrichter."

1. Der Vormundschaftsrichter übt öffentliche Gewalt aus. Der Zweck der §§ 1674 u. 1848 ist, die Vorschriften des Vormundschaftsrechts dahin zu verdeutlichen, daß die dem Vormundschaftsrichter in Ansehung der Anordnung und Füh-

rung der Vormundschaft obliegenden Amtspflichten als solche aufzufassen sind, die im Sinne des § 839 Abs. 1 BGB. ihm obliegen und deren Verletzung sich gegenüber dem Kinde oder Mündel[1]) als eine unerlaubte Handlung darstellt (RGZ. **85**, 418). Es ist nicht zutreffend, daß der Vormundschaftsrichter dem Kinde (Mündel) gegenüber für die Verletzung einer jeden Amtspflicht, also auch für die Verletzung einer bloßen Ordnungsvorschrift haftbar sei (and. Ans. 2. Aufl.). Sonst würde nach dem PrAHG. der Staat für den Vormundschaftsrichter nicht haften, sofern er nur eine Ordnungsvorschrift verletzt hat.

Anderen Personen, in deren Rechtskreis er eingreift, ist der Vormundschaftsrichter gemäß § 839 BGB. verantwortlich.

Das BGB. spricht nicht vom Beamten, sondern vom „Vormundschaftsrichter". Soweit nach Art. 147 EG. z. BGB. die dem Vormundschaftsgerichte obliegenden Verpflichtungen anderen als gerichtlichen Behörden übertragen sind, so haften diese naturgemäß als Vormundschaftsrichter nach §§ 1674 u. 1848 BGB. ohne Rücksicht darauf, ob diese Behörden aus Beamten oder Laien zusammengesetzt sind. Vgl. auch § 10 d. W.

Die Haftbarkeit setzt nicht voraus, daß es sich um Verletzung einer bestimmt vorgeschriebenen Pflicht handelt. Ist die Sachlage so, daß er zum Einschreiten begründete Veranlassung hatte, so liegt bei Unterlassung Pflichtverletzung vor. Der Richter hat in erster Linie das Wohl des Kindes (Mündels) zu berücksichtigen und zu bewahren (RGZ. **85**, 418).

---

[1]) Zu den Verletzten gehört nicht bloß das großjährig gewordene Mündel, sondern auch während der Dauer der Vormundschaft der Vormund usw. als gesetzlicher Vertreter.

Die Pflicht des Vormundschaftsrichters zur Beaufsichtigung ist eine größere, wenn ein Gegenvormund nicht bestellt ist (RGZ. 88, 226).

Der Vormundschaftsrichter kann hauptsächlich haftbar gemacht werden wegen Verabsäumung der erforderlichen Sorgfalt bei der Auswahl des Vormundes (§ 1779 BGB.) und bei dessen Beaufsichtigung (§ 1837). Auch wenn keine Vormundschaft geführt wird, liegt dem Vormundschaftsrichter die Sorge für die minderjährigen Kinder und deren Vermögen ob, sowohl während des Bestehens der Ehe, aus der die Kinder hervorgegangen sind, als nach dem Tode eines der Ehegatten.

Da nun der Vater bzw. die Mutter bei Ausübung der elterlichen Gewalt dem Kinde nur für diejenige Sorgfalt einzustehen haben, die sie in eigenen Angelegenheiten anzuwenden pflegen (§§ 1664, 1685 u. 1686 BGB.), so kann der Vormundschaftsrichter in die eigentümliche Rechtslage kommen, daß er dem Kinde haftet, während der Inhaber der elterlichen Gewalt nicht zu belangen ist, so daß für den Richter der Vorteil des § 839 Abs. 1 Satz 2 (Subsidiarität der Haftung) versagt. § 839 Abs. 2 BGB. greift hier nicht Platz.

Die Frage, ob § 841 BGB. auch für das Verhältnis zwischen Vormund und Vormundschaftsrichter Anwendung zu finden hat, ist zu bejahen. Vgl. das Nähere in § 11 d. W.

Versäumt das Mündel schuldhafterweise die Einlegung der zulässigen Rechtsmittel, so tritt die Haftung des Richters nicht ein (§ 839 Abs. 3 BGB.).

Mitglieder eines Familienrates haften ebenso wie der Vormundschaftsrichter, haben also die Vorteile der Beamtenhaftung. Dagegen haftet für sie nicht der Staat auf Grund der AHG.

Der Waisenrat ist ein Organ der Gemeinde, diese haftet gemäß § 4 PrAHG.[1]).

Praktische Fälle. Der Vormundschaftsrichter haftet für eine in einer Pflegschaftssache erteilte unrichtige Auskunft auch dann, wenn die Pflegschaft als der gesetzlichen Voraussetzungen von vornherein ermangelnd später aufgehoben wurde (RGZ. 84, 94); wenn er nicht dafür sorgt, daß ein Rechtsgeschäft des Mündels, bei dem er mitzuwirken hat, sei es auch nur in der Weise, daß er die Vornahme des Rechtsgeschäftes durch eine Verfügung seinerseits ermöglicht, in rechtswirksamer Weise vorgenommen wird (RGZ. 85, 421), wenn er bei seinen Anordnungen usw. einen für das Mündel mit Gefahren verknüpften Weg einschlägt, anstatt eines anderen zum gleichen Ziele führenden (RGZ. 85, 419); wenn er es unterläßt, auf die gesperrte Hinterlegung von Inhaberpapieren des Mündels durch den Vormund binnen sachgemäßer Frist hinzuwirken (RG., LZ. 1918, 692 u. JW. 1910, 288), wenn er den Vormund ermächtigt, die hinterlegten Wertpapiere des Mündels abzuheben, bevor der (noch dazu in schlechter Vermögenslage befindliche) Vormund die Hypothek, gegen deren Bestellung er das Mündelvermögen als Darlehen zu erlangen beabsichtigt, bestellt hatte und ihre Mündelsicherheit nachgewiesen war (RG., JW. 1917, 461), wenn er den vom Beistand gestellten Antrag auf Löschung einer Hypothek des Mündels genehmigt, ohne irgendwelche Sicherheit zu haben, daß der dem Mündel durch die Löschung unmittelbar erwachsende Nachteil durch die vom Antragsteller beabsichtigte Wiedereintragung der Hypothek beseitigt werde (RG., Recht 1910 Nr. 3001), wenn er die Nachprüfung ordnungsmäßig beschaffter Anlegung des Mündel-

---

[1]) Sommer, BraunschwZ. 1911, 85, hält den Waisenrat nicht für einen Beamten.

geldes nicht alsbald, sondern erst bei Ablegung der jährlichen Vormundschaftsrechnung vornimmt (RGZ. **88**, 266; and. Ans. RGZ. **67**, 408)[1]), wenn er auf Antrag des Mannes die Ergänzung der Zustimmung der Frau (§ 1379 BGB.) in fahrlässiger Weise vornimmt (Reimer **2**, 49), wenn er über die tatsächlichen Verhältnisse, namentlich vor Erteilung einer Genehmigung sich nicht genügend unterrichtet hat (RG., Warneyer 1908 Nr. 486).

Der Gerichtskalkulator haftet in Preußen, wenn er die Nachprüfung der Vormundschaftsrechnung schuldhaft verzögert (RGZ. **80**, 406).

b) Der Spruchrichter.

Der § 839 Abs. 2 BGB. macht im Interesse der richterlichen Unabhängigkeit eine Ausnahme zugunsten des „Spruchrichters" und weist ihm eine bevorzugte Stellung zu.

Die Motive (Bd. 2 S. 824) begründen dies damit:

„Eine ausgedehnte, sich auf jede Fahrlässigkeit beziehende Verantwortlichkeit des Spruchrichters vertrage sich nicht mit der zur Aufrechterhaltung der Rechtsordnung unentbehrlichen Unabhängigkeit der Gerichte. Der Spruchrichter dürfe nicht der Gefahr ausgesetzt sein, nachträglich wegen irrtümlicher Auslegung des Gesetzes, wegen irriger Anwendung desselben auf den zu entscheidenden Fall, wegen unrichtiger oder unterbliebener Würdigung eines Parteivorbringens oder eines Beweismittels u. dgl. vor einem anderen Richter

---

[1]) Daraus allein, daß der Vormund die ihm gesetzte Frist zur Anlegung von Mündelgeldern nicht innehält, braucht der Richter nicht unter allen Umständen Anlaß zu strengerer Beaufsichtigung zu entnehmen.

zur Verantwortung gezogen zu werden[1]). Der Spruchrichter dürfe nur verantwortlich sein, wenn er das Recht gebeugt bzw. bei Ausübung seines Amtes einer in den allgemeinen Strafgesetzen vorgesehenen Pflichtverletzung sich schuldig gemacht habe." Vgl. auch RGZ. **90**, 230.

Der Reg.-Entwurf lautete: „Ein Beamter, welcher bei der ihm obliegenden Leitung oder Entscheidung einer Rechtssache seine Amtspflicht verletzt ...

Das Wort „Leitung" wurde vom Reichstage gestrichen. Eine durch den Abgeordneten Gröber hervorgerufene Erörterung zwischen dem Abgeordneten Haußmann, welcher die Ansicht vertrat, daß Entscheidung hier genau dasselbe sei, wie Urteil, und dem Staatssekretär Nieberding, der dem widersprach, gab dem ersteren Abgeordneten den Anlaß, in der dritten Lesung zu beantragen, die Worte „bei der Entscheidung einer Rechtssache" zu ersetzen durch „bei dem Urteil in einer Rechtssache". Der Antragsteller Gröber[2]) führte aus, daß, wenn statt des Wortes „Entscheidung": „Urteil" gesetzt würde, damit nur die Entscheidungen gemeint seien, durch welche das Prozeßrechtsverhältnis für die Instanz beendigt wird, also bei Strafsachen die Endurteile, bei Zivilsachen auch noch die Zwischenurteile und die Teilurteile. Andere Verfügungen, insbesondere die Haftbefehle, Verfügungen über Beschlagnahmen würden bei Annahme seines Vorschlages aus der Sonderbestimmung des Abs. 2 (§ 839) herausfallen. Er legte das Hauptgewicht

[1]) Auch soll nach Möglichkeit vermieden werden, daß dieselben Verhältnisse, die schon im ursprünglichen Prozeß vielleicht in allen Instanzen erörtert sind, im Wege der Regreßklage gegen einen urteilenden Richter wieder aufs neue aufgerollt und dadurch der Rechtsfrieden gestört wird. Vgl. Reimer **3**, 46.

[2]) StenBer. S. 3067 ff.

auf die Rechtskraft der Urteile[1]). Soweit die Rechtskraft reiche, schützten die ordentlichen Rechtsmittel gegen Fehler und Versehen der Beamten, und es könne nicht gebilligt werden, wenn neben dem vom Gesetz vorgeschriebenen Instanzenzuge auch die Möglichkeit eröffnet werden solle, auf dem Umweg des Privatrechtsstreites nochmals die ganze Sache durch alle Instanzen hindurchzutreiben, wenn die Sache rechtskräftig entschieden sei. Aber die Konsequenz solle nicht weiter getrieben werden, als die Rechtskraft des Urteils zwinge. Soweit es sich um ein rechtskräftiges Urteil handle, sollte für den Richter ein besonderer Schutz verlangt werden. Gegen die Auslegung des Antrags Gröber durch seinen Urheber wurde im Reichstag ein Widerspruch nicht erhoben, wohl aber von dem Regierungsvertreter.

Der Antrag Gröber wurde schließlich angenommen.

Eine Übereinstimmung der gesetzgebenden Faktoren, Bundesrat und Reichstag, hat also nicht stattgefunden. Es bleibt unter diesen Umständen nichts anderes übrig, als der Rechtsprechung und Wissenschaft, welche sich dabei an die Auffassung im bisherigen Rechte anzulehnen haben wird, die Bestimmung des Begriffs „Urteil" zu überlassen. Gesetze müssen so ausgelegt werden in Zweifelsfragen, daß sie praktisch brauchbare Ergebnisse herbeiführen.

Der § 839 Abs. 2 BGB. (Text oben § 9 d. W.) spricht ganz allgemein von einer Verletzung der Amtspflicht, es ist aber gemeint eine den Parteien einschließlich der am Rechtsstreit beteiligten Dritten, den Haupt- und Nebenintervenienten (RGZ. **78**, 744), gegenüber obliegende Amtspflicht (Reimer **3**, 47).

In einer Rechtssache. Es muß sich um eine Rechtsangelegenheit handeln, die bestritten ist, also eine Zivil-,

[1]) Vgl. RGZ. **90**, 320.

Straf-, Disziplinar- oder Verwaltungsstreitsache. Reine Verwaltungssachen gehören nicht hierher, dagegen wohl Konkurse und Zwangsversteigerungen. Auf das Gebiet der „freiwilligen Gerichtsbarkeit" erstreckt sich der § 839 Abs. 2 nicht[1]). Der Grundbuchrichter hat es mit einem Prozesse, mit Streitteilen, mit entgegengesetzten Anträgen nicht zu tun. Es können sich jedoch auch auf den Gebieten der freiwilligen Gerichtsbarkeit Personen mit entgegenstehenden Interessen gegenüberstehen, z. B. in Zwangs-(Fürsorge-)Erziehungssachen. Den hier ergehenden Entscheidungen, z. B. Unterbringung zur Zwangserziehung, wohnen alle Erfordernisse eines Urteils bei. Dasselbe gilt von dem Ordnungsstrafverfahren des Registerrichters.

Es ist nicht erforderlich, daß die Sache gerade vor den ordentlichen Gerichten (Amtsgericht, Schöffengericht, Landgericht, Schwurgericht, Oberlandesgericht, Reichsgericht) zur Verhandlung kommt[2]). Der § 839 Abs. 2 findet auch An-

---

[1]) Linckelmann S. 103 spricht von einem rechtlichen Anspruch, der nach Rechtsgrundsätzen zu entscheiden ist. Frank, 451 II, 1 definiert, Rechtssache sei jede Angelegenheit, bei der mehrere Personen mit widerstreitenden Interessen beteiligt sind und die nach rechtlichen Bestimmungen zu erledigen ist. Für den Vormundschaftsrichter ist die Haftung nach §§ 1674 u. 1848 auf den Fall des § 839 Abs. 1 u. 3 (also nicht Abs. 2.) beschränkt. Der Nachlaßrichter haftet für einen unrichtigen Erbschein, der dasselbe Erbrecht feststellende Prozeßrichter dagegen nicht. Vgl. KG., R. d. OLG. 1908, 277. Zutreffend macht Kraft S. 52 auf diese Ungereimtheit aufmerksam.

[2]) Das Gesetz spricht allgemein von Beamten, um klar zu machen, daß sich die Vorschrift des § 839 Abs. 2 auch auf diejenigen Beamten bezieht, welche, ohne Richter im engeren Sinne zu sein, Rechtssachen zu entscheiden haben (Motive 2, 824; vgl. auch KommBer S. 63).

wendung für die Sondergerichte[1]), z. B. Militärgerichte im Felde und an Bord eines Schiffes, Arbeitsgerichte, die Innungsschiedsgerichte, die Versicherungs-, Oberversicherungsämter, das Reichsversicherungsamt, die Auseinandersetzungsbehörden, Rheinschiffahrts- und Elbzollgerichte.

Ferner sind hierher zu rechnen die Verwaltungsgerichte (Kreisausschuß, Bezirksausschuß, Oberverwaltungsgericht), das Bundesamt für Heimatswesen, Patentamt, Reichseisenbahnamt, Seeämter, Prisengerichte, Gerichtshof zur Entscheidung der Kompetenzkonflikte; die Disziplinargerichte, endlich auch die Mieteinigungsämter und andere in neuerer Zeit entstandene Entscheidungsbehörden, die Schlichtungsausschüsse nur, soweit sie endgültig entscheiden, also nicht lediglich Schiedssprüche fällen, die die Parteien erst annehmen müssen.

Der Begriff „Beamter" ist hier ein weiterer.

Als Beamte kommen nicht allein die rechtsgelehrten und beamteten Richter, sondern auch die Handelsrichter[2]) (§§ 112 u. 116 GVG.), die Geschworenen und Schöffen in Betracht[3]), endlich die Laienbeisitzer der oben erwähnten Gerichte und Spruchbehörden.

Unter „Beamten" sind diejenigen Personen zu verstehen, welche der Staat zu Richtern berufen hat. Die Gegenansicht würde dahin führen, daß der Laienrichter, welcher das Amt als Ehrenamt, also unentgeltlich verrichtet, strenger haftet

---

[1]) Auch die Polizeibehörden, wenn Strafsachen durch Strafverfügung ihre Erledigung finden, gehören hierher (RGSt. 25, 276); desgleichen die Verwaltungsbehörden, wenn sie Strafbescheide in Zoll- und Steuersachen erlassen. And. Ans. Stephan S. 15.

[2]) And. Ans. Hüssener S. 30.

[3]) So auch Beand S. 602; and. Ans. Reimer 3, 49.

als der besoldete und rechtsgelehrte Richter. Maßgebend würden für den Laienrichter sein die §§ 823 u. 829 BGB.; er würde haften wegen widerrechtlicher Verletzung des Lebens usw. eines andern sowie wegen eines Verstoßes gegen ein den Schutz eines andern bezweckendes Gesetz auch dann, wenn er eine Amtspflicht verletzt, die ihm nicht einem anderen gegenüber obliegt. Die bedenklichste Konsequenz aber würde sein, daß er auch wegen Fahrlässigkeit bei der Urteilsfällung haften müßte, während doch alle Gründe, die sich für die gegemilderte Haftung des Spruchrichters geltend machen lassen, beim Laienrichter ebenso durchgreifen wie beim beamteten Richter.

Daß der ganze § 839 BGB. besonders glücklich gefaßt ist und alle Verhältnisse mitberücksichtigt hat, läßt sich nicht behaupten. Man wird das mangelhafte, im Reichstage noch zurechtgeflickte Gesetz so auslegen müssen, daß es einen vernünftigen Sinn gibt und braucht nicht resigniert nach Gesetzesänderung zu rufen. Da die Schöffen und sonstigen nicht beamteten Beisitzer z. B. nicht bloß bei der Urteilsfällung, sondern auch bei den übrigen Entscheidungen während der Hauptverhandlung mitzuwirken haben, so wird man auch insoweit sie dem Staatsrichter gleichstellen müssen und ihre Haftung nach § 839 Abs. 1 BGB. mit ihren Vorrechten bemessen. Selbstverständlich haftet der Staat nicht für die nichtbeamteten Richter (RG., DJZ. 1917, 134).

Auf Staatsanwälte[1]), Urkundsbeamte (früher Gerichtsschreiber[2]) usw.), überhaupt alle zwar beim Ver-

[1]) Bei ein Strafverfahren einstellenden Verfügungen erscheinen sie aber als „Spruchrichter", and. Ans. Reimer 3, 47 u. Kirchbach S. 54.

[2]) Hervorzuheben ist, daß dem Urkundsbeamten (z. B. bei Kostenfestsetzungsbeschlüssen) eine richterliche Tätigkeit neuerdings vielfach zugewiesen ist, ebenso den Rechtspflegern.

fahren, nicht aber bei der Entscheidung mitwirkenden Beamten, bezieht sich das Privileg des § 839 Abs. 2 BGB. überhaupt nicht.

Bei dem Urteil in einer Rechtssache. Es erstreckt sich das Privileg des Spruchrichters nur auf die Entscheidung der Rechtssache, nicht auf deren Leitung[1]). Der Spruchrichter kann daher für eine Fahrlässigkeit gemäß § 839 Abs. 1 haftbar gemacht werden bei Verzögerung der Terminsbestimmung, unrichtiger Ladung eines Zeugen usw., bei der Leitung der Hauptverhandlung in Strafsachen, in der z. B. vergessen wird, rechtzeitig die Öffentlichkeit wiederherzustellen, wodurch die Aufhebung des Urteils und die Erneuerung der Verhandlung herbeigeführt wird, oder wenn er die Sitzung unberechtigterweise aufhebt, wodurch doppelte Zeugengebühren erwachsen, ferner bei der Prozeßleitung in Zivilsachen, z. B. durch Nichtausübung des richterlichen Fragerechts (§ 139 ZPO.). Ebenso Reimer 3, 51. In den Reichstagsverhandlungen ist vielfach Bezug genommen auf die Prüfung der Voraussetzungen des Erlasses eines Versäumnisurteils. Es kann der Richter z. B. die genaue Prüfung dieser Voraussetzungen unterlassen und das Versäumnisurteil erlassen, trotzdem die Klage dem Beklagten gar nicht richtig zugestellt ist. Hier handelt es sich um ein Versehen bezüglich der Urteilsfällung und nicht bezüglich der Prozeßleitung. Vgl. RGZ. **38**, 341; JW. 1914, 86 u. Nöldeke S. 821.

Die Grenze dafür, ob eine Anordnung usw. zur Leitung der Rechtssache gehört oder nicht, wird sich häufig schwer ziehen lassen. In Zweifelsfällen wird man sich für die mildere Haftung des Spruchrichters aussprechen müssen.

Man streitet darüber, ob das Wort „Urteil" auf Urteile im prozessual-technischen Sinne (End-, Teil-, Zwischen-,

---

[1]) Also nicht auf prozeßleitende Verfügungen.

Versäumnis-, Anerkenntnisurteile) zu beziehen ist oder auch auf Entscheidungen, welche das Urteil materiell vorbereiten (z. B. Beweisbeschlüsse), auf die sog. Urteilssurrogate (Strafbefehle, Zahlungsbefehle, Kostenfestsetzungsbeschlüsse[1]) usw.), auf sonstige eine Beurteilung erfordernde materielle Entscheidungen, wie Arrestbefehle, einstweilige Verfügungen, Beschlüsse im Zwangsvollstreckungsverfahren[2]) usw. Die Frage ist im Sinne der letzten Alternative zu bejahen.

Das Wort „Urteil" ist, wenn der Zweck des Gesetzgebers erfüllt werden soll, im weitesten Sinne auszulegen. Vgl. auch Kraft, S. 52.

Die herrschende Ansicht ist für eine enge Auslegung, sie beruft sich engherzig auf die Entstehungsgeschichte des Gesetzes. Nach ihr ist unter „Urteil" diejenige richterliche Entscheidung zu verstehen, welche auf Grund vorgeschriebener mündlicher Verhandlung ergeht, ein Rechtsverfahren ganz oder teilweise zur Erledigung bringt und regelmäßig sich selbst mit dem die Erledigung ausdrückenden Namen „Urteil" bezeichnet. Vgl. Reimer 3, 49, RGZ. **29**, 224 u. OLG. Köln, R. d. OLG. 4, 287. Auch das RGZ. **62**, 369; **89**, 14 scheint sich dieser Auffassung zu nähern.

Zurzeit steht das RG. auf dem strengen Standpunkt: Urteil i. S. des § 839 sind nur Urteile in der Bezeichnungsweise der Zivil- und Strafprozeßordnung also keine Beschlüsse (RGZ. **116**, 90). Zu diesen gehören Entscheidungen nicht gerichtlicher Behörden (z. B. der Mietseinigungsämter) auch dann nicht, wenn sie

---

[1]) Hagen (Gruch. **43**, 856) will das Privileg nur gelten lassen, wenn gemäß § 103 Abs. 1 ZPO. vom Amtsrichter die Kosten gleich im Urteil festgesetzt werden.

[2]) Pfändungsbeschlüsse sollen nach OLG. Köln (R. d. OLG. **4** (287) nicht unter das Privileg fallen.

in einem Verfahren ergangen sind, das den Vorschriften der beiden Prozeßordnungen angenähert ist (RGZ. **107**, 284; **116**, 90 u. RG. v. 17. Febr. 1928, JR. 1928 Nr. 1243). Auch die Mitglieder des Gerichts als übergeordnete Instanz der Mietseinigungsämter haben das Privileg nicht.

Unter „Urteil" ist jede entscheidende, d. h. Recht feststellende Tätigkeit des Richters zu verstehen[1]). Vgl. Schneider S. 266. Dieser unterscheidet zwischen „rechtsfeststellenden Bescheiden" wie Arrestbeschlüsse, Kostenfestsetzungsbeschlüsse, Ablehnung eines Arrestbeschlusses oder Versäumnisurteils, jede Abweisung angebrachtermaßen, die Ablehnung der Wiederaufnahme des Verfahrens nach § 410 StPO., Beschlüsse nach § 811 ZPO. usw. sowie den „Verwaltungsverfügungen", d. h. diejenigen Bescheide, welche neues Recht schaffen, wie Zuschlagsbescheide in der Zwangsversteigerung, die Bestätigung des Zwangsvergleiches im Konkurse, die Armenrechtsbewilligung, die Wertfestsetzung im Prozesse usw. Aber auch diese Verwaltungsverfügungen sind unter dem Begriff „Urteil" zu subsumieren[2]).

Oppenhoff (DJZ. 1902, 480) stellt die mittels sofortiger Beschwerde anfechtbaren Entscheidungen den Urteilen gleich.

Das Privileg des Spruchrichters erstreckt sich auf diejenige Tätigkeit, welche eine Beurteilung erfordert (in judicando).

Will man sich an den Wortlaut des Gesetzes klammern, so würden z. B. Entscheidungen der Seeämter oder der Schiedsgerichte in Versicherungssachen nicht hierher gehören, denn erstere erlassen einen „Spruch", letztere eine „Entscheidung", welche aber der Rechtkraft fähig ist und bei der

---

[1]) Vgl. KG., Recht 1905 Nr. 1861.

[2]) Nach Meuret (LZ. 1915, 607) fallen Armenrechtsbeschlüsse nicht unter das Privileg des § 839 Abs. 2 BGB.

mithin alle im Reichstage zugunsten der „Urteile“ geltend gemachten Gründe gleichfalls zutreffen. Daß „Ausschlußurteile“ (§ 952 ZPO.) unter § 839 Abs. 2 BGB. fallen, darüber scheint man einig zu sein (Staudinger zu § 839 N. 6b).

Beim Erlaß einer einstweiligen Verfügung, eines Arrestbeschlusses, einer Verfügung in Zwangsvollstreckungssachen usw. „spricht“ der Richter in gleicher Weise „Recht“, wie bei Verkündung eines Urteils. Früher erfolgte die Entscheidung über den Widerspruch gegen die Verpflichtung zur Leistung des Offenbarungseides in Form des „Urteils“, jetzt wird nach § 900 ZPO. ein Beschluß erlassen. Der Unterschied liegt in prozessualformellen Gründen, nicht in der Sache selbst. Mit Recht macht Nöldeke S. 821 auf die merkwürdigen Konsequenzen aufmerksam, zu denen die Gegenansicht führen muß. Er sagt: „Wird ein Eid versehentlich durch Beweisbeschluß auferlegt, so haftet der Richter streng, für dieselbe irrtümliche Eidesauflage haftet er jedoch nur bei dolus, wenn sie durch bedingtes Endurteil erfolgt. Wird der Erlaß eines Versäumnisurteils abgelehnt, so ergeht ein Beschluß — strengere Haftung; wird dagegen das Versäumnisurteil erlassen, dann gilt die mildere Haftung. Der Arrest wird durch Beschluß erlassen — strengere Haftung; über den Widerspruch gegen den Arrestbeschluß ergeht ein Urteil — mildere Haftung.“ Es ließen sich noch zahlreiche ähnliche Beispiele anführen, in denen ein innerer Grund für die verschiedene Art der Haftuug gar nicht zu erkennen ist.

Der Beschluß über die Eröffnung des Konkurses steht einem Urteil gleich[1]). Dasselbe gilt von den Beschlüssen über Erteilung des Zuschlags und Entmündigungsbeschlüssen.

[1]) Obertrib. 18. Okt. 1869; StriethArchiv **76**, 225; and. Ans. Hinschius, in Behrends Zeitschr. **5**, 298.

Die Nichtfeststellung einer Forderung im Prüfungstermin dagegen ist ein Versehen in der Leitung.

Wollte man aber auch unter „Urteil" diejenigen Entscheidungen verstehen, welche einen Rechtsstreit beenden, so würde diese Auslegung doch zu eng sein. Das Zwischenurteil (§ 303 ZPO.) beendet den Rechtsstreit nicht, es kann aber keine Frage sein, daß der Spruchrichter bei Erlaß desselben der milderen Haftung untersteht. Unter den Begriff „Urteil" fallen auch diejenigen materiellen Entscheidungen[1]), welche die Endentscheidung vorbereiten und auf Findung derselben abzielen. Vgl. Brie S. 63; and. Ans. Michaelis i. DJZ. 1906, 686. Warum soll der Richter, welcher sofort die Entscheidung fällt, privilegiert sein, während ein anderer, welcher vorsichtiger ist und um eine sichere und bessere Entscheidung zu fällen, erst einen Beweisbeschluß erläßt, bei letzterer Anordnung strenger haftet. Es ist daher falsch, wenn Kuhlenbeck zu § 839 Anm. 4 behauptet, daß z. B. für unrichtige Beweisbeschlüsse, welche eine Partei mit unnützen Kosten belasten, der Richter gemäß § 839 Abs. 1 BGB. hafte.

Wie kann man von Unabhängigkeit der Gerichte sprechen, wie kann der Richter frei seines Amtes walten, wenn er beständig damit rechnen muß, wegen jeden Versehens, welches er bei Amtshandlungen begeht, ohne welche das Urteil nicht erlassen werden kann, von der angeblich geschädigten Partei persönlich in Anspruch genommen zu werden. Der Beweisbeschluß ist meistens ein antizipiertes Urteil, abhängig von der Bedingung, daß die Aussagen der Zeugen usw. in dem oder jenem Sinne aussagen. Vgl. Meltz S. 67.

In Strafsachen steht die einstellende Verfügung des Staatsanwalts, der Beschluß des Gerichts auf Nichteröffnung

---

[1]) Nur der Inhalt ist privilegiert, nicht die Art der Ausführung, z. B. unrichtige Ladung eines Zeugen.

des Hauptverfahrens usw. einem „Urteile" gleich, ebenso der amtsrichterliche Strafbefehl, die polizeiliche Strafverfügung, der Administrativbescheid. Dasselbe muß von dem Beschluß betr. Eröffnung des Hauptverfahrens gelten.

Eine Ausnahmestellung nimmt der Haftbefehl (RGZ. **62**, 369; **89**, 14; and. Ans. KG., Recht 1905 Nr. 1861 und Kraft, DJZ. 1909, 1420) ein und der Beschluß über Beschlagnahmen und Durchsuchung[1]). Hier greift die schärfere Haftung des Richters Platz.

Selbstverständlich erstreckt sich die Ausnahmevorschrift des § 839 Abs. 2 nicht auf diejenige Tätigkeit des Spruchrichters, welche eine Beurteilung nicht erfordert.

Nöldeke S. 822 u. v. Schelhorn S. 623 meinen, daß unter den Begriff des „Urteils" in einer Rechtssache alles dasjenige zu subsummieren sei, was sich formell als Urteil darstelle, die beschränkte Haftung also nicht bloß hinsichtlich der Formel (Tenors) und der Entscheidungsgründe, sondern auch hinsichtlich des Tatbestandes des Urteils eintrete. Dem kann nicht beigetreten werden. Unrichtige Darstellung des Tatbestandes, z. B. fahrlässige Fortlassung von Parteianführungen unterliegt der strengeren Haftung. Hier judiziert der Richter nicht, sondern übt nur eine referierende Tätigkeit aus[2]). Vgl. Neumann, Kom. z. BGB. 531 u. Delius, DJZ. 1904 Sp. 532.

---

[1]) Gl. Ans. Nöldeke S. 822. Gerade diese Beschlüsse sind bei den Reichstagsverhandlungen wiederholt herangezogen worden, um die Notwendigkeit einer Einschränkung des Privilegs des Spruchrichters darzutun.

[2]) Das RGZ. **38**, 338 sagt, es sei gleichgültig, ob das angebliche Versehen bei der Festsetzung des Tatbestandes begangen ist, oder bei der Auslegung oder Anwendung des Gesetzes, oder bei der Entscheidung selbst.

Die Berichtigung des Urteils, die in Form eines Beschlusses ergeht, fällt auch nach RGZ. 90, 228 unter das Privileg des Abs. 2, weil dies eine Amtstätigkeit bei einem Urteil darstellt (RGZ. 116, 90).

In Strafurteilen ist unrichtige Wiedergabe der Zeugen- usw. Aussagen, überhaupt des Beweismaterials, nicht privilegiert, dagegen wohl die Beweiswürdigung.

Nach § 839 Abs. 2 BGB. gilt das Privilegium des Spruchrichters nicht im Falle pflichtwidriger Verweigerung oder Verzögerung der Ausübung des Amtes. Dieser Satz ist überflüssig, da nur der „urteilende" Richter bevorrechtigt ist. Vgl. Kom. d. RGRäte zu § 839 BGB. Anm. 7. Bei der Eile, in der das BGB. zum Abschluß gebracht ist, mag es übersehen sein, den Satz zu streichen, der in dem II. Entwurf nur mit Bezug auf die Worte „bei der Leitung" des 1. Satzes des Absatzes Aufnahme hatte finden können. Es läßt sich der Fall nicht denken, daß der Richter durch einen Urteilsspruch sich einer Verweigerung oder Verzögerung der Ausübung des Amtes schuldig macht. Durch die Fällung des Urteils übt er ja gerade sein Amt aus[1]). Soweit die Partei in dem Inhalt der Entscheidung, z. B. der Unzuständigkeitserklärung des Gerichts, eine Verweigerung oder Verzögerung der Sache zu erblicken glaubt, kann sie selbstverständlich gegen den Richter nicht vorgehen wegen pflichtwidriger Verweigerung oder Verzögerung der Ausübung des Amtes.

---

[1]) v. Schelhorn S. 625 hält den Satz 2 für anwendbar, wenn der Richter, um den Prozeß pflichtwidrig zu verzögern, nur ein Teil- oder ein Zwischenurteil ergehen läßt, obwohl der Prozeß zum Endurteil reif ist. Er meint: „In parteipolitisch bewegter Zeit könne der Richter in leidenschaftlicher Verfolgung der Interessen einer Partei oder aus Besorgnis vor der Rache des Gegners sein Urteil hintan zu halten suchen.

Die Haftung des Spruchrichters erstreckt sich nur auf die Fälle, in welchen die Pflichtverletzung mit einer im Wege des gerichtlichen Strafverfahrens zu verhängenden öffentlichen Strafe bedroht ist[1]). Diese Fassung steht in Übereinstimmung mit derjenigen des § 543[5] ZPO. und der §§ 399[3] u. 402[3] StPO. Es kommt vor allem die große Kategorie der Amtsdelikte des StGB. in Betracht[2]).

§§ 332—333 (Geschenkannahme in Amtssachen oder die Bestechung), 334 (die richterliche Bestechung), 336 (Rechtsbeugung), 339—345; 348—353, 353 a, 354, 355, 357 StGB. Staudinger zu § 839 Note 6 a will nur die §§ 334 u. 336 für anwendbar erachten, nicht auch § 339 StGB., wie Schneider S. 245 annimmt[3]).

Bestechung und Rechtsbeugung sind die Hauptfälle. Nötigung unter Mißbrauch der Amtsgewalt (§ 339) sowie Falschbeurkundung (§ 348) kommt nur in Betracht, sofern sich die Entscheidung darauf gründet.

Auszuscheiden sind die lediglich mit disziplinarer Strafverfolgung bedrohten Amtspflichtverletzungen. Allerdings kennt das StGB. auch fahrlässige Amtsvergehen, welche mit einer öffentlichen Strafe bedroht sind, z. B. §§ 345 Abs. 2 u. 347 Abs. 2 StGB. Indessen wird ein solches Vergehen beim Spruchrichter wohl schwerlich zu konstruieren sein.

---

[1]) Nicht einmal zivilrechtlicher Vorsatz als solcher genügt.

[2]) Die selbst grobfahrlässige Entziehung der Freiheit (durch gesetzwidrige Verhaftung oder Verlängerung der Haft) ist im StGB. nicht mit Strafe bedroht.

[3]) Schneider führt als Beispiel den Fall an, daß der Zivilprozeßrichter eine Partei zum Verlassen des Gerichtszimmers veranlaßt, um dem Gegner den Antrag auf Erlaß des Versäumnisurteils zu ermöglichen. Nach Reimer 3, 51 ist auch denkbar, daß der Richter sich bei Abfassung des Urteils gegenüber einer Partei einer üblen Nachrede oder einer verleumderischen Beleidigung (§§ 186, 187 StGB.) schuldig macht.

Es genügt, daß die Pflichtverletzung mit öffentlicher Strafe bedroht ist. Dies muß der Kläger behaupten und beweisen[1]). Nicht erforderlich ist, daß auf Strafe erkannt oder auch nur ein Strafverfahren eingeleitet ist. Der Ersatzanspruch ist auch statthaft, wenn die Bestrafung nicht oder nicht mehr möglich, weil z. B. Geisteskrankheit oder Verjährung inzwischen eingetreten ist.

Der Spruchrichter haftet aber bei Vorsatz in Abweichung vom preußischen Recht prinzipaliter, nicht subsidiär.

Beweispflichtig für die Voraussetzungen der Ersatzpflicht ist sowohl nach Satz 1 wie Satz 2 der Verletzte.

Die Schadensersatzpflicht fällt auch beim Spruchrichter fort, wenn der Verletzte selbst schuldhaft versäumt hat, durch Einlegung von Rechtsmitteln das Verschulden des Beamten abzustellen. Der § 839 Abs. 3 BGB. trifft also auch hier zu, ebenso ist § 254 BGB. anwendbar. Vgl. Cohn, Gruch. 1899, 400.

c) Schiedsrichter[2]).

Obwohl das Verhältnis der streitenden Parteien zum Schiedsrichter auf einem Vertrage (receptum) beruht, sind doch im wesentlichen diejenigen Gründe, welche zu einer Begrenzung der Haftung des Spruchrichters nötigen, auch für die Stellung des Schiedsrichters und das Maß seiner Verantwortlichkeit maßgebend. Der Schiedsrichter soll nach dem Vertrage den zwischen den Vertragschließenden bestehenden Streit entscheiden, unabhängig wie ein Richter,

---

[1]) Selbst die Eideszuschiebung ist bezüglich der strafbaren Handlung möglich. Vgl. Schneider S. 242. Besser ist allerdings, wenn das Gericht das Verfahren aussetzt und erst den Strafprozeß abwartet.

[2]) §§ 1025 ff. ZPO.

und er hat zu diesem Behufe im wesentlichen dieselbe geistige Tätigkeit zu entfalten wie dieser, nur daß, sofern der Schiedsvertrag und das receptum nicht besondere Schranken setzen, die Stellung des Schiedsrichters gegenüber dem materiellen Rechte und dem Prozeßgesetze eine viel freiere ist als diejenige des Staatsrichters.

Das RGZ. **41**, 251 hat deshalb für das Gebiet des preußischen Rechts angenommen, daß der Schiedsrichter[1]) ebenso hafte wie der staatliche Spruchrichter, also für dolus. Dasselbe wird für das neue Reichsrecht zu gelten haben[2]).

Nach RGZ. **65**, 175 ist der Schiedsrichter, falls ihm die Parteien vorbehaltlos die Entscheidung ihres Rechtsstreites und damit gegen sich die Stellung des ordentlichen Richters geboten haben, bei Ausübung seiner Tätigkeit zu der Voraussetzung berechtigt, daß er für seinen Schiedsspruch nicht über die Grenzen hinaus verantwortlich gemacht werden darf, die der Verantwortlichkeit des Staatsrichters gesetzlich gestellt sind, er also insonderheit nicht wegen Fahrlässigkeit haftet. Danach würde der Schiedsrichter im Rahmen des § 839 Abs. 2 BGB. haften. So auch OLG. Hamburg JR. 1925 Nr. 368. Das dürfte zu weit gehen. Der Schiedsrichter haftet übrigens direkt und primär dem Geschädigten, hat also nicht die Vorrechte eines Beamten.

Der Staat (Verband) haftet für den Schiedsrichter nicht.

Die Haftung für dolus beschränkt sich übrigens, wie beim Staatsrichter, nur auf die urteilende Tätigkeit (in judicando), im übrigen haftet der Schiedsrichter für jedes Versehen.

---

[1]) Auch wenn er Staatsbeamter sein sollte.

[2]) Auf den Schiedrichter finden übrigens die §§ 334 bis 336 StGB. Anwendung.

d) Der Gerichtsvollzieher[1]).

Der Gerichtsvollzieher übt öffentliche Gewalt aus. Ob der Gerichtsvollzieher neben der Verantwortlichkeit aus § 839 BGB. noch aus einem Vertragsverhältnis von seinem Auftraggeber haftbar gemacht werden könne, war lange streitig. Jetzt ist zum Siege gelangt die sog. Amtstheorie, bezüglich welcher Förster-Eccius[2]) sagt:

„Auch wenn eine amtliche Tätigkeit nur auf Anrufen einer Privatperson einzutreten hat, handelt die Staatsbehörde oder der Staatsbeamte nicht in Privatangelegenheiten, sondern kraft der obrigkeitlichen Stellung. Der Beamte übt also nicht statt des Auftraggebers, sondern immer nur im Namen des Staates sein Amt aus. Hieraus ergibt sich, daß der dem Gerichtsvollzieher nach der Zivilprozeßordnung erteilte „Auftrag" zu Zustellungen und Zwangsvollstreckungen nicht die Natur eines Vollmachtsvertrages hat, sondern die öffentlich-rechtliche Voraussetzung einer obrigkeitlichen Tätigkeit ist."

Das RG. (Plenum E 16, 396ff.) hat sich indes dieser Auffassung nicht angeschlossen und angenommen, daß das Verhältnis des auftraggebenden Gläubigers und des Gerichtsvollziehers als ein zivilrechtliches Mandatsverhältnis (nach BGB. Dienstvertrag) anzusehen sei.

In einer neuen Plenarentscheidung (RGZ. **82**, 85) hat sich aber das RG. dahin ausgesprochen, daß der Gerichtsvollzieher dem Gläubiger für den Schaden, den er ihm bei Ausführung einer Zwangsvollstreckung schuldhaft verursacht, nicht aus dem bürgerlich-rechtlichen Vertragsverhältnis, sondern lediglich nach den Grundsätzen des öffentlichen Amtes

---

[1]) Wegen Haftung für die Angestellten der Gerichtsvollzieher vgl. Lange, JW. 1928, 1845.

[2]) PrPrivatr. **2**, 312 Anm. 17.

haftet. Die Entscheidung beschränkt sich nur auf das Verschulden bei Ausführung einer Zwangsvollstreckung dem Gläubiger gegenüber. Es ist aber derselbe Grundsatz anzunehmen für ein Verschulden bei der Zustellung, bei Aufnahme von Wechsel- (Scheck-) Protesten, bei Anlegung von Siegeln im Konkursverfahren, bei der Vornahme einer Versteigerung in den Fällen der §§ 383, 1235ff. BGB. oder bei derjenigen von freiwilligen Versteigerungen, denn auch hier handelt der Gerichtsvollzieher kraft der ihm vom Staate verliehenen Gewalt, und beruht es auf öffentlichem Rechte, daß er, wenn er zur Erledigung des ihm erteilten Auftrages zuständig ist, diesen auch übernehmen und ausführen muß. (OLG. Frankfurt, 16. Nov. 1925, JR. 1926 Nr. 465.) Man wird sogar die Amtstheorie auch dann Platz greifen lassen müssen, wenn dem Gerichtsvollzieher die Ausführung eines anderen innerhalb seiner Zuständigkeit liegenden Geschäfts übertragen wird.

Die meisten Haftpflichtfälle kommen beim Gerichtsvollzieher vor. In Preußen haftet für ihn der Staat.

Schädigt der Gerichtsvollzieher direkt den Staat, so haftet er in Preußen nach §§ 88ff. II, 10 ALR. Vgl. § 7 d. W.

Zu seinen Amtspflichten Dritten gegenüber gehört es insbesondere, die in der Geschäftsanweisung und in der Gerichtsvollzieherordnung vom 23. März 1914 (JMBl. S. 289ff.) enthaltenen Vorschriften zu befolgen, sofern sie nicht ausschließlich dem inneren Dienste dienen sollen (RGZ. 51, 261; JW. 1916, 740).

Bei Eilsachen ist nicht maßgebend der äußere Vermerk „Eilt", sondern der Inhalt des Auftrages in Verbindung mit der Sachlage. Der Gerichtsvollzieher hat auf Grund sorgfältiger Prüfung zu bestimmen, ob tatsächliche Beschleunigung geboten ist (Kraft S. 81 u. das dort angegebene Urteil des OLG. Königsberg v. 6. Juni 1902). Im Falle der Dringlichkeit ist der Auftrag nötigenfalls auch noch nach Schluß der regulären Geschäftszeit zu erledigen (RG., DJZ. 1902, 27). Wenn der Gerichtsvollzieher die Erledigung des Auftrages zulässigerweise von der Zahlung eines Vorschusses abhängig macht, ist er haftfrei (KG., KGBl. 1907, 58). Dasselbe gilt, wenn der Auftrag der nötigen Bestimmtheit ermangelt, z. B. der Gerichtsvollzieher die unzulässige Zumutung besonderer Verantwortung für den Transport der Sachen annehmen durfte (RG., Warneyer **2**, 76).

Viele Haftpflichtfälle kommen daher, daß der Gerichtsvollzieher nicht für genügenden Gewahrsam (Schutz gegen Diebe) oder ordnungsmäßigen Gewahrsam (Schutz leicht verderblicher Sachen gegen Nässe, mangelhafte Lüftung des Aufbewahrungsortes) der Pfandstücke sorgt.

Zwangsvollstreckung[1]).

Schuldner. Der Gerichtsvollzieher hat die Pfändung unbeschadet ihrer Erkennbarkeit so auszuführen, daß sie dem Schuldner keine unnötigen Nachteile bringt (RG., DJZ. 1897, 385).

Er haftet also, wenn er das Verbot der Überpfändung nicht berücksichtigt, wenn er die Versteigerung gepfändeter Sachen mit Rücksicht auf ein Vorzugsrecht des Vermieters weiter ausdehnt, als zur Befriedigung des pfändenden Gläubigers einschl. der Kosten nötig ist (RGZ. **51**, 186), wenn er eine Pfändung unter Nichtbeachtung der Frist des § 798 ZPO. vornimmt (RGZ. **83**, 336), wenn er eine Forderung unter Nichtbeachtung eines ihm vom Schuldner vor-

[1]) Diese Grundsätze gelten auch für die Vollziehungsbeamten im Verwaltungszwangsverfahren nach d. VO. v. 15. Nov. 1899. Vertrautheit mit den Vorschriften über Pfändung ist von jedem Gerichtsvollzieher zu verlangen (JR. 25 Nr. 1387).

gelegten Gerichtsbeschlusses, durch den die einzuziehende Forderung wegen einer Gegenforderung gepfändet und dem Schuldner überwiesen worden ist, vom Schuldner einzieht (RGZ. **33**, 290), wenn er, statt die Zwangsvollstreckung abzulehnen, den zur Ausstellung eines Zeugnisses Verurteilten das Zeugnis abfordert, während das Gericht die Ausstellung eines Zeugnisses gemäß § 888 ZPO. zu erzwingen hatte (R. d. OLG. **4**, 58), wenn er das Verbot der Überpfändung nicht berücksichtigt (Reimer **2**, 55), wenn er die Versteigerung über das nach § 818 ZPO. zulässige Maß ausdehnt (RGZ. **51**, 186), wenn er ohne Auftrag pfändet (OLG. Colmar, GerVZ. **25**, 31 u. 50).

Keine Haftung, wenn er ohne richterliche Erlaubnis an Sonn- und Feiertagen Vollstreckungshandlungen vornimmt, da das Verbot nur eine Ordnungsvorschrift ist (and. Ans. Simon S. 77, weil der Gerichtsvollziehr auch die Interessen des Schuldners wahrzunehmen habe), wenn er auf Grund einer vom Schuldner aufgestellten Behauptung, die die Vollstreckung unzulässig machen würde, von derselben nicht Abstand nimmt (RG. v. 10. März 1902, VI 431/01), wenn er den Schuldner zur nochmaligen Leistung des Offenbarungseides im Auftrage des Gläubigers verhaftet, da er nicht zu prüfen hat, ob die nochmalige Leistung zulässig ist (RG. v. 9. Okt. 1906, III 34/06).

Gläubiger. Der Gerichtsvollzieher haftet wegen unterlassener Nachpfändung (RG., Bolze **6** Nr. 286), wegen unzureichender Pfändung (RG., Bolze **7** Nr. 274, 1007), wenn er die in § 811 Ziff. 1 ZPO. bezeichneten, der Pfändung entzogenen Sachen pfändet, auch wenn der Schuldner zustimmt (RG., JW. 1910, 28), wenn er den Wert der gepfändeten Sachen überschätzt und deshalb von weiterer Pfändung Abstand nimmt (OLG. Hamm, R. d. OLG. **34**, 132), wenn er gepfändete Sachen als angeblich für den

Schuldner unentbehrlich ohne Anweisung des Gläubigers und ohne Ermächtigung des Gerichts freigibt (RGZ. 18, 132), wenn er einen als eilig erteilten Vollstreckungsauftrag schuldhaft verzögert, so daß es dem Schuldner gelingt, die Pfandstücke beiseite zu schaffen (RG., JW. 1912, 690), wenn er den Erlös aus der Zwangsvollstreckung an den Gläubiger nicht abführt (RGZ. 11, 206; 56, 84; JW. 1911, 818), wenn er es unterläßt, die Pfändung durch Anlegung von Pfandzeichen kenntlich zu machen (RG. v. 14. Dez. 1906, III 184 06), wenn er den Zuschlag versagt, weil das Meistgebot zu niedrig war (RG., SeuffArch. 65 Nr. 56), wenn er unterläßt, die von seinem Auftraggeber mit dem Pfändungsauftrage übersandten Waren, von denen er wußte, daß diesem bereits ein Pfandrecht zustand, für den Auftraggeber zu pfänden und dessen Pfandrecht zu verwirklichen, sondern die Waren für andere Gläubiger desselben Schuldners pfändet und diesen anderen Gläubigern den Erlös ohne Rücksicht auf das ältere Pfandrecht des Gläubigers auszahlt (RGZ. 17, 332), wenn der Gerichtsvollzieher den Versteigerungstermin dem Gläubiger nicht (RG., JW. 1911, 292) oder falsch (RG., Bolze 6 Nr. 288) oder durch eine ungeeignete Person (16jähriger Lehrling des Gläubigers), die die Nachricht nicht weitergibt (RG., Recht 1911 Nr. 1138) mitteilt, wenn er den Versteigerungstermin grundlos aufhebt (RG., DJZ. 1912, Spruchsamml. S. 246 zu § 839 BGB.), oder eigenmächtig der Geschäftsordnung zuwider verlegt (OLG. Köln, RheinArch. 98 I, 151), wenn er gepfändete, aber nicht in das Pfandlokal geschaffte Sachen abhanden kommen läßt (OLG. Stuttgart, Jahrb. d. Württemb. Rechtspf. 17 Nr. 24), wenn er die Pfandstücke nicht genügend aufbewahrt (Schuhe) (RG. Gruch. 35, 426), wenn er eine frühere Verhaftung des Schuldners und die Leistung des Offenbarungseides (OLG. Frankfurt; R. d. OLG. 27, 192), oder die der Ausführung des Vollstreckungsauftrages entgegenstehenden Hindernisse nicht mitteilt (RG., JW. 1910, 28).

Keine Haftung, wenn er die gepfändeten Sachen weit unter dem Schätzungswerte versteigert, weil die Zwangsvollstreckung ohne jeden Verzug durchzuführen ist (RG., JW. 1907, 192); er braucht nicht bei dem ungünstigen Meistgebote den Termin vorläufig auszusetzen und weitere Weisung der Klägerin einzuholen (RG., JW. 1907, 192). Bedenklich, wenn man § 665 BGB. (Pflicht des Beauftragten, das Interesse des Auftraggebers wahrzunehmen) berücksichtigt.

Dritte Personen.

Er haftet, wenn er Zubehör (§§ 97, 98 BGB.) entgegen § 865 ZPO. pfändet und der *Hypothekengläubiger* Freigabe verlangt und der *Auftraggeber* dieselbe bewilligen muß (Kraft S. 80), wenn er vor Übertragung des Besitzes an der versteigerten Sache auf den *Ersteher* das Kaufgeld an den Gläubiger abführt (RGZ. **35**, 276), wenn er die Rechte des Vermieters bei Pfändung von Sachen im Mietsraum verletzt (RGZ. **87**, 294), wenn er verkaufte Sachen des Schuldners in Kenntnis des Kaufs ohne Anweisung des Gläubigers versteigert und so den Käufer schädigt (OLG. Hamburg, R. d. OLG. **31**, 113), wenn er bei der Zwangsvollstreckung wegen einer Wechselforderung nicht im Besitz des Wechsels ist (RG., JW. 1016, 730), wenn er den Versteigerungserlös auszahlt, obwohl er von dem Bevorstehen einer gerichtlichen Einstellungsanordnung zugunsten eines Dritten (Vermieterpfandrecht) Kenntnis erhalten hat (RGZ. **87**, 294).

Wegen der Haftung bei *Zustellungen* und *Wechsel- (Scheck-) Protesten* s. Anhang.

e) Der Notar.

Der Notar ist Beamter, in Preußen unmittelbarer Staatsbeamter, er übt öffentliche Gewalt aus. Da er aber sog.

Sportelbeamter ist (vgl. § 1 Abs. 2 PrAHG.), so haftet der Staat nicht in allen Ländern für ihn. Er ist vielmehr persönlich haftbar nach Maßgabe des § 839 BGB. Es war früher streitig, ob der Notar zu seinem Auftraggeber in ein privatrechtliches Vertragsverhältnis (§ 675, § 611 BGB.) tritt und daher eine Haftpflicht dem Auftraggeber gegenüber lediglich vertraglicher Natur ist, § 839 mit seinen Privilegien daher insoweit nicht Anwendung findet. Unter der Einwirkung der für Gerichtsvollzieher ergangenen Plenarentscheidung (RGZ. **82**, 85) ist das RG. jetzt dazu übergegangen, die Grundsätze des Privatdienstvertrages ganz auszuschalten und lediglich die Vorschriften über das öffentliche Amt anzuwenden (RGZ. **85**, 413; **95**, 217 in Abweichung von RGZ. **49**, 26). Die Erfüllung einer Amtspflicht kann nicht Gegenstamd vertraglicher Bindung sein (RGZ. **114**, 297). Der Notar wirkt bei den ihm amtlich obliegenden Verrichtungen nicht als Beauftragter oder Dienstverpflichteter des ihn Anrufenden. Die Inanspruchnahme seiner Tätigkeit durch einen Beteiligten ist nur der äußere Anlaß für diese Tätigkeit, bei deren Entfaltung die Beobachtung der Verkehrssorgfalt in der Einhaltung der gesetzlichen Formen und in der sachgemäßen Gestaltung des Inhalts der aufzunehmenden Urkunde als amtlich gebotene Pflicht obliegt. Bedeutung und Umfang dieser Pflicht sind der Steigerung oder auch nur der Gewährleistung durch Stempelung zu einer Vertragsleistung nicht fähig.

Die Amtsgeschäfte des Notars sind im wesentlichen: Unterschriftsbeglaubigung, Beurkundung rechtsgeschäftlicher Erklärungen nebst Erteilung der vollstreckbaren Ausfertigung und Vollstreckungsklausel, Vornahme von Siegelungen, Leitung von Erbteilungen mit anschließender Beurkundung der Erbauseinandersetzung (Abschnitt **2**, 4 u. 6 PrFGG.; § 797² ZPO.; JW. 1889, 526), Wechselprotesterhebung, Vornahme von Auflassungen, die Verwahrung von Wertpapieren nebst Prüfung der Echtheit und Ausstellung einer Bescheinigung (RG. 21. Sept. 1926; Recht 26 Nr. 2139).

Die Tätigkeit des Notars dehnt sich aber auf andere Geschäfte aus, die zum Unterschiede von Amtsgeschäften Berufsgeschäfte genannt werden, nämlich Entwerfung von Urkunden, Einreichung von Anträgen und Beschwerden, Geldempfang, -verwahrung und -auszahlung, Erstattung von Gutachten, Darlehnsvermittlung, Auskunftserteilung.

Während der Notar bei Amtsgeschäften die Vorteile der Beamtenhaftung nach § 839 BGB. (insbesondere subsidiäre Haftung, kurze Verjährung, die zwingende Vorschrift des Abs. 3) hat, haftet er bei Berufsgeschäften vertraglich dem Auftraggeber primär, allerdings auch nur ihm. Nur die objektive Natur des Geschäfts kann entscheiden, ob ein Amtsgeschäft vorliegt oder nicht. Das OLG. Marienwerder (R. d. OLG. 7, 473) geht zu weit, wenn es eine amtliche Tätigkeit des Notars überall da für vorliegend erachtet, wo der Notar aus Veranlassung und im Anschluß an eine Amtshandlung tätig werde, und die Dienste des Notars gerade in Anspruch genommen werden, weil er eine amtliche Tätigkeit ausgeübt habe[1]).

Für die inhaltliche Beschaffenheit eines von ihm beglaubigten Entwurfs einer Urkunde haftet der Notar in seiner amtlichen Eigenschaft nicht (RGZ. 49, 274).

---

[1]) In dem betr. Falle hatte der Notar bei Beglaubigung der Unterschrift unter einer Schuldurkunde mit Hypothekenbestellung dem ihn befragenden Gläubiger (Auftraggeber war der Schuldner) über die Hypothekverhältnisse des zu belastenden Grundstücks eine unrichtige Antwort erteilt.

Die Erteilung eines Rates gehört zwar zu den Berufspflichten, nicht aber zu den Amtsgeschäften eines Notars (OLG. Frankfurt, Recht 1906, 1196).

Amtsgeschäft des Notars ist der Regel nach nicht das Entwerfen einer zu beglaubigenden Urkunde (RG., JW. 1901, 582).

Das RG. (JW. 1917, 358) dehnt die Amtshaftung aus auf den bloßen Entwurf einer Urkunde ohne notarielle Beglaubigung der Unterschrift, wenn die Niederschrift eine später aufzunehmende notarielle Urkunde vorbereiten sollte (and. Auf. Oberneck, JW. 1917, 358 Anm.).

Die Amtspflicht wird verletzt, wenn der Notar mit der Herstellung einer öffentlichen oder öffentlich zu beglaubigenden Urkunde zu einer Eintragung in das Handelsregister oder in das Grundbuch betraut ist, die Erklärung der Beteiligten entwirft, ihre Unterschriften beglaubigt und die Urkunde mit dem Antrage auf Eintragung dem Gericht einreicht, aber durch unrichtige Abfassung der Urkunde oder durch deren verspätete Einreichung etwas versieht (RGZ. **93**, 68)[1]).

Nicht zu den Amtspflichten gehört die Pflicht zur Einsicht des Grundbuchs, dagegen ist der Notar kraft seines Amtes verpflichtet, sich davon zu überzeugen, daß die Parteien Kenntnis von dem Inhalte des Grundbuchs haben, und sie auf die Notwendigkeit der Grundbucheinsicht hinzuweisen (RG., JW. 1919, 503). Eine amtliche Belehrungspflicht des Notars besteht nur insoweit, als er die an einer von ihm aufzunehmenden Verhandlung beteiligten Personen zur Stellung sachgemäßer Anträge in der Verhandlung zu veranlassen hat. Durch § 15 Grundbuchordnung wird nur eine

---

[1]) Das KG. (R. d. OLG. **13**, 349) verneint eine Amtspflicht des Notars, die von ihm beglaubigte usw. Urkunde bei Gericht einzureichen oder die richtige Einreichung zu überwachen.

Vermutung der Bevollmächtigung des Notars zum Eintragungsantrage, nicht aber eine Amtspflicht des Notars zur Einreichung dieses Antrags begründet (RG. v. 16. Juli 1906, RheinNotZtg. **51**, 294). Keine Amtspflicht ist die Auskunfterteilung über die persönlichen Verhältnisse des Darlehnssuchers und über die Sicherheit der zur Sicherstellung übertragenen Rechte (RG., Recht 1919 Nr. 1098).

Wo eine Amtspflicht nicht besteht, kann eine stillschweigend übernommene Vertragspflicht vorliegen. Wegen der Haftung des Notars gilt im allgemeinen das, was von den Richtern in § 9 d. W. gesagt ist. Bei einem Notar besteht die Möglichkeit eines Eingriffs in einen fremden Rechtskreis gegenüber einer unbestimmten, unbegrenzten Zahl von Personen. Ihnen allen gegenüber ist die Amtspflicht des Notars begründet, deren Verletzung ihn ersatzpflichtig macht. Die Formen, deren Verletzung die Nichtigkeit gerichtlicher oder notarieller Urkunden zur Folge hat, sind eben nicht bloß im Interesse desjenigen gegeben, dessen rechtsgeschäftliche Erklärungen beurkundet werden (RG., Recht 1904, 193).

Der Notar handelt **vorsätzlich**, wenn er eine Beglaubigung durch Setzung seines Namens unter einen unausgefüllten Beglaubigungsvermerk vornimmt (RGZ. **86**, 105), oder statt seiner Pflicht, den wahren Willen der Vertragschließenden persönlich festzustellen, diese Erforschung dem Bureauvorsteher überläßt (RG., LZ. 1914, 1129).

Die Pflichten, welche nach Art. 40 PrFGG. dem Notar bei der Beurkundung eines Rechtsgeschäfts obliegen, sind Amtspflichten nicht nur gegenüber der Person, deren Erklärung beurkundet wird, sondern auch gegenüber demjenigen, welchem durch die Urkunde Rechte zugewiesen werden sollen. Ihre Verletzung macht auch gegenüber diesen Dritten schadensersatzpflichtig. Eine Verletzung wird aber nicht darin gefunden, daß der Notar bei der Beurkundung der Abtretung einer Hypothek es unterlassen hat, die Beteiligten darüber zu belehren, daß eine bewilligte Vorrangseinräumung ohne Bewilligung der Eintragung in das Grundbuch Dritten gegenüber wirksam nicht eintreten kann (RG. v. 19. April 1907, Soergel, Rechtspr. 1907, 344). Der Notar darf nicht Siegel und Stempel seinem wenn auch bisher erprobten Bureauvorsteher überlassen (RGZ. **81**, 131).

Praktische Fälle über die Haftung des Notars als Urkundsbeamter s. i. Anhang.

Ist der Staat, in dessen Diensten der Notar steht, durch diesen geschädigt, z. B. infolge nicht verwendeten Stempels, so bestimmt sich die Haftung des Notars nach dem öffentlichen Recht des Bundesstaates (vgl. oben § 4), in Preußen also nach §§ 88ff. II, 10 ALR.

Der Notar hat keine Befugnis, für seine Amtsgeschäfte seinen Bureauvorsteher oder einen anderen als Vertreter zu bestellen, vielmehr kann in Preußen nur die Justizverwaltung dem Notar gemäß § 99 PrFGG. einen Vertreter bestellen.

Nach Art. 101 PrFGG. versieht der Vertreter des Notars das Amt des Vertretenen unter dessen und seiner eigenen Verantwortlichkeit. Der auftraggebenden Partei sowohl wie Dritten[1]) gegenüber haften also beide (Notar und Vertreter) für Versehen des Vertreters als Gesamtschuldner. Dem Vertretenen steht aber der Regreß gegen den Vertreter[2]) zu. Eine gleiche Bestimmung findet sich in dem Notariatsgesetze Bayerns. Auch hier ist der Notar für die zu seiner Unterstützung bei seinem Notariatsgeschäfte angenommenen Gehilfen verantwortlich. In Bayern haftet für Versehen der Notare usw. der Staat primär.

---

[1]) Auch dem Stempelfiskus gegenüber für nicht verwendeten Stempel.

[2]) StenBer. des Abg.-Hauses 1899, 34325.

Zieht der Notar zu seinen Amtsgeschäften seinen Bureauvorsteher zur Hilfeleistung heran, so bleibt er doch allein verantwortlich.

f) Rechtsanwälte und öffentliche Sachverständige.

a) Rechtsanwälte haben nach heutigem Recht nur in strafrechtlicher Beziehung noch einen Amtscharakter.

Der sog. Klientelvertrag ist ein auf Geschäftsbesorgung gerichteter Dienstvertrag, welcher den Vorschriften der §§ 611ff., 627, 675 BGB. unterliegt. Bei Verschulden haftet der Rechtsanwalt nach dem Vertrage ohne das Vorrecht der Beamten.

Der Offizialmandatar [1]) hat keine Ausnahmestellung. Der einer Partei im Zivilprozeß gemäß § 114ff. ZPO. u. §§ 33 u. 34 der Rechtsanwaltsordnung v. 1. Juli 1878 (RGBl. 177) beigeordnete Anwalt bedarf wie jeder andere der Beibringung einer Vollmacht, so daß das Verhältnis in dem er steht, klar zu tage tritt. Bei dem Rechtsanwalt, der im Strafprozeß einen Angeschuldigten als Verteidiger zugeordnet wird, liegt die Sache anders, doch hat auch hier die Praxis Haftung nach den Grundsätzen des Vollmachtsvertrages angenommen. Vgl. wegen der Einzelheiten Kraft S. 2ff.

b) Öffentliche Sachverständige.

Nach Art. 79 EinfG. z. BGB. bleiben unberührt die landesgesetzlichen Bestimmungen, nach welchen die zur amtlichen Feststellung des Wertes von Grundstücken bestellten Sachverständigen für den aus einer Verletzung ihrer Berufspflicht entstandenen Schaden in weiterem Umfange als nach dem BGB. haften.

[1]) Der Armenanwalt ist kein Beamter (OLG. Kolmar, ElsLothrZ. 1913, 372).

Für Bayern kommen in Betracht die Art. 87 und 88 AG. z. BGB. Vgl. auch § 1508 GB. f. d. Kgr. Sachsen u. Art. 76 hessisches AG. z. BGB.

In das BGB. sind in Übereinstimmung mit dem preußischen Landrecht und dem französischen Recht besondere Bestimmungen über die Haftung der öffentlich angestellten Sachverständigen und Schätzer wegen Verletzung der Berufspflicht nicht aufgenommen (Mot. II, 826). Man hat die allgemeinen Grundsätze (§§ 823ff.) für ausreichend gehalten. Hat der Sachverständige Beamtenqualität, so beurteilt sich die Haftbarkeit nach § 839 BGB. Das kommt besonders bei Ärzten, Tierärzten, Fleischbeschauern, Fabrik- u. Gewerbeinspektoren vor. Vgl. v. Schelhorn, S. 456.

Nach § 11 Abs. 5 des preußischen Schätzungsamtsgesetzes v. 8. Juni 1918 (GS. S. 83) unterliegen die Mitglieder des Schätzungsamtes nicht dem PrAHG. Dasselbe gilt von den Mitgliedern des Oberschätzungsamtes Groß-Berlin (§ 16 Abs. 9) und des Provinzial- (Bezirks-) Schätzungsamtes der Provinz Hessen-Nassau (§ 17 Abs. 3).

Buch III.

Schadensersatzpflicht bei Vornahme privatrechtlicher Verrichtungen.

§ 13. Haftpflicht des Staates (Verbandes).

1. Allgemeines.

Es handelt sich hier um den Gegensatz von Ausübung der öffentlichen Gewalt (Buch II). Vgl. § 1c d. W. Der Staat (Gemeinde) betreibt wie eine Privatperson eine Reihe von kaufmännischen oder gewerblichen Unternehmungen, z. B. Eisenbahn, Post, Bergwerke, Salinen, Porzellanfabriken, Bernsteinwerke, Fährgerechtigkeiten (RGZ. **72**, 54). Abgesehen hiervon tritt der Staat usw auch als Privatrechtsperson mit der Außenwelt in Berührung, wenn er Bauten errichtet, als Vermieter (Verpächter) von Grundstücken, bei Staatsanleihen und staatlichen Garantieübernahmen usw. Privatrechtliche Pflichten stehen in Rede, wenn es sich um Pflichten handelt, welche jeder Eigentümer hat, z. B. der Staat usw., als Eigentümer von Grundstücken, Bauherr, Nachbar (RG. **56**, 88; **71**, 46; **72**, 349[1]) oder als Verwahrer amtlich empfangener Gegenstände (Kaution in Strafsachen, RGZ. **71**, 271).

---

[1]) Die Haftbarkeit des Fiskus ist ausgesprochen: für das Scheitern eines Kahnes bei einer Eisenbahnbrücke durch Aufrennen auf eine nicht signalisierte Verpfählung (Obertr., StriethArch. **27**, 128), für schlechte Beschaffenheit eines Gerichtsgebäudes (RG., DJZ. 1905, 699), für Überschwemmung einer Wiese durch den unbefugten Wasserstau bei einer fiskalischen Mühle, Beschädigung durch Einsturz einer mangelhaft konstruierten Mauer auf fiskalischem Boden (Obertr. **61**, 1), Beschädigung eines Menschen durch Sturz in eine vorschriftswidrig offen gelassene Grabenleitung auf einem Bahnhof des Eisenbahnfiskus (ROHG. **8**, 201), für Beschädigung durch Sprengungen beim Straßenbau (RGZ. **17**, 105), für Beschädigung durch mangelhaften Zustand der Bedachung einer Badehalle (RGZ. **31**, 246). Die Haftung des Staates als Fiskus ist aber verneint, weil die staatlichen Forstbehörden in unzulässiger Weise den Privatforsten Eigentumsbeschränkungen auferlegt hatten (RGZ. **8**, 226).

Die Haftung eines Provinzialverbandes ist anerkannt bei einer unzulässigen Deichanlage (RGZ. **26**, 300), diejenige einer Stadtgemeinde als Eigentümerin einer Brücke bezüglich des beim Passieren der Brücke durch deren vorschriftswidrigen Zustand angerichteten Schadens (RGZ. **55**, 24; Obertr. **14**, 92).

Um privatrechtliche Verrichtungen handelt es sich bei der Leitung und Ausführung von Staatsbauten (Bay. VG., Recht 1918, 39), bei der Unterhaltung, Beleuchtung usw. öffentlicher Gebäude (BayVG., Recht 1910, 214), bei land- und forstwirtschaftlichen Unternehmen (Domänen, Forsten) (BayVG., Recht 1910, 712), Erbauung von Straßen (RGZ. **78**, 330), Wasserstau (Überschwemmungen von Wiesen) (Obertr. **61**, 1), Räumung von Flüssen (RGZ. **29**, 422), Verkehrssicherheit auf Straßen und Flüssen (Kanälen) (RGZ. **84**, 88), Abbrennen eines Kunstfeuerwerks in einem staatlichen Badeorte (RG., Gruch. **59**, 360), beim Böllerschießen bei Festlichkeiten (RG., Recht 1910 Nr. 2535), kommunalen Betrieben, wie Gasanstalt, Elektrizitäts- und Wasserwerk, Straßenbahn (RGZ. **55**, 366; **63**, 374; Gruch. **54**, 635; Recht 1910 Nr. 1, 1913 Nr. 186), Markthalle (RG., Gruch. **54**, 129), Badeanstalt (RG., DJZ. 1911, 283; Preuß. VBl. **33**, 135), Märkte (RG., JW. 1913, 1104), Schlachthaus (RGZ. **83**, 74), Sparkasse (RGZ. **68**, 285; **91**, 344 u. Delius, PreußVBl. **31**, 93; **35**, 690), Rodelbahn (RG., Gruch. 1913, 691).

Privatrechtlich haftet eine Gemeinde, deren Polizeidiener jemandem beauftragt, ihm die Teilnehmer an einer Schlägerei zu zeigen, oder einen tollwutverdächtigen Hund zu fangen (RGZ., JW. 1914, 676 u. RGZ. **94**, 169). Bei zwangsweiser Heranziehung zur Hilfeleistung bei Feuersgefahr usw. (§ 360[10] StGB.) liegt öffentliche Gewalt vor.

Dasselbe gilt, wenn nicht wirtschaftliche, sondern polizeiliche Maßnahmen in Frage stehen, wenn es sich um die Unterlassung geeigneter Vorkehrungen zur Sicherung des Verkehrs auf öffentlichen Straßen und Wasserstraßen handelt (RGZ. **106**, 342, RG., JW. 1911, 735 u. 1915, 1120), wenn ein Kranker aus Gründen der Sorge für die Gesundheitspflege, für die Rechtspflege und die öffentliche

Sicherheit infolge behördlicher Maßnahmen in ein staatliches (kommunales) Krankenhaus aufgenommen wird (RGZ. 91, 264), wenn der Bürgermeister einer Stadt die polizeiliche Fürsorgepflicht hinsichtlich der Instandhaltung einer im Flusse gelegenen Badestelle vernachlässigt (RGZ. 52, 369), wenn die mit der Ausübung der Wohlfahrtspolizei betraute Behörde den Wegebaupflichtigen nicht zur alsbaldigen Instandhaltung des Weges nötigt (RG., JW. 1904, 353), bei Winterglätte die Streupflichtigen nicht an Erfüllung ihrer Pflicht erinnert (RG., JW. 1910, 333) oder es sonst unterläßt, die zur Erhaltung der öffentlichen Sicherheit erforderlichen polizeilichen Anordnungen zu erlassen (RGZ. 52, 373; JW. 1911, 759).

Die Leitung des Dienstes der Untergebenen, die Überwachung derselben, Anhaltung zur Erfüllung ihrer Dienstobliegenheiten durch Dienststrafen, ist Ausübung öffentlicher Gewalt, auch bei den Verwaltungen, in welchen sonst regelmäßig von Ausübung öffentlicher Gewalt nicht die Rede ist (BayVG., Recht 1916 Nr. 520).

2. Eine Spezialbestimmung enthält § 12 II, 15 ALR.[1]).

„Gegen den Genuß der dem Staate von den Landstraßen zukommenden Nutzungen ist er verpflichtet, für die Unterhaltung zur Sicherheit und Bequemlichkeit derselben zu sorgen.“ (§ 11 II, 15.)

„Für den aus Unterlassung dieser Pflicht entstandenen Schaden sind diejenigen, welche bei der vom Staate ihnen aufgetragenen Sorge dafür sich eines groben oder mäßigen Versehens schuldig gemacht haben, verantwortlich.“ (§ 12 II, 15.)

---

[1]) Aufrecht erhalten durch Art. 89 PrAG. z. BGB. (RG, DJZ. 1908, 1223). Vgl. auch Reimer 1, 24. Der § 79 II, 15 ALR., welcher eine gleiche Bestimmung für die Sicherheit der Schifffahrt auf öffentlichen Strömen hatte, ist durch § 399 Abs. 2 Nr. 1b des Wassergesetzes v. 7. April 1913 aufgehoben.

Der Staat haftet also gar nicht[1]). Der § 12 bezieht sich aber nur auf den Fiskus, nicht auf Gemeinden, Korporationen usw. Diese dürfen den Geschädigten nicht an den schuldigen Beamten verweisen (§§ 138ff. II, 15 ALR.). Auch gehören sog. Kommunikationswege nicht zu den Land- und Heerstraßen, auf welche sich die §§ 11 u. 12 II, 15 ALR. beziehen [2]).

Der Fiskus kann jedoch für den aus der Unterlassung der Unterhaltspflicht an den Landstraßen entstandenen Schaden dann verantwortlich gemacht werden, wenn die Unterhaltspflicht des Fiskus nicht aus seiner Eigenschaft als Inhaber des Landstraßenregals, sondern aus anderen Gründen, z. B. weil er Anlieger ist, hergeleitet wird (RGZ. **45**, 471).

3. In Vertragsverhältnissen hat der Staat usw. ein Verschulden aller der Personen zu vertreten, deren er sich zur Erfüllung seiner Verbindlichkeiten bedient (§ 278 BGB.)[3]):

Der Staat usw. haftet außervertraglich auf Schadensersatz nach §§ 31, 89 u. 831 BGB.[4]).

§ 31: **„Der Verein ist für den Schaden verantwortlich, den der Vorstand, ein Mitglied des Vorstandes oder ein anderer verfassungsmäßig berufener Vertreter durch eine**

---

[1]) sondern nur der schuldige Beamte (RGZ. **40**, 296). In RGZ. **7**, 288 wird die Anwendung der §§ 11 und 12 II, 15 ALR. für das Gebiet des franz. Rechts gegenüber Art. 1384 Cod. civ. verneint, weil die einschlägigen Bestimmungen dem sog. inneren Staatsrecht angehören und in der Rheinprovinz nicht publiziert seien.

[2]) Obertr. (Plenarbeschluß) Entsch. **14**, 92

[3]) RG., JW. 1904, 5; 1913, 976.

[4]) Die Haftung ist auch begründet, wenn der Vertreter bei Eingehung rechtsgeschäftlicher Verpflichtungen oder bei den Vorverhandlungen, die zum Abschluß führten, betrügerische oder unerlaubte Handlungen vorgenommen, insbesondere den Vertragsgegner arglistig getäuscht hat (RG., JW. 1916, 1270).

in Ausführung der ihm zustehenden Verrichtungen begangene, zum Schadensersatze verpflichtende Handlung einem Dritten zufügt."

§ 89 Abs. 1: „Die Vorschrift des § 31 findet auf den Fiskus sowie auf die Körperschaften, Stiftungen und Anstalten des öffentlichen Rechts entsprechende Anwendung."

§ 831: „Wer einen anderen zu einer Verrichtung bestellt, ist zum Ersatze des Schadens verpflichtet, den der andere in Ausführung der Verrichtung einem Dritten widerrechtlich zufügt. Die Ersatzpflicht tritt nicht ein, wenn der Geschäftsherr bei der Auswahl der bestellten Person und, sofern er Vorrichtungen oder Gerätschaften zu beschaffen oder die Ausführung der Verrichtung zu leiten hat, bei der Beschaffung oder der Leitung die im Verkehr erforderliche Sorgfalt beobachtet oder wenn der Schaden auch bei Anwendung dieser Sorgfalt entstanden sein würde.

Die gleiche Verantwortlichkeit trifft denjenigen, welcher für den Geschäftsherrn die Besorgung eines der im Abs. 1 Satz 2 bezeichneten Geschäfte durch Vertrag übernimmt."

Der Fiskus [1]), d. h. der Staat, soweit er nicht völkerrechtlich oder staatsrechtlich, sondern als privatrechtliche Person, als Vermögenssubjekt, in Betracht kommt, haftet ebenso wie jede andere öffentlich-rechtliche Person gleich der privaten juristischen Person für jeden Schaden, den ein verfassungsmäßig berufener Vertreter in Ausübung der ihm im privatrechtlichen Verkehr zustehenden Verrichtungen durch eine zum Schadensersatz verpflichtende Handlung (Unterlassung) einem Dritten zufügt [2]).

---

[1]) Dasselbe gilt von den Gemeinden usw.

[2]) Auch die Verletzung einer öffentlich-rechtlichen Pflicht erzeugt ohne weiteres eine bürgerlich-rechtliche Verpflichtung (RGZ. **52**, 369, **54**, 53, **78**, 329).

Er darf den Geschädigten nicht an seine Beamten verweisen. Er darf auch die Haftung nach § 31 nicht durch Verwaltungsanordnung (z. B. Betriebsordnung für einen Kanal) ausschließen (RG., SeuffArch. 55, Nr. 137).

Es kommt also weder auf ein Verschulden des Staates, noch darauf an, ob dem verfassungsmäßig berufenen Vertreter ein Verschulden zur Last fällt, noch auch darauf, ob die Handlung, durch welche der Schaden zugefügt wird, eine widerrechtliche ist. Erforderlich ist nur, daß durch die Handlung eine Verpflichtung zum Schadensersatz begründet wird. So ist z. B. der Staat usw. für den Schaden verantwortlich, welchen ein Beamter einem Dritten durch unberechtigte Selbsthilfe zugefügt hat (§ 231 BGB.). Ebenso haftet der Staat usw. für den von seinen Beamten durch Beschädigung oder Zerstörung von Sachen einem Dritten zugefügten Schaden, auch wenn die Zerstörung oder Beschädigung nach § 904 Satz 1 nicht widerrechtlich war und die Verpflichtung zum Schadensersatze nur nach § 904 Abs. 2 BGB. eintritt.

Der Staat (Verband) kann auch seine Befreiung von der Haftung nicht dadurch herbeiführen, daß er den Nachweis führt, er habe bei Auswahl des Vertreters die im Verkehr erforderliche Sorgfalt beobachtet.

Die Haftung des Staates usw. tritt nicht nur ein, wenn der Beamte in Ausführung seiner Vertretungsmacht, also in rechtsgeschäftlicher Vertretung, z. B. durch Betrug gegen den anderen Kontrahenten, sondern auch bei Ausführung technischer oder sonstiger tatsächlicher Verrichtungen einem Dritten Schaden zufügt, also z. B. in der Leitung einer von dem Staate betriebenen Fabrik, eines Bergwerks, oder in der Aufsicht über die dem Staate gehörenden Sachen eine unerlaubte Handlung vornimmt, z. B. durch gesetzwidrige Anordnung in der Fabrik eine Gesundheitsbeschädigung herbeiführt (RGZ. 57, 97) oder bei Verletzung eines Patentrechts durch Fabrikation von Waren (RG., Recht 1905, 829), bei Beschädigung der durch den Fiskus gemieteten Diensträume von seiten des Beamten.

Die schadenbringende Handlung kann eine positive Handlung oder eine Unterlassung sein (RG., Gruch. 44, 715 u. 53, 276), sie muß auch innerhalb des verfassungsmäßigen Wirkungskreises des Beamten liegen. Der Staat haftet nicht für das, was der Beamte völlig außerhalb seines Amtsbereichs oder nur bei Gelegenheit der Ausübung seiner amtlichen Verrichtungen getan hat[1]).

Man denke an Mißhandlung eines Arbeiters seitens des Leiters einer staatlichen Fabrik außerhalb des Dienstes oder an Brandstiftung seitens eines Beamten, welcher auf der Treppe bei Anzünden einer Zigarre das brennende Streichhölzchen wegwirft.

Jede juristische Person handelt durch ihre verfassungsmäßig berufenen Vertreter; nur das Wollen und das Handeln dieser ist Wollen und Handeln der juristischen Person, für das sie haftet, wie die natürliche Person für ihr eigenes Handeln. Die verschiedenen stationes fisci sind nur eine Person.

---

[1]) Nach RG. (JW. 1917, 593, 594) ist zur Anwendung der §§ 31, 89 ein Handeln in den Grenzen der Vertretungsmacht nicht erforderlich. Vgl auch RG. (JW. 1913, 589). Der Verband haftet, wenn z. B. der Pfarrer oder Bürgermeister seine amtliche Stellung zum Nachteil eines anderen dazu mißbraucht, einen Vorstandsbeschluß zu fälschen und ihn durch Beidrückung des Amtssiegels als echt erscheinen zu lassen (RG., JW. 1917, 594). Die Stadt haftet, wenn der Bürgermeister die von ihm als Vertreter der Stadt in Empfang genommenen Gelder (es war die Aufnahme eines Darlehns vorgespiegelt) unterschlägt (RGZ. 44, 308; Warneyer 1901 Nr. 311; anders erscheinend RG., JW. 1913 Nr. 587).

Es ist zu scheiden das Verhältnis der juristischen Person zu solchen Personen, durch die sie nicht vertreten wird, sondern durch die sie wie durch Werkzeuge handelt. Für solche Werkzeuge haftet die juristische Person nicht nach § 31 BGB., sondern nur so weit, als auch die natürliche Person für fremdes Verschulden. Vgl. §§ 278, 664, 691, 812ff., 831 u. § 701 BGB.

Das rechtliche Merkmal, das die verfassungsmäßigen Vertreter von den sonstigen Beamten (§ 831 BGB.) unterscheidet, für welche die Körperschaft nicht nach Maßgabe des § 31, sondern nur nach § 831 BGB. haftet, ist ihre Berufung[1]), wenn auch nicht zur Leitung der Körperschaft, so doch zu einer mehr oder weniger umfangreichen Tätigkeit innerhalb eines größeren sachlichen Geschäftskreises oder örtlichen Gebiets, durch die Satzung der Körperschaft, bei dem Staat und anderen öffentlich-rechtlichen Körperschaften durch die ihre Verwaltungsorganisation regelnden Bestimmungen[2]). Diejenigen Beamten und Angestellten dagegen, die nicht auf diese Weise zu ihrer Tätigkeit berufen sind, sondern ihren dienstlichen Auftrag wiederum auf diese verfassungsmäßig zu Vertretern berufenen Personen zurückführen, sind nicht Willensvertreter der Körperschaft und des Staates nach § 31 BGB., sie sind Werkzeuge der eigentlichen Vertreter, sie sind zu Verrichtungen im Sinne des § 831 BGB. bestellt, mögen diese Verrichtungen im übrigen mehr oder weniger

---

[1]) Die Berufung kann auch von einer über der öffentlich-rechtlichen Körperschaft stehenden staatlichen Stelle aus erfolgen (RG., JW. 1911, 149).

[2]) Bei der Stadtgemeinde muß die organisatorische Bestimmung im Gesetz oder in dem den Ausbau der Organisation bezweckenden Statut enthalten sein (RGZ. 74, 23; Gruch. 56, 867). Wegen des Kaiser-Wilhelm-Kanals vgl. RGZ. 79, 107.

oder gar nicht selbständig sein, mögen sie den Charakter rechtsgeschäftlicher Vertretung tragen oder nicht, und mögen sie aus einzelnen oder einer Mehrheit von Verrichtungen, zeitlich vorübergehenden oder dauernden, bestehen (RGZ. **53**, 279; **55**, 176; **62**, 31; **70**, 119; **74**, 23).

Bezüglich der verfassungsmäßigen Vertreter ist noch anzuführen: Nach RGZ. **39**, 185 genügt die Befugnis zu selbständigem Handeln im angewiesenen begrenzten Geschäftsbereich, während RG. v. 12. Okt. 1903 (SeuffArch. **59**, Nr. 27) und BayOLG. (Recht **6**, 291) dies nicht für ausreichend erklären. RGZ. **74**, 250 verlangt, daß der Handelnde „einem ganzen Verwaltungszweige als selbständig leitender Beamter vorgesetzt" und daß er allein oder gemeinschaftlich mit anderen zu rechtsgeschäftlicher Vertretung befugt ist. Das RG. (Urteil v. 1. März 1902, JW. 226) sieht als Vertreter an nicht nur diejenigen Beamten, die den Staat oder die Korporation rechtsgeschäftlich zu vertreten berufen sind, sondern auch andere Beamte, deren Dienstverrichtungen freien Spielraum für selbständige Willensentschließungen lassen.

Die Rechtsprechung des RG. ist schwankend, neigt aber zu einer Einschränkung des Begriffs. Vgl. auch RGZ. **91**, 2.

Nach RGZ. **120**, 307 ist Voraussetzung für einen verfassungsmäßigen Vertreter, daß er durch die staatlichen (gemeindlichen) Organisationsbestimmungen selbst zur Vertretung berufen ist und innerhalb seines Geschäftsbereiches eine dem Vorstande einer juristischen Person ähnliche Selbständigkeit, Verantwortlichkeit und rechtsgeschäftliche Vertretungsmacht hat. Vgl. RGZ. **53**, 279; **74**, 23 u. 250.

Keinenfalls ist erforderlich, daß die Person zur Vertretung der juristischen Person in allen Beziehungen berufen ist, es genügt, wenn die Person auch nur in einer oder einzelnen Beziehungen an die Stelle der juristischen Person tritt. So kann der Leiter eines staatlichen oder Gemeindeunternehmens (Fabrik oder Anstalt) und der Beamte (Eisenbahnbaumeister, Betriebsinspektor), der namens der juristischen Person zu befehlen und Weisungen zu erteilen hat, sie insoweit vertreten und eigenes Verschulden der juristischen Person z. B. durch Verletzung fremder Patente, Muster, Marken, Urheberrechte begründen (RGZ. **37**, 41). Selbstverständlich ist, daß das Willensorgan ordnungsmäßig berufen bzw. bestellt sein muß.

Ob eine Person als Vertreter (Willensorgan) oder als Werkzeug anzusehen ist, kann nur konkret entschieden werden.

In der Praxis sind als Werkzeuge angesehen: der Sequester eines landwirtschaftlichen Kreditverbandes (RGZ. **29**, 233), ein Kanallotse (RGZ. **74**, 250; **79**, 104), ein Rieselmeister, welchem eine Stadt die Ausführung gewisser Arbeiten zur Sicherung einer Landstraße übertragen hatte (Obertr. **45**, 123), der Bahnmeister bei der Staatseisenbahn (RGZ. **53**, 270), ein Eisenbahnstationsassistent, auch als oberster Beamter der Station (RG., SächsArch. **1**, 7), der Bahnwärter (RGZ. **47**, 328 u. Warneyer 1910 Nr. 189), der Stationsvorsteher der preußischen Staatseisenbahnen (RG. v. 5. Okt. 1903, JW. **32**, Beil. 117), der Eisenbahnrangierleiter (BayOLG., SeuffArch. **57**, 435), der Obersekretär und Kastellan, wenn es sich um einen Unfall im Gerichtsgebäude handelt (RG. v. 5. Nov. 1903, JW. **32**, Beil. 132), ein Straßenkontrolleur, dem seine Geschäfte von seinen Vorgesetzten zugewiesen werden (RG. v. 12. Okt. 1903, JW. **32**, Beil. 118), ein Motorwagenführer bei einer Straßenbahngesellschaft (RG. v. 22. Juni 1903, JW. **32**, Beil. 32), der Postbote bei Ausführung eines Postauftrags (RGZ. **19**, 101, 106), der Postassistent (RG., JW. 1906, 706), Hausmeister, selbst wenn seine Bestellung durch die Verwaltungsbestimmungen des Postfiskus vorgesehen ist (RG., JW. 1904 Nr. 165), Postmeister hinsichtlich des Postgebäudes (RGZ. 57, 930), ein zur Aushilfe herangezogener Hilfsbriefträger (OLG. Stuttgart, v. 30. Jan. 1903, R. d. OLG. 9, 22), ein Postillion (OLG. Celle v. 8. Jan. 1906 R. d. OLG. 14, 2), ein Distriktsaufseher und Chausseewärter eines Provinzialverbandes (OLG. Kiel v. 22. Jan. 1904, SchleswHolst. Anz. 69; SeuffArch. 57, Nr. 241), ein staatlicher Baumeister und Bauinspektor in Hamburg (RGZ. 47, 242), ein Kreischausseeaufseher (RGEntsch. 62, 37).

Als verfassungsmäßige Vertreter sind angesehen: Der Landesbauinspektor eines preußischen Provinzialverbandes (OLG. Kiel, SchleswHolstA. 1913, 248), der Kämmereisenator einer mecklenburgischen Stadt (OLG. Rostock, R. d. OLG. 24, 244), ein Feuerwehroffizier (OLG. Kolmar, ElsLothrZ. 1903, 29), der Schulvorstand (RG., JW. 1906, 427), der Pfarrer als Vorsitzender des Gemeindekirchenrats (RG., JW. 1917, 593), der Vorstand der Kanalbauverwaltung (RGZ. 106, 340), der Betriebsdirektor des Kanalamts in Kiel (RGZ. 79, 107), ein preußischer Oberförster für das Staatsvermögen, welches die ihm übertragene Oberförsterei umfaßt (RG. VI ZS. v. 10. Okt. 1904, JW. 548), der Landgerichtspräsident und der Oberstaatsanwalt in Ansehung des für den Justizfiskus mit dem Eigentum des Landgerichtsgebäudes gegebenen privatrechtlichen Verhältnisses (RG., Gruch. 50, 301), der Aufsichtsrichter beim Amtsgericht (RG., JMBl. 1904, 321), der Betriebsinspektor der badischen und der preußischen Staatsbahnen (RG., BadRechtspr. 1907, 120 u. RGZ. 53, 276), der Leiter der staatlichen Bade- und Brunnendirektion (RG., Recht 1911 Nr. 1476), der Gymnasialdirektor hinsichtlich der baulichen Beaufsichtigung des Gymnasiums (RG. v. 21. Jan. 1909, IV 227/08 u. SeuffArch. 64, Nr. 6: Schulvorstand), nicht der Schuldiener (RG., JW. 1906, 427), der Vorsteher einer Reichsbanknebenstelle (vgl. RG. JW. 1911, 594).

Heeresverwaltung. Der Regimentskommandeur und Garnisonkommandant, der nicht für genügende Absperrung der verseuchten Pferde des Regiments gesorgt hat (RG., Warneyer 1908 Nr. 589), der Regimentskommandeur hinsichtlich des Krümperwagenbetriebs (RG., JW. 1911, 487), der Kommandeur des Pionierbataillons hinsichtlich der Unterhaltung des Signalmastes (RG. v. 24. April 1913, IV 664/12), der Bataillonskommandeur hinsichtlich der Unterhaltung des dem Bataillon überwiesenen Turngeräts und der hierauf bezüglichen Arbeiten (RG., JW. 1912, 87)[1]).

Der Kommandant eines Kriegsschiffes (vgl. RGZ. **72**, 350).

Stadtgemeinden. Der Bürgermeister (RGZ. **44**, 306; JW. 1913, 587), die Mitglieder des Magistrats und der Deputationen i. S. des § 59 Städteordnung v. 30. Mai 1853 (RGZ. **70**, 119), die zur Verwaltung der Sparkasse eingesetzte städtische Deputation (RGZ. **64**, 403), die dem Magistrat untergeordnete Baudeputation, zu deren Geschäften die Beaufsichtigung des baulichen Zustandes der Straßen und deren Instandhaltung gehört (RG., Recht 1907 Nr. 966), der dem Magistrat als Mitglied angehörende Stadtbaurat (RG., JW. 1911, 939)[2]), der technische Leiter

---

[1]) Nicht der mit Prüfung von Materialien (Glühzünder) beauftragte Offizier (RGZ. **55**, 171) und die dem Kommandeur eines Pionierbataillons beigeordnete, aus zwei oder drei Offizieren bestehende Übungsverwaltung, welche die Geschäfte unter besonderer Kontrolle des Bataillonskommandeurs führt (RG. v. 24. April 1913, IV 664/12).

[2]) Dagegen nicht allgemein der dem Stadtbaurat untergeordnete Vorsteher der Straßenbauabteilung (vgl. RG., JW. 1912, 849), überhaupt nicht der untergeordnete Bauinspektor oder Ingenieur (RG., JW. 1911, 339), der städtische Gasdirektor (RGZ. **74**, 21)

eines Gemeindebauamtes (RG. v. 24. März 1904, JW. 284), der Stadtingenieur (Leiter der Tiefbauabteilung) (RG. V. ZS. v. 29. Febr. 1908, 226/07), der städtische Baumeister als Leiter der Kanalisationsarbeiten (JW. 1911, 149), der Rendant einer Gemeindesparkasse (JW. 1912, 282), der Beigeordnete in der Rheinprovinz als Vertreter des Bürgermeisters (KG., PrVBl. 27, 822), der Bürgermeister einer Stadtgemeinde als Vorstand der städtischen Sparkasse (RGZ. 68, 284) und auch sonst (JW. 1913, 587), der Waagenaufseher, welcher eine Wasserwaage unbeleuchtet stehen ließ (RG., Gruch. 44, 715).

Amtsgemeinde. Der als Mitglied des Sparkassenvorstandes bestellte Rendant (RG., JW. 1912, 283; Gruch. 56, 866).

Kreis. Der vom Kreisausschuß angestellte Kreisbaumeister (RGZ. 62, 37), dagegen nicht der vom Kreisausschuß angestellte Kreisbaumeister, dessen Anstellung nicht auf statutarischer Anordnung beruht (RG., JW. 1915, 395).

Die Körperschaft ist verpflichtet, die zur Verrichtung einer Amtshandlung bestellten Beamten sorgfältig auszuwählen und zu beaufsichtigen, sie haftet nur bei Verletzung dieser Pflicht für den Schaden, den die bestellten Beamten durch eine in Ausübung ihrer Verrichtungen begangene unerlaubte Handlung Dritten zugefügt haben, vorausgesetzt, daß der Schaden ohne diese Pflichtverletzung nicht entstanden sein würde[1]).

---

und der Betriebsdirektor der Straßenbahn, falls er nicht als Mitglied der Verwaltungsdeputation oder kraft Ortsstatuts zu den verfassungsmäßigen Vertretern gehört (RG., JW. 1911, 640); auch nicht der Straßenkontrolleur (RG., JW. 1913, Beil. 118).

[1]) Ob der Staat (Gemeinde) nach Maßgabe der bestehenden Beamtengesetze in der Lage ist, einen für seine Verrichtungen unbrauchbar gewordenen oder als untüchtig nachträglich erwiesenen Beamten aus seinem Amte zu entfernen, kann für den Entlastungsbeweis nicht in Betracht kommen (RGZ. 79, 101).

Der im Sinne des § 831 BGB. zu einer Verrichtung Bestellte muß von einem hierfür zuständigen Vertreter der juristischen Person bestellt sein, wenn diese als Geschäftsherrin gelten soll. Der Bestellte braucht den Auftrag zu der einzelnen Verrichtung nicht unmittelbar von einem solchen Vertretungsorgane erhalten haben. Die Bestellung kann in der Anstellung, der Auftrag zu der Verrichtung in einer allgemeinen Dienstvorschrift begründet sein (RGZ. **55**, 176). Entscheidend ist nicht der Zeitpunkt der Anstellung, sondern der Bestellung des Beamten zu der fraglichen Verrichtung (RGZ. **79**, 105).

Die Körperschaft kann sich von der Haftung durch den sog. Entlastungsbeweis befreien. Sie muß beweisen, daß sie bei der Auswahl des mit der Aufsicht der Arbeiten beauftragten Beamten und bei der Beschaffung der Vorrichtungen und Gerätschaften sowie bei der Leitung der Arbeiten die im Verkehr erforderliche Sorgfalt beobachtet hat.

„In Ausführung" der Verrichtung (§ 831 BGB.) begangen ist allerdings nur, was mit ihr nach Zweck und Art in innerem Zusammenhange steht (RGZ. **73**, 436; **79**, 319; **104**, 345). Wenn aber solcher Zusammenhang vorliegt, so stellt willkürliche oder irrtümliche Überschreitung der Auftragsgrenzen die Handlung noch nicht außerhalb des Kreises der aufgetragenen Verrichtungen (RG. Warneyer 1916 Nr. 125 u. JW. 1928, 1414).

Verschieden von der Haftung aus § 831 BGB. ist die allgemeine Beaufsichtigung der Beamten und ihrer Dienstverrichtungen, die dem Staat usw. in seinen verfassungsmäßig berufenen Vertretern obliegt und deren Unterlassung ihm als ein Verschulden dieser Vertreter zugerechnet werden muß. Wenn aus dieser Vernachlässigung ein Schade erwächst, ist die juristische Person, obwohl sie eine geeignete Person zu dieser Verrichtung bestellt hatte, nach § 823 BGB. gleichwohl haftbar. Vgl. RG., JW. 1903 Beil. 1 S. 9 u. RGZ. 55, 53. Ist durch die Vernachlässigung der Aufsichtspflicht ein gesetzwidriger Zustand eingerissen, sind gesetzliche Vorschriften, die dem Schutze Dritter dienen (§ 823 Abs. 2 BGB.), dauernd unbeachtet geblieben, so ist für die Nichtbeachtung nicht allein die Person verantwortlich, der die Befolgung aufgetragen war, sondern auch die juristische Person, deren Vertreter die Nichtbeachtung duldete, obwohl er sie abstellen konnte und mußte (RGZ. 55, 281).

4. Wegen der Haftung des Staates auf Grund von Sondergesetzen (Post usw.) vgl. § 6 PrAHG. In Betracht kommen ferner §§ 457ff. HGB. (Eisenbahnen).

§ 14. Haftpflicht des Beamten.

a) Haftpflicht dem eigenen Staat (Verbande) gegenüber.

Der Staat kann durch das Versehen des Beamten bei Vornahme privatrechtlicher Akte entweder direkt[1]) geschädigt sein oder er tritt, weil er dem Beschädigten den Schaden ersetzt hat, als Regreßnehmer auf. Gleichgültig ist, ob der Beamte als Willensorgan im Sinne des § 31 BGB. oder nur als Werkzeug (§ 831 BGB.) anzusehen ist.

Nach § 80 EG. z. BGB. bleiben, soweit nicht in dem BGB. eine besondere Bestimmung getroffen ist, unberührt die landesgesetzlichen Vorschriften über die vermögensrechtlichen Ansprüche und Verbindlichkeiten der Beamten, der Geist-

[1]) Der Inhaber einer Dienstwohnung haftet für Unfälle, welche infolge eines mangelhaften Zuganges zu derselben sich ereignen, mag auch die Unterhaltungspflicht einem anderen obliegen (RG. v. 8. Juli 1909; MBl. f. d. i. V. 440 und Brand S. 588).

lichen und der Lehrer an öffentlichen Unterrichtsanstalten aus dem Amts- und Dienstverhältnisse.

Es kommt das öffentliche Recht des betreffenden Landes zur Anwendung und sind die Ausführungen in §§ 7 u. 8 d. W. auch hier maßgebend.

b) Haftpflicht gegenüber Dritten (Privatpersonen, anderen Verbänden).

Der Verletzte hat die Wahl, ob er den Staat (Verband) oder den Beamten in Anspruch nehmen will. Gleichgültig ist auch hier, ob letzterer verfassungsmäßiger Vertreter ist oder nicht. Da aber der Beamte bei Fahrlässigkeit nur subsidiär haftet, also den Verletzten an den Staat (Verband) verweisen kann, so ist der Beamte einer Klage mit Erfolg nur ausgesetzt, wenn er vorsätzlich gehandelt hat oder der Staat (Verband) nach §§ 31, 89 BGB. nicht haftet, weil deren Voraussetzungen nicht vorliegen, oder deren Anwendung durch Sondergesetze (man denke an Post, Telegraphie usw.) ausgeschlossen ist. Die Haftung des Beamten richtet sich nach § 839 BGB. Vgl. § 9 d. W.

Bei Wegebeamten ist die Sonderhaftung nach §§ 11, 12 II, 15 ALR. (s. oben § 13 Ziff. 3 d. W.) zu beachten.

Buch IV.

Die Geltendmachung des Schadensersatzanspruches gegen den Staat (Verband) und gegen den Beamten sowie seitens des Staates (Verbandes) gegen den Beamten.

§ 15. Geltendmachung des Anspruchs im Wege des Prozesses [1]).

a) Die Klage des geschädigten Dritten gegen den Staat (Verband) oder den schuldigen Beamten.

---

[1]) Es ist auch Zahlungsbefehl zulässig.

I. Ausübung der öffentlichen Gewalt.

Der Rechtsweg ist in allen Fällen zulässig[1]), auch bei Ausübung von Hoheitsrechten (RGZ. **103**, 40). Die Erhebung des Kompetenzkonflikts ist ausgeschlossen. Wenn der Gerichtshof zur Entscheidung der Kompetenzkonflikte die Zulässigkeit des Rechtsweges noch jetzt verneint, falls der Geschädigte sich auf das Amtshaftungsgesetz nur deshalb beruft, um auf diesem Umwege die Sache, welche sonst dem Rechtswege verschlossen ist, vor die ordentlichen Gerichte zu bringen, z. B. eine Steuersache, so ist das nicht zutreffend. Das RGZ. **87**, 119 erklärt den Rechtsweg uneingeschränkt für statthaft und sagt, es komme auf die Natur des Rechtsverhältnisses, um das es sich bei der Amtshandlung handele, nicht an. Ebenso RG. 12. April 1926 (JR. Nr. 1299); es ist auch gleichgültig, ob die Rechtsfragen an sich richterlicher Nachprüfung unterliegen (RGZ. **106**, 42). Die Amtshaftungsgesetze haben die zivilrechtliche Verfolgbarkeit von Entschädigungsansprüchen nach keiner Richtung hin zum Nachteile des Geschädigten einschränken wollen. Das RG. (16. Dez. 1921, „Recht" 1922 Nr. 999) hat sich jedoch dem Kompetenzgerichtshof angeschlossen, wahrscheinlich liegt nur eine Entgleisung vor. Vgl. dagegen Delius, LeipZ. 1921 S. 436. Auf welchen Wegen der Geschädigte zu seinem Recht gelangt, ist doch gleichgültig. Der Gesetzgeber stellt ihm verschiedene Gesetze zur Wahl. Kein Gesetz verbietet, die AHG. zur Grundlage des Anspruches zu machen.

Nach § 249 BGB. ist bei Schadensersatzansprüchen die Wiederherstellung des früheren Zustandes das erste. Auch

---

[1]) Vgl. Art. 131 RV. Da aber die Bedeutung desselben streitig ist, muß auf die Frage näher eingegangen werden. Das Preissteigerungsgesetz v. 23. Juli 1915 (§ 3) schließt den Rechtsweg ausdrücklich aus (RGZ. **97**, 234).

hier will das RG. den Rechtsweg nicht immer zulassen: Es sagt:

„Der Anspruch zielt darauf ab, die behördliche Anordnung, den staatlichen Hoheitsakt rückgängig zu machen; hierfür ist der Rechtsweg nicht gegeben auch wenn der Anspruch auf §§ 839 und 249 BGB. gestützt wird. Vgl. RGZ. **105**, 134; **111**, 48. Auf den Grundsatz der Naturalrestitution (§ 249) kann Kläger nicht zurückgreifen, denn diese Gesetzesstelle bezweckt weder, noch darf sie dazu mißbraucht werden, Hoheits- oder Verwaltungsakte, in welche die Gerichte nicht einzugreifen haben, dennoch ihrer Aburteilung zu unterstellen, mit der Folge, daß auf diesem Wege solche Akte rückgängig gemacht werden. Vgl. auch Kompetenzgerichtshof i. Preuß. VerwBl. 44, 404 (RG. III ZS. 4. Dez. 1925; III 630/25, „Recht" 1926 Nr. 374).

Es bleibt, wenn man dem folgt, nichts anderes übrig, als gemäß § 250 BGB. Geld als Schadensersatz zu fordern. Allein ist es wirklich so unerträglich, wenn auf Grund eines gerichtlichen Urteils ein unrichtiger Hoheitsakt usw. rückgängig gemacht werden muß? Der Umstand, daß die Entscheidung einer Behörde unanfechtbar oder rechtskräftig geworden ist, schließt einen Schadensersatzanspruch wegen einer bei dieser Entscheidung oder dem vorausgegangenen Verfahren begangenen Pflichtverletzung nicht aus (RGZ. **104**, 161). Sind durch verfassungsänderndes Gesetz Schadensersatzansprüche ausdrücklich ausgeschlossen oder den ordentlichen Gerichten entzogen, so hat es natürlich dabei sein Bewenden (RGZ. **97**, 234 u. **104**, 161).

Die Notwendigkeit der Entscheidung öffentlich-rechtlicher Fragen durch den Zivilrichter steht der Zulässigkeit des Rechtsweges nicht entgegen. Werden Zinsen von einem zu Unrecht erhobenen Steuerbetrage als Schaden infolge Beamtenverschuldens gefordert, so ist der Rechtsweg zulässig, obwohl

Steuerforderungen sonst dem Rechtswege entzogen sind (OLG. Königsberg, Recht **1919** Sp. 358). Erforderlich ist nur, daß in den privatrechtlichen (nicht öffentlich-rechtlichen) Interessenkreis des Geschädigten durch die Amtspflichtverletzung eingegriffen ist (RGZ. **87**, 119, **91**, 49, **92**, 305; Recht 1919 Sp. 358). Der in dem öffentlich-rechtlichen Rechtskreise des Verletzten entstandene Schaden kann gemäß § 839 BGB. nicht verfolgt werden (RG., Gruch. **61**, 142), insbesondere nicht ein Anspruch wegen schuldhafter Nichtverleihung einer Beamtenstelle. Die Verletzung einer Beamtenstelle ist ein hoheitsrechtlicher Akt, der Staatsgewalt, der nur der Entschließung der Verwaltungsbehörden, nicht der gerichtlichen Entscheidung unterliegt (RGZ. **92**, 430; v. 14. Jan. 1921, III 281/20). Die Prüfung dieser Frage kann auch nicht auf dem Umwege des § 839 dem Gerichte übertragen werden.

Gleichgültig ist für die Frage des Rechtsweges, ob der Beklagte das Vorliegen einer Amtspflichtverletzung bestreitet (RG., Recht 1919 Nr. 1674).

Streitig ist, ob angesichts Art. 131 RV. noch die Vorentscheidung einer Verwaltungsbehörde zulässig ist. Vgl. oben S. 28. In Preußen ist die Konfliktserhebung beseitigt.

Wegen der Frage, ob § 5 PrAHG. noch gilt, vgl. oben § 5 d. W.

Ansprüche aus den Amtshaftpflichtgesetzen, z. B. eines Beamten wegen Überanstrengung im Dienste durch seinen Vorgesetzten, fallen z. B. nicht unter § 7 KomBG. es ist also eine Anrufung des Kreis- bzw. Bezirksausschusses nicht erforderlich (RGZ. **100**, 188; **104**, 24), solche Ansprüche bedürfen keines Vorbescheides (vgl. Ges. v. 24. Mai 1861), unterliegen aber der dreijährigen Verjährung aus § 852 BGB. (RGZ. **100**, 188). Daneben ist die Schadensklage aus dem Beamtendienstverhältnis gegeben (RGZ. **92**, 307),

z. B. Verletzung der Fürsorgepflicht, der Beschaffung ungesunder Diensträume. Der Kläger braucht sich auf § 839 nicht ausdrücklich zu berufen. Wo aus dem privatrechtlichen Verhältnis (Hinterlegung, Verwahrung) und zugleich als § 839 BGB. bzw. dem AHG. geklagt ist, ist die Revision ohne Rücksicht auf den Streitwert nur dann zulässig, wenn auch in der II. Instanz der letzte Klagegrund geltend gemacht ist (RGZ. **101**, 350). Beim Notar ist auch wegen Verletzung der Berufs- (nicht Amts-)Pflichten Nachprüfung zulässig, wenn nur wegen der Amtspflichten das Reichsgericht zuständig ist (RGZ. **95**, 214).

Aktiv legitimiert ist der Geschädigte.

Passiv legitimiert ist nicht der Beamte (die Klage gegen diesen müßte abgewiesen werden), sondern der Staat (Reich, Verband), in dessen Diensten der schuldige Beamte steht. Vertreten wird der Staat (Reich) durch diejenige Behörde, in deren Bezirk der Beamte zurzeit, in welcher der Anspruch entstanden ist (nicht immer mit der schädigenden Handlung zusammenfallend), seinen dienstlichen Wohnsitz hatte, auch wenn er außerhalb seines Dienstbezirks aber im Interesse desselben tätig gewesen ist. Ist der Beamte außerhalb seines Dienstbezirks und auch im Interesse eines fremden Dienstbezirks tätig gewesen, so ist die Behörde dieses Bezirks zuständig, sei es ausschließlich oder neben der Heimatsbehörde (RGZ. **106**, 14).

Wegen der Behörden, welche den preußischen Staat und das Reich vertreten, vgl. Fritze-Werner, Prozeßvertretung des Fiskus in Preußen und im Reich, 2. Aufl. 1910)[1]).

Als Vertreter des Staates können auch die Ressortminister im Prozeß auftreten (RGZ. **118**, 97), sie sind hieran aber dann

[1]) Wegen Vertretung des Reichswehrministeriums s. AllgVerf. v. 23. Mai 1921 (JMBl. 316) u. v. 16. Juni 1920 (JMBl. 300).

gebunden. Bei Inanspruchnahme des preußischen Staates ist nicht stets der Minister des Innern zuständig, es kommt darauf an, in welchem Geschäftsbereich der Beamte, dem eine schuldhafte Amtspflichtverletzung zur Last gelegt wird, angestellt ist. Der Regierungspräsident ist das Organ sämtlicher Minister in Preußen mit Ausnahme des Justizministers. Die Erwerbslosenfürsorge gehört zum Geschäftsbereiche des Ministers für Volkswohlfahrt, dieser ist also zuständig, wenn der Regierungspräsident auf diesem Gebiete eine Amtspflicht verletzt. (RG. 3. ZS. 23. Sept. 1927 III 25/27, Jur. Woch. 1927, 2851.)

Im Bereich der Justizverwaltung vertritt den Staat der Generalstaatsanwalt beim Oberlandesgericht.

Die Schadensersatzklage, die gegen verschiedene Vertreter des Fiskus angestrengt war, kann nicht gegen einen dieser Vertreter allein endgültig abgewiesen werden, weil der Staat ein einheitliches Rechtssubjekt ist, es ist nur zu prüfen, ob eine Haftung des Staates begründet ist (RG., „Recht" 1925 Nr. 650).

Die Passivlegitimation des Verbandes bleibt weiter bestehen, wenn der Beamte stirbt, pensioniert wird oder die Beamteneigenschaft sonst verliert (RGZ. **33**, 244; JW. **95**, 321).

Die Klage gegen den Verband (Staat usw.) bildet die weitaus größte Mehrzahl der Schadensprozesse.

Haftet der Beamte persönlich dem Dritten, so ist er zu verklagen.

Es gehört zu den Pflichten der Behörden, den schuldigen Beamten dem Geschädigten namhaft zu machen, sofern dies möglich ist. Eventuell sind diejenigen Beamten zu bezeichnen, welche als Schuldige in Betracht kommen können[1]).

---

[1]) Nach der Verfügung des Reichspostamts v. 26. Juni 1886 u. 27. Okt. 1887 wird dem Geschädigten der Name des schuldigen Beamten genannt.

Sachlich zuständig ist für den Anspruch gegen das Reich bzw. preußischen Staat, ohne Rücksicht auf den Wert des Streitgegenstandes, ausschließlich das Landgericht (§ 70 GVG.; § 39 PrAG. z. GVG. und § 3 RAHG. 2 sowie RGZ. 42, 418), bei Ansprüchen gegen andere Verbände (Gemeinde, Kreis usw.) gilt nach RGZ. 107, 61 dasselbe[1]).

Richtet sich die Klage gegen einen öffentlichen Beamten persönlich[2]), so ist, gleichgültig, ob es sich um einen Reichs-, Staats- oder Gemeinde- usw. Beamten handelt, das Landgericht ausschließlich zuständig (§ 70 GVG.; § 39 PrAG. z. GVG.)[3]). Vgl. RG., Gruch. 46, 1087.

Örtlich zuständig ist bei Klagen gegen den Staat (Verband usw.) das Landgericht, an dem Sitz derjenigen Behörde, welche den Fiskus usw. für den Amtssitz des schuldigen Beamten zu der Zeit, in welcher der Anspruch entstanden ist, zu vertreten hat[4]). Der Geschädigte kann aber auch im Be-

---

[1]) Man hat die ausschließliche Zuständigkeit des Landgerichts eingeführt, um die Revision beim Reichsgericht zu ermöglichen und damit eine einheitliche Rechtsprechung herbeizuführen (RG., JW. 1901, 394).

Ähnliche Vorschriften wie in Preußen sind auch in den Ausführungsgesetzen z. GVG. in Bayern, Württemberg, Sachsen, Mecklenburg und Hamburg erlassen. Es sind ebenfalls die Landgerichte ausschließlich zuständig.

[2]) Auch gegen einen Notar bei Verletzung von Amtspflichten.

[3]) Vgl. RG. Gruch. 33, 457 (Notare); RGZ. 60, 321 (Ortsvorsteher); RGZ. 59, 329 (Mitglieder des evangelischen Gemeindekirchenrats), RG., JW. 1902, 405 (Mitglieder des katholischen Kirchenvorstandes).

[4]) In Preußen ist die Vertretung des Justizfiskus übertragen der Staatsanwaltschaft bei demjenigen Oberlandesgericht, in dessen Bezirke die Justizbehörde ihren Sitz hat, zu deren Geschäften die der Beteiligung des Fiskus an dem Rechtsstreite zugrunde liegende Angelegenheit gehört.

amten handeln, das Landgericht ausschließlich Gerichtsstande der unerlaubten Handlung klagen (§ 32 ZPO.).

Nach § 154 Reichsbeamtenges. i. d. Fassung v. 18. Mai 1907 ist für Reichsbeamte der Gerichtsstand der unerlaubten Handlung ausgeschlossen. Zuständig ist das Gericht, in dessen Bezirk der Beamte zur Zeit der Amtspflichtverletzung oder zurzeit der Klageerhebung seinen Wohnsitz hatte. Vgl. Güthe II, 121; and. Ans. Komm. d. RGR. (3. Aufl.) zu § 839 BGB. letzte Anmerkung.

Bei Klage gegen den Beamten persönlich ist das Landgericht örtlich ausschließlich zuständig, in dessen Bezirk der zu belangende Beamte seinen allgemeinen Gerichtsstand hat (§ 13 ZPO.) oder die Amtspflichtverletzung begangen ist (§ 32 ZPO.).

Die Syndikatsklage, die nicht nur als Leistungs-, sondern auch als Feststellungsklage (§ 256 PO.) zulässig ist, unterscheidet sich gar nicht von anderen Klagen. Allerdings wird dem Geschädigten durch das Verlangen des Nachweises einer Pflichtwidrigkeit seine prozessuale Lage erheblich erschwert. Nicht nur dann, wenn Amtshandlungen in Frage stehen, für welche der Schutz des Amtsgeheimnisses besteht, sondern auch in vielen anderen Fällen wird es dem Kläger schwer sein, das zur Substantierung seiner Klage erforderliche Material sich zu verschaffen. Um zu ermitteln, welcher Umstand die Pflichtwidrigkeit begründet, welchem Beamten dieselbe zur Last fällt, müßte Kläger in das Innere der Geschäftsführung eindringen. Den nämlichen Schwierigkeiten würde derselbe bei Sammlung der Beweismittel begegnen. Der Richter wird deshalb die Verpflichtung des Klägers zur prozessualen Substantiierungs- und Beweispflicht nicht mit voller Strenge behandeln dürfen[1]).

---

[1]) Auch die Dienstbehörde des Beamten wird in der Vorenthaltung des Inhalts ihrer Akten nicht allzu zurückhaltend sein dürfen.

Nach dem österr. Gesetze v. 12. Juli 1879 § 16 ist über Tatsachen, bezüglich welcher den Beamten die amtliche Pflicht der Verschwiegenheit obliegt, der Beweis durch den Eid dieser Beamten unzulässig.

Das RG. (JW. 1889, 106) hat angenommen, daß auch kriminell strafbare Handlungen von der Eideszuschiebung nicht ausgeschlossen seien. Der Beamte wird also nach der ZPO. die Eideszuschiebung durch den Hinweis auf sein Amtsgeheimnis nicht beseitigen können. Wird ein anderer Beamter als Zeuge vernommen, so entscheidet § 376 ZPO.

In dem Prozesse gegen den Staat usw. kann der schuldige Beamte als Zeuge vernommen werden, im Fall der Nebenintervention oder der Streitverkündung jedoch zunächst nur uneidlich (§ 393 Abs. 1 Ziff. 4 ZPO. u. RGZ. **40**, 377). Nach RGZ. **89**, 24 dürfen die Mitglieder eines Gerichts sogar über den Ausfall der Abstimmung als Zeugen gehört werden.

Das RGZ. **99**, 254 verneint das Nachprüfungsrecht des ordentlichen Gerichts hinsichtlich der Frage der bloßen Zweckmäßigkeit einer Verwaltungsmaßnahme. Vgl. Delius, Recht 1921 Sp. 41.

Der Übergang von dem Haftungsanspruch gegen den Beamten persönlich aus § 839 BGB. zur Inanspruchnahme des Beamten aus außerdienstlichen Handlungen enthält eine unzulässige Klageänderung (RG., Recht 1919 Nr. 954).

Beweislast.

Der Verletzte hat darzutun und zu beweisen:

1. Die schuldhafte Verletzung der ihm gegenüber bestehenden Amtspflicht (RGZ. **19**, 331; JW. 1917 931). Es genügt, wenn er einen Sachverhalt dartut, welcher nach dem regelmäßigen Zusammenhange der Dinge die Folgerung rechtfertigt, daß der Beamte fahrlässig seine Amtspflicht verletzt habe (RG. 19. Dez. 1921, Recht 1922 Nr. 433).

Bezeichnung des schuldigen Beamten bei Klagen gegen den Staat usw. ist nicht erforderlich (RGZ. **100**, 103). Es muß nur nachgewiesen werden, daß der Schaden durch einen Beamten überhaupt verursacht ist, für welchen der Staat usw. haftet. Ist die Verletzung einer Dienstvorschrift nachgewiesen, so hat der Beamte (Staat) nachzuweisen, daß ihn trotzdem kein Verschulden trifft (RG., Gruch. **39**, 1183).

Beim Waffengebrauch der Beamten und des Militärs ist die Beweislast dahin geregelt: Der durch den Waffengebrauch eines Beamten Beschädigte hat nicht die Widerrechtlichkeit des Waffengebrauchs zu beweisen, sondern den Beamten trifft die Beweislast für das Vorliegen des einwandweise geltend zu machenden, die Widerrechtlichkeit ausschließenden besonderen Umstandes (RG., Recht 1907, 394), die abweichende Ans. (JW. 1906, 745) ist ausdrücklich aufgehoben[1]). Vgl. RG. 16. Nov. 1926, Recht 1927 Nr. 32.

Dasselbe gilt von der Notwehr (RG., Gruch. **51**, 207). Schuldhafte Überschreitung der Notwehr hat aber der Geschädigte zu beweisen (RG. v. 7. Jan. 1921, PrVBl. **42**, 380).

Beim Spruchrichter muß der Geschädigte eine Pflichtverletzung nachweisen, die mit öffentlicher Strafe bedroht ist (§ 839 Abs. 2 BGB.).

---

[1]) Vgl. RGZ. **104**, 282. Der Komm. d RGRäte zu § 823 Anm. 10 aE. vertritt anscheinend wieder die Ansicht von RG., JW. 1906, 745. Nach § 10 Ges. über den Waffengebrauch des Militärs v. 20. März 1837 (GS. 60) wird vermutet, daß beim Gebrauche der Waffen das Militär innerhalb der Schranken seiner Befugnisse gehandelt habe. Diese Beweisregel ist nach Ansicht des RGZ. **100**, 28 noch maßgebend. Vgl. dagegen Delius, Das Recht der Vollzugsbeamten u. d. Militärs z. administrativen Waffengebrauche ArchÖffR. **9**, 84 ff.).

2. Den Eintritt des Schadens. Vgl. oben § 9 d. W. (Ziff. 5γ.)

3. Den ursächlichen Zusammenhang zwischen Amtspflichtverletzung und Schaden. Dem Geschädigten stehen jedoch gewisse auf die Erfahrung des Lebens sich gründende Vermutungen zur Seite, welche die Beweisführung erleichtern (sog. prima-facie-Beweis). Vgl. RG., SeuffArch. **70** Nr. 151. Ein hoher Grad von Wahrscheinlichkeit muß bei Abwesenheit anderer gleichstarker Möglichkeiten dem Richter genügen, seine Überzeugung zu bilden, daß die Handlung des Beamten, da sie den schädlichen Erfolg herbeizuführen geeignet gewesen ist, den Schaden auch wirklich verursacht hat. Der Beweispflicht des Klägers ist genügt, wenn eine solche Wahrscheinlichkeit dargetan ist, die die Entstehung des Schadens zu erklären geeignet ist; Sache des Beklagten ist es dann, eine andere Ursache als tatsächlich wirksam geworden nachzuweisen (RGZ. **95**, 299; JW. 1908, 196 u. 1919, 573).

Der Entlastungsbeweis nach §§ 831 u. 254 BGB. steht dem Staate usw. nicht offen (RGZ. **102**, 32).

Bei Unterlassungen eines Beamten genügt der Beschädigte seiner Beweispflicht rücksichtlich des Kausalzusammenhanges, wenn er einerseits den Eintritt der Schädigung und anderseits die Vernachlässigung der gesetzlich zu deren Verhütung vorgeschriebenen Vorsichtsmaßregeln nachweist. Einen besonderen Nachweis, daß die gesetzlichen Vorsichtsmaßregeln auch tatsächlich ausgereicht, d. h. wenn getroffen, den Eintritt des Schadens abgewendet hätten, braucht er nicht zu erbringen, dies ist ohne weiteres anzunehmen. Es ist Sache des Beamten, nachzuweisen, daß ein Kausalzusammenhang zwischen seiner Unterlassungshandlung, welche an sich geeignet war, den eingetretenen Schaden herbeizuführen, und dem wirklichen Eintritte des Schadens nicht besteht.

Wenn ein Beamter die rechtzeitige Erteilung eines Bescheides unterläßt und dadurch die Partei verhindert wird, Beschwerde zu erheben, so ist für die Frage, ob die Beschwerde Erfolg gehabt haben würde, allein entscheidend, welches Ergebnis bei richtiger Auffassung seitens der zuständigen höheren Behörde zu erwarten war, die bloße Möglichkeit, daß die Entscheidung auch zuungunsten der Partei hätte ausfallen können, kommt nicht in Betracht (RGZ. **22**, 236). Maßgebend ist dabei nicht, ob objektiv eine dem Kläger günstige Entscheidung mit dem Rechtsmittel zu erzielen gewesen wäre, sondern die subjektive Ansicht des über den Schadensanspruch urteilenden Gerichts (RG., JW. 1918, 131).

Weist aber der Beamte nach, daß der Schaden auch bei Beobachtung der verletzten Gesetzesvorschrift, also bei rechtzeitiger Erteilung des Bescheides, entstanden und die Beobachtung derselben unter den konkreten Umständen in Wahrheit nur als eine überflüssige Formalität sich erwiesen hätte, so ist er nicht haftbar (RGZ. **33**, 212; **87**, 414).

4. Die Unmöglichkeit, auf andere Weise Ersatz zu erlangen, sofern der Anspruch auf eine fahrlässige Amtspflichtsverletzung gestützt wird (RG. **32**, 322; **81**, 43; **86**, 287; **91**, 234). Der Verletzte muß also nachweisen, daß er vergeblich den Versuch gemacht, von einem anderen Ersatz zu erlangen, oder daß ein solcher Versuch von vornherein nutzlos sein würde. Es handelt sich um eine Frage, die zur Klagebegründung notwendig gehört (RGZ. **91**, 234). Ergibt sich jedoch aus der Sachlage, daß für den Verletzten die rechtliche und tatsächliche Möglichkeit, auf andere Weise Ersatz zu erlangen, nicht in Frage kommt, so kann ein weiterer Beweis dieser Negative nicht verlangt werden; vielmehr ist es dann Sache der Beamten (Staates) darzutun, daß dennoch eine andere haftbare Person vorhanden sei (RGZ. **51**, 186).

Die Frage dann muß in dem Rechtsstreit gegen den Staat (Verband) entschieden werden, es ist nicht nötig, daß der Verletzte vorher noch alle diejenigen verklagt, die als sonst ersatzpflichtig in Frage kommen können (RGZ. **96**, 168 u. RG. 4. Mai 1926; Recht 1926 Nr. 1358).

Es ist streitig, ob die Darlegung des Verletzten genügt, daß er jetzt, d. h. zur Zeit der Erhebung der Schadensersatzklage nicht auf andere Weise Erfolg erlangen könne, oder daß er zu der Zeit, in der er von dem Eintritte des Schadens und der Haftung des Beamten (Staates) Kenntnis erlangte, hierzu nicht in der Lage war, oder ob er die Unmöglichkeit für die ganze Zeit von dieser Kenntnisnahme ab zu beweisen hat. Das RGZ. **79**, 9 meinte zunächst, es komme auf den Zeitpunkt der Kenntnisnahme an, später erklärte es (RGZ. **80**, 252) die Klageerhebung für maßgebend. Neuerdings (RGZ. **81**, 430; **86**, 287) vertritt es folgenden Standpunkt: es reicht zur Klagebegründung nicht aus, wenn der Verletzte die jetzige Unmöglichkeit eines anderen Ersatzes behauptet, sondern es ist auch darzutun und zu beweisen, daß er eine früher vorhandene Ersatzmöglichkeit nicht schuldhaft versäumt habe. Dagegen ist, wenn die Möglichkeit anderen Ersatzes erst nach der Erhebung der Schadensersatzklage eintritt, dies auf den schwebenden Prozeß ohne Einfluß (RGZ. **100**, 128). Vgl. im übrigen § 9 Ziff. 5 ε.

Der Staat (Verband) bzw. der Beamte hat zu beweisen:

1. Die Unterbrechung des ursächlichen Zusammenhanges. Hierzu gehört auch der Nachweis, daß der Verletzte den Schaden durch den Gebrauch eines Rechtsmittels hätte abwenden können (RG., Recht 1911 Nr. 996). Ein weiterer Beweis dahin, daß das nicht benutzte Rechtsmittel auch wirklich geeignet gewesen wäre, den Schaden abzuwenden, kann nicht verlangt werden, es ist Sache des Ver-

letzten, zu behaupten und zu beweisen, daß der Eintritt des Schadens auch durch Einlegung des Rechtsmittels nicht hätte vermieden werden können. Vgl. Reimer 2, 57.

2. Das Mitwirken eines Verschuldens des Verletzten. Vgl. oben § 9 d. W. (Ziff. 5β).

3. Die übrigen von ihm geltend gemachten Einwendungen usw.

In der Behauptung der Vorteilsausgleichung (compensatio lucri cum damno) liegt eine Einrede, welche der Beamte (Staat usw.) beweisen muß (RG., JW. 1907, 841; Gruch. **53**, 916).

Zu den Einwendungen gehört die Einwendung der durch den Beamten erfolgten Zahlung. Aufrechnen kann der Staat mit eigenen Forderungen, mit Gegenforderungen des Beamten nur nach Abtretung. Aufrechnung ist aber, selbst mit eigenen Forderungen des Staates ausgeschlossen, wenn eine vorsätzliche Amtspflichtverletzung vorliegt (§ 393 BGB.).

Die Einrede der Verjährung hat der Staat usw. aus eigenem Rechte. Auch nach Vollendung der Verjährung haftet der Staat auf Höhe einer ihm etwa zugefallenen Bereicherung, z. B. derjenigen Gebühren, die er für die Amtshandlung erhoben hat (§ 852 Abs. 2 BGB.). Eine Bereicherung des Beamten, z. B. durch unterschlagene Gelder, kann nur von diesem selbst heraus verlangt werden.

Endlich hat der Staat noch die Einrede der Abtretung des verletzten Anspruchs (§ 255 BGB.).

Bei der Zwangsvollstreckung gegen öffentliche Verbände (Staat, Stadt und Dorfgemeinden) kommen die Vorschriften der ZPO. nicht zur Anwendung (§ 15 Ziff. 3 EG. z. ZPO.). Vgl. RG., Recht 1920 Nr. 2228. Es gelten noch die Vorschriften der allgemeinen Gerichtsordnung (§§ 33 I, 35 u. Anhang §§ 153 u. 242) und ferner die allgemeine Verf. v. 18. Juli 1881 (JMBl. 160), endlich die Anweisung v. 24. März 1882 (JMBl. 59). Gegen Gemeinden kann vom Gericht Zwangsvollstreckung erst angeordnet werden, wenn der Kreis- bzw. Bezirksausschuß über die Art der Zwangsvollstreckung entschieden hat (§ 17 Ziff. 4 ZustG.). Eventuell kommt Zwangsetatisierung in Frage. Die Zwangsvollstreckungsprivilegien der Beamten sind in § 850 ZPO. enthalten. (Vgl. auch § 811 Nr. 7 u. 8.)

Der Pfändung ist nicht im vollen Umfang unterworfen nach § 850 Nr. 8: das Diensteinkommen der Offiziere, Militärärzte und Deckoffiziere; der Beamten, der Geistlichen, sowie der Ärzte und Lehrer an öffentlichen Anstalten; die Pension dieser Personen nach deren Versetzung in den einstweiligen oder dauernden Ruhestand, sowie der nach ihrem Tode den Hinterbliebenen zu gewährende Sterbe- oder Gnadengehalt.

II. Ausübung privatrechtlicher Verrichtungen.

Hier gelten die Regeln des gewöhnlichen Prozesses, insbesondere hinsichtlich der Zuständigkeit der Gerichte.

Die in § 70 GVG. und § 39 AG. z. GVG. aufgeführten Ansprüche setzen sowohl, wenn sie gegen den Staat, als auch wenn sie gegen den Beamten gerichtet sind, eine pflichtwidrig erfolgte oder unterlassene Amtshandlung voraus, d. h. ein Verschulden, das zu dem Inhalt des öffentlich-rechtlichen Dienstverhältnisses in Beziehung steht.

Diese letztere Voraussetzung trifft da nicht zu, wo der Staat zur Eingehung oder Erfüllung privatrechtlicher Verpflichtungen sich einer Person, welche Staatsbeamter ist, als seines (privatrechtlichen) Vertreters bedient (RGZ. **18**, 166; **29**, 420; JW. 1889, 478). In den Fällen, wo der Staat als juristische Person für Versehen der Beamten verantwortlich gemacht werden kann, hat diese Haftung, soweit es sich um ein im Betriebe der fiskalischen Unternehmung vorgefallenes Versehen handelt, ihre Quelle nicht im öffentlichen, sondern im Privatrecht. Der Angestellte, dessen außerkontraktliches Verschulden der Fiskus dem Beschädigten gegenüber vertreten soll, kommt hier nur als Betriebsgehilfe des Unternehmers, nicht als Staatsbeamter in Betracht. Vgl. auch RGZ. **40**, 398; JW. 1901, 394.

Grundsätzlich hat der Geschädigte auch darzutun, welche verfassungsmäßigen Vertreter ein Verschulden trifft (RG. 15. Dez. 1928, Recht 1928, 546).

b) **Die Rückgriffsklage des Staates (Verbandes) gegen den Beamten.**

I. Ausübung öffentlicher Gewalt.

Passiv legitimiert ist der Beamte, der das Versehen begangen hat, auch wenn er nicht mehr im Dienste ist (RGZ. **33**, 244; JW. **95**, 321).

Sachlich zuständig ist bei allen öffentlichen Beamten das Landgericht und zwar ohne Rücksicht auf den Wert des Streitgegenstandes ausschließlich (§ 70 GVG., § 39 AG. z. GVG.).

Wegen der örtlichen Zuständigkeit gilt dasselbe, wie oben unter a ausgeführt ist.

Zu ersetzen ist der Schaden, den der Verband erleidet, nicht der des Verletzten.

Der Anspruch beläuft sich auf den Geldbetrag, welchen der Verband dem Verletzten gemäß den gesetzlichen Bestimmungen hat zahlen müssen. Dazu treten die Kosten, welche dem Staat angemessenerweise entstanden sind, z. B. durch Beurkundung des Anerkenntnisses oder durch den gegen den Verletzten verlorenen Prozeß.

Der Beamte hat u. a. die Einrede der Verjährung. Ist der Anspruch anerkannt, auch stillschweigend durch Bezahlung, so beginnt die Verjährung mit dem Tage, an dem das Anerkenntnis dem Verletzten zugegangen ist (§ 130 BGB.) sonst mit dem Tage der Rechtskraft des Urteils.

Der Beamte hat auch alle Einreden, die ihm zugestanden hätten, wenn der Verletzte ihn belangt hätte. Es kommt in Betracht die Einrede der Aufrechnung mit einer Forderung, die den Beamten gegen den Verletzten zusteht. Daher Streitverkündung des Verbandes an den Beamten im Vorprozeß dringend erforderlich.

Endlich gehört hierher die Einrede der Abtretung des verletzten Anspruchs (§ 255 BGB.). Hat sich der Verband diesen Anspruch abtreten lassen, so muß er ihn an den Beamten weiter abtreten. Hat der Verband ersteres nicht getan, so kann der verklagte Beamte die Zahlung des Ersatzes an den Verband so lange verweigern, bis der Verband ihn zum Gläubiger dieses Anspruchs macht. Die hierzu notwendige Abtretung des Verletzten an den Verband geht auf Kosten des letzteren.

II. Wahrnehmung privatrechtlicher Verrichtungen.

Es gilt im wesentlichen dasselbe wie unter I. Nur ist die Verjährung nicht die kurze von drei Jahren, da ein Vertragsverhältnis vorliegt.

c) Die Klage des direkt geschädigten Staates (Verbandes) gegen den Beamten.

Es gilt hier dasselbe wie unter b. Da in Preußen nach Art. 80 EG. z. BGB. Anwendung finden die §§ 88ff. II, 10 ALR., so kann der Beamte, auch wenn er vorsätzlich gehandelt hat, sich auf seine subsidiäre Haftung berufen. Es greifen ferner nicht Platz die Grundsätze des § 839 BGB.

nach welchem schuldhafte Versäumung der Anwendung des Schadens durch Rechtsmittel sowie der Möglichkeit von einem anderen sich Ersatz zu verschaffen jeden Schadensersatzanspruch des Geschädigten ausschließt, es ist vielmehr § 254 BGB. maßgebend.

§ 16. Geltendmachung des Anspruchs auf anderem Wege.

a) Durch § 82 PrAG. z. GVG. sind die Bestimmungen, nach welchen Gerichtsbeamte zum Ersatz von Schäden und Kosten im Aufsichtswege angehalten werden können, aufgehoben.

Der § 102 ZPO. bestimmt: „Urkundsbeamte der Geschäftsstellen (Gerichtsschreiber)... Rechtsanwälte und andere Bevollmächtigte, sowie Gerichtsvollzieher können durch das Prozeßgericht auch von Amts wegen zur Tragung derjenigen Kosten verurteilt werden, welche sie durch grobes Verschulden veranlaßt haben...

Eine Haftung des Staates usw. tritt auch dann nicht ein, wenn der Schaden durch Verletzung einer Amtspflicht verursacht ist. Es handelt sich um eine Sonderbestimmung, welche den Beamten direkt als Strafe trifft. Ebenso Reimer **2**, 42. Der Ersatz sonstigen Schadens muß im Wege eines besonderen Schadensersatzprozesses geltend gemacht werden (SeuffArch. **50**, 249). Sind hier die Voraussetzungen der AHG. gegeben, so haftet der Staat (Reimer **2**, 42).

b) Defekte[1]).

Der Begriff Defekt ist gesetzlich nicht definiert, aber in der Praxis des Verwaltungsrechts festgestellt. Man versteht

---

[1]) Vgl. PrVO. v. 24. Jan. 1844 (GS. 52), welche auch in den neuen Landesteilen gilt; und bezüglich der Reichsbeamten das Reichsbeamtengesetz §§ 134 ff.

darunter nur den Kassendefekt, nicht dagegen den sog. Rechnungsdefekt. Ein Kassendefekt liegt vor, wenn der tatsächliche Bestand einer Kasse oder eines Magazins infolge von Untreue, Irrtum oder Dienstvernachlässigung usw. geringer ist als der rechnungsmäßige Sollbestand.

Es macht keinen Unterschied, ob der Defekt Reichs-, Staats- oder Privatvermögen betrifft.

Der Defekt ist durch die vorgesetzte Behörde[1]) gegen den Beamten, auch dessen Erben[2]), festzustellen, und der Beschluß ist vollstreckbar gegen den Beamten, sofern er als untreu überführt oder sich eines groben Versehens schuldig gemacht hat, vorbehaltlich des Rechtsweges binnen Jahresfrist.

Zu den Beamten, welche für den Defekt haftbar erklärt werden können, gehören auch Wartegeldempfänger, Pensionäre und die sonst freiwillig oder unfreiwillig aus dem Dienste geschiedenen Beamten, soweit sie zur Zeit der Entstehung des Defekts Beamte waren (Komp. KG., JMBl. 1858, 239).

Vgl. im übrigen Brand 841ff.

c) Der Staat usw. kann auch wegen seiner Ansprüche das Gehalt des Beamten zurückbehalten oder dagegen aufrechnen. Dadurch wird der Beamte in die Rolle des Klägers gedrängt.

Nach § 394 BGB. kann der Staat usw. gegen die Gehaltsforderungen des Beamten insoweit nicht aufrechnen, als sie der Pfändung nicht unterworfen sind. Vgl. § 850 ZPO. Das gilt aber nicht für Schadensersatzforderungen aus strafbaren oder unerlaubten Handlungen des Beamten (RG., Jur R. 1929 Nr. 89).

---

[1]) AG. z. BGB. § 82 und § 32^5 des Gesetzes vom 1. Aug. 1883 (GS. 237).

[2]) RGZ. 7, 335, and. Ans. Obertr. Entsch. 36, 379.

Nach RGZ. **51**, 1 soll die Behörde wegen ihrer Gegenforderungen in vollem Umfange, also auch über den pfändungsfähigen Teil des Diensteinkommens hinaus das Zurückbehaltungsrecht geltend machen können gemäß § 273 BGB. Diese Auffassung ist in RGZ. **85**, 109 aufgegeben. Danach ist das Zurückbehaltungsrecht nur in demselben Umfange zulässig als die Aufrechnung. Macht die Behörde ihr Zurückbehaltungsrecht geltend, so geht ihr Wille tatsächlich nicht auf zeitweilige Unterlassung der geschuldeten Leistungen, sondern auf ihre endgültige Verweigerung.

Anhang.

Wichtige Haftpflichtfälle, insbesondere aus der Praxis[1]), für die einzelnen Beamtengruppen.

1. Amtmann (Westfalen) s. Ziffer 5.

2. Amtsvorsteher. Es haftet der Amtsverband, wenn er in Ausübung ortspolizeilicher Befugnisse Schaden anrichtet (RGZ. **111**, 12). Vgl. OLG. Kiel, Schleswig-HolsteinAnz. 1914, 183.

3. Auslandsbeamte. Gesandte, Konsuln usw. üben öffentliche Gewalt aus, z. B. bei Ausstellung eines Passes usw. Ihnen liegt auch der Schutz der Auslandsdeutschen ob. Vgl. auch RGZ. **102**, 166. Konsuln sind nach § 18 der Dienstinstruktion vom 6. Juni 1871 (vgl. auch Gesetz vom 8. November 1871) befugt, für die Verlassenschaft verstorbener Reichsangehöriger zu sorgen. Das bezieht sich aber nicht auf andere Vermögen. Sie dürfen also die Sachen eines Abwesenden nicht öffentlich versteigern lassen (RGZ. **104**, 239).

4. Beamte der Revolutionsregierung. Vgl. Delius, PrVBl. **40**, 223 u. DJZ. 1919, 258 sowie Reimer **2**, 30, RGZ. **112**, 95, 104, 257 u. 362. Maßgebend, ob das Reich, Land usw. für die durch Soldatenräte usw. angerichteten Schäden haftet, ist, in wessen Angelegenheiten und

---

[1]) Vgl. auch die Fälle in §§ 6 u. 12 d. W. für die dort bezeichneten Beamtenklassen und wegen direkter Schädigung des eigenen Staates (Verbandes) § 7 d. W.

Interesse sie im Einzelfalle ihre öffentlichen Machtbefugnisse ausgeübt haben (RGZ. **104**, 348).

5. Bürgermeister (Land-) in Westfalen und Rheinland. Es haftet das Amt bzw. die Landbürgermeisterei. Nach OLG. Hamm (Leipz. Z. 1914 Sp. 1675) soll für den westf. Bürgermeister (früher Amtmann) der Staat, nicht das Amt haften.

6. Dorfgerichte.

Wenn Mitglieder eines Dorfsgerichts ohne amtliche Anweisung seitens des Gerichts oder ihrer sonstigen vorgesetzten Behörde und ohne amtliche Pflicht die Abhaltung einer Auktion freiwillig und lediglich im Auftrage einer hierbei beteiligten Privatperson oder des gesetzlichen Vertreters derselben übernommen und in den Kreis ihrer amtlichen Funktionen willkürlich gezogen haben, so haben sie, wenn sie gleich als mittelbare Staatsbeamten anzusehen sind, dadurch noch nicht eine mit der Verwaltung ihres Amtes verknüpfte Handlung ausgeübt (Obertr. vom. 15. Dezember 1862; StriethArch. **47**, 246).

7. Eisenbahnbeamte. Die allgemein bürgerrechtliche Verkehrssicherungspflicht des Eisenbahnunternehmens hat mit öffentlicher Gewalt nichts zu tun (RGZ. **109**, 211). Soweit den Bahnbeamten aber die Ausübung der Bahnpolizei übertragen ist, befinden sie sich in Ausübung der öffentlichen Gewalt (vgl. §§ 63, 64, 66 der Betriebsordnung vom 5. Juli 1892; §§ 74—76 Eisenbahn-Bau-Betriebsordnung vom 4. November 1904, jetzt 17. Juli 1928. RGBl. II, 541). Verursachen sie dabei Schäden, so kommen die AHG. zur Anwendung (BayrVGer., Recht 1915, 24; 1918, 126). Vgl. auch Postbeamte. Die Rechte der Bahnpolizeibeamten sind nicht begrenzt auf die Betriebspolizei als solche, ihnen liegt auch die Fürsorge für die ordnungsmäßige Benutzung der Bahn durch die Interessenten, insbesondere die

Aufrechterhaltung der Ordnung unter den Passagieren ob. Als öffentlicher Polizeibeamter war der Eisenbahnpolizeibeamte nicht nur befugt, sondern auch verpflichtet, im Interesse der Aufrechterhaltung der Sicherheit des Publikums einzugreifen, zumal die Überwachung der Ordnung innerhalb des Bahngebietes den Bahnpolizeibeamten zusteht, die die polizeiliche Fürsorge selbständig zu handhaben haben und ein der Ortspolizei koordiniertes Organ der Polizeigewalt sind. Vgl. OVG. (Just.-Min.-Bl. 1890 S. 209) und §§ 51, 53 Bahnpolizeireglement v. 30. Nov. 1885 (RGBl. S. 289). Wenn der Eisenbahnbeamte also gegen die Täter nicht einschritt, auch ihre Feststellung unterließ trotz Verlangens des Klägers, und so den Kläger, welcher nicht wagen durfte, die Fahrt fortzusetzen, ohne eine weitere Gefährdung befürchten zu müssen, der Möglichkeit beraubte, seinen Anspruch gegen den Täter geltend zu machen, so handelte er pflichtwidrig (LG. I Zivilkammer 9, 30. Nov. 1922/25 S. 137/22. „Landgemeinde" **24**, 355). Vgl. RGZ. **107**, 109, 209 (Frachtbriefduplikate).

8. Fischereibeamte üben öffentliche Gewalt aus. Vgl. Delius, Fischereigesetz (2. Aufl.) zu § 119 FG. Anm.

9. Feldmesser. Vgl. RGZ. **79**, 85.

10. Fleischbeschauer üben öffentliche Gewalt aus, indem sie nicht nur über die Freigabe des von ihnen amtlich untersuchten Fleisches, sondern auch über die vorläufige Beschlagnahme des von ihnen beanstandeten Fleisches zu entscheiden haben (BayrVGer., Recht 1918, 88).

11. Feuerwehr. Öffentliche Gewalt liegt nicht vor, wenn es sich nur um die Instandhaltung von Feuerlöschgeräten usw. oder die Organisation der Brandhilfe, mithin Einrichtungen technischer und wirtschaftlicher Art handelt, wohl aber bei Übungen der Feuerwehr und dem eigentlichen Feuerlöschdienst (RGZ. **83**, 308). Der Ortsvorsteher übt

öffentliche Gewalt bei Leitung der Löschung eines Brandes und als Führer der Feuerwehr aus (RG., Gruch. **54**, 980) [1]). Haftung tritt ein bei verweigerter Brandhilfe oder sachwidrigen Maßnahmen bei Löschhilfe (Lindemann—Soergel I S. 894). Die Vereinsorgane einer freiwilligen Feuerwehr sind nicht Beamte der Gemeinde (RGZ. **83**, 302). Vgl. auch OVG. (**8**, 403).

12. Forstwesen (Jagd). Staatliche (gemeindliche) Forstbeamten befinden sich bei Handhabung des Forst- bzw. Jagdschutzes in Ausübung forst- bzw. jagdpolizeilicher Befugnisse, also öffentlicher Gewalt (BayrVGH., Recht 1911 Sp. 310), dagegen nicht, wenn sie in Verwaltung fiskalischer Holzanfälle tätig sind (BayrVGH., Recht Sp. 712) oder wenn z. B. ein Forstmeister von der fiskalischen Forstverwaltung mit der Verwaltung von Teichen beauftragt ist und durch von ihm vorgenommene Anlagen einer Mühle Wasser entzieht (RG., Recht 1917, 44). Keine Ausübung öffentlicher Gewalt, wenn ein Förster in leidenschaftlicher Aufwallung ohne rechtliche Befugnis auf Wilderer schießt (OLG. München, Recht 1913, Nr. 2887).

Für den Forstanwalt (Amtsanwalt) haftet in Preußen der Staat.

---

[1]) Die Einrichtung eines ordnungsmäßigen Feuerlöschdienstes ist eine privatrechtliche Pflicht der Gemeinden (RG., LZ. 1914 Sp. 1367; Warneyer 1918 Nr. 200). Bedient sich eine Gemeinde als Trägerin der Feuerlöschpflicht einer freiwilligen Feuerwehr, weil eine Berufs- bzw. Pflichtfeuerwehr nicht errichtet ist, so haftet sie für den durch erstere angerichteten Schaden im Rahmen des § 831 BGB. (Delius, Recht 1916 Sp. 576; Josef, PrVBl. **37**, 762 u. **42**, 325). Wegen Haftung der Gemeinde für unverschuldeten Schaden vgl. RGZ. **94**, 196 u. **99**, 199 sowie Delius in „PreußGemZtg." 1928 S. 238.

13. Gehilfen. Hat ein Beamter zur Ausführung eines Dienstgeschäftes, z. B. zur Absteckung der Grenzflächen bei einem Lokaltermin, also in Ausübung der öffentlichen Gewalt, andere Personen als Gehilfen herangezogen, so haftet er für den von ihnen angerichteten Schaden nach § 839 BGB. in Verbindung mit § 831 BGB. (Delius, Recht 1916, 580; Brand 585). In demselben Umfange haftet der Staat (Verband) nach dem AHG. Der Gehilfe persönlich ist nach § 823 BGB. haftbar.

14. Gefängniswesen. Unter „öffentlicher Gewalt" fällt die Strafvollstreckung einschl. der im Gefängnis gewährten Ernährung, Bekleidung und ärztlichen Behandlung in Krankheitsfällen (RGZ. **44**, 225, **56**, 220, **78**, 236), ferner die Aufsichtstätigkeit der Beamten der Strafanstalten hinsichtlich der gewerblichen Zwangsarbeit der Gefangenen (RGZ. **56**, 220).

Der Staat haftet für ein Verschulden eines Anstaltsarztes bei Behandlung eines Strafgefangenen (RGZ. **78**, 326ff.), für fahrlässige Körperverletzung eines Gefangenen durch den Strafvollstreckungsbeamten (RGZ. **56**, 215), für Verletzung der Gefangenen durch die bei der Arbeit benutzten Maschinen infolge Verschuldens des Zuchthausdirektors (OLG. Kolmar, R. d. OLG. **12**, 105), für verspätete Entlassung eines Gefangenen.

Vertragliche oder ähnliche Haftung entsteht, wenn dem Gefangenen von der Gefängnisverwaltung bei seinem Eintritt in die Anstalt Kleidungsstücke, Gelder und andere Gegenstände abgenommen werden (RGZ. **78**, 327); wenn der Staat als Inhaber einer Strafanstalt sich wegen Beschäftigung der Gefangenen mit gewerblichen Unternehmern in Verbindung setzt (RGZ. **44**, 225, **56**, 319, **78**, 328). — Den Gefangenen selbst gegenüber erscheint der Staat als Inhaber der öffentlichen Gewalt, wenn durch den Arbeitsbetrieb der Gefangenen nicht diese selbst, sondern dritte Personen beschädigt werden (RG., JW. 1912, 381).

15. Gerichte. Die Richter üben regelmäßig öffentliche Gewalt aus, auch die Urkundsbeamten (Gerichtsschreiber[1])), dagegen nicht die bloßen Kanzlisten, sofern sie nicht die Geschäfte eines Gerichtsschreibers besorgen (RG., Recht 1910 Nr. 1039). Bei amtlich in Verwahrung genommenen oder beschlagnahmten Sachen kommt ein privatrechtliches Verhältnis zustande, dagegen trägt die Anordnung des Richters den Charakter einer Handlung der Staatsgewalt (RGZ. **51**, 220). Wegen Haftung für Asservate (RGJV. **25**, 956).

a) Zivilprozeßrichter. Die Amtspflicht desselben besteht gegenüber den Parteien einschl. der am Rechtsstreit beteiligten Dritten (Haupt- und Nebenintervenient) (RGZ. **78**, 244), dagegen nicht gegenüber denjenigen Personen, welche irgendwie sonst am Ausgange des Prozesses interessiert sind.

Er haftet für rechtzeitige Anberaumung eines Verhandlungstermines (RGZ. **33**, 246), Anhörung des Gegners (§§ 99 Abs. 3, 891 Satz 2 ZPO.), Erledigung aller anstehenden Sachen in einer Sitzung (RGZ. **32**, 391), für Belehrung der Parteien gemäß § 502 ZPO. (dagegen nicht einer Person gegenüber, die zwar Nebenintervenient werden kann, aber noch nicht ist, Reimer **2**, 43), wenn er in Ehesachen trotz Antrag der Partei die Anwesenheit Unbefugter duldet (Reimer **2**, 43), wenn er von der Aufhebung eines Beweistermins den Prozeßbevollmächtigten nicht benachrichtigt (eventuell ist telegraphische Abbestellung erforderlich; and. Ans. OLG. Kolmar, Recht 1907 Nr. 3309)[2]).

---

[1]) Diesen sind in neuerer Zeit eine Reihe richterlicher Geschäfte übertragen (Rechtspfleger).

[2]) Es sagt: „Der mit der Beweisaufnahme betraute Richter verletzt seine Amtspflicht nicht, wenn er unterläßt, von der Auf-

Der Urkundsbeamte (Gerichtsschreiber) ist den Prozeßbeteiligten verantwortlich, wenn er ein falsches Protokoll unterzeichnet oder die unverzügliche Zustellung eines Schriftsatzes zur Unterbrechung der Verjährung nicht überwacht (RGZ. **105**, 422).

Keine Haftung: für Unrichtigkeiten bei Führung des Terminkalenders (RG., JW. 1914, 86) oder bei Verstoß gegen die Vorschriften über Beginn und Ende der Bureaustunden (Brand 589), da hier den inneren Dienst betreffende Vorschriften vorliegen. Bei der Aufnahme eines auf Mobiliarpfändung gerichteten Auftrages braucht der Gerichtsschreiber nur richtig zu protokollieren, aber den Antragsteller nicht darauf aufmerksam zu machen, daß ein Lohnpfändungsantrag gestellt werden müsse (OLG. München, R. d. OLG. **31**, 90).

Wenn der Urkundsbeamte (Gerichtsschreiber) eine Klageschrift, die erst gegen den Schluß der Geschäftsstunden eingekommen war, nachdem die für den Gerichtsvollzieher bestimmten Schriftstücke bereits abgeholt waren und der Gerichtsdiener das Gerichtsgebäude bereits verlassen hatte, noch schleunigst bureaumäßig behandelt und sodann durch einen besonderen Boten dem Gerichtsvollzieher zutragen läßt, auch auf den Umschlag noch den besonderen Vermerk setzt: „noch heute zur Post“, so hat er alles getan, was ge-

---

hebung des Beweisaufnahmetermins, die er auf das kurz vor demselben eingelaufene Gesuch des Prozeßbevollmächtigten der einen Partei bewilligt hat, den auswärtigen Prozeßbevollmächtigten der anderen Partei telegraphisch zu benachrichtigen. Findet sich dieser in Unkenntnis von der erst nach seiner Abreise ihm durch die Post zugestellten Aufhebung des Termins am Orte der Beweisaufnahme ein, so haftet der Richter der Partei nicht für die durch diese fruchtlose Reise ihres Prozeßbevollmächtigten entstandenen Kosten.“

schehen konnte. Wenn dann der Bote, weil er niemand angetroffen, das Schriftstück in den Hausbriefkasten steckt und es hier am Montag von dem Gerichtsvollzieher erst vorgefunden wird, so trifft auch den Gerichtsvollzieher kein Verschulden (RG. v. 15. Juni 1906, BadRpr. 1906, 300).

Urkundsbeamte (Gerichtsschreiber) und Beamte der Verteilungsstelle für Gerichtsvollzieheraufträge handeln in Ausübung öffentlicher Gewalt, auch wenn sie auf Ansuchen der Parteien tätig werden (RGZ. **17**, 392, **46**, 324, **47**, 397, **79**, 216).

b) Nachlaßrichter.

Der Nachlaßrichter haftet wegen Verletzung der ihm hinsichtlich der Beaufsichtigung einer Nachlaßverwaltung obliegenden Pflichten nicht nur den Erben gegenüber, sondern auch den Nachlaßgläubigern (RGZ. **88**, 264). Die Nachlaßverwaltung ist entsprechend der Konkursverwaltung gestaltet (RGZ. **65**, 289) und unterscheidet sich insofern auch von der im § 1960 BGB. geregelten, lediglich den Interessen der Erben dienenden Nachlaßpflegschaft.

Der Nachlaßrichter hat vor Genehmigung eines Grundstücksverkaufes durch die Nachlaßpfleger die Erben zu hören. Ansprüche der Erben entfallen aber, wenn die Erben sich absichtlich um die Erbschaftsangelegenheiten nicht kümmern und erst dadurch der Verkauf notwendig ist (RG. vom 13. November 1925, JR. 26 Nr. 463).

Der Richter haftet weiter, wenn er eine unrichtige Auskunft erteilt (RG., Warneyer 1915 Nr. 264); wenn er einen unrichtigen Erbverzicht aufnimmt, gegenüber demjenigen, der bei Gültigkeit Erbe geworden wäre (RG., JW. 1909, 139).

Der Testamentsrichter[1]) hat die Pflicht zur Beobachtung der für letztwillige Verfügungen gegebenen Form-

---

[1]) Wegen Anwendung des § 2244 BGB. vgl. RGZ. **97**, 295.

vorschriften nicht nur dem Erblasser gegenüber, sondern gegenüber allen Interessenten, insbesondere auch den in den Testamenten eingesetzten Erben und Vermächtnisnehmern (RGZ. **46**, 215, **48**, 355, **58**, 298, **72**, 324, **74**, 421 u. **78**, 243). Die Entscheidung ist bedenklich, es liegt die Amtspflicht nur dem Erblasser gegenüber ob. Vgl. auch Reimer **2**, 50.

Da es sich um einen selbständigen Schadensersatzanspruch des Bedachten handelt, soll nach RG. v. 13. Juli 1917, II U. 2391/16, auch eine etwaige mitwirkende Fahrlässigkeit des Testators nicht schaden.

Haftbarkeit tritt ein, wenn das aufgenommene Protokoll mit unrichtiger Tagesangabe versehen wird (RGZ. **74**, 421) oder unterlassen wird, den Erblasser auf die Unfähigkeitsgründe (§§ 2234—2236 BGB.) für die Testamentszeugen aufmerksam zu machen (RG. vom 7. Januar 1913, III 451/12).

Der Urkundsbeamte (Gerichtsschreiber) hat neben dem Richter darauf zu achten, daß die Verhandlung den Hergang genau entsprechend in dem Testamentsprotokoll niedergeschrieben wird und daß das Protokoll die vorschriftsmäßigen Unterschriften hat (OLG. Breslau, R. d. OLG. **30**, 214).

c) Richter der freiwilligen Gerichtsbarkeit.

Der mit Bestätigung eines Adoptionsvertrages befaßte Richter darf sich nicht darauf verlassen, daß der Richter, welcher die vormundschaftsgerichtliche Genehmigung erteilt hat, hierbei die Erfordernisse der Gültigkeit des Annahmevertrages ausreichend geprüft hat (RGZ. **121**, 114).

d) Konkursrichter.

Richter und Gerichtsschreiber haften im Falle der Vernachlässigung ihrer Pflichten insbesondere den Konkursgläubigern (RG., JW. 1916, 1116), z. B. wenn sie angemeldete Forderungen gemäß § 140 KO. nicht in die Tabelle aufnehmen (RG., JW. 1904, 85).

Der Richter, der unterlassen hatte, eine angemeldete Forderung beim Ausbleiben der Gläubigerin im Prüfungstermin festzustellen und die Eintragung des Resultates in die Tabelle zu veranlassen, ist schadensersatzpflichtig, ohne sich damit entschuldigen zu dürfen, daß der Gerichtsschreiber den Eintrag in die Tabelle unterlassen habe (§ 128 KO.), und ohne den bei Ausschüttung der Masse nicht berücksichtigten Gläubiger an die übrigen Konkursgläubiger verweisen zu dürfen, gegen welche ihm ein Anspruch nicht zusteht (RG., Bolze 2 Nr. 557).

Der Richter haftet dem Konkursgläubiger, wenn er die ihm obliegende Amtspflicht der Beaufsichtigung des Konkursverwalters (§ 83 KO.) auch nur fahrlässig verletzt hat. Die Verletzung der Pflicht aus § 83 kann aber verneint werden, wenn der Konkursrichter von einer Kontrolle der zur Konkursmasse eingehenden Gelder und von einem Einschreiten gegen den Konkursverwalter mangels besonderer Anträge der Beteiligten oder erkennbarer Anzeichen von Unregelmäßigkeiten absah (RG. I, Recht 1905 Nr. 995).

Der Richter hat die Pflicht, die Anordnung über das Erteilen von Auszügen aus der Tabelle an die Gläubiger so zu fassen, daß bei dem ausführenden Kanzleibeamten kein Zweifel über den Umfang und den Inhalt der Anordnung obwalten kann (RG. vom 6. Juli 1928, JW. 28, 1979). Die Führung des Verzeichnisses derjenigen Schuldner, denen gegenüber der Antrag auf Konkurseröffnung abgelehnt ist wegen Mangels an Masse, ist ein Akt fürsorgender öffentlicher Gewalt (RGZ. **118**, 241).

Wegen unrichtiger Gesetzesauslegung vgl. RGZ. **85**, 72.

e) Registerrichter.

Der Richter haftet, wenn er die vorgeschriebene Eintragung der Haftsumme ins Genossenschaftsregister und die Veröffentlichung unterläßt und so die Unwirksamkeit des Generalversammlungsbeschlusses herbeiführt, der Genossenschaft (RGZ. 99, 136), wenn er nach Prüfung und Feststellung der Eilbedürftigkeit eines auf Eintragung in das Genossenschaftsregister gerichteten Antrages denselben nicht vorab erledigt (RG., JW. 1915, 1428).

Der Urkundsbeamte (Gerichtsschreiber) haftet, wenn er auf dem Antrage betr. eine Eintragung in das Genossenschaftsregister die Eilbedürftigkeit der Sache nicht vermerkt, obwohl er bei Aufnahme des Antrages darauf hingewiesen ist, daß die Eintragung wegen der Sachlage sofort erfolgen müsse (RG., JW. 1915, 1428).

f) Strafrichter und Staatsanwalt.

Dem Strafprozeßrichter liegt die Amtspflicht ob gegenüber dem Angeklagten, dem Privatkläger, Privatbeklagten, Nebenkläger, Zeugen und Sachverständigen, sowie den sonstigen Prozeßbeteiligten (einschl. Einziehungsinteressenten). Er haftet, wenn er einen Verhafteten nicht innerhalb der Frist des § 115 StPO. vernimmt, wenn er als Schöffenrichter die ordnungsmäßige Zustellung des in Abwesenheit des Privatbeklagten ergangenen Urteils unterläßt und so zum Schaden des Privatklägers bewirkt, daß die Straftat verjährt (RG., JW. 1913, 266), wenn er den unentschuldigt ausgebliebenen Privatbeklagten verhaften läßt, ohne ihm für den Fall des Ausbleibens die Verhaftung gemäß § 215 StPO. angedroht zu haben (RGZ. 89, 15), wenn er als Untersuchungsrichter den Beweisantritt eines wegen Meineids Verhafteten, er sei gar nicht vereidigt, nicht erhebt, sondern die Haft bestehen läßt, falls die Behauptung später sich als richtig herausstellt (RG., Bolze 20 Nr. 221), wenn der Schöffenrichter einen Haftbefehl nach Wegfall des Haftgrundes bestehen läßt (RGZ. 62, 367), wenn er entgegen dem Antrage des Angeklagten die Öffentlichkeit nicht ausschließt und durch die Anwesenheit eines Unbefugten dem Angeklagten Schaden entsteht, wenn er bei einer Beschlagnahme die vom Gesetze gegebenen Schranken überschreitet und dadurch einen Dritten schädigt.

Keine Haftung, wenn der Richter bei einer Durchsuchung die beschlagnahmten kaufmännischen Bücher nicht selbst durchsieht, sondern sie einem geeigneten Sachverständigen zur Durchsicht vorlegen läßt (RG., Recht 1909 Nr. 5777). Der Urkundsbeamte haftet, wenn er die Eintragung der Asservate in die Liste der Überführungsstücke oder doch einen kurzen Hinweis in die Spalte „Bemerkungen" des Registers anzuordnen unterläßt (RG., JW. 1925 S. 956).

Strafvollstreckung. Der Beamte (Amtsrichter, Staatsanwalt) muß zunächst die den Strafvollzug regelnden Ministerialverfügungen kennen (RG., Recht 1921 Nr. 1577), er haftet, wenn ein Gefangener zu spät entlassen wird; der Urkundsbeamte (Gerichtsschreiber), wenn er die Abschrift einer Urteilsformel, in der das Strafmaß infolge eines Schreibfehlers zu hoch angegeben war, mit der Bescheinigung der Vollstreckbarkeit versieht und so den Staatsanwalt zur Vollstreckung einer längeren Haftstrafe veranlaßt (RG., DJZ. 1909, 827) oder wenn er unterläßt, den Gefangenenwärter die vom Richter verfügte Aufhebung der Haft mitzuteilen.

Keine Haftung des Staatsanwalts, wenn er entsprechend der jetzigen Rechtsprechung (RGSt. **34**, 388 gegen **5**, 375) im Verfahren gegen einen bestimmten Angeklagten den Dritteigentümer der einzuziehenden Sachen, z. B. nach § 77 Viehseuchengesetz nicht zur Hauptverhandlung lädt (RGZ. **91**, 237), oder des Amtsrichters, wenn er bei dem Ersuchen an die Staatsanwaltschaft um Strafvollstreckung der Ansicht sein durfte, diese werde auch die zur Herbeiführung der (unterbliebenen) Vollstreckung der Nachhaft (Überweisung an die Landespolizeibehörde) erforderlichen Schritte tun (RG.,

Recht 1921 Nr. 1577). Für die Pflicht des Staatsanwalts zur Amtverschwiegenheit ist maßgebend das Recht des Bundesstaates, in dessen Diensten er steht (RGZ. **52**, 355).

Die Obhutspflicht, die der Staatsanwaltschaft in Ansehung beschlagnahmter Gegenstände obliegt, besteht nicht nur gegenüber demjenigen, bei welchem sie beschlagnahmt sind, sondern auch gegenüber dem Eigentümer (RG. **108**, 251). Letzterer ist von einer bevorstehenden Veräußerung also zu benachrichtigen (RG. v. 31. März 1928, JR. **28** Nr. 1507). Der Staatsanwalt verletzt keine Amtspflicht dem Bestohlenen gegenüber, wenn er nicht rechtzeitig Verlängerung der Haftfrist gegen den Dieb beantragt, wohl aber, wenn er das diesem abgenommene Geld nicht sicherstellt zwecks Rückgabe nach § 111 StPO. (RGZ. **108**, 249). Die Vollstreckungsbehörde haftet, wenn durch Wegnahme des Gewehres und die Aufrechterhaltung der Einziehung schuldhaft das Eigentum des wirklichen Eigentümers erledigt ist (RGZ. **61**, 432; 108, 263).

Die Belegsblätter im Regierungsamtsblatt hat der Staatsanwalt bei Steckbriefen usw. sorgfältig auf ihre Richtigkeit zu prüfen (RG. v. März 1926; III 538/25, JR. 26 Nr. 1124).

Der Strafrichter haftet (ohne das Privileg des Spruchrichters) für fahrlässige Verfügung und Ausdehnung der Untersuchungshaft, wenn keine überhaupt objektiven Verdachtsgründe vorliegen oder wenn er unter Außerachtlassung der gebotenen Umsicht und Vorsicht Umstände unberücksichtigt gelassen hat, die zur Beseitigung des Verdachts offensichtlich hätten führen müssen oder wenn er unsachlich an die Prüfung des Tatverdachtes herangetreten ist und solche unsachlichen Erwägungen einen entscheidenden Einfluß beim Erlaß des Haftbefehls gehabt haben (OLG. Kiel, Leipz. Z. **28**, 1640).

g) Vollstreckungsrichter.

Mobilien. Der Richter haftet, wenn er auf Grund eines Vermögensverzeichnisses, das in betreff einer Forderung des Schuldners Grund und Beweismittel nicht anführt, ohne die Nichtanführung zu begründen, dem Schuldner den Offenbarungseid abnimmt, aus der Haft entläßt, und dadurch der Gläubiger geschädigt wird (RGZ. **62**, 351).

Immobilien. Der Richter (und auch der Gerichtsschreiber) haftet, wenn der § 8 ZwVerstG. (Prüfung der Zustellung des Versteigerungsbeschlusses an den Schuldner, Bekanntmachung usw.) nicht beachtet wird (GR., JW. 1907, 828; Warneyer 1908 Nr. 215), wenn die die Bestimmung des Versteigerungstermins enthaltende Verfügung an einen Realberechtigten nicht gesetzmäßig zugestellt wird (RG., JW. 1916, 401), wegen fehlerhafter Aufstellung der Versteigerungsbedingungen bei Aufstellung des geringsten Gebotes (RG., LZ. 1914, 1553), wegen Nichtberücksichtigung von Forderungen bei Aufstellung des geringsten Gebots (RG., Warneyer 1916 Nr. 167), wegen irrtümlicher Rechtsbelehrungen[1]) (RG., JW. 1915, 511; OLG. Dresden, R. d. OLG. **5**, 210), wegen zu frühen Schlusses des Termins (§ 73) zur Abgabe von Geboten (OLG. Kiel, R. d. OLG. **4**, 286), wegen unrichtigen Verfahrens bei Anwendung des § 739 ZPO. (OLG. Kiel, R. d. OLG. **38**, 244), wegen Nichtbeachtung der Vorschrift des Art. 176 EG. z. BGB., wonach die Außerkurssetzung von Inhaberpapieren nicht mehr stattfindet (RG., JW. 1906, 539), ferner wenn er die einem Beteiligten nach dem Verteilungsplan zukommenden Be-

---

[1]) Der Richter braucht aber die Bieter nicht umständlich zu belehren, welche Folgen eine im Termin behauptete, aber nicht urkundlich nachgewiesene Zahlung einer Sicherungshypothek für den schließlichen Ausgang hat (RG., Recht 1920 Nr. 3126).

träge an dessen nicht zum Geldempfang berechtigten Prozeßbevollmächtigten auszahlt, statt nach § 117 Abs. 2 ZwVerstG. zu verfahren (BayrOLG., DJZ. 1914, Spruchs. 213 zu § 839 BGB.), wenn er bei der Auszahlung übersieht, daß Abtretung der Hypothek und Eintragung des neuen Gläubigers bereits zu den Zwangsversteigerungsakten mitgeteilt war (RGZ. **73**, 298), wenn er die Protokollierung des von dem betreibenden Gläubiger erhobenen Sicherheitsleistungsverlangens versehentlich unterlassen und so verursacht hat, daß in der Beschwerdeinstanz derjenige, von welchem die Sicherheit zu leisten war, den Zuschlag erhält, und dadurch der im Falle der Protokollierung zur Empfangnahme des Zuschlags Berechtigte Schaden erleidet (RG., LZ. 1914, 1555), wenn er überhaupt übersieht, daß von einem Bieter Sicherheit verlangt war (RG., JW. 1915, 654), wenn er eine außer Kurs gesetzte Schuldverschreibung als Bietungskaution entgegen Art. 176 EG. z. BGB. zurückweist (RG., JW. 1906, 539).

Ist ein erteilter Zuschlag auf die vom Schuldner eingelegte Beschwerde, weil auf Gesetzesverletzung beruhend, aufgehoben worden, hat dann aber die erneute Versteigerung einen noch geringeren Erlös gehabt, so kann der Schuldner von dem Versteigerungsrichter, dem die Gesetzesverletzung bei der ersten Versteigerung zur Last fällt, zwar Ersatz der durch die Beschwerde gehabten Aufwendungen und der Kosten des zweiten Versteigerungstermins verlangen, nicht aber auch Ersatz der Differenz zwischen dem Ergebnis des ersten und dem des zweiten Versteigerungstermins (RG., Recht 1908 Nr. 752). Reimer **2**, 47 hält dieses Urteil für bedenklich.

Richter und der von ihm zugezogene staatliche Rechnungssachverständige haften wegen einer von dem letzteren im Auftrage des ersteren fahrlässig falsch bewirkten Kaufgelderbelegung (RG., JMBl. 1986, 166). Dagegen ist der nur als Protokollführer, nicht als Rechnungssachverständiger hinzugezogene Gerichtsschreiber nicht verpflichtet, auf richtige Festsetzung des geringsten Gebots durch den Richter zu achten (RG., RheinArch. **111**, 37).

Keine Haftung, wenn der Richter einer Stadt zwar eine Benachrichtigung vom Versteigerungstermin zwecks Aushangs im Rathause zugesandt, aber vergessen hat, dem Magistrat eine besondere Benachrichtigung wegen rückständiger Grundsteuerbeträge gemäß der AllgVerf. v. 9. Dez. 1899 zu übersenden (RG., Recht 1919 Nr. 588).

Zwangsverwaltung. Der Zwangsverwalter gehört zu denjenigen Personen, deren Interessen berührt werden; dem Richter können daher Amtspflichten dem Zwangsverwalter gegenüber obliegen, deren Verletzung haftbar macht (RG., LZ. 1914, 664).

h) Der Vormundschaftsrichter darf nicht auf Kosten der Staatskasse das entlaufene Mündel in die Lehre zurückführen lassen (RGZ. **75**, 231). Vgl. im übrigen § 12a d. W.

16. Hinterlegungsstelle.

Wenn auch zwischen Staat und Hinterleger ein verwahrungsähnliches Schuldverhältnis (HinterlOrd. v. 21. April 1913) begründet wird, so ist doch das Hinterlegungsverhältnis öffentlich-rechtlicher Natur und haftet deshalb der Staat nach dem AHG. für Verschulden des Hinterlegungsbeamten (Reimer **1**, 41).

Neben der Klage aus dem Hinterlegungsverhältnis ist die Klage auf Grund des AHG. gegeben (RGZ. **101**, 350).

17. Jagd.

Bei Verpachtung und Verwaltung der Gemeindejagd handelt der Jagdvorsteher in Ausübung öffentlicher Gewalt. Vgl. BayVG. (Recht 1910, 752). Vgl. Delius, Jagdrecht, (6. Aufl.) S. 54. Der Amtsverband haftet für den Amtsvorsteher, wenn dieser Termin zur Ermittelung des Wildschadens nicht unverzüglich anberaumt (OLG. Kiel, Schlesw.-Holst. A. 1915 S. 99).

Die Verhältnisse zwischen Jagdgenossenschaft und Jagdpächter sind aber privatrechtlicher Natur.

18. Katasterbeamte haben die Pflicht, dem Grundbuchamte wahrheitsgemäße Mitteilungen zu machen und irrtümliche zu berichtigen, gegenüber den am Grundstücksverkehr Beteiligten (RGZ. **100**, 102).

19. Kanalwesen.

Das Einlaufen des Wassers in einen öffentlichen Kanal seitens eines vom Staate angestellten Strommeisters ist keine privatrechtliche, sondern eine der Zweckbestimmung des Kanals angehörige, auf öffentlich-rechtlichem Boden betätigte Handlung, die sich als Ausübung der öffentlichen Gewalt darstellt. Für Versehen des Strommeisters haftet also der Staat (RG., JW. 1915, 342).

Der Kanallotse im Kaiser-Wilhelm-Kanal befindet sich bei Führung des Schiffes in Ausübung der öffentlichen Gewalt (RGZ. **105**, 100; **86**, 122; abw. **74**, 250, **79**, 101). Vgl. auch RGZ. **110**, 350.

Das Reich haftet überhaupt für jegliches mit dem Betriebe des Kaiser-Wilhelm-Kanals zusammenhängendes Verschulden eines Reichsbeamten (Reimer **1**, 63).

20. Kommunalaufsichtsbehörde. Es haftet der Staat.

Die Beaufsichtigung der Selbstverwaltungskörper durch staatliche Behörden (Regierungspräsident, Landrat) soll sicherstellen, daß die Verwaltung der Gemeindeangelegenheiten den Bestimmungen der Gesetze gemäß geführt und stets in geordnetem Gange erhalten wird (vgl. OVG. **25**, 49; **54**, 472). Trotz dieses Zweckes der Kommunalaufsicht haben die mit ihr betrauten Beamten bei ihrer Ausübung auch auf die Belange der Gemeinden die gebührende Rücksicht zu nehmen und sie vor Schädigungen zu bewahren. Sie verletzen, wenn sie es nicht tun, die ihnen den Gemeinden gegenüber obliegende Amtspflicht (§ 839 BGB). Das gilt nicht bloß für Zwangsmaßnahmen (Befehle usw.) im Aufsichtswege, sondern für jede Art der Betätigung der Kommunalaufsicht. Eine bloße Ratserteilung an eine Gemeinde, eine ihr erteilte Genehmigung, Maßnahmen, die auf die Entschließungen der Gemeinden von erheblichem Einfluß zu sein pflegen, können schon eine Amtspflichtverletzung ihnen gegenüber enthalten (RG. 3. ZS. 23. Sept. 1927; III 25/27. RGZ. 118, 97).

21. Kommunalbeamte.

Öffentliche Gewalt wird ausgeübt, vom Vorsitzenden und Gerichtsschreiber der früheren Gewerbe- und Kaufmannsgerichte (RGZ. **84**, 29), von den Beamten der Mietseinigungsämter[1]) usw., der Wohnungsämter, vom Bürgermeister bei Überwachung des gemeindlichen Kassenwesens (BayrVG. v. 14. Dez. 1907; SeuffBl. 1909, 164), bei Regelung des Gefängniswesens seiner Gemeinde (RG. v. 5. Juni 1912, KommRundschau V, 546), bei Pferdemusterungen (R. d. OLG. **34**, 135), bei Aufnahme eines Nottestaments (RGZ. **84**, 29); schreibt der Gemeindevorsteher aber auf die Bitte des Testators lediglich als Privatperson den Text des Testaments, so haftet er nicht. Vgl. RG. Recht 1913 Nr. 53 und RG. (Warneyer 1925 Nr. 30, nach

---

[1]) Da diese Spruchbehörden sind, besteht das Privileg aus § 839 Abs. 2 BGB., soweit sie in judicando tätig werden. And. Ans. RG. **107**, 284; **116**, 80. Der Gerichtsschreiber hat die Amtspflicht, die Beschlüsse des Mieteinigungsamtes auszufertigen und deren Übereinstimmung mit der Urschrift zu beglaubigen; die Gemeinde haftet bei Verschulden desselben (KG. 11 ZS. v. 1. Juni 1920, LZ. **20**, 983 und RG. v. 29. Okt. 1926, Recht 26 Nr. 2432).

welchem an einen rechtsunkundigen Gemeindevorsteher geringere Anforderungen zu stellen sind) vom Bürgermeister, wenn er versäumt, die Genehmigung des Bezirksausschusses zu einem Beschlusse des Magistrats über das Ruhegehalt eines Gemeindebeamten einzuholen (Gruch. **62**, 114; Recht 1917 Nr. 2001, 1918 Nr. 705), vom Generalvormund gemäß Art. 78 § 4 AG. z. BGB. (OLG. Posen, R. d. OLG. **34**, 370), von der Armendirektion, wenn sie Armen bestimmte Arbeiten zuweist (OLG. Dresden, SeuffArch. **69** Nr. 120; vgl. auch RGZ. **56**, 220), von den Direktoren der Kreisirrenanstalten in Bayern bei Verwirklichung der öffentlichen Gesundheitspflege (BayVG., Recht 1910, 392), von den Pflegern in den Kreis-Heil- und Pflegeanstalten in Bayern bei der Beaufsichtigung von Kranken (BayVG., Recht 1918, 39), vom Gemeindevorsteher bei Verwaltung einer Ortskrankenkasse (RG. v. 10. Febr. 1928, JR. **23**, 1840, RGZ. **120**, 162), bei Verteilung von Geldern, welche ihm vom Staat usw. zur Abgabe an Gemeindeangehörige übergeben sind (Gelder aus Sammlungen, Stiftungen usw.), vom Bürgermeister bei Ausstellung von Zeugnissen (BayVG., Recht 1911, 670) oder bei Auskunfterteilung in Gegenständen des öffentlichen Rechts, wie Heimats-, Verehelichungs-, Polizei-, Steuersachen usw. (BayVG., Recht 1911, 310), dagegen nicht in Sparkassen- und Erwerbsangelegenheiten.

Die ordnungsmäßige Verwahrung des Gemeindesiegels[1]) ist eine Pflicht des Gemeindevorstehers nicht

---

[1]) Ein Bürgermeister ist befugt, einem Stadtsekretär, von dem kein Mißbrauch zu befürchten ist, das Dienstsiegel anzuvertrauen (OVG. v. 9. Juli 1912 bei Aßmann 85). Er kann auch einen Beamten mit dem Öffnen der eingehenden Postsachen beauftragen, hat sich aber zu vergewissern, daß der Tag des Einganges und der

nur der Gemeinde gegenüber, sondern auch Dritten, die im Vertrauen auf die Richtigkeit der Siegelung ein Rechtsgeschäft abschließen (Reimer **1**, 48; and. Ans. BayVG., Recht 1012, 215). Die Sachlage ist hier dieselbe, wie beim Notar (RGZ. **86**, 106). Bei Verträgen der Gemeinde brauchen die Gemeindeschöffen die Beidruckung des Gemeindesiegels nicht zu überwachen (OLG. Königsberg, Pos. M. Schr. 1914 S. 49).

Auch der Namensstempel (Klischee) ist sorgfältig aufzubewahren, sonst tritt Haftung ein (RG. v. 12. Juni 1928; III 427/27, „Landgemeinde" **28**, 302).

Persönliche Haftung des Gemeindevorstehers. Der § 179 BGB., nach welchem derjenige, der für einen anderen handelt, unter Umständen persönlich haftet, bezieht sich auch auf den Fall, daß die Vertretungsmacht nicht auf rechtsgeschäftlicher, sondern auf gesetzlicher Grundlage beruht. Der ihm zugrunde liegende Rechtsgedanke ist: „Wer im geschäftlichen Verkehr als Vertreter eines anderen einem Dritten gegenübertritt und in diesem das Vertrauen erweckt, durch den Abschluß mit dem Vertreter werde das Geschäft für den Vertretenen wirksam zustande kommen, der muß, wenn jenes Vertrauen getäuscht wird, wegen der durch sein Auftreten entstandenen Gefährdung des Dritten, obschon vielleicht schuldlos, haften (RGZ. **106**, 73). In dem Falle (RGZ. **104**, 193) ist der Gemeindevorsteher persönlich für die Erfüllung des von ihm namens der Gemeinde abgeschlossenen Kaufvertrages haftbar erklärt, weil er ohne Vertretungsmacht überhaupt

---

Tag der Vorlage bei ihm derselbe ist, falls er sie mit dem Eingangsstempel versieht, unterläßt er dies und wird deshalb eine Klagefrist versäumt, so ist er haftbar (OVG. **59**, 463). Vorstehende Entscheidungen des OVG. sind nicht unbedenklich. Man muß strengere Anforderungen stellen.

gehandelt hat. Im vorliegenden Falle hatte der Gemeindevorsteher vom Gemeinderate Vollmacht zum Holzverkauf aus dem Gemeindewalde, also rechtsgeschäftliche Vertretungsmacht (§ 166 Abs. 2 BGB.), er handelte also bei dem Verkaufe der 44 Festmeter Eichenstämme mit Vertretungsrecht der Gemeinde. Der Vertrag ist nur ungültig, weil er nicht in der in § 102 rheinischen LGO. vorgeschriebenen Form abgeschlossen war; dann haftet natürlich der Gemeindevorsteher nicht als persönlicher Vertragsgegner des Käufers; § 179 BGB. ist überhaupt nicht anwendbar (RG. I ZS. 7. Juli 1926, I 329/25, Jur. Rundsch. 26 Nr. 2112).

Unterschriftsbeglaubigung ist Sache der Gerichte (Urteilsbeamter) oder Notare.

Nach §§ 727, 988, 1160, 1384 RVO. ist jedoch jede zur Führung eines öffentlichen Siegels berechtigte Person befugt, die bei Zahlungen der Unfall-, Alters- usw. -versicherung erforderlichen Bescheinigungen zu erteilen und zu beglaubigen. Aber auch zur Unterschriftsbeglaubigung an sich nicht zuständige Beamte, wie Polizeibeamte, Ortsvorsteher, Schiedsmänner, sind haftbar (RGZ. **71**, 60), wenn sie falsch beglaubigen.

Ein Gemeindebeamter, der in Ausübung der ihm übertragenen staatlichen Funktionen dem Fiskus gegenüber seine Amtspflicht verletzt und denselben hierdurch zu Schaden bringt, ist hierfür auf Grund des § 839 Abs. 1 BGB. verantwortlich. Ein Dienstverhältnis zwischen dem Gemeindebeamten und dem Fiskus bestand nicht. Daraus, daß dem ersteren durch §§ 21, 23 Einkommensteuergesetzes vom 24. Juni 1891 Funktionen im Interesse des Fiskus auferlegt sind, folgt noch nicht, daß er insoweit als Staatsbeamter anzusehen ist. „Dritter“ i. S. des § 839 BGB. braucht nicht eine Privatperson zu sein (RG. II. ZS. 7. Mai 1909, Recht Nr. 1886).

Der außerordentliche Widerspruch gegen die Pfändung einer dem Schuldner nicht gehörenden Sache im Verwaltungszwangsverfahren ist von der Vollstreckungsbehörde zu prüfen. Haftbarkeit gegenüber dem Eigentümer tritt bei Unterlassung der Prüfung ein (OVG. **53**, 42).

Schadensersatzpflicht einer Gemeinde bei Nichteinholung der Genehmigung der Aufsichtsbehörde. Kraft des Beamtenverhältnisses, in dem der Kläger zu ihm stand, und der Fürsorgepflicht, die für ihn ihm gegenüber aus diesem Verhältnis entsprang, war der Gemeindevorsteher verpflichtet, die gesetzlich vorgeschriebene Genehmigung der zugunsten des Klägers (Beamten) ergangenen Beschlüsse der Gemeindevertretung einzuholen. Bei etwa bestehender Zweifelhaftigkeit der Rechtslage mußte er den sichersten Weg wählen und jedenfalls der Aufsichtsbehörde die Beschlüsse unterbreiten (RG. III ZS. 3. Jan. 1928, III 147/27; Preuß. VerwBl. **49**, 637).

Wegen Haftung einer Stadt wegen unbegründeter öffentlicher Warnung vor einem geschäftlichen Unternehmen (RGZ. **101**, 24). Dritter ist auch der Staat, wenn ein Gemeindebeamter einen staatlichen Steueranspruch schuldhaft erhöhen läßt (RG. v. 7. Mai 1909, II 409/08).

22. Landrat und Kreisbeamte. Vgl. Delius (PrVerwBl. **44**, 456) und Hofacker (PrVerwBl. **45**, 55). Er nimmt eine Doppelstellung ein, er ist Beamter der Kreiskommunalverwaltung und Organ der Staatsregierung; es haftet also der Kreis oder der Staat, je nachdem die schädigende Amtshandlung als Kreiskommunalbeamter oder als Staatsbeamter vorgenommen ist (RGZ. **100**, 188, 104, 348 u. **111**, 13 und OLG. Kassel, SeuffArch. 71 Nr. 60). Vgl. auch Delius, PreußGemZtg. 1928 S. 184.

Wenn der Kreisausschuß schuldhaft einen ungültigen Beschluß über den Zuschuß eines Kreisbeamten bei seiner

Pensionierung faßt, so liegt eine Amtspflichtverletzung i. S. des § 839 BGB. vor, die eine Haftung des Kreises nach § 4 des Amtshaftungsgesetzes v. 1. Aug. 1909 zur Folge hat (RG. v. 18. März 1925; III 61/24, „Landgemeinde" 1925 S. 331).

Haftung des Staates für den Kreisausschußsekretär. Ebenso wie unter Umständen der Staat die Haftung für die Tätigkeit eines Nichtbeamten treffen kann (RGZ. **105**, 334, 114, 201), muß er entsprechend auch für einen vom zuständigen Beamten (Landrat) zugezogenen, an sich nicht zuständigen Beamten (Kreisausschußsekretär) einstehen. Vgl. Art. 131 der Reichsverfassung. Wurde der Kreisausschußsekretär infolge Zuziehung durch den Landrat tätig, so lag ihm ebenso, wie dem durch ihn tätig werdenden Landrat auch dann, wenn er hierbei in einer gewissen Selbständigkeit entschieden haben sollte, die Amtspflicht (§ 839 BGB.) ob, die Rechte des Geschädigten (Klägers), über dessen Eigentum er bewußt verfügte, nicht rechtswidrig zu beeinträchtigen (RG. 3. ZS. v. 25. Febr. 1927, III 158/26, Jur. Rundsch. 27 Nr. 1018). Es haftet also der Staat, nicht etwa der Kreiskommunalverband.

Haftung des Kreiskommunalverbandes für den Landrat. Auch bei Versehen des Landrats, die er als Vorsteher der Kreiskommunalverwaltung begeht, haftet der Kreis, selbst wenn staatliche Aufgaben wie z. B. im Bereiche der Wohnungsmangelgesetzgebung erfüllt werden. Die Verantwortlichkeit für Amtspflichtverletzungen der Beamten trägt diejenige Körperschaft, in deren Dienst der Beamte steht, es ist gleichgültig, ob der Beamte dabei Aufgaben erledigt, die der Körperschaft ohnehin obliegen oder solche, deren Erfüllung ihr besonders übertragen ist. Vgl. RGZ. **100**, 190. Der Kreis hat daher den Schaden zu tragen, welcher dadurch verursacht ist, daß der Beschluß des Kreisausschusses betr.

Genehmigung zum Abbruch des Brauereigebäudes nicht bereits 14 Monate früher ergangen ist. Wenn der Landrat glaubte, das Gesuch betreffe eine baupolizeiliche, also von ihm selbst zu erledigende Angelegenheit, so entschuldigt dies nicht; denn es gehört zu den Amtspflichten des Beamten, die Grenzen seiner Zuständigkeit zu kennen und zu beachten (RG. **71**, 62). Der Landrat hätte also das Gesuch, welches eine Wohnungsangelegenheit betraf, dem Kreisausschuß zuleiten müssen, zu dessen Geschäftsbereich sie inhaltlich gehörten. Für diese auf dem Gebiete der Kommunalverwaltung liegende Versäumung haftet der Kreis. Vgl. RGZ. **104**, 263, 348 (RG. 3. ZS. 23. März 1927, III 199/26, „Recht" 27 Nr. 1186 u. JR. 27 Nr. 1112).

23. Landschaften.

Die Ausstellung der sog. Unschädlichkeitsatteste ist nicht die Ausübung einer Funktion der Direktion in Vertretung und im Interesse der Landschaft (altpreußischer landschaftlicher Kreditverband), sondern die Ausübung einer vom Staate ihr im öffentlichen Interesse delegierten behördlichen Funktion (RGZ. **28**, 335).

Ein Verschulden der Mitglieder der Direktion der Landschaft, weil das Unschädlichkeitsattest ausgestellt war, ohne die Verwendung des für die Abveräußerung an den Verkäufer und Schuldner des Klägers gezahlten Preises zu kontrollieren, lag nicht vor, denn diese Pflicht gehört nicht zur Zuständigkeit der Direktion. Aus dem Umstande, daß die Unschädlichkeit bezeugt war, obgleich das Kaufgeld den Wert der Parzelle nicht erreichte, folgt die Haftung, weil Schätzungen zu einem verschiedenen Ergebnisse führen können, noch nicht. Auf ein Versehen läßt sich nur schließen, wenn der Unterschied gegen den von anderen Sachverständigen geschätzten Wert ein bedeutender ist (RG., Bolze **14** Nr. 206 u. 209).

Die von einem landschaftlichen Kreditverband im Wege der Zwangsvollstreckung verhängte Sequestration eines bepfandbrieften Gutes stellt sich als die Ausübung einer öffentlich-rechtlichen, der Landschaft als Behörde zustehenden Befugnis dar (OLG. Stettin in RGZ. **29**, 234).

24. Landwirtschaftskammern üben öffentliche Gewalt gemäß § 2 des G. v. 30. Juni 1894 aus insofern, als ihnen die Fürsorge für die Wohlfahrt des Berufsstandes der Landwirte und die Förderung der Land- und Forstwirtschaft übertragen ist (RG., JW. 1909, 400).

25. Lehrer[1]). a) Allgemeines. Die öffentlichen Zwecken dienende, auf öffentlich-rechtlichem Gebiete liegende Amtstätigkeit der Lehrer ist als Ausübung der öffentlichen Gewalt aufzufassen (RGZ. **84**, 29 und Bayrischer Verwaltungsgerichtshof i. „Recht" 1921 Nr. 2944). „Wenn auch die Lehrtätigkeit (Unterrichtserteilung) als solche mit den Herrschaftsrechten des Staates nichts zu tun hat, so steht doch dem öffentlichen Lehrer in anderer Beziehung, namentlich auf dem Gebiete der Schuldisziplin, die Ausübung der öffentlichen Gewalt zu. Sie ist nicht eng auf die Aufgaben zu beschränken, die der Lehrer im Rahmen der allgemeinen Schulpflicht zu erfüllen hat (RG. v. 8. Juni 1928, Recht 28 Nr. 1839). Nicht bei der einfachen Unterrichtserteilung[2]) wohl aber auf anderen Gebieten der Tätigkeit des Lehrers, namentlich bei den von ihm im Interesse der Schuldisziplin getroffenen Anordnungen, z. B. beim Turnunterricht handelt es sich um Ausübung öffentlicher Machtbefugnisse." In erster Linie kommt das Züchtigungsrecht[3]) in Betracht (RGZ.

---

[1]) Auch die Experimentiertätigkeit eines Universitätsprofessors ist Ausübung öffentlicher Gewalt (RG., JW. **27**, 1994).

[2]) And. Ans. Kom. d. RGRäte zu § 89 BGB. Nr. 3.

[3]) Ob ein Züchtigungsrecht des Lehrers begründet ist, richtet sich nach Landesrecht. Der Kommentar d. RGRäte zu § 823 BGB.

94, 200). Das OLG. Zweibrücken (SeuffArch. **64** Nr. 8) verneint hier Ausübung der öffentlichen Gewalt. Maßgebend für das Züchtigungsrecht sind in Preußen §§ 50, 53 II, 12 ALR. und für die 1815 hinzugekommenen Provinzen die KabOrder v. 14. Mai 1825 (GS. 149) Ziff. 4 (RGSt. 43, 281). Die Züchtigung darf eine Gesundheitsschädigung nicht herbeiführen (OVG., PrVBl. 34, 686). Wer ohne Gedanken an den Erziehungszweck nur aus persönlichem Ärger über das vermeintlich widersetzliche Benehmen des Schülers schlägt, wird durch das Züchtigungsrecht nicht gedeckt (Gruch. **56**, 962).

Öffentliche Gewalt liegt vor bei der Beaufsichtigung der Schüler beim Turnen (RGZ. **80**, 388, **84**, 30; LZ. 1917, 599), beim Baden (OVG. v. 5. Juli 1900, Selbstverw. **37**, 670), beim Eislauf (RG. v. 16. Okt. 1911, GemVBl. **24**, 271), bei Bewegungsspielen (RG., JW. 1912, 36), bei Schulfesten (RGZ. **65**, 290), Schulausflügen (RG., JW. 1914, 470), beim Schneeballspiel (OVG., PrVBl. **31**, 370). Die Schulzucht, welche nicht nur dem Klassenlehrer, sondern sämtlichen Lehrern der Anstalt zusteht, erstreckt sich auf das gesamte Verhalten der Schüler, insbesondere auch auf die außerhalb der Schule verübten Ungebührlichkeiten der Schüler, und kann auch in den Pausen (OLG. Königsberg, SeuffArch. **64** Nr. 131) und außerhalb der Schulzeit oder des Schulortes ausgeübt werden (OVG., PrVBl. **33**, 517; RG., Recht 1921 Nr. 1578), da die Schulen nicht bloß Unterrichts-, sondern auch Erziehungsanstalten sind (RGSt. **42**, 142; OVG. **60**, 480). Auch die Tätigkeit der

---

Note 10 meint, daß bei der in Ausübung des Amtes vorgenommenen Züchtigung die Widerrechtlichkeit besonders nachgewiesen werden müsse, sofern nicht die Art der Rechtsverletzung eine Überschreitung der amtlichen Befugnisse von vornherein außer Zweifel stelle. Vgl. oben S. 285.

Lehrer bei der Veranstaltung der Reichsjugendwettkämpfe ist Ausübung öff. Gewalt (OLG. Celle, JW. 28, 429). Der Lehrer handelt als Privatperson, wenn er Schulkinder zu Arbeiten in seinem Haushalt oder Wirtschaftsbetriebe während der freien Zeit verwendet, und dabei die Aufsicht verletzt (RG., Recht 1914 Nr. 2663 u. JW. 1920, 1032).

Es ist Amtspflicht der Lehrer, alles zu vermeiden, was zu einer Beschädigung der Kinder führen kann (RG., Recht 1921 Nr. 1578c u. PrVBl. **42**, 428)[1].

Die Aufsichtspflicht besteht nicht nur gegenüber den Schülern, sondern auch gegenüber Dritten (RGZ. **65**, 291), insbesondere den Eltern (vgl. Reimer **2**, 58), ja auch Personen, die bei der Benutzung des zum Spiel verwendeten öffentlichen Weges, z. B. durch einen Fußball beschädigt werden können. Vgl. RG., Warneyer 1916 Nr. 80.

Eine Haftung des Lehrers Dritten gegenüber aus § 832 BGB. ist ausgeschlossen, da der § 839 BGB. die Beamtenhaftung ausschließlich regelt. Es würde sonst ja auch das AHG. nicht anwendbar sein. And. Ans. KG., R. d. OLG. **12**, 114 u. **14**, 38 u. OLG. Frankfurt (Recht 1912 Nr. 1004). Vgl. auch Kirbach 30, Winter (Recht 1912, 39 u. 69) u. Reimer **2**, 58.

b) Staatliche und nichtstaatliche Lehrer. Es haftet die Körperschaft, in deren Diensten der Lehrer steht. Bei kommunalen Mittelschullehrern also die Gemeinde.

c) Volksschullehrer usw. (vgl. oben § 4a AHG.)[2].

---

[1]) Haftung auf Grund der AHG. tritt ein, wenn eine Lehrerin neben einigen Schulheften einen Federhalter mit nach vorne heraussehender Federspitze so trägt, daß eine Schülerin am Auge dadurch verletzt wird (RG., PrVBl. **42**, 428). Die Tätigkeit des Lehrers läßt sich nicht in Teile zerlegen.

[2]) Vgl. Delius, Volksschularchiv **22**, 193ff.

Bei Ausübung der öffentlichen Gewalt haftet der Staat (er macht aber von seinem Rückgriffsrecht gegen den Lehrer nur in besonders gearteten Ausnahmefällen Gebrauch, ZBlUV. 1923 S. 195); sonst gemäß §§ 31, 89, 831 BGB. der Schulverband usw., also regelmäßig die Gemeinde (RGZ. **102**, 6).

Mit privatrechtlichen Verrichtungen ist gemeint das Gebiet der Verwaltung des Vermögens des Schulverbandes, die Wahrnehmung von Rechten und Interessen, welche aus privatrechtlichem Eigentum oder Nachbarrechten oder aus abgeschlossenen privatrechtlichen Verträgen, z. B. über Lieferung von Schulutensilien usw. fließen und damit zusammenhängen. Das Schulgebäude muß ordentlich instand gehalten werden, insbesondere der Schulhof sich in gefahrfreiem Zustand befinden. Für sichere Aufbewahrung der Sachen der Schüler, insbesondere deren Garderobe, muß gesorgt sein. Wegen Schuldiebstähle vgl. Delius, PrVBl. **45**, 238. Hier wird der Leiter der Schule eine besondere Rolle spielen, der als „verfassungsmäßiger Vertreter" i. S. der §§ 31 und 89 BGB. anzusehen ist, während für die übrigen Lehrer nur nach § 831 BGB. gehaftet wird. Hat der Schulleiter auf Abstellung von Mängeln durch den Schulverband gedrungen, aber ohne Erfolg, so ist eine Haftung ausgeschlossen. Für Verschulden des Schuldieners haftet der Schulverband im Rahmen des § 831 BGB., da dieser kein „verfassungsmäßiger Vertreter" ist. (RG. JW. 1906 S. 427 und RGZ. **105**, 9.

Die Erfüllung der Pflicht, für die Verkehrssicherheit auf dem Schulgrundstücke zu sorgen, stellt sich nicht als Ausübung staatlicher Hoheitsrechte dar, sondern ist im Privatrecht begründet. (RGZ. **54**. 53; **68**, 365 und **84**, **88**.) Es ist deshalb nicht richtig, wenn das OLG. Breslau in seinem Urteil vom 5. Juli 1925 201/23, Mitteil. des Deutschen Städtetages

Bd. 11 Sp. 170, sagt, daß bei einem Diebstahl der Garderobe eines Schülers ein Versehen eines Anstaltsorgans bei Ausübung der öffentlichen Anstaltsgewalt gemäß §§ 1 bzw. 4, 4a des Amtshaftungsgesetzes vom 1. Aug. 1909 bzw. 14. Mai 1914 vorliegen könne oder der Schaden auf mangelhafte Unterhaltung und Überwachung des Anstaltsraumes zurückzuführen sei. Im letzteren Falle habe die Anstaltseigentümerin, also die Gemeinde, für das außervertragliche Verschulden ihrer Organe nach §§ 31, 89 BGB. einzustehen. Es käme also sowohl die bauliche Einrichtung und Überwachung der Schulanstalt, wie auch die Anstaltsordnung und ihre Aufrechterhaltung in Betracht, so daß innere und äußere Schulangelegenheiten ineinander griffen und danach sowohl der Staat als auch die Gemeinde haften könne.

Es ist sebstverständlich, daß der Schulverband dafür sorgen muß, daß im Schulgebäude Stufen im direkten Anschluß an eine Tür kenntlich gemacht, Lichtschächte eingezäunt, Material zur Beseitigung von Eis- und Schneeglätte auf Treppen angeschafft wird. Aber daß der Schuldiener Asche streut und den einmal entfernten Zaun bei Lichtschächten wieder hinstellt, dafür haben die Lehrer, insbesondere der Leiter der Schule, zu sorgen. Dem Gemeindevorsteher kann außer seinen sonstigen Dienstgeschäften nicht zugemutet werden, darauf noch zu achten. Daß die Lehrer von dieser Aufsichtspflicht befreit seien, kann nicht angenommen werden. Sie sind doch für den Schulverband angestellt (§ 59 Abs. 3 Volksschulunterh.-Ges.), haben also Pflichten ihm gegenüber (RGZ. **85**, 21; **102**, 8.) Man kann nicht etwa sagen, die Lehrer brauchen die Interessen des Schulverbandes nicht wahrzunehmen. Man denke an den Fall, der Lehrer stellt die Schultafel od. dgl. so auf, oder hängt eine große, schwere Wandkarte derartig an die Wand, daß sie beim geringsten Anstoß herunterfallen muß. Passiert hier nun ein Unglück, was ja auch außerhalb der eigentlichen Unterrichtszeit geschehen kann, so haftet der Schulverband gemäß §§ 31, 89 bzw. 831 BGB., wenn dem Leher ein Verschulden nachgewiesen wird. (RGZ. **102**, 6.) Der Lehrer haftet dem Geschädigten direkt, kann aber wegen seiner subsidiären Haftpflicht gemäß § 839 BGB. den Kläger an den Schulverband verweisen und damit Abweisung der gegen ihn gerichteten Klage erreichen; bleibt aber dem Schulverband regreßpflichtig.

Treffen Verpflichtungen privatrechtlicher Natur mit den Amtspflichten bei Ausübung der öffentlichen Gewalt zusammen, dann entsteht ein Verhältnis gemischter Natur. Man meint, daß, weil hier das öffentlich-rechtliche Moment zurücktrete, im Zweifel der privatrechtliche Schadenersatzanspruch aus §§ 31, 89 und 831 BGB. gegeben sei. Vgl. RGZ. **65**, 117; **78**, 329 und OLG. Breslau, Rechtspr. der OL.-Gerichte **34**, 117. Bei Schadenersatzansprüchen kann aber nicht ein Rechtsatz entsprechend angewendet werden, den man sonst bei Feststellung der Rechtsnatur bestimmter privatrechtlicher Verträge kennt. Vgl. Delius a. a. O. S. 8 und im PrVBl. **36**, 107. Es muß in diesem Falle zunächst untersucht werden, ob der Schaden allein auf die Ausübung der öffentlichen Gewalt oder auf die privatrechtliche Verrichtung zurückzuführen ist. Dann ist die Haftungsfrage ohne weiteres klar. Läßt sich dies nicht feststellen, erscheint vielmehr die ganze Amtshandlung als Schadensursache, so bleibt nichts anderes übrig, als anzunehmen, daß der Schaden auf die Ausübung beider Tätigkeiten zurückzuführen ist und danach die Haftung zu bestimmen. In diesem Falle haften Staat und Schulverband als Gesamtschuldner. Nach § 426 BGB. sind Gesamtschuldner im Verhältnis zueinander zu gleichen Anteilen verpflichtet, soweit nicht ein anderes bestimmt ist. Also der Regel nach werden Staat und Schulverband den

Schaden zur Hälfte tragen und dementsprechend gegen den schuldigen Lehrer Regreß nehmen.

Wegen Haftung der preußischen Landesschulkasse (RG. i. JW. 1926 S. 805).

26. Lotsen befinden sich nur in Ausübung öffentlicher Gewalt, wenn ein Lotsenzwang besteht (RGZ. **86**, 120; **87**, 347; **93**, 36; **105**, 101; **111**, 378; **110**, 349; **114**, 197). Sie haften nicht nur gegenüber dem Reeder des von ihnen geführten Schiffes, sondern auch gegenüber dem des fremden Schiffes, mit dem ein Zusammenstoß erfolgt ist (Reimer **2**, 57; RGZ. **87**, 348). Vgl. auch Kanalwesen oben.

27. Luftschiffahrt. Bei Fahrten der Militär- und Marineluftschiffe liegt Ausübung öffentlicher Gewalt vor (RG., JW. 1912, 389), also Haftung des Reiches nach RAHG.

28. Militär[1]).

Ausflüsse öffentlicher Gewalt sind alle Anordnungen und Handlungen der Militärbehörden, die auf die Ausrüstung des Heeres und die Ausbildung der Truppen abzielen (OVG. **2**, 407), z. B. Schießübungen, das Gefechtsschießen, Übungen der Pioniere im Schanzen-, Brücken- und Mineurdienst[2]) (RG. **24**, 38; **54**, 204; **55**, 174; Recht 1917 Nr. 152), die militärische Tätigkeit bei einem Mannöver, Auffahren einer Batterie (OLG. Nürnberg, Recht 1910 Nr. 3881), Fahrten der Militärkraftfahrer (RGZ. **94**, 102; OLG. Kolmar, JW. 1917, 114), bei einer Fahrt, um Sägespäne oder Brot herbeizuschaffen,

---

[1]) Für die Mitglieder der sog. Matrosendivision (irreguläre Truppe) in Braunschweig haftet der dortige Staat (RGZ. **101**, 360).

[2]) Ob die Sprengung auf Grund eines privatrechtlichen Vertrages vorgenommen ist, erscheint unerheblich (RG., JW. 1912, 638; DJZ. 1916, 642).

da dies in engster Beziehung zur Ausbildung und zur Förderung der militärischen Verwendungsfähigkeit der Truppen steht (RGZ. **108**, 388 und RG. vom 24. Juni 1927, Recht 1927 Nr. 2213), Transport verwundeter Militärpersonen aus einem Gefecht (RG., Recht 1918 Nr. 97), die Tätigkeit der Ärzte in einem Lazarett (OLG. Dresden, JW. 1919, 197), der sog. Seuchentrupps, insbes. bei Entlausungen (Reimer **1**, 58), Ausstellung eines Führungszeugnisses (KG., v. Kamptz-Delius II 882), der Betrieb militärtechnischer Einrichtungen, z. B. der Artilleriewerkstätten (RGZ. **24**, 35; **44**, 226; **55**, 174), Anordnung der Ausrüstung des Heeres mit Säbelträgern (JW. 1911, 814), fälschliche Verhaftung einer Person durch einen Offizier (RG., Recht 1917 Nr. 153).

Das Reich haftet, wenn ein Offizier durch einen zu tief liegenden Draht der Fernsprechabteilung verletzt wird (RGZ. **89**, 247), bei Sprengübungen auf einem als Kinderspielplatz benutzten Exerzierplatz (RG., LZ. 1915, 1524), wenn ein Posten nicht genügend instruiert ist (RGZ. **91**, 9) oder wenn durch unvorsichtiges Umgehen mit dem Dienstrevolver seitens eines im Dienst befindlichen Landsturmmannes (RGZ. **91**, 384), auch im Quartierzimmer [1]) während einer dienstfreien Stunde (RGZ. **101**, 357), jemand verletzt wird; wenn beim Gefangenentransport durch Entladung des ungesicherten Gewehres Schaden verursacht wird (OLG. Dresden, Seuff. Arch. **71**, Nr. 252), wenn ein Schießunteroffizier ohne dienstliche Ermächtigung an einen ungeübten Landsturmmann eine Waffe austeilt, ohne sich von der Vertrautheit desselben mit der Handhabung der Waffe zu überzeugen (RGZ. **91**, 381).

---

[1]) Anders gilt, wenn der Soldat im Quartier zu seiner oder der anderen Unterhaltung die Waffe vorgeführt oder mit der Waffe zur Erholung im Wirtshause sitzend Schaden gestiftet hätte (RGZ. **101**, 357).

Die Beschlagnahme von Getreide erfolgt durch die zuständige Militärbehörde lediglich im öffentlichen Interesse (der allgemeinen Landesverteidigung), nicht im Interesse des Eigentümers (RG., Recht 1918 Nr. 210). Zu Unrecht nimmt aber OLG. Kiel (JW. 1917, 910) an, daß bei einem Militärbefehlshaber das militärische Interesse die Richtschnur bilden müsse, wobei die Interessen des Privaten ganz zurückzutreten hätten. Nach RGZ. **91**, 9 steht das RG. ebenfalls nicht auf diesem Standpunkt.

Keine Ausübung der öffentlichen Gewalt liegt vor, wenn ein Soldat ein Weinfaß in den Kasinokeller schaffen muß und dabei verunglückt durch Verschulden seines Vorgesetzten. (And. Ans. KG. 11 U. 2127/15.)

Wesentlich verschieden von den hoheitsrechtlichen Maßnahmen sind aber Anordnungen und Handlungen der Militärverwaltung, welche lediglich aus Anlaß der Ausübung eines Hoheitsrechtes erfolgen, jedoch ihrer Natur und Zweckbestimmung nach der staatlichen Vermögensverwaltung angehören, militärfiskalische Anordnungen oder Akte. Bei diesen handelt es sich um privatrechtliche Angelegenheiten des Staates, und der Staat, also auch der Militärfiskus, soweit er in privatrechtliche Beziehungen zu den Beteiligten tritt, untersteht auf diesem Gebiete den Vorschriften des bürgerlichen Rechtes. Das gilt insbesondere hinsichtlich der vom Gesetze dem Eigentümer oder Besitzer auferlegten Verantwortlichkeit wegen der durch seine Sachen verursachten Beschädigungen (durch einen Signalmast, Gruch. **57**, 971; Telegraphenleitung, RGZ. **54**, 159; R. d. OLG. **5**, 246; Nichtverwahrung einer Grube, RG., JW. 1912, 86). Die Unterhaltungspflicht an Gebäuden und mit einem Grundstück verbundenen Werken, die Fürsorge bezüglich der Gefährdungen ausschließenden Beschaffenheit oder Behandlung von Eigentumsgegenständen überhaupt sind, sofern der allgemeine Verkehr und die Sicherheit desselben hiervon berührt werden, ein Erfordernis des bürgerlichen Verkehrs und Rechtslebens (RGZ. **54**, 157; **78**, 329).

Eine privatrechtliche Haftung trifft auch den Militärfiskus, wofern er bei Verwahrung, Untersuchung, Be- oder Wegschaffung der zu fiskalischen Beständen gehörigen Materialien die im Verkehr erforderliche Sorgfalt außer acht läßt. Diese Haftung wird nicht dadurch ausgeschlossen, daß die fraglichen Verrichtungen an sich im militärischen Interesse vorgenommen werden (RGZ. **55**, 171; **78**, 329)[1]. Auch ein als Ausfluß der Kommandogewalt anzusehender militärischer Befehl kann auf dem Gebiete der Militärverwaltung liegen (RG., JW. 1919, 110).

Privatrechtliche Haftung des Reiches tritt ein bei Abschluß von Verträgen seitens eines Regimentskommandeurs im Betriebe der Kantinenverwaltung (OLG. Kolmar R. d. OLG. **5**, 16), beim Transport des Düngers der Kavalleriepferde (Gruch. **57**, 1144), wenn anläßlich der Ausbildung der Truppen auch gelegentlich Materialien auf ihre Brauchbarkeit geprüft werden (RGZ. **55**, 174), bei Nichtauslöschen der Biwaksfeuer und Nichtbeseitigung der auf dem Biwaksplatze zurückgebliebenen Platzpatronen (RG., JW. 1912, 796), bei Beförderung von Mannschaftskleidungsstücken in einem Militärkraftwagen (selbst in einer armierten Festung) (RG., Recht 1917 Nr. 153), beim Fahren mit einem Krümperfuhrwerk (RG., JW. 1911, 487), beim Bau einer Offizierspeiseanstalt (RG., DJZ. 1914, 239), bei Beschädigung des Quartiers durch einquartierte Truppen (vgl. auch Warneyer 1921, 74)

---

[1]) Dagegen nicht, wenn die Handhabung oder Verwendung fiskalischer Gegenstände (Waffen, Munition, Feldgeräte) unmittelbar eine Ausübung des eigentlichen militärischen Dienstes darstellt.

beim Überfliegen militärischer Geschosse in das Nachbargrundstück (RG. 55, 55)[1]).

29. Marine.

Ausfluß der öffentlichen Gewalt sind militärische Übungen auf dem Lande (OLG. Naumburg, LZ. 1915, 1680), im Minenlegen, Landungsmanöver, Übungsfahrten der Kriegsschiffe[2]) (RG. 55, 174; 72, 349), Schießübungen derselben, Minenstreuübungen. Die Beförderung von Mannschaften und Gütern an Bord oder an Land erfolgt lediglich aus Anlaß der Ausübung von Hoheitsrechten, wenn es sich nicht gerade um eine Bootsübung oder ein Landungsmanöver handelt[3]).

Für Hoheitsdelikte der Besatzung eines Kriegsschiffes sowie im Falle des Zusammenstoßes eines Kriegsschiffes mit einem anderen Schiffe haftet das Reich nicht nach dem AHG., sondern gemäß dem auch für Kriegsschiffe geltenden, durch § 6 RAHG. aufrechterhaltenen Art. 7 EG. z. HGB. auf Grund der §§ 485, 486 Abs. 1 Nr. 3; 734—739 HGB. (RGZ. 79, 178). Vgl. auch Pappenheim, Gruch. 56, 19 u. 1910, 417.

Militärfiskalischer Natur ist das Verstauen oder sonstige gefahrlose Unterbringen der Salutmunition eines

---

[1]) Wird dagegen unabhängig vom Nachbarrecht in der Ausübung des militärischen Dienstes jemand durch überfliegende Kugeln infolge Verschuldens einer Militärperson, z. B. durch Unterlassung gebotener Vorsichtsmaßregeln, Absperrung, Bekanntmachung, verletzt, so haftet das Reich nach dem AHG. (Reimer 1, 66).

[2]) Probefahrten lediglich zur Prüfung, ob die Schiffe den vertraglich vorgesehenen Bedingungen entsprechen, gehören nicht hierher.

[3]) Simon 43; Reimer 1, 60 hält den Transport der Mannschaften wohl niemals für eine fiskalische Handlung, er zweifelt beim Transport von Gütern.

Kriegsschiffes nach dem Einlaufen in den Hafen (RG., JW. 1909, 654; v. Kamptz-Delius, ErgBd. S. 20), auch für Immissionsschäden, welche durch Kriegsschiffe verursacht werden, haftet das Reich privatrechtlich (RG., JW. 1919, 109).

Das Seestraßenrecht legt dem Kommandanten eines Kriegsschiffes eine Amtspflicht Dritten gegenüber i. S. des § 839 BGB. auf (RGZ. **72**, 349); es liegt aber kein Verschulden vor, wenn der vom Kommandanten erteilte richtige Befehl von dem Manne am Steuer oder an der Maschine unrichtig ausgeführt und dadurch ein Schiffszusammenstoß verursacht wird, allein trotzdem haftet das Reich gemäß Art. 7 EG. z. HGB. (RGZ. **79**, 178).

30. Polizeibeamte[1]).

Sie üben regelmäßig öffentliche Gewalt aus, z. B. bei Wahrnehmung der Wasserpolizei (RG. vom 1. Oktober 1925, Recht 1926 Nr. 375), bei Beitreibung von Geldstrafen und Abgaben (RG., Bolze **15** Nr. 174 u. R. d. OLG. **28**, 318), bei Erlaß und Vollstreckung polizeilicher Verfügungen (RGZ. **26**, 339), bei Wahrnehmung der Wohlfahrtspolizei durch Polizeidiener (RGZ. **55**, 365; JW. 1904, 353; Gruch. **48**, 1057), bei Körperverletzung durch Mißbrauch der Waffe (RGZ. **61**, 415; PrVBl. 34, 221, RGSt. **44**, 353; Gruch. **51**, 1001)[2]), bei Wegnahme eines auf einem Privatgrundstück aufgestellten Wagens (Gruch. **46**, 1003), bei Entfernung eines an einen Weg stoßenden Zauns aus wegepolizeilichen

---

[1]) Delius, Ersatzpflicht bei Schäden, welche Polizeibeamte verursachen, im Polizeiarchiv I, 194.

[2]) Auch ein fahrlässiges Überschreiten der Notwehr seitens eines Polizeibeamten, wodurch die Tötung eines Menschen infolge Waffengebrauchs, verursacht wird, macht ersatzpflichtig (RG. v. 27. Mai 1913, III 104/13 bei Aßmann 41). Haftung tritt auch ein, wenn der schuldige Beamte nicht zu ermitteln ist.

Gründen (PrVBl. **35**, 74), bei der Beschlagnahme von Waffen (R. d. OLG. **20**, 294), bei nicht rechtzeitiger Rückgabe von Sachen, die von der Polizei beschlagnahmt sind (Gruch. **38**, 1040)[1]), bei der Beschlagnahme von Lebensmitteln (OLG. Oldenburg, DJZ. 1917, 1036), von Geld durch einen Kriminalbeamten, der dasselbe demnächst unterschlägt (KGBl. 1919, 80), bei Verzögerung der Erledigung eines Baugesuches (PrVBl. **33**, 351)[2]), bei Schließung eines Gewerbebetriebes wegen Zuwiderhandlung gegen kriegsgesetzliche Vorschriften (Delius, JW. 1918, 164), bei Verletzung der Verschwiegenheitspflicht (RGZ. **88**, 172), beim Erlaß einer öffentlichen Warnung vor einem angeblich schwindelhaften Unternehmen (RGZ. **101**, 2; PrVBl. **42**, 379)[3]), bei Auflösung[4]) einer Versammlung, wenn ein Polizeipräsident aus verkehrs- und sicherheitspolizeilichen Gründen eine Schaustellung nicht genehmigt (OLG. Hamm, R. d. OLG. **35**, 32) oder unter Überschreitung seiner Amtsbefugnisse einem Droschkenfuhrherrn den Fahrschein entzieht (RG., Bolze **4** Nr. 354

---

[1]) Hier kann auch eine privatrechtliche Haftung aus dem Verwahrungsvertrage in Betracht kommen. Vgl. auch RGZ. **93**, 201.

[2]) Z. B. im Interesse einer beabsichtigten Fluchtlinienfestsetzung in der Gemeinde (OLG. Hamm v. 15. Febr. 1910; Komm. Rundschau III, 650; RG. v. 5. Nov. 1912; VII, 227/12).

[3]) Kein Verschulden, wenn der Regierungspräsident vor dem öffentlichen Ankauf eines Heilmittels warnt (OVG. **59**, 441). Stellt sich die Warnung später als unrichtig heraus, so ist der Polizeidezernent (Stadtrat) haftbar, wenn er die ihm zugegangene Mitteilung nicht sorgfältig vorher auf ihre Richtigkeit geprüft hat, selbst wenn sie vom Generalkommando herrührt (RGZ. **101**, 24).

[4]) Schadensersatzpflicht wegen unberechtigter Auflösung tritt bezüglich Erstattung der Kosten an den Einberufer für Saalmiete, Beleuchtung und Heizung nur dann ein, wenn den Beamten ein subjektives Verschulden trifft (RG. v. 29. März 1911, III 378, 11; Rundschau für Gemeindebeamte **17**, 321).

u. 9 Nr. 181—183), wenn der Polizeipräsident in Berlin die Verwendung der von einem Theaterunternehmer gestellten Kaution anordnet und die Auszahlung des Restes verweigert (RGZ. **88**, 420), wenn Wandergewerbescheine gemäß §§ 53ff. GewO. ausgestellt (BayVG., Recht 1917, 570), überhaupt gewerbepolizeiliche Genehmigungen erteilt oder versagt werden (RG., LZ. 1916, 1373), bei Ausstellung und Umtausch der Quittungskarten der Alters- usw. Versicherung (BayGH., Recht 1911, 494; JW. 1902, 84).

Beschädigung in Ausübung der öffentlichen Gewalt liegt vor, wenn ein Kinofilm gelegentlich der zwecks Zensur vorgeschriebenen Vorführung wegen mangelnden Flammenschutzes verbrennt (OLG. München, R. d. OLG. **34**, 137).

Die jedem Beamten dem Publikum gegenüber obliegende Fürsorgepflicht (RGZ. **91**, 381) trifft in erhöhtem Maße die Polizeibeamten, denen „jedem Dritten gegenüber" die Pflicht obliegt, für die Sicherheit des Verkehrs zu sorgen (RG., Recht 1913 Nr. 1601). Die Polizeibeamten sind ferner verpflichtet zur Schweigepflicht, insbesondere über alle Vorgänge, die amtlich zu ihrer Kenntnis gelangen (RGZ. **87**, 419; **88**, 172). Verletzung der Amtspflicht liegt vor, wenn ein Polizeibeamter zur Befriedigung persönlicher Rachegefühle von seinen Machtbefugnissen Gebrauch macht, selbst wenn sachliche Gründe sein Verhalten rechtfertigen können (RGZ. **91**, 349), wenn er eine Anordnung so ungenau und unklar gibt, daß Mißverständnisse entstehen (vgl. RGZ. **91**, 9), wenn eine Feuermeldung nicht sofort weitergegeben wird, wenn ein höherer Polizeibeamter seine Untergebenen anweist, Polizeiübertretungen zu dulden (RG. Recht 1912 Nr. 2543). Passivlegitimiert ist für alle Amtspflichtverletzungen (auch privatrechtlicher Art) kommunaler Polizeibeamter der Kommunalverband.

Ein Gendarm haftet, wenn er, ohne daß er dazu berechtigt war, weil die Jagdpolizei lediglich dem Landrat zusteht, welcher ihm einen Auftrag nicht erteilt hatte, dem Jagdberechtigten und dessen Jagdgästen die Fortsetzung der Jagd untersagt (RG., Bolze **17** Nr. 183), ferner, wenn er einen auf dem Felde frei herumlaufenden Hund als angeblich toll durch einen Schuß tötet, weil er bei Anordnung der gebotenen Aufmerksamkeit den Hund nicht für toll hätte halten dürfen (RG., Bolze **9**, Nr. 187).

Polizeihunde gelten als Werkzeuge bei der amtlichen Tätigkeit, ebenso wie die Waffen. Es gehört zur Amtspflicht, dafür zu sorgen, daß sie keinen unnötigen Schaden verursachen, insbesondere nicht unbeteiligten Dritten. Vgl. Delius, Haftung für Schäden durch den Polizeihund in „Polizei" 1920, 207 u. Aßmann 28. Die Gemeinde haftet für Schäden durch Polizeihunde gemäß § 833 BGB. auch als Tierhalterin (OLG. Hamm bei Aßmann 41).

Über Erforderlichkeit und Zweckmäßigkeit der Beschlagnahme und der Anordnung des Verkaufs der beschlagnahmten Sachen (z. B. bei bevorstehendem Verderb) entscheiden die Polizeibeamten nach freiem Ermessen (RGZ. **113**, 20).

Ein Polizeibeamter, welcher bei der Verfolgung eines Verdächtigen einen Unbeteiligten umrennt, verletzt eine diesem gegenüber bestehende Amtspflicht, und befindet sich in Ausübung öffentlicher Gewalt, nicht etwa nur in Veranlassung oder bei Gelegenheit dieser Ausübung. Der Beamte mußte, wie jeder, der es für nötig hält, auf einem verkehrsreichen Platze in Eile sich zu bewegen, dabei auf das Publikum gebührend Rücksicht nehmen. Daß er sich im Dienst befand und der Dienst ihn zur Eile veranlaßte, konnte ihn nicht von jeder Rücksicht entbinden. Da er es war, der durch die Verfolgung des Händlers den regelmäßigen Gang des Verkehrs störte, lag auch in erster Linie ihm, nicht der Klägerin und den übrigen dort verkehrenden Personen, die Pflicht ob, die Gefahren des Verkehrs zu beachten und einen Zusammenstoß mit Unbeteiligten zu vermeiden. Eine Amtspflicht zu sorgfältigem Vorgehen lag dem Beamten nicht nur gegenüber dem Verfolgten, sondern auch gegenüber allen Unbeteiligten ob, deren Weg er bei seiner Amtshandlung, der Verfolgung des Händlers, berührte (RGZ. **108**, 366).

Ein Polizeiarzt darf eine zwangsweise Untersuchung in einem Krankenhause erst anordnen, wenn er sich persönlich von dem Geisteszustand des Betroffenen überzeugt hat. Der Widerstand des Betroffenen gegen den ihm angetanen Zwang enthält kein eigenes Verschulden im Sinne des § 254 BGB. (OLG. Hamburg v. 4. Jan. 1921, Recht Nr. 1899).

Rodelbetrieb.

Gemäß § 10 II. 17 ALR. ist es amtliche Pflicht der Polizei, die Fußgänger auf den Straßen vor den Gefahren des dort betriebenen Rodelsports nach Möglichkeit zu schützen. Mit dem Erlaß der Polizeiverordnung hat sie noch nicht alles getan, was ihr oblag. Sie mußte vielmehr ihr Augenmerk darauf richten und mit allen verfügbaren Mitteln dafür Sorge tragen, daß die Verordnung auch befolgt wurde. Aufmerksammachen des Publikums auf diese Verordnung und Strafverfügungen genügten allein nicht, sie hätte rücksichtslos dem ordnungswidrigen Zustande ein Ende machen müssen und womöglich selbst durch Bestreuen der Straße das Rodeln unmöglich machen sollen. Wegen Verkennung der der Polizei anvertrauten Aufgaben und Verletzung der ihr obliegenden Amtspflichten tritt Schadensersatzpflicht ein (RG. v. 15. Nov. 1921, Reger, Entsch. **42**, 373).

Bei der Wohnungszwangswirtschaft ist die Polizei nicht beteiligt, sie hat nur ein notdürftiges Unterkommen (keine Wohnung) für Obdachlose zu besorgen (RG. v. 28. Febr. 1928; Recht **23**, 1045).

Die Polizeibeamten haben nach pflichtgemäßem Ermessen zu entscheiden, welches der ihnen erlaubten Mittel sie zur Erreichung des dienstlichen Zweckes ergreifen, ob sie z. B. zur Verhütung der Flucht die Schußwaffe gebrauchen wollen (RG., JR. 1928, 703).

33. Post- und Telegraphenbeamte.

Bei dem eigentlichen Post- usw. Betriebe handelt es sich überwiegend nicht um Ausübung der öffentlichen Gewalt (BayVG., Recht 1918, 126). Verträge, die die Post mit den Benutzern ihrer Einrichtungen (Postscheck, Postanweisungsverkehr) abschließt, fallen im wesentlichen in das Gebiet des bürgerlichen Rechts (RG. v. 18. Juni 1926; JR. Nr. 1975). Ein Telegraphenbauführer befindet sich in privatrechtlicher Verrichtung, wenn er die Sicherung des Fußgängerverkehrs auf einer öffentlichen Straße gelegentlich einer Kabellegung in die Gehbahn zu überwachen hat (RGZ. **91**, 273)[1]), dasselbe gilt vom Briefträger beim Austragen von Briefen und Leeren des Briefkastens (OLG. Stuttgart, R. d. OLG. **9**, 22), vom Geldbriefträger (and. Ans. RG. 11 ZS. U. 4914/14), vom Postillion beim Lenken von Postfuhrwerken (RG., JW. 1916, 750), vom Postbeamten, der Briefe, Pakete usw. entgegennimmt und Briefmarken verkauft (Reimer 1, 67)[2]), bei Beförderung von Briefen und Paketen von einem Postamt zum anderen oder zum Bahnhof,

---

[1]) Das Reich haftet nur gemäß § 831 BGB. gegenüber den Straßenpassanten.

[2]) Verweigert ein Beamter vorschriftswidrig die Annahme einer Sendung oder eines Telegramms, so haftet die Post nach dem Grundsatze des BGB. für den daraus entstehenden Schaden (Reichert, 255). Das Reich haftet für rechtswidrige Wiederabholung eines bereits, wenn auch in Abwesenheit des Empfängers bestellten Telegramms durch den Telegraphenboten, weil sie einen widerrechtlichen Eingriff in den Besitz enthält (RGZ. **91**, 65).

vom Postagenten in seiner Tätigkeit dem Publikum gegenüber (BayVH. **24**, 514).

Der Postillion, welcher einen Wagen der Reichspost durch die Straßen einer Stadt fährt, befindet sich nicht in Ausübung öffentlicher Gewalt (RGZ. **109**, 209), sondern ist Betriebsgehilfe bei Erfüllung der Verkehrspflichten.

Zur Frage der Anwendung des AHG. des Reichs auf den Fall der Beteiligung eines Postbeamten an einem von einem Dritten gegen den Inhaber eines Postscheckkontos verübten Betruges (RGZ. **104**, 143; **107**, 275).

Öffentliche Gewalt liegt vor bei der Beaufsichtigung, Verwaltung und Leitung des Postwesens, insbesondere bei postbehördlichen Maßnahmen auf Grund des Art. 3 der Postnovelle v. 20. Dez. 1899 (RG., JW. 1909, 252), bei Verletzung des Amts- oder Briefgeheimnisses (Reichert 260), beim postalischen Strafverfahren wegen Portohinterziehung, bei Ausästungen von Bäumen bei Telegraphenleitungen auf Grund des Telegraphenwegegesetzes, vgl. RGZ. **91**, 276, bei Zustellungen durch Briefträger (§ 195 ZPO.), Aufnahme von Wechsel- und Scheckprotesten (RG., JW. 1910, 284), wenn ein Postbeamter die Anmeldung eines Anspruchs gemäß § 6 des Postgesetzes nicht rechtzeitig an die Oberpostdirektion weitergibt und so der Anspruch erlischt (Reimer **1**, 61). Vgl. auch RGZ. **91**, 276.

Wo die Haftung der Post durch das Postgesetz, Postordnung oder Telegraphenordnung ausgeschlossen bzw. beschränkt ist[1]), da haftet der Postfiskus selbst dann nicht, wenn das Verschulden eines Beamten vorliegt (RGZ. **57**, 152; **67**, 184; **70**, 304). Es haftet vielmehr lediglich der Beamte persönlich gemäß § 839 BGB.

---

[1]) Vgl. oben § 6 PrAHG.

a) Ein Telegraphenbeamter haftet, wenn er den Text der Depesche, welche dem Gendarm aufgab, nach „Ortelsburg“ zu kommen, grob versehentlich durch Substitution des Wortes „Johannisburg“ ändert und der Gendarm dorthin reitet, für die Rücktransportkosten des Pferdes (RG., Bolze 22, 209). Die Einrede, daß der Fiskus nicht geschädigt sei da die Regierungshauptkasse an die Eisenbahndirektion die Transportkosten gezahlt habe, also nur eine Zahlung aus einer fiskalischen Kasse in eine andere vorliege, die Bestandsverminderung der einen durch die Bestandsvermehrung der anderen ausgeglichen sei, ist verworfen, weil der Anspruch der Staatseisenbahn auf die tarifmäßige Transportgebühr noch bestehe (RGZ. 37, 250).

b) Eine Firma hatte mit der Postverwaltung verabredet, daß sie die an ihre Adresse eingehenden Postanweisungen und Ablieferungsscheine über Wertsachen in verschlossener Mappe abholen lassen wolle, welche der betreffende Postbeamte mit dem bei der Post hinterlegten Schlüssel auf- und zuschließen sollte. Der Postsekretär haftet nicht, wenn er eine Anzahl von Postanweisungen, deren Geldbeträge dann der Bote der Firma unterschlagen hatte, in die Mappe gelegt und diese nicht verschlossen hat, weil der Bote die Mappe öfter unverschlossen zurückgebracht hatte, dies schon in der Zeit der ersten fünf Unterschlagungen der Postanweisungen bemerkt sein mußte, die Firma aber niemals Beschwerde beim Postamte erhoben hatte, so daß der Verlust der eigenen Nachlässigkeit der Firma zuzuschreiben ist (RG., Bolze 16 Nr. 205).

c) Von zwei Telegraphenbeamten hatte der eine das aufgegebene Telegramm zu lesen und dabei durch die Klaviatur des Hughes-Apparates zum telegraphischen Abdruck zu bringen, während der andere verpflichtet war, einen hierbei an Ort und Stelle zum Abdruck gelangenden Kontrollstreifen auf seine Übereinstimmung mit dem Originaltelegramm zu prüfen. Unrichtig war die Zahl 32000 statt 3200 telegraphiert. Der Kontrollbeamte ist verurteilt, die Klage gegen den das Telegramm aufnehmenden Beamten abgewiesen. Bei der Einrichtung des Telegraphenbetriebes, bei welchem der Beamte zugleich zu lesen und mit der Hand auf der Klaviatur des Apparates zu operieren habe, und bei der zugleich gebotenen Eile ist das Vorkommen eines solchen Fehlers nach dem Maße der menschlichen Kräfte überhaupt unvermeidlich, zumal es sich um ein einziges fehlerhaftes Zeichen handelt, das durch einen Fingerdruck hervorgerufen wird (RG., Gruch. 43, 500).

d) Die Vorsichtsmaßregeln, die in betreff der Auszahlung postlagernder telegraphischer Postanweisungen in der an die Postbeamten erlassenen Dienstanweisung angeordnet sind, begründen nicht bloß für dieselben im Verhältnis zu ihrer vorgesetzten Behörde, sondern auch gegenüber jedem Beteiligten eine Amtspflicht. Fahrlässig handelt der Postbeamte, der ohne Beobachtung jener Vorsichtsmaßregeln eine derartige Postanweisung an einen Unbefugten auszahlt. Der Schadensersatzanspruch gegen den Postbeamten fällt weg, wenn der Geschädigte die Verfolgung seines Schadensersatzanspruchs gegen den nach § 6 Abs. 4 des Postgesetzes v. 28. Okt. 1871 haftbaren Postfiskus hat verjähren lassen (OLG. Kolmar, Recht 1909 Nr. 2274).

e) Die postalischen Bestimmungen, nach denen die Empfangsstelle eines Telegramms, um die Richtigkeit der ihr zugegangenen Depesche festzustellen, eine Kollationierung durch eine Rückdepesche an die Aufgabestelle herbeiführen kann, sind nicht lediglich interne Vorschriften, sondern auch Schutzvorschriften zugunsten des Publikums. Die Telegraphenbeamten haften deshalb (RG. v. 1. Febr. 1904; SächsArch. 14, 356). Vgl. auch Gruch. 48, 929.

f) Telegraphenbeamte haften für Versehen bei Beförderung von Telegrammen, es ist jedoch § 254 BGB. anzuwenden, wenn den Absender ein konkurrierendes Verschulden trifft, z. B. er es unterlassen hat, eine wichtige Zahl in Buchstaben anzugeben (RG., v. 1. u. 24. Febr. 1904; SächsArch. **14**, 356 u. 360) oder bei einer verstümmelt angekommenen Depesche, deren Unrichtigkeit er hätte erkennen müssen, eine Rückfrage unterläßt (OLG. Celle v. 9. April 1904, Recht 222).

g) Es haftet der Postbeamte, der einen Eilbrief fehlleitet (RG., JW. 1911, 46; 1912, 1061), der eine telegraphische Postanweisung nicht weiterbefördert (RG., Warneyer 1912 Nr. 307); ferner der Telegraphenbeamte, der unter Außerachtlassung der Vorschriften der Dienstanweisung die Verstümmelung oder Entstellung des Telegramms herbeiführt (RG. v. 18. Jan. 1913; III 365/12). Vgl. dazu Reichert, JW. 1913, 525.

32. Schauamt.

Sind dem Vorsitzenden eines Schauamtes (§§ 356ff. Wassergesetz. v. 7. April 1913) als solchem polizeiliche Befugnisse übertragen, so haftet für dessen Amtspflichtverletzungen der preußische Staat, wenn auch nach § 354 a. a. O. dem Kreise die Kosten des Schauamts zur Last fallen; es handelt sich um Amtshandlungen, welche dem Vorsitzenden persönlich übertragen sind (RG. v. 5. April 1927, JR. 1927 Nr. 839).

33. Schiedsmann.

Er handelt in Ausübung der öffentlichen Gewalt (RG., JW. 1916, 753; OLG. Celle, SeuffArch. **70** Nr. 195). Vgl. auch RGZ. **88**, 51 u. **71**, 60.

Stellt ein Schiedsmann die Bescheinigung über Erfolglosigkeit des Sühnetermins gemäß § 420 StPO. aus, ohne daß der Beklagte zum Termin durch den Polizeidiener geladen ist, so haftet er für die dem abgewiesenen Privatkläger erwachsenen Prozeßkosten, weil er sich vor Ausstellung des Attestes bei dem Polizeidiener hätte erkundigen müssen, ob die Ladung zugestellt war (RG., Bolze **22** Nr. 207).

34. Sparkasse.

Die Vermögensverwaltung (insbesondere Gewährung und Einziehung von Darlehen) erfolgt nicht in Ausübung öffentlicher Gewalt (RG., Recht 1911 Nr. 1747 u. RGZ. **91**, 344). Die Stadtgemeinde haftet für eine falsche Auskunft, welche ein Bürgermeister als Vorsitzender des Kuratoriums der städtischen Sparkasse erteilt, privatrechtlich, denn er handelt in Ausübung der ihm obliegenden Vermögensverwaltung der Sparkasse (RGZ. **68**, 285). Dasselbe gilt, wenn der Bürgermeister in dieser Eigenschaft, betrügerischerweise Vermögensbeschädigungen verursacht (RG., JW. 1913, 587, 1917, 594).

Über Verschulden der Beamten einer Sparkasse bei Betreibung der Zwangsversteigerung durch Ausnutzung eines Irrtums des Hypothekenschuldners über die Höhe der vollstreckbaren Forderung, vgl. RGZ. **91**, 343.

35. Steuerbeamte.

Sie handeln in Ausübung öffentlicher Gewalt, auch die Gemeindebeamten bei der Steuerveranlagung (BayVerwGH., Recht 1916, 261). Die Gemeinde haftet auf Verzinsung eines durch Verschulden eines Gemeindebeamten zuviel erhobenen Steuerbetrages gemäß § 4 PrAHG. (RG., LZ. 1915, 1586). Vgl. auch RGZ. **80**, 371; **87**, 120. Steuerbeamte haften bei unrichtiger Auskunft über die Stempelpflicht einer Urkunde (RGZ. **93**, 61). Kein Verschulden bei Nichtberücksichtigung der Einkommensteuer bei Veranlagung zur Gewerbesteuer (RG., Soergel, Rechtsp. 1916 zu § 839 BGB. Nr. 41).

Trotz § 227 ARO. sind auch bei Amtspflichtverletzungen der Reichssteuerbeamten die ordentlichen Gerichte zur Entscheidung berufen, denn der Schadensersatzanspruch ist keine Steuersache (RGZ. 111, 64). Wird gemäß § 351 RAO. ein Arrest angeordnet von der Steuerbehörde, so tritt bei Aufhebung desselben nicht unbedingt Haftung für den Schaden gemäß § 945 ZPO. ein, sondern die Steuerbeamten haften nur im Rahmen des Art. 131 RV., da nur eine rein öffentlich-rechtliche Aufgabe erfüllt ist, und ein geldliches Interesse, wie beim Privatgläubiger nicht vorliegt (RGZ. 108, 257). Vgl. auch RGZ. 111, 64 (verzögerte Steuervergütung) u. LZ. 1924 S. 639.

36. Standesbeamte.

Er übt öffentliche Gewalt aus, ihm sind Hoheitsrechte anvertraut, die eine staatliche Fürsorge bezwecken und verwirklichen (RGZ. 68, 285; Recht 1916, 44). In Preußen haftet der Staat für ihn. Die Pflicht zur unverzüglichen Anzeige der Geburt eines unehelichen Kindes an das Vormundschaftsgericht ist keine innerdienstliche Verpflichtung, sondern besteht dem Kinde gegenüber. Haftung tritt ein, wenn der Vormund des Kindes infolge verspäteter Anzeige einen Arrest gegen den unehelichen Vater nicht mehr mit Erfolg ausbringen kann (OLG. Celle, LZ. 1916, 755).

37. Staatslotterie.

Die Beamten handeln in Ausübung öffentlicher Gewalt (Ausübung der Finanzhoheit) (DJZ. 1898 Sp. 330[61]).

38. Taxatoren.

Ein Gerichtstaxator haftet, wenn er eine Taxe über ein Grundstück anfertigt, welche davon ausging, daß auf diesem Grundstück ein Wohnhaus stehe, welches in Wahrheit auf einem anderen Grundstück stand, für den Schaden, den der Kläger dadurch erlitt, daß er im Vertrauen auf die Richtigkeit der Taxe eine auf dem in der Taxe bezeichneten Grundstück haftende Hypothek erwarb (RG., Bolze 2 Nr. 556).

Ein amtlich bestellter und vereidigter Taxator für ländliche Grundstücke haftet wegen des von ihm bei Schätzung solcher Grundstücke begangenen Versehens mindestens dann, wenn er die Richtigkeit der Taxe auf den von ihm ein für allemal geleisteten Eid genommen hat, dritten Personen, welche durch ihren Glauben oder durch den Glauben ihrer Vertreter an diese Richtigkeit infolge jener Verfehlung einen Vermögensschaden erlitten haben, auch außerkontraktlich. Mitverschulden des Vormunds ist unerheblich (RG., Bolze 9 Nr. 184).

39. Urkundsbeamte.

Sie befinden sich in Ausübung öffentlicher Gewalt. Sind durch besondere Verfügungen oder auf Grund öffentlicher Bekanntmachung für Amtsgeschäfte bestimmter Art die Termine (Dienststunden) im voraus festgesetzt, so liegt die Pflicht, anwesend zu sein, dem Beamten (Richter) nicht bloß dem Staat, sondern auch den Beteiligten gegenüber ob (Reimer 2, 51). Auf Entfernung des Richters ohne Urlaub kann sich der Betreffende sonst nicht berufen. Der Urkundsbeamte ist zu besonderer Sorgfalt verpflichtet, insbesondere zur ordnungsmäßigen Verwahrung des Dienstsiegels (RGZ. **81**, 128; **86**, 106). Er hat sich über die Persönlichkeiten, die vor ihm erscheinen, auf das genaueste zu vergewissern (RGZ. **35**, 214; **78**, 241; **81**, 125 u. JW. **28**, 833).

a) Beurkundung. Dritte i. S. des § 839 BGB. sind alle diejenigen, welche im Vertrauen auf die Rechtsgültigkeit der Beurkundung und auf die durch das beurkundete Rechtsgeschäft geschaffenen Rechtslage in Beziehung auf diese im Rechtsverkehr tätig werden (RGZ. **72**, 328; **78**, 241). Amtspflicht der Urkundsbeamten ist, den erklärten Willen der Vertragschließenden in klarer gültiger und zweckentsprechender

Fassung und Form urkundlich festzulegen, der Urkunde den Inhalt zu geben, der dem Willen der Vertragsteile und dem Zwecke der Urkundenerrichtung entspricht (RGZ. **85**, 339, 409). Ob dies der Fall ist, muß durch Fragen festgestellt werden (RG., LZ. 1915, 118; JR. **28**, 1706). Auch sind die Erschienenen über die der wirksamen Erledigung des Auftrags entgegenstehenden rechtlichen Bedenken und über die ihnen im konkreten Falle drohenden Gefahren zu belehren (Gruch. 1913, 981; Recht 1916, 522). Es darf weder ein erkennbar unsittlicher Vertrag noch ein Vertrag beurkundet werden, der offenbar gegen sonstige unbedingt bindende Vorschriften des Gesetzes verstößt (RG., LZ. 1919, Sp. 46 u. OLG. Hamburg, Recht 1917 Nr. 407) oder offenbar auch ungültig ist (RGZ. **101**, 156). Haftbar ist der Beamte, wenn die Beurkundung deshalb nichtig ist, weil er mit einem Beteiligten verwandt war (Reimer **2**, 53). Auch die Erteilung einer Auskunft aus Anlaß und in Verbindung mit einer Beurkundung fällt unter die Amtspflicht (OLG. Kolmar, Recht 1910 Nr. 1965).

Zu einer Rechtsbelehrung ist der Beamte insoweit verpflichtet, als sie für das Zustandekommen einer rechtswirksamen Urkunde erforderlich ist[1]), er muß den wahren Willen der Vertragsparteien erforschen und sie über die Bedeutung der zu beurkundenden Erklärung und das für den Zweck taugliche Rechtsgeschäft aufklären, selbst dann, wenn ihm Zweifel an der Einsicht der Parteien erst nach der Beurkundung entstehen (RGZ. **85**, 337; **95**, 214 u. 299; LZ. 1919, 477). Auch über die Stempelfolgen besteht Aufklärungspflicht (RG., JW. 1915, 513; 1917, 600). Der Be-

[1]) Abtretung einer Forderung durch die Geschäftsführer einer G. m. b. H. vor deren Eintragung in das Handelsregister muß später genehmigt werden (RGZ. **100**, 157).

amte haftet dem Zustimmungsberechtigten, wenn dessen Recht durch den beurkundeten Akt verletzt wird (RG., Recht 1910 Nr. 2971).

Für Notare gilt noch folgendes: Notar wird jemand erst durch das Zugehen der amtlichen Mitteilung von seiner Ernennung (RGZ. **101**, 296).

Eine Haftung des Notars für Verfehlungen seiner Angestellten besteht nach Maßgabe des § 839 BGB. nicht, immer kann nur seine eigene Verfehlung in Frage kommen (RG., JW. 1910, 1004), aber diese kann auch darin bestehen, daß er eine nicht ganz einfache Sache dem rechtsunkundigen Bureauvorsteher überläßt (RG., JW. 1914, 354).

Es gehört zu seinen Amtspflichten, die von ihm aufgenommenen oder beglaubigten Urkunden bei Gericht zwecks Eintragung in das Grundbuch oder Handelsregister einzureichen (RGZ. **93**, 68).

Grundsätzlich hat der Notar die Amtspflicht, vor Beurkundung eines Kaufvertrages über Grundstücke sich davon zu überzeugen, daß die Beteiligten, insbesondere der Käufer, zuverlässige Kenntnis von dem Hypothekenstande habe (RGZ. **95**, 301).

Keine Verpflichtung: den Beteiligten seinen Vertragsentwurf auszuhändigen zwecks Überlegung und Nachprüfung (RGZ. **100**, 286) oder grundsätzlich die Parteien über die wirtschaftlichen Gefahren des beabsichtigten Vertrages zu belehren (RGZ. **100**, 286).

Der Notar haftet bei Amtsgeschäften nur aus § 839 BGB. (RGZ. **100**, 287). Vgl. auch Nachlaßrichter.

b) Unterschriftsbeglaubigung.

Dritter i. S. des § 839 BGB. ist jeder, der ein unmittelbares Interesse daran hat, daß der Akt der Beglaubigung rechtsbeständig sei. (RGZ. 72, 324; 86, 105.) Unzulässig ist die Setzung des Namens der beurkundenden Beamten unter einen unausgefüllten Beglaubigungsvordruck (RGZ. 86, 104). Die Amtspflicht erstreckt sich nicht auf den Inhalt der Urkunde (RG., JW. 1910, 1004); wird aber der Inhalt dem Beamten bekannt, so darf er Unterschriften, welche ein offenbar strafbares oder ungültiges Geschäft betreffen, nicht beglaubigen (RGZ. 87, 232)[1]).

Dritter soll nach RG. (JW. 1910, 234) bei falscher Ausfertigung von Urkunden nur derjenige sein, der ein Recht auf die Ausfertigung hat. Das dürfte zu eng sein, dasselbe gilt bei unrichtiger Beglaubigung von Abschriften.

Der Beamte hat sich durch Befragen bei dem Unterschriftsvollzieher zu erkundigen, falls dieser nicht in seiner Gegenwart unterschreibt. Die Erklärung eines Dritten, die Unterschrift sei echt, genügt nicht (RG. VI. ZS. v. 16. März 1911 bei Aßmann 41). Beglaubigung von Unterschriften nicht persönlich Anwesender ohne Rücksprache ist auch unter ländlichen Verhältnissen eine Fahrlässigkeit (RG., JW. 1911 452; 1917, 931).

c) Wechsel- (Scheck-) Protest.

Die Amtspflicht des Protestbeamten (Notar, Gerichtsvollzieher, Postbeamte) bezieht sich nicht nur auf den Auftraggeber, sondern auch auf den Aussteller des Wechsels sowie die anderen Wechselbeteiligten (Indossatare usw.) (RG., Recht 1912 Nr. 876). Haftpflichtig ist, wer bei Erhebung des Protestes die Prüfung unterläßt, ob der Wechsel

---

[1]) Haftung tritt auch ein, wenn der Beamte zur Beglaubigung von Unterschriften nicht zuständig ist, z. B. Polizeibeamter, Ortsvorsteher, Schiedsmann. Die Amtspflicht, die Zuständigkeit nicht zu überschreiten, besteht gegenüber jedem, der von den Folgen der Amtsüberschreitung getroffen werden kann (RGZ. 99, 288).

den Auftraggeber als Wechselgläubiger ausweist (RG., JW. 1906, 467).

Kein Verschulden, wenn der Gerichtsvollzieher, welcher mit der nochmaligen Erhebung eines Wechselprotestes mangels Zahlung (ohne Angabe des Grundes und Zweckes) beauftragt wird, die wiederholte Protesterhebung als überflüssig bezeichnet, ohne nähere Prüfung, worin wohl der Grund zu finden sei (RGZ. **91**, 127).

40. Verwaltungsbeamte. Dienstvorgesetzte dürfen ihren Untergebenen nicht unklare Weisungen erteilen (RGZ. **91**, 9).

Gerichte und Verwaltungsbehörden müssen Hand in Hand gehen und bei aller Selbständigkeit der Entschließungen die Gründe prüfen, die die mit der gleichen Frage befaßten anderen Dienststellen zu einer von der beabsichtigten eigenen Entscheidung abweichenden Stellungnahme geführt haben. Der Oberpräsident mußte also die Entscheidung des Landgerichts vor dem Verbot der Zeitungen einsehen. (RGZ. **110**, 291). Es liegt beim Verbot einer Zeitung kein Verschulden der Behörde (Reichsinnenminister) vor, wenn sie der VO. des Reichspräsidenten eine weitere Bedeutung beilegte, als nach dem Wortlaut gerechtfertigt war. Es ist nicht richtig, daß schon bloße Zweifel wegen der Auslegung der VO. die Behörde von dem Verbot hätten abhalten müssen. (RGZ. **107**, 120.)

Wegen Haftung des Staates bei Ausführung einer Ausweisung durch den Regierungspräsidenten (RG. v. 24. Jan. 1922, Recht Nr. 845). Bei Verfügung des Kriegszustandes Haftung des Staates (RGZ. **107**, 396).

Haftung bei unzulässiger Beschlagnahme bzw. Abholzungsverbot. Wenn der Regierungspräsident als Bezirkswohnungskommissar auf Grund der VO. zur Behebung der Wohnungsnot v. 9. Dez. 1919 einen verkauften Holzbestand auf Veranlassung der Stadt beschlagnahmt und dessen Abholzung verbietet, und dabei der Zweck maßgebend ist, ein Druckmittel auf den Käufer auszuüben, während der Zweck, der Stadt den Park zu erhalten, nur nebenher läuft, so haftet der Staat nach Art. 131 Reichsverf. für den Schaden, weil die Unzulässigkeit der Beschlagnahme bei pflichtgemäßer Sorgfalt erkannt werden mußte. Die Klage gegen die Stadt ist abgewiesen. (RG. 3. ZS. 11. Jan. 1927; III 45/26, „Landgemeinde" 1927 S. 138.)

41. Vollziehungsbeamter. Vgl. PreußVO. v. 15. Nov. 1899 (GS. S. 541). Sie üben öffentliche Gewalt aus. Die dienstliche Tätigkeit erlischt erst, mit der Ablieferung des Geldes an den Berechtigten. Unterschlägt er das Geld, so verletzt er in Ausübung der öffentlichen Gewalt die ihm dem Berechtigten gegenüber obliegende Amtspflicht (RG., Recht 1916, 422). Für Unterschlagung der Vollziehungsbeamten haftet der betr. Kommunalverband (RGZ. **88**, 256), falls nicht § 1 Abs. 3 PrAHG. Platz greift.

42. Wohnungsämter. Für Amtspflichtverletzungen ihrer Beamten haftet die Gemeinde, wenn auch die Wohnungsmangelgesetzgebung Sache des Staates ist. (RG. JW. **26**, Nr. 74 u. **27** Nr. 298.) Vgl. auch RG. 12. Febr. 1926; JW. **26** Nr. 1655 u. RGZ. **104**, 159.

43. Strombaubeamte bei Ausübung der Wasserpolizei, vgl. JW. **25** Nr. 1756.

44. Zollbeamte befinden sich bei der auf den Vollzug der Zollgesetze gerichteten Amtstätigkeit in Ausübung der öffentlichen Gewalt (BayVGH., Recht 1917 Sp. 247). Bei Verdacht verbotener Einfuhr oder Ausfuhr ist strenge Durchführung der Vorschriften erforderlich und sind die Beamten in Zweifelsfällen gehalten, die vorgesehenen Maß-

nahmen herbeizuführen. Vgl. RGZ. **106**, 406 u. 410. (RG. v. 12. Febr. 1926, JR. Nr. 1125.) Ein zur Kontrollierung und Herbeiführung des richtigen Einganges der Zölle bestimmter staatlicher Dampfer dient nicht zum gewerbsmäßigen Betriebe der Schiffahrt, sondern zur Ausübung des Hoheitsrechts auf Erhebung der Zölle (RGZ. **32**, 144).

Der Zollbeamte hat im Einfuhrscheinverfahren nicht die Pflicht, bei Maßnahmen zur Sicherstellung der Gefälle den betreffenden Händler zu benachrichtigen (RGZ. **91**, 52).

Vertragsähnliche Haftung entsteht auch, wenn Sachen zum Zwecke der zollamtlichen Behandlung in Besitz genommen (RGZ. **48**, 256; **67**, 340; **84**, 339; and. Ans. Städler, JW. 1914, 584) oder von der Zollbehörde als Konterbande beschlagnahmt sind (RGZ. **55**, 235). Vgl. auch RGZ. **115**, 419. (Verwahrung von Zollgut in einer öffentlichen Niederlage.)

Die Beschränkung der Haftung auf den angegebenen Wert bei Wertsendungen fällt weg, sobald die Postsendung zwecks zollamtlicher Behandlung der Zollbehörde ausgeliefert ist, die Haftung der Post erlischt dann überhaupt und die volle Haftung der Zollbehörde tritt ein (RGZ. **84**, 338).

45. Zwangsverwalter (staatlich bestellt) ausländischer Unternehmungen.

Dieser handelt in Ausübung öffentlicher Gewalt bei Entlassung eines Angestellten (RGZ. **89**, 394; **93**, 135).

46. Zustellungsbeamte (Gerichtsvollzieher und Postbeamte).

Stets Ausübung öffentlicher Gewalt.

Der Gerichtsvollzieher haftet, wenn er bei Zustellung der Klage dem Beklagten eine Klageschrift übergibt, auf der die Terminsbestimmung fehlt (der Gerichtsschreiber haftet ebenfalls, RGZ. **51**, 258, wenn er in eiliger Fristsache eine

Zustellung durch die Post vornimmt, ohne sich um deren Erledigung und den Verbleib der Zustellungsurkunde weiter zu kümmern (RGZ. **91**, 179), wenn er eine Zustellung der Benachrichtigung von bevorstehender Pfändung gemäß § 845 ZPO. durch Niederlegung bei der Post bewirkt, obwohl eine Ersatzzustellung (§§ 181 Abs. 2, 182 ZPO.) möglich war (RGZ. **87**, 412), wenn er die Zustellungsfrist des § 798 ZPO. für verzichtbar hält (RGZ. **83**, 336).

Abgedruckte Gesetze.

Reichsverfassung. Art. 131	S.	27
EG. z. BGB. Art. 77	"	26
EG. z. BGB. Art. 80	"	129
BGB. §§ 31, 89	"	264, 265
§ 251	"	204
§ 254	"	193
§ 830	"	218
§ 831	"	265
§ 839	"	143
§ 840	"	218
§ 841	"	227
§ 852	"	214
§ 1674	"	228
§ 1848	"	228
§ 1872	"	228
Reichsgrundbuchordnung. § 12	"	115
Reichshaftungsgesetz v. 22. Mai 1910	"	33
Preuß Amtshaftungsgesetz v. 1. Aug. 1909	"	44, 82
AHG. der Länder	"	44
Ausf. Ges. d. Länder z. Reichsgrundbuchordnung	"	44
Preuß AG. z. GBO. Art. 8	"	125
ALR. I, 13, §§ 41—45	"	51
ALR. II, 10, §§ 88—145	"	47
ALR. II. 15, §§ 11, 12	"	263

Nachträge.

Zu S. 44. Zu § 7 RAHG. (Ausländer).

Die Gegenseitigkeit der Niederlande ist insoweit verbürgt, als die Amtspflichtverletzung nicht von einer Person des Soldatenstandes (Soldaten i. S. des § 1 des Reichswehrgesetzes) begangen ist (Bl. v. 18. 12. 28; RG. Bl. I S. 414).

Zu S. 164. Dritter. Nichtersatzberechtigt ist der Makler bei pflichtwidriger Beurkundung des von ihm vermittelten Vertrages (RGZ. 78, 248), dagegen wohl die in den §§ 844, 845 BGB. bezeichneten Personen (RGZ. 91, 104).

Zu S. 194. RGZ. 86, 286 läßt die Ausschaltung der Vorschrift des § 254 Abs. 2 BGB. im Falle des § 839 Abs. 3 auch für die schuldhafte Versäumung der Geltendmachung des Schadensersatzanspruches gegen den Erstverpflichteten nach Abs. 1 Satz 2 gelten.

Zu S. 194 § 839 Abs. 3 BGB. Die Unterlassung der Nichteinlegung des Rechtsmittels muß für den Schaden ursächlich geworden sein. (RG. 20 4. 26; III 277/25; 12. 11. 26 III 575/25.) Die Beweislast für das Verschulden des Verletzten trifft den Beamten.

Zu S. 206. Wegen des Rückgriffs der Beamten, der den Geschädigten befriedigt hat, gegen den in erster Reihe Verpflichteten vgl. RGZ. 80, 252.

Zu S. 214 § 852 BGB. Bei Verletzung der Fürsorgepflicht gegenüber dem eigenen Beamten haftet Staat, (Gemeinde); Verjährung tritt erst in 30 Jahren ein (RG. Bay. Zeitschr. 1924 S. 171), da ein Anspruch aus einem öffentlichen Dienstverhältnisse in Frage steht.

Zu S. 239. Auch der versehentliche Erlaß eines Versäumnisurteils ist eine Amtspflichtverletzung bei einem Urteil (Warneyer 1914 Nr. 82).

Sachregister.

(Die Zahlen bedeuten die Seiten.)

A.

Abtretungsanspruch des Staates 206, 289; des Beamten 292.
Abwendung des Schadens 192.
Adäquate Verursachung 191.
Altenburg 62.
Altes Recht 21.
Amtmann 296.
Amtsanwalt 99.
Amtsausübung, Verzögerung 244; Verweigerung 244.
Amtsgemeinde 273.
Amtshaftungsgesetze, des Reichs 82; Preußens 80; der Länder 44.
Amtshandlung 158 ff.; rechtswidrige 1; rechtmäßige 1.
Amtsnachfolger 187.
Amtspflicht 162, 164; dem Beschädigten gegenüber bestehende 164.
Amtsüberschreitung 162.
Amtsverbände 97.
Amtsverschwiegenheit 167.
Amtsvorsteher 100, 296.
Amtsvormund 100.
Anfechtungsprozeß 197, 209.
Anhalt 78.
Anordnung der Staatsbehörden 103.
Anstellungsurkunde bei Reichsbeamten 34; bei Kommunalbeamten 98.
Anvertraute öff. Gewalt 16.
Anwendbarkeit des alten Rechts 21; des neuen 21; des örtlichen Rechts 21.
Arbeitsgerichte 99.
Arbeiterrat 296.
Armenanwalt 259.
Ärzte 151.
Aufrechnung des Staates 294; gegen das Gehalt 294.
Aufsichtsbeamte für Landstraßen 263.
Aufsichtsbeschwerde 195.
Auskunft 162.
Ausländer 23, 44, 115.
Auslandsbeamte 40, 296.
Ausübung der öff. Gewalt 3, 12, 16; privatrechtl. Verrichtungen 5, 12, 260, 274; Verschiedenartigkeit der Haftung 6; Zusammentreffen beider Tätigkeiten 7.
Auswärtiger Dienst, Beamte im 40, 296.

B.

Baden 60.
Bahnpolizeibeamter 297.
Baudeputation 272.
Baumeister 273.
Bayern 52.
Bayrisches Militär 33, 36.
Beamte in verschiedenen Stellungen 36, 213.
Beamtenunfallfürsorgegesetze 113.
Beamter, Begriff 27, 85, 144; mittelbarer 85; nicht rechtskundiger 185; pensionierter 163; suspendierter 163; als Privatmann 160; als Zeuge 284; Benennung der schuldigen Beamten durch die eigene Behörde 281; persönliche Haftung 84; mehrerer Beamter 213.
Befehl der vorgesetzten Behörde 155.
Beglaubigung von Unterschriften 345, 316.
Beisitzer in den Sondergerichten, nicht beamtete 236; nicht rechtsgelehrte 238.
Bereicherung 207.
Berichte des Vorgesetzten 165.
Berater 20.
Beschädigter 23; konkurrierendes Verschulden desselben 192.
Beschlagnahme 308.
Beschlüsse 238.
Beschränkung der Haftung des Staates 113.
Bestätigung 158.
Beteiligte 119.
Beurkundung 315.
Beurlaubter Beamter 164.
Beweislast 284.
Bewußtlosigkeit 89.
Bildung, Mangel an 176.
Braunschweig 72.
Bremen 77.
Briefträger 336.
Bürgermeister 297.

C.

(Siehe unter K.)

D.

Decharge 136.
Defekte 293.
Depositenwesen 311.
Detmold s. Lippe
Dienstbefehl 155.
Dienstwohnung, ungesunde 164.
Diensträume, ungesunde 164.
Dienstsiegel 314.
Dienstvertrag 147.
Disziplinargerichte 235.
Dorfgerichte 297.
Dritter 164.
Durchschnittsbeamter 177.

E.

Ehrenbeamter 98.
Eichmeister 102.
Einrede der Arglist 217.
Einverständnis der vorgesetzten Behörde 158.
Einwilligung in die Verletzung der Amtspflicht 173.
Einzelbeamter, Haftung 143 ff.
Eisenbahn, Haftung 112.

Eisenbahnbeamter 297.
Entgangener Gewinn 204.
Entlastungsgründe 189.
Entschuldbarer Rechtsirrtum 181.
Entstehung des Schadens 202.
Erfahrung, mangelnde 189.
Erkundigungspflicht 187.
Ermächtigung 158.
Ermessen 188.
Ersatzanspruch 206.
Ersuchen anderer Behörden 103.
Etatsüberschreitungen 136.
Exekutionsprivilegien der Beamten 290.

F.

Fahrlässigkeit 174 ff.
Familienrat, Haftung der Mitglieder desselben 228
Feldmesser 298.
Feststellungsklage 283.
Feuerwehr 100, 298.
Fischereibeamter 298.
Fiskus 3; Vertretung desselben 280.
Fleischbeschauer 298.
Forstbeamte 299.
Freiheitsentziehung 205.
Freiwillige Gerichtsbarkeit 304.
Fürsorge 14, 164.

G.

Garderobe der Beamten 164.
Gebühren 91.
Gefängnisbeamter 300.
Gehilfen, Haftung für 30, 300.
Gehorsamspflicht 155.
Geistesstörung der Beamten 88.
Geistliche 87.
Geltendmachung des Schadensersatzanspruches 276.
Gemeindebeamte 97, 313.
Gemeindesiegel 314.
Gemeindevertreter 99.
Gemeindevorsteher 314.
Gendarm s. Landjäger
Genehmigung des Vorgesetzten 158.
Generalvormund 100.
Gerichte 301.
Gerichtsbeamte 301.
Gerichtsgemeinschaft verschiedener Bundesstaaten 23.
Gerichtsschreiber 293.
Gerichtsstand, sachlicher 282, örtlicher 282.
Gerichtsvollzieher 248.
Geschädigter 23, unmittelbar 171.
Geschäftsverteilung im Kollegium 218.
Geschworene 225, 236.
Gewalt, öffentl. 12.
Gewinn, entgangener 204.
Gotha 62.
Grobes Versehen 125.
Grundbuchbeamte 115; Haftung des Staates 115; altes Recht 115.
Grundbuchführer 115; Haftpflichtfälle 121.
Grundbuchrichter 117; Haftpflichtfälle 121.
Gutachter 20.
Gutsbezirke 97, 100

H.

Haftbefehl 243.
Haftpflicht 1 ff.

Haftpflichtfälle aus der Praxis 296.
Haftung des Staates und der öffentl.-rechtl. Körperschaften 3 ff.; Einschränkung der Haftung 113; verschiedenartige 6; der Beamten für Stellvertreter 30; der Beamten gegenüber Dritten 143; gegenüber dem Staat 129; eines Kollegiums 218; mehrerer Personen 218; der Körperschaft, in deren Diensten der Beamte steht 29.
Hamburg 79.
Handelsrichter 236.
Hauptverpflichteter 206.
Heeresverwaltung 326.
Hessen 67.
Hilfsbeamte der Staatsanwaltschaft 99
Hilfspersonen sind keine Beamte 149.
Hinterlegung 311.
Hofbeamte 87, 149.
Hoheitsrechte, Staat, als Inhaber derselben 3 ff.

J.

Jagd 311, 334.
Jagdbeamter 148, 312.
Jagdvorsteher 312.
Immaterieller Schaden 205.
Initiative, eigene 155.
Irrtum, Rechts- 183; Tatsachen- 185.
Jugendamt 100.
Justizbeamte 301.
Justizfiskus 281.

K.

Kanallotse 312, 326.
Kanalwesen 312.
Kanzlist 301.
Kassenbeamte 138.
Kassenkurator 140.
Katasterbeamte 312.
Kausalzusammenhang 286.
Kirchliche Beamte 87.
Klage gegen den Beamten 276, 292; gegen den Staat 276.
Koburg 52, 64.
Kollegium, Haftung 218.
Kommunalaufsichtsbehörde 312.
Kommunalbeamte 313.
Kommunalverbände 97.
Kompetenzkonflikt 277.
Konflikt 93.
Konkurrenz mehrerer Beamter 218.
Konkurrierendes Verschulden des Beschädigten 142.
Konkursrichter 304.
Konsularbeamte 40, 296.
Kontroversen 182.
Kostenfestsetzungsbeschlüsse 239.
Kraftfahrzeuggesetz 113.
Krankhafte Störung der Geistestätigkeit 89.
Kreis 101, 273, 317.
Kreisarzt 92.
Kreisausschuß 317.
Kreisbeamte 317.
Kreistierärzte 92.
Kriegsleistungsgesetz 113.
Kriegsschäden 113.
Kriegsschiffe 330.
Kriegswirtschaftl. Organisation 35.

L.

Laienmitglieder der Gerichte 225.
Landbürgermeister 100.
Landeshauptmann 101.
Länder, Gesetze derselben 44 ff
Landgemeinde 99, 272.
Landheer 326.
Landjäger 331.
Landmesser 102.
Landrat 317.
Landschaft 319.
Landstraßen 263.
Landwirtschaftskammer 85, 320.
Lehrer 320.
Leitung einer Rechtssache 232.
Lippe-Detmold 75; -Schaumburg 75.
Lotse 93, 326.
Lotterie 342.
Lübeck 76.
Luftschiffahrt 326.

M.

Mangel an Bildung 176.
Marine 330.
Mecklenburg-Schwerin 69; -Strelitz 70.
Mehrere Beamte 218.
Meiningen 62.
Meinung, herrschende 183.
Mieteinigungsamt 99.
Militärbeamte 326.
Militärische Verhältnisse 326.
Militärpersonen 326.
Militärversorgungsgesetze 113.
Minderung des Schadens 192 ff.
Minister 30, 197.
Mittelbare Beamte 97 ff, 47.
Mittelbar Geschädigter 171.
Mitverschulden des Verletzten 192.

N.

Nachbarrecht 261.
Nachfolger 187.
Nachlaßrichter 303.
Naturalleistungen 113.
Nebenamt 86.
Neues Recht 21.
Nichtbeamte 227.
Niederlande 115.
Notar 253.
Nottestament 92, 313.

O.

Öffentliche Beamte 144.
Öffentliche Gewalt, Ausübung derselben 3, 12, 16; rechtliche Korporation, Haftung derselben 27; Sachverständige 259; Verwaltung 11.
Oldenburg 71.
Ordnungsvorschriften 168.
Örtliches Recht, Anwendbarkeit desselben. 21 ff.

P.

Parlamente 30.
Passivlegitimation des Staates 280.
Persönliche Haftung der Beamten 84, 275.
Personen des Soldatenstandes 33, 326.
Polizeibeamte 103, 331.
Polizeihund 334.

Polizeiliche Verfügung 105.
Post, Haftung 112.
Postbeamte 336.
Postordnung 112.
Postscheck 112.
Preußen 47, 280.
Preußische Beamte 80.
Prinzipalverpflichteter 206.
Privatbeamte 144.
Privatdienstvertrag 147.
Privatmann, der Beamte als solcher 160.
Privatdozenten 147.
Privatrechtliche Akte; Vornahme derselben 5, 12, 260.
Privatschulen 105.
Privileg des Spruchrichters 232.
Professoren 147.
Provinzen 101.
Prozeßkosten 204.
Prozeßrichter 301.
Prozeßweg 276.

R.

Recht, altes oder neues 21; örtliches 21.
Rechtsanwalt 259.
Rechtsbeugung 232.
Rechtsirrtum 181.
Rechtskundig 225, 185.
Rechtsmittel 195.
Rechtssache 238.
Rechtsweg 276.
Rechnungsbeamter 310.
Referendar 151.
Regierungsbeamte in Preußen 347.
Regierungsbezirk 101.
Register 14.
Registerrichter 305.
Regreßklage 291.
Regreßnahme des Staates 94; gegen Grundbuchbeamte 125.
Reichsbahngesellschaft 34.
Reichsbankbeamte 33.
Reichsbeamte 32.
Reichsfiskus, Vertretung 280.
Reichshaftpflichtgesetz 112.
Reichspräsident 30, 197.
Reichsminister 30, 197.
Reichsversicherungsanstalt für Angestellte 35.
Reichswasserstraßen 36.
Reuß älterer Linie 62, 66; jüngerer Linie 62, 66.
Revisoren 138.
Revolutionsschäden 173.
Revolutionsbeamte 296.
Reichsverfassung 26.
Reichsversicherungsordnung 112.
Reichswehrangehörige 33, 326.
Retorsion 24.
Rheinprovinz, peuß. 81.
Richter 179, 301.
Rodelbetrieb 335.
Rudolstadt 62.
Rückgriff 291.

S.

Sachsen (früher Königreich) 59
Sachsen-Altenburg 65; -Koburg 52; -Gotha 62, 64; -Meiningen 65; -Weimar 62, 65.
Sachverständiger, öffentl. 259.
Schaden 201 ff.; immaterieller 205; öffentlich-rechtl. 201.
Schadenfrage 201.
Schadensersatz, Umfang des-

selben 203; Geltendmachung 276.
Schätzungsamt 99.
Schauamt 340.
Schaumburg s. Lippe
Scheckprotest 346.
Schiedsmänner 99, 340.
Schiedsrichter 246.
Schlichtungsausschuß 235.
Schmerzensgeld 205.
Schöffen 225, 236.
Schuldfrage 174.
Schule 104.
Schulzucht 320
Schutz 14.
Schutzgebiete 39.
Schwarzburg-Rudolstadt 62, 65; -Sondershausen 62, 66.
Seestraßenrecht 331.
Soldatenrat 296
Sondergerichte 235.
Sparkasse 341.
Sportelbeamte 91.
Spruchrichter 232.
Staat, Haftung desselben 3 ff.; primäre 27; als Bürge 4; als Vermögenssubjekt 5; als Inhaber von Hoheitsrechten 4; als direkt geschädigter 129; als Regreßnehmer 94, 291; gegen Grundbuchbeamte 124.
Staatsanwalt 306; Hilfsbeamter 99.
Staatsbeamter 83.
Staatslotterie 342.
Stadtgemeinde 99, 272.
Stadtverordnete 99.
Standesbeamter 97.
Stationsbeamter 297.
Stellvertreter, Haftung für 30.
Steuerbeamte 341.
Strafrichter 306.
Strafvollstreckungsrichter 306.
Streitfragen 183.
Strombaubeamte 348.
Subsidiarität des Ersatzanspruches 206.
Suspendierter Beamter 163.
Syndikatsklage 25.

T.

Tatsachenirrtum 185.
Taxatoren 342.
Telegraphenbeamte 112, 336.
Telegraphenordnung 112.
Telegraphenverwaltung s. Post.
Testamentsrichter 303.
Thüringen 62.
Tumultgesetz 112.
Turnen 321.

U.

Überanstrengung im Dienst 279.
Überlastung mit Dienstgeschäften 189, 132.
Überschreitung der Amtsbefugnisse 162.
Übertragung von Dienstgeschäften 51.
Umfang des Schadens 203.
Unbesoldete Beamte 98.
Unfallfürsorge 113.
Unmittelbare Staatsbeamte 47.
Unschuldig Verurteilte 113.
Unterbrechung der Verjährung 214; des ursächlichen Zusammenhangs 288.
Unterlassung 159.
Unterrichtswesen 320.
Unterschriftsbeglaubigung 316, 345.

Untersuchungshaft, unschuldig erlittene 113.
Unzurechnungsfähigkeit der Beamten 88.
Urkundsbeamter 293, 343.
Urlaub eines Beamten 164.
Ursache des Schadens 191.
Urteil, Begriff 239.

V.

Verantwortlicher Beamter 151.
Verband s. auch Staat.
Verbände, die öffentl. Gewalt ausüben 102.
Vererbung des Ersatzanspruchs 213.
Verfassungsmäßiger Vertreter 264.
Verfügung, polizeiliche 105.
Verjährung des Ersatzanspruchs 214; des Regreßanspruchs des Staates 96.
Verletzter 23, unmittelbar 171.
Verletzung der Amtspflicht 164.
Vermögensschaden 205.
Verrichtungen, privatrechtliche 5, 12, 260, 290.
Verschulden s. Versehen.
Verschwiegenheit 167.
Versehen des Beamten 174; grobes 125; des Beschädigten 192; mehrerer Personen 213.
Vertragsverhältnis 264.
Vertreter, verfassungsmäßiger 264; Haftung für denselben 264.
Verursachung des Schadens 191.
Verurteilter, unschuldig 113.
Verwahrung von Sachen durch den Staat 9, 169.
Verwaltungsbeamte 190.
Verwaltungsbehörde, Vorentscheidung derselben 28, 279.
Verwaltungsgerichte 235.
Völkerrechtlicher Verkehr, Amtshandlungen im 40.
Volksschullehrer 105.
Vollstreckungsrichter 309.
Vollziehungsbeamter 91, 348.
Vorausklage gegen den Prinzipalverpflichteten 206.
Vorgesetzter 48, 165.
Vormundschaftsrichter 228, 311.
Vornahme privatrechtlicher Akte 5, 12, 260, 274, 290.
Vorsatz 174.
Vorteilsausgleichung 206, 289.

W.

Waffengebrauch 285, 167.
Waisenrat 231.
Waldeck 74.
Wechselprotest 113, 346.
Wegebau 263.
Weimar 62.
Werkzeug 268.
Wiederaufnahmeverfahren 113.
Willensbestimmung, freie 84.
Willkür 188.
Wohnungsamt 99, 104, 348.
Württemberg 59.

Z.

Zeichnungsbefugnis 152.
Zivilprozeßrichter 301.
Zollbeamter 348.
Züchtigungsrecht der Lehrer 320.

Zulässigkeit, des Rechtsweges 277.
Zurechnungsfähigkeit 88.
Zurückhaltung des Gehalts 294.
Zusammenhang, ursächlicher 288.
Zusammentreffen von amtlichen Funktionen 7, 103.
Zuständigkeit des Beamten 162, der Gerichte 282.
Zustellungsbeamter 349.
Zwangslotsen 93, 326.
Zwangsrecht 14.
Zwangsverwalter 349,
Zwangsvollstreckung gegen Gemeinden 289.
Zwangsvollstreckungsprivilegien der Beamten 290.
Zwangsvollstreckungsrichter 309.
Zweckverbände 97.

Guttentagsche Sammlung

Deutscher Reichs- und Preußischer Gesetze

einschließlich

de Gruyterschе Sammlung Deutscher Gesetze

(Handkommentare)

Systematisches Verzeichnis

Bürgerliches Recht . . 2–8
Bürgerliches Gesetzbuch . 2
Schuldverhältnisse insbesondere 2
Sachenrecht insbesondere 3
Familien- und Erbrecht . 3
Handelsrecht 4
Versicherungsrecht 5
Gewerberecht 5
Arbeitsrecht 6
Sozialpolitische Gesetze . 7
Geistig-gewerblicher Rechtsschutz 7
Zivilprozeß 8–9
Freiwillige Gerichtsbarkeit 8
Konkursordnung und Zwangsvollstreckung . 9
Strafrecht und Strafprozeß 10
Öffentliches Recht . 11–16
Staatsrecht 11
Verwaltungsrecht 11
a) Reichsrecht 11
b) Landesrecht 13
Steuerrecht 15

April 1929

Walter de Gruyter & Co., Berlin W 10 und Leipzig

Bürgerliches Recht

Bürgerliches Gesetzbuch

Band — **Reichsgesetze:**

88/39. **Bürgerliches Gesetzbuch nebst Einführungsgesetz.** Von A. Achilles. In Verbindung mit F. André, O. Meyer, O. Strecker, K. v. Unzner herausgegeben von M. Greiff. 12. Auflage. — 1926. 24.—

84. **Sammlung kleinerer privatrechtlicher Reichsgesetze.** Von G. Müller. — 1903. 5.50

129. **Zivilrechtkriegsgesetze.** Von J. Fischer. — 1918. 1.50

116. **Kriegs-Zivil- und Finanzgesetze.** 3. Auflage. — 1915. 1.50

116 a. Desgl. Zweite Folge: Jahr 1915. — 1916. 1.20

Preußische Gesetze:

23. **Ausführungsgesetze zum Bürgerlichen Gesetzbuche.** Von P. Simsón. 3. Auflage. — 1914. 2.20

Textausgaben:

Bürgerliches Gesetzbuch nebst Einführungsgesetz. 16. Auflage. — 1928. 5.—

Schuldverhältnisse insbesondere

Reichsgesetze:

34. **Die Abzahlungsgeschäfte.** 3. Auflage von E. Wilke. — 1910. 1.20

93. **Sicherung der Bauforderungen.** Von E. Harnier. 3. Auflage. — 1912. 1.50

55. **Beschlagnahme von Lohn- und Gehaltsforderungen.** Von G. Meyer. 6. Auflage. — 1927. Mit Nachtrag 1928. 4.50

70. **Das Reichshaftpflichtgesetz.** Von G. Eger. — 1903. Vergriffen.
Als Ersatz: F. Seligsohn, **Haftpflichtgesetz.** — 1920. (Außerhalb der Sammlung.) 8.—, geb. 9.50

94. **Die Beamtenhaftpflichtgesetze des Reiches und der Länder.** Von H. Delius. 3. Auflage. — 1921. 3.20

52. **Rechte der Besitzer von Schuldverschreibungen.** Von H. Göppert. 2. Auflage von E. Trendelenburg. — 1915. 1.50

50. **Der Viehkauf (Viehgewährschaft).** Von H. Stölzle. 6. Auflage. — 1926. 15.—

90. **Das Internationale Privatrecht.** Die Haager Abkommen über. Von G. Bogeng. — 1908. 2.—
98. **Sechs Haager Abkommen über Internationales Privatrecht.** H. Dungs. — 1910. 1.50

Preußische Gesetze:

37. **Enteignung von Grundeigentum.** Von O. Meyer. 3. Auflage. — 1927. 5.50

Sachenrecht insbesondere

de Gruytersche Sammlung Deutscher Gesetze (Handkommentare):

Aufwertungsrecht von R. Michaelis. — 1926. Mit Nachtrag 1927. 16.—
Nachtrag einzeln —.30

Reichsgesetze:

135. **Erbbaurecht.** Von H. Günther. — 1919. 2.—
42. **Grundbuchordnung.** Von O. Fischer und R. Fischer. 9. Auflage. — 1927. 5.—
156. **Mietrecht und Wohnungsmangelgesetz.** Von O. Krieg. 4. Auflage. — 1928. 10.—

Textausgaben:

Aufwertungsgesetze mit Einleitung. Von R. Michaelis. — 1925. Mit Nachtrag 1927. 1.50
Reichsmietengesetz. — 1922. —.50

Familienrecht und Erbrecht

Reichsgesetze:

45. **Entmündigungsrecht.** Von P. Noll. — 1900. 1.20
58. **Recht der unehelichen Kinder.** Von H. Jastrow. — 1901. Mit Nachtrag 1925. 1.60
47. **Deutsches Vormundschaftsrecht.** Von M. Schultzenstein und P. Köhne. 2. Auflage. — 1901. Vergriffen.
124. **Todeserklärung Kriegsverschollener.** Von J. Partsch. — 1917. 2.—
59. **Beurkundung des Personenstandes und die Eheschließung.** Von F. Fibler. 2. Auflage. — 1912. 2.30

Preußische Gesetze:

8. **Nottestamente.** Von E. Kurtz. — 1904. 1.50

Handelsrecht

Reichsgesetze:

4. **Handelsgesetzbuch** ohne Seerecht. Von F. Litthauer und A. Mosse. 17. Auflage. Von E. Heymann. — 1926. 14.—
162. **Handelsrechtl. Nebengesetze.** Von O. Schreiber. — 1926. 14.—
169. **Bank- und Börsengesetze.** Von A. Nußbaum. — 1927. 11.—
41. **Börsengesetz.** Von Th. Hemptenmacher. 3. Auflage von O. Meyer. — 1915. 8.50
26. **Münz- und Notenbankwesen.** Von R. Koch. 7. Auflage von H. Schacht. — 1925. 14.—
117. **Darlehnskassengesetz.** Von H. Salomon u. K. Bud. — 1915. 1.80
40. Gesetz, betr. die **Pflichten der Kaufleute bei Aufbewahrung fremder Wertpapiere (Depotgesetz).** Von F. Lusensky. 3. Auflage. — 1916. Mit Nachtrag 1924/25. 1.—
24. **Aktiengesellschaft und Kommanditgesellschaften auf Aktien.** Von H. Keyßner und H. V. Simon. 7. Auflage. In Bearbeitung.
32. **Gesellschaften mit beschränkter Haftung.** Von L. Parisius, H. Crüger und A. Crecelius. 18. Auflage. — 1928. 3.50
29. **Erwerbs- und Wirtschaftsgenossenschaften.** Von L. Parisius, H. Crüger, A. Crecelius und Fr. Citron. 19. Auflage. — 1928. 4.—
51. **Hypothekenbankgesetz.** Von H. Göppert. 2. Auflage von H. J. Seidel. — 1911. Mit Nachtrag 1926. 2.20
100. **Kaligesetz.** Von B. Boelkel. — 1910. 2.40
167. **Verordnung gegen Mißbrauch wirtschaftlicher Machtstellungen** (Kartellgesetz). Von W. Staffel. — 1927. 3.50
115. **Das vertragliche Wettbewerbsverbot (Konkurrenzklausel).** Von G. Baum. — 1914. 3.—
113. **Postscheckgesetz.** Von J. Weiland. — 1914. Mit Nachtrag 1918. Vergriffen.
113 a. **Postscheckordnung.** Von J. Weiland. — 1914. Mit Nachtrag 1918. 1.50
85. **Scheckgesetz.** Von M. Apt. Vergriffen. Neue Auflage von W. Schmidt In Bearbeitung.
    Kommentar von R. Michaelis. — 1927. (Außerhalb der Sammlung.) 16.—, geb. 18.—
5. **Wechselordnung.** Von J. Stranz und M. Stranz. 12. Auflage. — 1923. Mit Nachtrag 1926, enthaltend **Wechselstempelgesetz und Scheckgesetz.** 3.50
   Nachtrag einzeln —.60

36. **Privatrechtliche Verhältnisse der Binnenschiffahrt und Flößerei.** Von E. Löwe. 6. Auflage. — 1923. 4.—
19. **Die Seegesetzgebung.** Von W. E. Knitschky. 5. Auflage von O. Rudorff. — 1913. 8.—

Preußische Gesetze:

54. **Anlegung von Sparkassenbeständen in Inhaberpapieren.** Von H. Döhring. — 1914. 2.80
21. **Handelskammern.** Von F. Lusensky. 2. Aufl. — 1909. 3.—

Textausgaben:

Handelsgesetzbuch mit Seerecht. 11. Auflage. — 1924. 2.60
Wechselordnung. — 1928. Mit Anhang: Wechselprozeß und Nebengesetze. — 1928. 1.50

Versicherungsrecht

Reichsgesetze:

62. **Private Versicherungsunternehmungen.** Von H. Koenige. 3. Auflage von H. Koenige und A. Petersen. — 1927. 20.—
83. **Versicherungsvertrag.** Von P. Hager und E. Bruck. 6. Auflage. — 1928. Im Druck.
164. **Aufwertung von Versicherungsansprüchen.** Teil I: **Lebensversicherungen.** Von L. Berliner und E. Pfaffenberger. — 1926. 6.50
164 a. Desgl. Teil II: **Sach-** (Feuer-, Glas-, Wasser- usw.) **und Transportversicherung, Unfall- und Haftpflichtversicherung.** — 1926. Mit Nachtrag 1927. 3.50
Nachtrag einzeln —.30

Gewerberecht

Reichsgesetze:

6. **Gewerbeordnung** für das Deutsche Reich nebst **Kinderschutzgesetz und Hausarbeitsgesetz.** Von Fr. Hiller und H. Luppe. 21. Auflage. — 1928. 11.—
64. **Handel mit Drogen und Giften,** Gesetzsammlung, betr. den. Von H. Sonnenfeld. 3. Auflage. — 1926. 12.—
48. **Drogen-, Gift- und Farbenhandel außerhalb der Apotheken,** Gesetze, betr. den. Von J. Broh. — 1899. 1.20

130. **Ersatzlebensmittelverordnung.** Von H. E. Wendel. — 1918. 1.50

54. **Nahrungsmittelgesetze** mit Erläuterungen. Von Georg Lebbin. 2. Auflage in zwei Bänden.
   a) I. **Lebensmittelgesetz** vom 5. Juli 1927 mit Nebengesetzen Margarine, Fleisch, Milch, Süßstoff, Essigsäure usw.). Von G. Lebbin und R. Gießner. — 1928. 8.50
   b) II. **Getränkegesetze und Getränkesteuergesetze** (Wein, Bier, Branntwein, Mineralwasser). Unter Mitarbeit von K. Kniebe. — 1926. 10.—

65. **Weingesetz.** Von G. Lebbin. 2. Auflage. — 1909. Vergriffen.

71. **Kinderarbeit in gewerblichen Betrieben.** Von H. Spangenberg. 2. Auflage. — 1904. 1.20

Preußische Gesetze:

16. **Konzessionierung gewerblicher Anlagen.** Von W. v. Rüdiger. 2. Auflage. — 1901. Vergriffen.

Textausgaben:

Gewerbeordnung, Preußische Ausführungsanweisung zur. — 1904. 1.—

Arbeitsrecht

Reichsgesetze:

138 a. **Arbeiterschutz und Arbeitsrecht.** Von A. Günther. 2. Auflage. Teil I: **Arbeitszeitschutz.** Von R. Schneider und A. Günther. — 1927. 7.50

138 c. Teil II: **Schwerbeschädigtengesetz.** Von R. Schneider und A. Günther. — 1928. 8.—

138 b. **Betriebsrätegesetz.** Von A. Günther. — 1920. Vergriffen.

168. **Arbeitsgerichtsgesetz.** Von H. Depène. — 1927. 3.60

74. **Die Kaufmannsgerichte.** Von M. Apt. 3. Auflage. — 1904. Vergriffen.

112. **Kaufmannsgerichtsgesetz.** Von H. Depène. — 1914. 2.60

112 a. **Kaufmanns- und Gewerbegerichtsgesetz nebst Schlichtungsordnung.** (Ergänzungsband zu Bd. 112.) Von H. Depène. — 1924. 3.50

Die Bde. 112 und 112 a enthalten zusammen den vollständigen Text des Gewerbegerichtsgesetzes.

Preußische Gesetze:

58. **Arbeitsnachweis.** Von P. Wölbling. — 1920. 1.—

Sozialpolitische Gesetze

Reichsgesetze:

106—109. **Reichsversicherungsordnung.** Von F. Caspar und A. Spielhagen. 1913-1922. 4 Bände. Komplett. 18.—

161. **Reichsversicherungsordnung.** Von K. Lippmann. — 1925. 11.—

161 a. Desgl. **Ergänzungsband**, enthaltend die neue Fassung des **Unfallversicherungsgesetzes** sowie die Änderungen der übrigen Bücher der RVO. — 1926. 4.—

161 b. Desgl. **Zweiter Ergänzungsband.** 2., vermehrte Auflage nach dem Stand vom 1. Juli 1928. — 1928. —.80

155. **Reichsknappschaftsgesetz.** Von M. Reuß und F. Hense. 2. Auflage. — 1926. Mit Nachtrag 1927. 12.—

152. **Wohlfahrtsgesetze.** Von E. Behrend und H. Stranz-Hurwitz. Teil I. — 1923. 5.—

152 a. Desgl. Teil II. — 1925. 9.—

152 und 152 a zusammen bezogen 12.—

165. **Handbuch der Arbeitslosenfürsorge.** Von H. Schmeißer. Im Druck.

160. **Fürsorgepflicht.** Von E. Sandré. — 1925. 6.—

154. **Jugendwohlfahrt und Jugendgerichtsgesetz.** Von P. Drewes und E. Sandré. 2. Auflage von P. Drewes. — 1928. 11.—

172. **Die reichs- und landesrechtlichen Bestimmungen auf dem Gebiete des Gesundheitswesens.** Von W. Voß. 1929. 11.—

Textausgaben:

Versicherungsgesetz für Angestellte. 2. Auflage. — 1927. 2.50

Geistig-gewerblicher Rechtsschutz

Reichsgesetze:

81. **Urheberrecht an Werken der bildenden Künste und der Photographie.** Von L. Fuld. 2. Auflage. — 1926. 6.—

60. **Das Urheberrecht an Werken der Literatur und der Tonkunst.** Von O. Lindemann. 4. Auflage. — 1921. 1.80

102. **Urheberrecht an Mustern und Modellen** und Schutz von **Gebrauchsmustern.** Von J. Neuberg. — 1911. 2.40

95. Die Berner Übereinkunft über **Internationales Urheberrecht.** Von H. Dungs. — 1910. 1.—

61. **Verlagsrecht.** Von B. Marwitz. 3. Auflage. — 1922. 1.60

22. **Patentgesetz.** Von R. Lutter. 9. Auflage. — 1928. 10.—

87 a. **Das deutsche Warenzeichenrecht.** Von Freund und Magnus. 6. Auflage von Züngel und Magnus.
Teil I: **Die internationalen Verträge.** — 1924. 9.—
Teil II: **Das deutsche Recht.** In Bearbeitung.

37 **Unlauterer Wettbewerb.** Von A. Pinner und A. Elster. 8. Auflage. — 1927. 5.—

Zivilprozeß

de Gruytersche Sammlung Deutscher Gesetze (Handkommentare):

Zivilprozeßordnung. Von R. Sydow, L. Busch und W. Krantz. 19. Auflage. — 1926. 25.—

Reichsgesetze:

14. **Gerichtsverfassungsgesetz.** Von R. Sydow. Fortgeführt von L. Busch. 10. Auflage. — 1925. 6.—

15. **Das deutsche Gerichtskostengesetz.** Von R. Sydow. Fortgeführt von L. Busch und O. Krieg. 11. Auflage. 1928. 7.50

17. **Gebührenordnung für Rechtsanwälte usw.** Von R. Sydow. Fortgeführt von L. Busch und O. Krieg. 13. Auflage. In Bearbeitung.

16. **Rechtsanwaltsordnung.** Von R. Sydow. 5. Auflage von M. Jacobsohn. — 1907. Mit Nachtrag 1910. Vergriffen.

80. **Gerichtliche Registerführung.** Von O. Lindemann. — 1906. 2.40

Preußische Gesetze:

17. **Preußisches Gerichtskostengesetz.** Von P. Simson. 8. Auflage von O. Lindemann. — 1928. 8.—

85. **Geschäftsordnung für Gerichtsvollzieher.** Von E. Exner. — 1904. 3.—

Textausgaben:

Zivilprozeßordnung mit Gerichtsverfassungsgesetz und Einführungsgesetzen. — 1924. 3.50

Freiwillige Gerichtsbarkeit

Reichsgesetze:

46. **Freiwillige Gerichtsbarkeit.** Von H. Jastrow. 7. Auflage von H. Günther. — 1928. 9.—
76. **Die Rechtshilfe im Verkehr mit den ordentlichen Gerichten.** Von A. Friedländer. — 1906. 1.50
163. **Notariatsrecht.** Von F. Szkolny und L. Kober. — 1925. 8.50

Preußische Gesetze:

4. **Gebührenordnung für Notare vom 28. Oktober 1922.** Von J. Rausnitz. 6. Auflage. — 1925. 7.—
29. **Ärztliche Ehrengerichte, das Umlagerecht und die Kassen der Ärztekammern.** Von F. Fidler. — 1901. 1.50

Textausgaben:

Freiwillige Gerichtsbarkeit. — 1920. 1.—

Konkursordnung und Zwangsvollstreckung

Reichsgesetze:

13. **Konkursordnung und Anfechtungsgesetz.** Von R. Sydow. Fortgeführt von L. Busch und O. Krieg. 14. Auflage. — 1926. Mit Nachtrag 1927, enthaltend die **Vergleichsordnung.** 10.—
Nachtrag einzeln —.80
127. **Geschäftsaufsicht zur Abwendung des Konkurses.** Von G. Klien und E. Jaeger. — 1917. Durch Nachträge ergänzt. 3.—
48. **Zwangsvollstreckung in das unbewegliche Vermögen.** Von J. Krech und O. Fischer. 10. Auflage von O. Fischer. — 1929. 5.—

Textausgaben:

Konkursordnung. 2. Auflage. — 1915. Mit Nachtrag 1927. 1.50
Nachtrag einzeln —.80

Strafrecht

Reichsgesetze:

2. **Strafgesetzbuch.** Von Fr. v. Liszt und E. Delaquis. 28. Auflage von E. Kohlrausch. — 1928. 8.—
9. **Sammlung kleinerer strafrechtlicher Reichsgesetze.** Von N. H. Kriegsmann. 3. Auflage. — 1910. 4.—
53. **Reichspreßgesetz.** Von A. Born. 3. Auflage. — 1924. 4.—
133. **Reichswuchergesetzgebung.** Von Ad. Lobe. — 1918. 2.80
67. **Militärstrafgesetzbuch.** Von A. Romen und E. Rissom. 3. Auflage. — 1918. Vergriffen.
173. **Schußwaffengesetz.** Von E. Wündisch. — 1928. 5.—

Preußische Gesetze:

34. Sammlung der wichtigsten **preußischen Strafgesetze.** Von O. Lindemann. 2. Auflage. — 1912. 3.50
36. **Polizeiverordnungen in Preußen.** Von O. Lindemann. 2. Auflage. — 1912. 2.50

Textausgaben:

Strafgesetzbuch. — 1925. 3.—

Strafprozeß

de Gruyter'sche Sammlung Deutscher Gesetze (Handkommentare):

Strafprozeßordnung und Gerichtsverfassungsgesetz. Von A. Feisenberger. — 1926. Mit Nachtrag 1927. 17.—
Nachtrag einzeln —.80

Reichsgesetze:

12. **Strafprozeßordnung und Gerichtsverfassungsgesetz.** Von E. Kohlrausch. 21. Auflage. — 1927. 7.50
158. **Strafprozeßordnung und Gerichtsverfassungsgesetz.** Alte und neue Fassung synoptisch gegenübergestellt. Von A. Feisenberger. — 1924. Mit Nachtrag 1927. 4.50
3. **Militärstrafgerichtsordnung.** Von A. Romen und E. Rissom. 2. Auflage. — 1918. 5.—
128. **Verhaftung und Aufenthaltsbeschränkung.** Von A. Romen. — 1917. 1.20
73. **Entschädigung für unschuldig erlittene Verhaftung und Bestrafung.** Von A. Romen. — 1904. 1.70

Textausgaben:

Strafprozeßordnung. 5. Auflage. — 1924. Mit Nachtrag 1927. 2.50

Öffentliches Recht

Staatsrecht

Reichsgesetze:

137. **Reichsverfassung.** Von A. Arndt. 3. Auflage. — 1927. 8.—
166. **Das deutsche Ausländerrecht.** Von W. Fraustädter und M. Kreutzberger. — 1927. 9.—
86. **Die Auslieferungsverträge des Deutschen Reiches.** Von A. Cohn. — 1908. 4.—
44. **Auswanderungswesen.** Von F. Stoerk. — 1899. 2.—
134. **Der Ostfrieden.** Von K. Strupp. — 1918. 3.—
111. **Reichs- und Staatsangehörigkeitsgesetz.** Von A. Romen. 2. Auflage. In Bearbeitung
141. **Sozialisierungsgesetze.** Von O. Reier. — 1920. 2.20
174. **Internationale Schiedssprechung.** Von H. Kraus. — 1929. 10.—
99. **Die Abkommen der Haager Friedenskonferenz.** Vergriffen. Jetzt: H. Wehberg, **Völkerbundakte.** — 1919. (Außerhalb der Sammlung.) 4.—

Preußische Gesetze:

1. **Die Verfassung des Freistaats Preußen.** Von A. Arndt. — 1921. 2.—
Ausführlicher Kommentar von Fr. Stier-Somlo. — 1921. (Außerhalb der Sammlung.) 3.—

Textausgaben:

Verfassung des Freistaates Preußen. — 1921. —.60

Verwaltungsrecht

a) Reichsrecht

Reichsgesetze:

82. **Reichsbeamtengesetz.** Von A. Arndt. 3. Auflage. — 1923. Mit Nachtrag, enthaltend die Änderungen bis 1924. 3.50
122. **Belagerungszustand.** Von H. Bürschel. — 1916. 3.50
35. **Die Reichs-Eisenbahngesetzgebung.** Von W. Coermann. — 1895. Vergriffen.
66. **Die Eisenbahngesetzgebung.** Von W. Pietsch. 2. Auflage. — 1913. Vergriffen.
91. **Eisenbahn-Verkehrsordnung.** Von E. Blume. 4. Auflage von W. Weirauch. — 1928. 9.—

147. **Filmzensur.** Von Szczesny. — 1920. 1.50

68. **Fleischbeschaugesetz.** Von G. Lebbin und G. Baum. — 1903. 2.80

27. **Gesundheitswesen im Deutschen Reich.** — 1888. Vergriffen.

56. **Bekämpfung gemeingefährlicher Krankheiten.** Von B. Burkhardt. — 1900. 1.20

63. **Gesetzestafel des deutschen Reichsrechts.** Von H. Bruhns. 2. Auflage. — 1913. 3.—

49. **Deutsche Kolonialgesetzgebung.** Von Ph. Zorn. 2. Auflage von Sassen. — 1913. 5.—

21. **Die Konsulargesetzgebung.** Von Ph. Zorn. 3. Auflage von K. Zorn. — 1911. 4.50

75. **Konsulargerichtsbarkeit.** Von A. F. Vorwerk. — 1908. 1.60

92. **Verkehr mit Kraftfahrzeugen.** Von R. Kirchner. 4. Auflage. In Vorbereitung.
Außerhalb der Sammlung: **Der Kraftfahrzeugverkehr.** Von G. Aumer. 2. Auflage. — 1928. 4.50

119. **Kriegsleistungsgesetz.** Vergriffen.

118. **Militärhinterbliebenengesetz.** Von Reh. — 1915. 2.20

79. **Die Militärpensionsgesetze.** Von A. Romen. Vergriffen.

136. **Militärversorgungsgesetz.** Von H. Günther. — 1919. 2.30

7. **Post- und Telegraphen-Gesetzgebung.** Vergriffen.

120. **Telegraphenwegegesetz.** Von C. Wolf. — 1916. 1.—

148. **Reichsausgleichsgesetz.** Von E. Decke. — 1920. 1.50

150. **Reichsschädengesetze.** Von A. Hohenstein und W. Goldbaum. — 1922. 4.—

97. **Schutzgebietsgesetz.** Von J. Gerstmeyer. — 1910. 2.50

105. **Das Geldwesen in den deutschen Schutzgebieten.** Von W. Hintze. — 1912. 1.80

140. **Die Siedelungsgesetzgebung im Reich und in Preußen.** Von W. Holzapfel. — 1920. 3.—

125. **Vaterländischer Hilfsdienst.** 3. Auflage. — 1917. 1.—

88. **Vereinsgesetz.** Von A. Romen. 5. Auflage. In Bearbeitung.

33. **Vereins- und Versammlungsrecht.** Von E. Ball. 2. Auflage von F. Friedenthal. — 1907. 2.—

108. **Reichs-Viehseuchengesetz.** Von W. v. Hippel. 2. Auflage. — 1913. 4.—

41. **Die preußischen Jagdpolizeigesetze,** siehe Nr. 63.
19. **Jagdscheingesetz.** Von F. Kunze. 2. Auflage. — 1899. 2.—
45. **Rechtsverhältnisse der Juden in Preußen.** Von M. Kollenscher. — 1910. 2.40
15. **Die Kreisordnungen.** Von O. Kolisch. — 1894. Vergriffen.
57. **Landeskulturbehörden.** Von W. Holzapfel. — 1919. 2.—
42. **Allgemeine Landesverwaltung** und **Zuständigkeit der Verwaltungs- und Verwaltungsgerichtsbehörden.** Von K. Friedrichs. 3. Auflage. — 1927. 5.—
44. **Quellenschutzgesetz.** Von C. Voelkel. — 1909. 1.—
33. **Rentenguts- und Anerbenrechtsgesetzgebung.** Vergriffen.
30. **Preußisches Staatsschuldbuch** und **Reichsschuldbuch.** Von J. Mücke. — 1902. 2.—
59. **Bildung der neuen Stadtgemeinde Berlin.** Von P. Wölbling. 2. Auflage. — 1920. 1.40
32. **Städteordnung.** Von W. Ledermann und L. Brühl. 2. Auflage. — 1913. 6.—
56. **Das preußische Tumultschadengesetz.** Von Br. Friedländer. — 1919. —.80
60. **Umlegungsordnung.** Von W. Holzapfel. — 1921. 1.80
43. **Verschuldungsgrenze** für land- und forstwirtschaftlich benutzte Grundstücke. Von R. Leweck. — 1908. 2.40
49. **Gesetze gegen die Verunstaltung landschaftlich hervorragender Gegenden.** Von O. Goldschmidt. — 1912. 2.40
40. **Verwaltungsstrafverfahren.** Von R. Katzenstein. — 1907. 3.50
39. **Unterhaltung der öffentlichen Volksschulen.** Von A. Marcks. — 1906. 1.80
52. **Preußisches Wassergesetz.** Von G. Wulff und F. Herold. 2. Auflage von G. Wulff. — 1928. 12.—
55. **Preußisches Wohnungsgesetz.** Von B. Schmittmann. — 1918. 2.60
62. **Das preußische Fischereigesetz.** Von A. Born. — 1928. 7.50
63. **Die preußischen Jagdgesetze.** Von A. Born. — 1928. 8.—
64. **Die preußischen Baupolizeigesetze.** Von H. Heine. — 1928. 8.—

Steuerrecht

Reichsgesetze:

143. **Reichsabgabenordnung.** Von A. Nieberl. 2. Auflage. — 1927. Mit Nachtrag 1928. 12.—
126. **Besitzsteuergesetz.** Von A. Mrozek. Vergriffen.
151. **Einkommensteuer und Körperschaftsteuer.** Von A. Hollaender. — 1926. Mit Nachtrag, enthaltend die Änderungen vom 22. Dezember 1927. 24.—
77. **Das Erbschaftssteuergesetz.** Von B. Henckel. — 1920. Vergriffen. Neue Fassung von H. Schachian. 4. Auflage. — 1926. (Außerhalb der Sammlung.) 2.50
54 b. **Nahrungsmittelgesetze** mit Erläuterungen. Von Georg Lebbin. 2. Auflage in zwei Bänden. II. **Getränkegesetze und Getränkesteuergesetze** (Wein, Bier, Branntwein, Mineralwasser). Unter Mitwirkung von K. Kniebe. — 1926. 10.—
139. **Grunderwerbsteuergesetz.** Von O. Lindemann. 2. Auflage. — 1926. Mit Nachtrag 1927. 4.—
Nachtrag einzeln —.30
159. **Industriebelastungsgesetz.** Von H. Höpker. — 1925. 4.—
121. **Direkte Kriegssteuer.** Von A. Mrozek. — 1916. 3.50
131 a. **Reichsfinanzgesetzgebung 1918.** Bd. I: **Getränkesteuern.** Von G. Mayer. — 1918. 2.50
131 b. **Reichsfinanzgesetzgebung 1918.** Bd. II: **Einkommen, Umsatz** usw. Von G. Mayer. — 1919. 1.50
149. **Reichsnotopfergesetz.** Von A. Friedmann und R. Wrzeszinsky. — 1921. 4.—
18. **Reichsstempelgesetz.** Von P. Loeck. Vergriffen. Wird durch Kapitalverkehrssteuergesetz ersetzt. Erläuterte Ausgabe in Bearbeitung.
145. **Steuer- und Kapitalflucht.** Von E. H. Meyer. 2. Auflage. — 1921. 1.60
157. **Dritte Steuernotverordnung vom 14. Februar 1924** mit den Vorschriften über **Aufwertung.** 2. Auflage unter dem Titel: **Aufwertungsrecht.** Von R. Michaelis. — 1926. Mit Nachtrag 1927. 16.—
Nachtrag einzeln —.80
132. **Umsatzsteuergesetz.** Von O. Lindemann. 4. Auflage. — 1926. 10.—
110. **Wehrbeitragsgesetz.** Von A. Fernow. 2. Auflage. — 1913. 1.60

146. **Tabaksteuergesetz.** Von Fr. Wündisch. — 1920. Mit Nachtrag 1925. 4.—
Nachtrag einzeln 1.50
78. **Zigarettensteuergesetz.** Von W. Cuno. Vergriffen.
101. **Zuwachssteuergesetz.** Von W. Cuno. Vergriffen.
153. **Zwangsanleihegesetz.** Von H. V. Simon und W. Beutner. — 1923. 8.—

Preußische Gesetze:

20. **Die preußischen Erbschaftssteuergesetze.** Von U. Hoffmann. — 1905. 3.—
13. **Ergänzungssteuergesetz.** Von A. Fernow. 5. Auflage. 1914. 3.—
11. **Gewerbesteuergesetz.** Von A. Fernow. Vergriffen.
14. **Kommunalabgabengesetz.** Von F. Adickes. 6. Auflage von Falk. — 1922. 3.50
38. **Kreis- und Provinzialabgabengesetz.** Von F. Schmidt. — 1906. 1.20
18. **Preußisches Stempelsteuergesetz.** Von P. Loeck. 10. Auflage von K. Eiffler. — 1928. 13.—
61. **Preußische Verwaltungsgebührenordnung.** Von K. Eiffler. — 1925. Mit Nachtrag 1925. 6.—
27. **Warenhaussteuer.** Von G. Strutz. — 1900. 1.20

Textausgaben:

Erbschaftsteuergesetz. Neue Fassung von H. Schachian. 4. Auflage. — 1926. 2.50
Reichssteuergesetze 1925 (Steuerüberleitungsgesetz mit Durchführungsbestimmungen — Einkommensteuer, Körperschaftssteuer, Reichsbewertungsgesetz, Vermögensteuer, Erbschaftsteuer). — 1925. 4.—
Wehrbeitrag und **Besitzsteuer.** — 1913. —.50
Zuwachssteuergesetz. — 1911. —.50
—, **Ausführungsbestimmungen.** — 1911. —.40

Der Unterzeichnete bittet um regelmäßige Zusendung der Berichte des Verlages Walter de Gruyter & Co. auf dem Gebiete der

Ferner empfehle ich Ihnen, an die nachstehend aufgeführten Anschriften unverbindlich Ihre Kataloge zu senden.

Name meiner Freunde und Bekannten	Wohnort	Straße	Für die aufgeführten Wissensgebiete ist im besonderen Maße Interesse vorhanden
1.			
2.			
3.			
4.			
5.			

Unterschrift (mit genauer Adressenangabe):

Mein Buchhändler ist:

BESTELLKARTE

Absender:

An

den Verlag

Walter de Gruyter & Co.

Berlin W 10

Genthiner Straße 38

IV 29

Vor dem Erscheinen einer neuen Auflage etwa herauszugebende Nachträge zu diesem Buch werden auf Wunsch gegen Einsendung dieses Zettels nachgeliefert.

FSC
www.fsc.org
MIX
Papier | Fördert
gute Waldnutzung
FSC® C083411

Kolibri 360 GmbH
Ferdinand-Jühlke-Straße 7
99095 Erfurt, Deutschland
produktsicherheit@kolibri360.de